Grundlagen der Bildverarbeitung

Grundlagen der Bildverarbeitung

Klaus D. Tönnies

ein Imprint von Pearson Education
München • Boston • San Francisco • Harlow, England
Don Mills, Ontario • Sydney • Mexico City
Madrid • Amsterdam

Bibliografische Information Der Deutschen Bibliothek

Die Deutsche Bibliothek verzeichnet diese Publikation in der Deutschen Nationalbibliografie; detaillierte bibliografische Daten sind im Internet über *http://dnb.ddb.de* abrufbar.

10 9 8 7 6 5 4 3 2 1

07   06   05

ISBN 3-8273-7155-4

© 2005 Pearson Studium
ein Imprint der Pearson Education Deutschland GmbH,
Martin-Kollar-Straße 10-12, D-81829 München/Germany
Alle Rechte vorbehalten
www.pearson-studium.de
Lektorat: Dr. Isabel Schneider, ischneider@pearson.de; Rainer Fuchs, rfuchs@pearson.de
Korrektorat: Astrid Schürmann, Jena
Einbandgestaltung: adesso 21, Thomas Arlt, München
Herstellung: Monika Weiher, mweiher@pearson.de
Satz: mediaService, Siegen (www.media-service.tv)
Druck und Verarbeitung: Kösel, Krugzell (www.KoeselBuch.de)

Printed in Germany

Inhaltsverzeichnis

Vorwort

Mussten Sie schon einmal ein Bild beschreiben? Für mich zählte das zu den weniger geliebten Erinnerungen an den Deutschunterricht. Selten gelang es mir, die Bildaussage an den wahrnehmbaren Eigenschaften des Bildes festzumachen. Ich habe nicht erwartet, dass diese Fähigkeit (bzw. Unfähigkeit) eine wesentliche Rolle im realen Leben spielen würde, doch die algorithmische Verarbeitung digitaler Bilder verlangt genau das. Bilder als digitale Daten auszuwerten bedeutet, einen Mechanismus zu definieren, nach dem aus eher simplen Eigenschaften wie der Verteilung von Farben die Aussage des Bildes abgeleitet wird. Nicht nur das, sondern auch noch, dass die Regeln derart parametrisierbar sind, dass das Regelwerk an die verschiedenen Auffassungen von Bedeutung und die verschiedenen Bildklassen angepasst werden kann.

Unmöglich, denken Sie? So allgemein gesehen haben Sie vermutlich recht. Aber allein die hochgesteckten, mit diesem Ziel verbundenen Erwartungen haben in den vergangenen 40 Jahren zu erstaunlichen Ergebnissen geführt. Wer hätte schon erwartet, dass es mit Mitteln der automatischen Bildanalyse möglich ist, dass ein Fahrzeug über 1.000 km nahezu ohne menschliches Eingreifen auf der Autobahn zurücklegt oder dass eine Person in Echtzeit auf Grund ihrer Irischarakteristik automatisch identifiziert wird? In sehr vielen Anwendungsgebieten ist die Bildverarbeitung heute in der Lage, eine zuverlässige und sichere Interpretation von Informationen aus Bildern zu leisten. Ob es nun Datenbanken (Merkmalsextraktion für Bilddatenbanken), Robotics (automatische Orientierung autonomer Systeme), Multimedia (automatische Charakterisierung von Bilddatensequenzen), Wissensverarbeitung (bildbasierte Mustererkennung), Computergrafik (Identifikation von bedeutungtragenden Aspekten einer Bildsynthese) oder Biometrie und Sicherheit (Identifikation, Verfolgung und Beobachtung durch Bilder) sind – es gibt mittlerweile fast kein Gebiet der Informatik, in dem die Bildanalyse nicht zur Informationsverarbeitung beiträgt. Und mit jeder neuen Anwendung, mit jedem neuen Gebiet lernen wir mehr über den Zusammenhang zwischen den sich als Helligkeiten und/oder Farbwerten manifestierenden Bilddaten und der Aussage eines Bildes.

Von Modellen wird in diesem Buch noch oft die Rede sein. Gemeint ist damit, dass vor der Analyse eine aus der Anwendung heraus formalisierte Erwartungshaltung über die Bildaussage existieren muss. Die Bildverarbeitung nur unter einem bestimmten Anwendungsaspekt zu betrachten kann jedoch dazu führen, dass diese Modelle den Blick auf das Generalisierungsfähige der durch Bilder vermittelten Information verdecken. Bildverarbeitung zunächst von den Anwendungen getrennt zu betrachten ist daher eine sinnvolle Strategie, um übergreifende Eigenschaften zu erkennen und für die zu entwickelnden Methoden zu benutzen.

Das vorliegende Buch entstand aus einer einsemestrigen, einführenden Veranstaltung „Grundlagen der Bildverarbeitung" für Studierende der Informatik und Computervisualistik im zweiten bis dritten Studienjahr. Elementare Kenntnisse der Informatik (elementare Algorithmen und Datenstrukturen, Begriffe und Definitionen) und der Mathematik (einführende Themen aus der Analysis und Numerik), so wie sie typischerweise in den ersten beiden Semestern eines Informatik-Studiengangs oder eines Ingenieur-Studiengangs mit Bezügen zur Informatik gelehrt werden, sind vorausgesetzt. Die Zielgruppe dieses Buchs umfasst damit angehende Informatiker und Ingenieure, die sich mit der digitalen Bildverarbeitung auseinander setzen wollen, sowie Praktiker, die sich einen ersten Überblick über Methoden und Probleme der Bildverarbeitung verschaffen möchten.

Da unsere Studierenden eher der Praktischen als der Technischen Informatik verhaftet sind, nehmen die Themen Bildverbesserung und Segmentierung einen breiten Raum im Vergleich zur Bildentstehung und Bildrestauration ein. In diesen Bereichen existiert eine große Anzahl von Methoden. Unser Ziel war nicht Vollständigkeit, sondern Repräsentativität der Darstellung. Verfahren wurden anhand der Verbreitung und der Art der Verwendung von Modellinformation gruppiert und selektiert. Der Leser bzw. die Leserin soll über die Kenntnis gängiger Verfahren hinaus ein Gefühl für die Einschätzung von neuen Methoden entwickeln, die ihm oder ihr im Verlauf des Berufslebens begegnen werden.

Das Buch umfasst etwas mehr als die Vorlesung, zu der es konzipiert wurde. Das hat damit zu tun, dass es in Magdeburg mehrere aufbauende Lehrveranstaltungen gibt, in denen die Themen 3-D Computer Vision (Kapitel 5), Segmentierung (Kapitel 8 und 9) und bildbasierte Mustererkennung (Kapitel 11) in einem Umfang vertieft und erweitert werden, der für ein einführendes Buch nicht angemessen gewesen wäre. Da diese Themen aber wesentlich für das Verständnis der Bildverarbeitung sind, werden sie zumindest in verkürzter Form in diesem Buch eingeführt.

Wird die 3-D-Rekonstruktion nicht behandelt, wird die Darstellung der Methoden in Kapitel 8 und 9 etwas reduziert und auch der Inhalt von Kapitel 11 nur kurz charakterisiert, dann lässt sich der Stoff in einem Semester behandeln. Falls die Studierenden schon über Hintergrundwissen aus der digitalen Signalverarbeitung verfügen, ist auch eine verkürzte Behandlung der Themen in Kapitel 3 bis 5 möglich, so dass der verbleibende Stoff ebenfalls in einem Semester abgehandelt werden kann. In einer zweisemestrigen Lehrveranstaltung könnten dagegen im ersten Semester die der Signalverarbeitung näheren Aspekte der ersten sechs Kapitel behandelt werden, wobei in diesem Fall die Darstellung in Kapitel 5 zur 3-D-Rekonstruktion um eine Betrachtung der Kalibrierung und um Vorlesungen zur Stereo Vision ergänzt werden könnte. Im zweiten Semester läge der Schwerpunkt auf den Prozessen zur Generierung von klassifizierbaren Merkmalen und umfasste die Themen Bildverbesserung, Segmentierung und Einführung in die Klassifikation. Um eine eigene Zusammenstellung einer Lehrveranstaltung aus Teilen des Buchs zu erleichtern, werden zu Beginn jedes Kapitels Begriffe genannt, die für das Verständnis der behandelten Themen vorausgesetzt werden, und es wird der Abschnitt referenziert, in dem sie erklärt werden.

Dieses Buch hätte ohne die Mithilfe von Kollegen, Mitarbeitern und Studierenden nicht entstehen können, denen ich an dieser Stelle Dank sagen möchte. Zuerst möchte ich Melanie Aurnhammer, Karin Engel, Regina Pohle, Karsten Rink und Timna Schneider nennen. Sie sind auf die eine oder andere Weise Expertinnen bzw. Experten zu Themen der Bildverarbeitung und waren bereit, Vorversionen dieses Buchs kritisch zu lesen. Ihre Kommentare haben wesentlich dazu beigetragen, die Darstellung verständlicher zu machen, zu straffen und Fehler zu entfernen. Auch Hinweise bezüglich der einen oder anderen grammatikalischen Ungeheuerlichkeit waren hilfreich. Vor allem war mir auch der konstruktive und offene Geist der Diskussion eine wesentliche Unterstützung. Zu nennen sind auch diejenigen, die mich mit Bildbeispielen und Beispielen von Resultaten unterstützten. Stephan Al-Zubi, Steven Bergner, Anna Celler, Philip Engelhard, Markus Feldbach, Karsten Rink, Carolin Rost und Maik Wikert haben Teilergebnisse ihrer Arbeit zur Verwendung in diesem Buch zur Verfügung gestellt. Außerdem bedanke ich mich bei Isabel Schneider für die gute Betreuung bei der Texterstellung und bei Astrid Schürmann für das Korrekturlesen, das so sorgfältig war, dass sie wohl eine Prüfung über den Inhalt des Buchs bei uns bestanden hätte. Nicht zuletzt danke ich den Studierenden der Vorlesung „Grundlagen der Bildverarbeitung". Wir haben in den vergangenen Jahren verschiedene Wege der Darstellung des umfangreichen Themas Bildverarbeitung an ihnen ausprobiert. Es gab etliche unter ihnen, deren Mitarbeit uns bei der Weiterentwicklung der Vorlesungsstruktur geholfen hat.

Nun bleibt mir nur noch, Ihnen Freude beim Lesen dieses Buchs zu wünschen. Ich hoffe, dass sich Ihnen etwas von der Faszination dieses breit gefächerten und interdisziplinären Themas mitteilt.

Berlin, Februar 2005

Klaus D. Tönnies

Einführung

ÜBERBLICK

1

> ## Fragestellungen, Begriffe und Voraussetzungen
>
> ### Fragestellungen
>
> Ziel einer digitalen Bildverarbeitung ist die algorithmische Generierung von Information aus Bildern. Die Rollen von Daten und Modell bei einer Interpretation müssen geklärt werden, um Methoden der Bildverarbeitung einschätzen zu können.
>
> ### Eingeführte Begriffe und Konzepte
>
> Die automatische Interpretation von digitalen Bildern wird als Problem der Identifikation des richtigen Bedeutungsträgers vorgestellt. Die Rollen von *Modell* und *Daten* in einer Bildanalyse werden spezifiziert.
>
> Der Begriff der *Computer Vision* als Gegenstück zur visuellen Wahrnehmung (Human Vision) wird vorgestellt.
>
> Modellbasierte Bildinterpretation durch *Bottom-Up-* und *Top-Down-Strategien* wird diskutiert.
>
> Bildverarbeitung wird als Folge von aufeinander aufbauenden Prozessen einer graduellen Evidenzakkumulation definiert. Methoden der *Low-Level-Vision* haben die Aufgabe, bedeutungstragende Elemente im Bild zu identifizieren. Darauf aufbauende Methoden der *High-Level-Vision* leisten die eigentliche Interpretation durch Integration von Modellwissen und bedeutungstragenden Elementen der Bilddaten.
>
> ### Vorausgesetzte Kenntnisse aus vorangegangenen Kapiteln
>
> keine

Jeden Tag werden mühelos Tausende von Entscheidungen anhand von bildlicher Information getroffen. Wenn wir morgens nach dem Aufstehen in der Lage sind, eine Kaffeetasse zu greifen, wenn wir anschließend in einer unaufgeräumten Wohnung den Wohnungsschlüssel an einer Stelle entdecken, an der wir ihn nie vermutet hätten, und wenn wir dann durch ein Bahnhofsgebäude voller Menschen hasten, ohne dass wir mit einer einzigen Person zusammenstoßen, dann haben wir in kürzester Zeit Bedeutung und Ort von Objektes in komplexen Bildern sogar dann wahrgenommen, wenn die Erwartung über den Bildinhalt widersprüchlich war („da kann der Schlüssel doch gar nicht sein!"). Wegen der großen Robustheit, mit der Menschen Bilder unter unterschiedlichen Bedingungen richtig interpretieren, sollte man daher meinen, dass algorithmische Lösungen leicht zu finden wären. Werden Bilder auch dann noch richtig interpretiert, wenn sie z.B. unscharf, zu dunkel oder zu hell sind, wenn das gesuchte Objekt nicht vollständig abgebildet oder das Aussehen des Objekts verändert ist, dann muss genügend Redundanz im Bild stecken, damit ein Algorithmus, der nur einen geringen Teil der Wahrnehmungsprozesse modelliert, mit der verbleibenden Information immer noch zum korrekten Ergebnis kommt (siehe Abbildung 1.1).

Bilder sind ein mächtiges Mittel, um nicht sequentiell angeordnete Information zu kommunizieren. Kommunikation durch Bilder erfordert keine Sprache und keine codifizierten Symbole. Eine automatische Interpretation von Bildern ist dennoch aufwändiger, als es auf den ersten Blick scheint, denn wir sind zu gut geübt darin, Bilder zu verstehen. Es ist keinesfalls sicher, dass Information aus verschiedenen Bildern nach den gleichen Methoden interpretiert wird. Es ist anzunehmen, dass der visuelle Wahrnehmungsprozess Prozesshierarchien, parallele Prozesse, Prozessalternativen und Feedback-Mechanismen kennt. Wir werden wohl niemals über eine widerspruchsfreie, generalisierte und detaillierte Beschreibung des gesamten Prozesses ver-

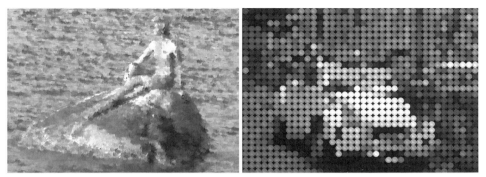

Abbildung 1.1: Bilder enthalten redundante Information. Andernfalls wäre die Figur im linken Bild nicht wahrnehmbar. Nach genauem Hinsehen lässt sich sogar erkennen, dass es sich nicht um die Meerjungfrau aus dem Kopenhagener Hafen handelt. Das rechte Bild zeigt darüber hinaus, dass die Wahrnehmung von Form skalierungsabhängig ist. Der PKW wird nur erkannt, wenn man sich das Bild aus genügender Entfernung anschaut. Dieses Beispiel ist eine Motivation für die Einführung eines Multiskalenraums, bei der unterschiedliche Informationen auf unterschiedlichen Skalierungen berechnet werden.

fügen. Einzelne Strategien, die uns aus neurophysiologischen oder wahrnehmungspsychologischen Untersuchungen bekannt sind, können allenfalls so kombiniert werden, dass sie für eine bestimmte Bild- und Problemklasse ein ähnliches Verhalten zeigen wie der visuelle Wahrnehmungsprozess.

Bildinformation algorithmisch zu interpretieren ist Aufgabe von Bildverarbeitung und Bildanalyse. Regeln und Modelle müssen gefunden werden, mit denen ein Algorithmus Vergleichbares wie die visuelle Wahrnehmung leistet. Da es unwahrscheinlich ist, dass wir den Wahrnehmungsprozess vollständig modellieren können, ist es für die Entwicklung von Algorithmen wesentlich, dass genau beschrieben wird, welche Information unter welchen Annahmen wie interpretiert wird. Aufgaben der Bildanalyse werden dazu oft als inverses Problem formuliert, bei dem die gesuchte Bedeutung („da ist der Wohnungsschlüssel") durch einen bekannten Prozess (die Bildaufnahme) auf die gemessenen Daten (das Bild) abgebildet wird. Es müssen Zusatzbedingungen angegeben werden, unter denen der Schluss aus den Daten auf die gesuchte Bedeutung eindeutig ist. Das Verhalten eines Verarbeitungssystems für Bildinformation lässt sich im Rahmen des gewählten Modells vorhersagen.

Offen bleibt, und das wird manchmal vergessen, ob die Bildinformation dem Modell entspricht. Eine Bildverarbeitungsmethode versagt manchmal, weil die Problemklasse, für die das Verfahren entworfen wurde, nicht derjenigen entspricht, für die es angewendet wird. Niemand würde erwarten, dass ein Flugzeug auch mit 10 km/h noch fliegt, nur weil es sich bei 800 km/h problemlos in der Luft hält. Ein Anwender einer Bildinterpretationsmethode würde aber genau diesen Schluss ziehen, wenn er etwa eine Methode für die automatische Gesichtserkennung zur Unterscheidung unterschiedlicher Verkehrszeichen verwenden will, ohne dass er sich fragt, auf welcher Basis die Methode ursprünglich entwickelt wurde.

Die Anpassung oder Wiederverwendung von Methoden für andere Probleme ist möglich und folgt Standardstrategien einer effizienten Software-Entwicklung. Nur darf man nicht vergessen, dass Module nur dann wiederverwendet werden können, wenn die Schnittstelle genau spezifiziert wird und die Schnittstellenbedingungen genau eingehalten werden. Hier liegt ein Problem, da die Bedingungen das Modell zwar mit einschließen, dieses aber nicht Teil der Übergabeparameter einer Methode ist. Ein Programm zur kantenerhaltenden Glättung eines Bildes erwartet z.B. als Eingabe ein zweidimensionales Bild und die Angabe einer Umgebung, über die eine Glättung von Bildwerten erfolgt. Beide Angaben sind der Schnittstellenbeschreibung zu entnehmen und werden durch einen Entwickler auch verwendet. Ebenfalls Teil der Schnittstellenbeschreibung ist aber das zugrunde liegende Modell, welches z.B. die bearbeitbaren Bilder auf diejenigen beschränkt, deren Kanten innerhalb der Umgebung gerade sind und für die die Bildhelligkeit auf beiden Seiten der Kante konstant ist. Die Methode arbeitet nur dann korrekt, wenn auch diese Bedingungen eingehalten werden. Sie mag sogar an Variationen adaptiert werden können, wenn man diese Variationen in das Modell integriert. Die Adaption wird aber nur erfolgreich sein, wenn der Entwickler sich des Modells überhaupt bewusst ist. Ein Teilziel dieses Buches ist es daher, deutlich zu machen, dass selbst die einfachste Methode aus einem Modell heraus entwickelt wurde. Korrekte Ergebnisse werden nur dann erzielt, wenn die Daten, auf welche die Methode angewendet wird, auch diesem Modell entsprechen.

1.1 Anwendungen der digitalen Bildverarbeitung

Wegen der großen Bedeutung von Bildern für die Kommunikation gibt es eine große Anzahl von Anwendungen für die Verarbeitung von bildlich repräsentierter Information. Sie umfassen unter anderem:

- **die visuelle Inspektion:** Eine visuelle Inspektion ist oft Teil der Qualitätskontrolle eines Produktionsprozesses. Vor allem wenn viele Objekte (Werkstücke, Produkte) nach gleichen Kriterien beurteilt werden sollen, ist ein automatischer Prozess kostengünstiger und effizienter. Zudem ist der Entwickler gezwungen, den Algorithmus nach objektiven Kriterien entscheiden zu lassen. Diese Entscheidung ist wiederholbar und überprüfbar. Über die Lösung der eigentlichen Aufgabe hinaus vereinfacht das auch die Überprüfung angewendeter Qualitätskriterien.

- **die Orientierung von autonomen Systemen:** Roboter oder autonome Fahrzeuge müssen in der Lage sein, Hindernissen auszuweichen und ihre gegenwärtige Position mit einem internen Modell abzugleichen. Zum Teil kann dies durch aktive Systeme, wie z.B. Radar, oder durch Beschränkungen, wie etwa einen genau gekennzeichneten Fahrweg, geschehen. Dies reduziert jedoch den Anwendungsbereich. Die Interpretation von zweidimensionalen Bildern für eine Orientierung in der dreidimensionalen Welt ist dagegen wesentlich flexibler.

- **die Analyse von bildlich repräsentierten Messdaten:** Mehrdimensionale Messdaten fallen in großer Zahl an (z.B. Satellitenbilder des sichtbaren und nicht sichtbaren Spektrums, viele unterschiedliche medizinische Bilddaten, Bilder aus der zerstörungsfreien Materialprüfung, seismische Daten zur Erdölexploration). Die Aufgabe der Bildverarbeitung besteht in einer wiederholbaren und prüfbaren Unterstützung bei der Interpretation der Daten.

- **die Überprüfung von Sachverhalten in schwer beobachtbaren Situationen oder schwer zugänglichen Räumen:** Ob es die Dokumentation von Massenszenen oder Teil eines Einbruchalarmsystems ist, in jedem Fall bietet die digitale Bildanalyse eine Methode zur dokumentierten und ggf. omnipräsenten Kontrolle von potentiell kritischen Situationen, die interaktiv nicht oder nur aufwändig zu realisieren wäre. Auch Kontrollaufnahmen in schwer zugänglichen Räumen (z.B. dem Inneren eines Atomkraftwerks) oder manche medizinische Untersuchungen (z.B. Endoskopie) zählen zu den Anwendungen der Bildverarbeitung.

- **die Identifikation von Personen:** Personenidentifikation spielt bei einer Zugangs-kontrolle genauso eine Rolle wie z.B. bei der Identifikation von Opfern von Gewalt-verbrechen. Eine spezielle Rolle spielt die Bildanalyse dabei bei der physikalischen Rekonstruktion von Gesichtern aus Schädelknochen und -fragmenten sowie bei der Vorhersage von Änderungen des Aussehens durch Alterungsprozesse.

- **die Erkennung von Zeichen:** Gedruckte Dokumente oder handschriftliche Auf-zeichnungen lassen sich nur dann zur Informationsgewinnung verwerten, wenn aus dem Bild die Träger der Semantik – also die Buchstaben, Wörter, Schriftzüge – separiert und erkannt worden sind. Auch dies ist ein wesentliches Anwendungs-gebiet der Bildverarbeitung. Die Analyse von abgetasteten gedruckten Dokumenten, die Erkennung von Unterschriften, das automatische Lesen von handschriftlich ausgefüllten Formularen oder die Erkennung von Adressen auf Briefumschlägen sind Beispiele für Anwendungen in diesem Gebiet.

- **die Suche in Bilddatenbanken:** Auch wenn der Suchprozess selbst nicht zum Fach-gebiet der Bildverarbeitung gehört, so hängt der Sucherfolg entscheidend davon ab, an welche Repräsentation eine Datenanfrage gerichtet ist. Eine Anfrage nach Bil-dern mit Bergen ist schwierig auszuwerten, wenn das Bild als Ansammlung von Bildelementen (Bildpunkten) unterschiedlicher Farbe und Helligkeit repräsentiert ist. Die Berechnung einer geeigneten Repräsentation, in der interessante Anfragen ausgedrückt werden können, ist eine Aufgabe der Bildverarbeitung.

1.2 Algorithmische Verarbeitung von Bildinformation

Jedes der im vorigen Abschnitt genannten Anwendungsgebiete bedeutet, dass auf der Basis von Information im Bild eine Entscheidung getroffen werden soll. Die gesuchte Information ist z.B. das Wort „Bild" in einem digitalisierten Dokument, ein erkannter Fertigungsfehler in einem Röntgenbild eines Werkstücks oder die Erkennung eines Hindernisses durch ein autonomes System. Die Eingangsdaten sind ein oder mehrere digitale Bilder. Wir werden uns mit der Repräsentation von Bildern im folgenden Kapitel noch genauer beschäftigen, doch gehen wir zur weiteren Diskussion davon aus, dass ein digitales Bild aus einer Anzahl von Bildelementen besteht, von denen jedes als Merkmal seine Helligkeit oder seinen Farbwert trägt.

Bilder unterscheiden sich erheblich von üblicherweise verarbeiteten Daten (Zahlen und Buchstabenfolgen). Das liegt im Wesentlichen daran, dass das einzelne Bildelement wenig über die Bedeutung des an dieser Stelle abgebildeten Objekts aussagt. Ein Bild-analyseverfahren muss den Zusammenhang zwischen einer Folge von Bildelementen und der gesuchten Bedeutung (z.B. „Achtung, Hindernis!" für ein autonomes Fahrzeug) herstellen. Weniger die klassischen Such- und Sortieralgorithmen auf Informationen als vielmehr die Extraktion dieser Information steht daher im Vordergrund.

Ein oft genanntes Beispiel, mit dem die Notwendigkeit zu einem gezielten Vorgehen illustriert wird, ist der naive Ansatz einer Bildanalyse durch Verwendung einer Hash-Tabelle. Da die Anzahl der Bildpunkte für jedes Bild begrenzt ist und auch die Anzahl der unterschiedlichen Helligkeitswerte endlich sein muss, könnte man Bilder analy-sieren, indem jeder möglichen Belegung der Bildelemente eine eindeutige Adresse, d.h. ein kollisionsfreier Hash-Code, zugewiesen und die Bedeutung dieses Bildes an entsprechender Position in einer Hash-Tabelle abgelegt wird. Dass das für größere Bil-der nicht machbar ist, ist sicher intuitiv klar. Aber selbst in einem einfachen Fall führt diese Strategie zu einer sehr großen Anzahl von Einträgen. Dazu soll ein kleines Beispiel vorgestellt werden. Nehmen wir an, dass wir die 128 Buchstaben, Ziffern und Zeichen des ASCII-Codes in einem kleinen Binärbild automatisch erkennen wollen. Die Bilder seien durch einen Segmentierungsschritt entstanden, bei dem um jedes zu erkennende Zeichen ein Rechteck aus 8×10 Bildelementen gelegt wurde. Vordergrundelemente in jedem Bild (das Zeichen) wurden auf den Wert „1" gesetzt und Hintergrundelemente auf den Wert „0". Man kann nun für eine beliebige Belegung der Bildelemente einen Code berechnen und unter diesem Code die Zeichenbedeutung ablegen (siehe Abbildung 1.2). Allerdings gäbe es $2^{(8\cdot10)} = 2^{80} \approx 10^{27}$ verschiedene Codes. Wenn für den Aufbau der Hash-Tabelle je Eintrag 10^{-9} Sekunden gebraucht würden, wäre er erst nach ca. 40 Millionen Jahren abgeschlossen!

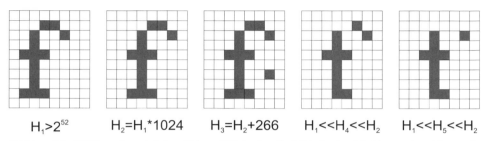

$$H_1 > 2^{52} \qquad H_2 = H_1 * 1024 \qquad H_3 = H_2 + 266 \qquad H_1 << H_4 << H_2 \qquad H_1 << H_5 << H_2$$

Abbildung 1.2: Abbildung eines einfachen Bildes auf Werte einer Hash-Tabelle. Es wird nicht nur eine viel zu große Anzahl von Einträgen benötigt, sondern es ist auch so, dass der Wert des Hash-Codes und der Bildinhalt wenig miteinander zu tun haben.

Da die meisten Bilder wesentlich größer sind als in diesem kleinen Beispiel, wird klar, dass nur eine gezielte Analyse zum Erfolg führen kann. Wie groß die Datenmenge wirklich ist, wird dabei oft unterschätzt. Ein mit einer digitalen 4-Megapixel-Kamera in maximaler Auflösung aufgenommenes Urlaubsfoto enthält etwa so viele Daten wie zehn 400-seitige Bücher! Bildanalyse, auf den Text übertragen, könnte also bedeuten festzustellen, ob die Handlung eines dieser zehn Bücher in einer bergigen Landschaft spielt, wobei dazu das Wort „Berg" nicht unbedingt vorkommen muss. Diese Frage kann nicht durch eine naive Strategie beantwortet werden. Das ist oft der zweite Fehler, der gemacht wird, wenn Bilder analysiert werden sollen. Da es uns selbst leicht fällt, der riesigen Menge von Daten eines einzigen Bildes die richtige Bedeutung zu entnehmen, begeht man den Irrtum anzunehmen, dass ein Algorithmus zur Lösung ebenfalls sehr einfach und daher leicht zu finden sein müsste.

In unserem Beispiel zur Zeichenerkennung wäre es für einen Betrachter nicht schwer, in den 8×10 Bildelementen großen Bildchen die 128 Zeichen zu unterscheiden. Die Anzahl der unterschiedlichen Bilder ist dennoch enorm groß (ca. 10^{27}). Wie kommt diese gewaltige Anzahl von Möglichkeiten zustande? Die Erklärung ist einfach. Zunächst gibt es eine große Anzahl von Kombinationen von Vordergrundelementen, die dasselbe bedeuteten. Fehlt etwa bei der Abbildung des Buchstabens „f" ein Vordergrundelement, so wird dieses Bild immer noch als Abbildung des Buchstabens „f" erkannt. Wird ein Buchstabe um ein Bildelement nach links verschoben, gestaucht oder rotiert, so ist es immer noch derselbe Buchstabe. Jede dieser Operationen führt zu einer anderen Abbildung und damit auch zu einem anderen Hash-Code (siehe Abbildung 1.2). Darüber hinaus gibt es eine große Anzahl von Kombinationen von Vordergrundelementen, die keinem Zeichen entsprechen.

Um das Ganze effizient zu gestalten, müsste man nach einem Hash-Code suchen, bei dem die Anzahl der Einträge nicht wesentlich größer als die Anzahl der unterschiedlichen Bedeutungen ist. Genau dies gestaltet sich aber schwierig. Bilder mit gleicher Bedeutung können sehr unterschiedliche Hash-Codes haben, so dass es keine einfache Abbildung gibt, mit der die 2^{80} Codes auf z.B. 1000 Codes reduziert werden können. Die wesentliche Aufgabe der Bildanalyse ist es daher, aus Bildern diejenigen Eigenschaften abzuleiten, die gegenüber einer Bedeutungszuordnung invarianter sind als unser einfacher Hash-Code. Daraus ergibt sich eine ganze Reihe von Fragen:

- Was ist ein invarianter Träger von Bedeutung in einem Bild?
- Kann Bedeutung auf eine Zusammensetzung von anwendungsunabhängigen Symbolen (analog zu den Buchstaben eines Textes) reduziert werden?
- Welche Rolle spielen Kenntnisse über den Bildaufnahmeprozess bei der Zuordnung von Bedeutung?
- Sind alle Daten auch Information und, falls das nicht so ist, wie lässt sich Information von Störungen trennen?

Schon aus unserem kleinen Beispiel sollte klar sein, dass ein Bild ohne eine Erwartungshaltung darüber, was und wie etwas abgebildet wird, nicht interpretierbar ist. Der erwartete Bildinhalt ergibt sich meist aus der Anwendung. Wenn etwa eine digitale Röntgenaufnahme des Brustkorbs verarbeitet werden soll, dann erwartet man nicht, dass dort Teile des Schädels zu sehen sind. Bilder werden daher vor einer Interpretation nach den erwarteten Inhalten klassifiziert. Ein anderes, klassisches Beispiel, wie sehr die Erwartung die Interpretation eines Bildes beeinflusst, ist in Abbildung 1.3 zu sehen.

Abbildung 1.3: Das Bild des Dalmatiner-Hundes (von R. C. James) ist ein Beispiel dafür, dass die Interpretation ohne Erwartungshaltung über die abgebildeten Objekte nicht immer möglich ist.

Weil der Informationsgehalt eines Bildes auch auf subjektiven Kriterien unserer eigenen, vornehmlich visuell wahrgenommenen Welt basiert, orientiert sich Bildverarbeitung bei der Suche nach geeigneten Modellen und ihrer Anwendung oft an der visuellen Wahrnehmung. Wahrnehmungsprozesse werden so adaptiert, dass sie in einen Algorithmus umzusetzen sind. Der Standard für den Erfolg einer automatischen Analysemethode bemisst sich in diesem Fall an unserer eigenen Fähigkeit, die bildlich repräsentierte Information auszuwerten. Ein Teilgebiet der algorithmischen Verarbeitung bildlicher Information wird daher in Anlehnung an den Begriff *Human Vision* (visuelle Wahrnehmung) auch **Computer Vision** genannt. Gemeint ist damit, Methoden in Anlehnung an oder als Ersetzung von Methoden der visuellen Wahrnehmung zu entwickeln, die die Erkennung von Information aus Bildern ermöglichen. Ein frühes Werk, in dem diese Strategie konsequent durchgehalten wurde, um Informationen über Objekte einer dreidimensionalen Welt aus zweidimensionalen Bildern zu gewinnen, ist das immer noch sehr lesenswerte Buch *Vision* von David Marr [Marr1983].

Hüten sollte man sich aber vor einer allzu simplen Anschauung. In der Regel lässt sich bei uns bekannten Bildern die Frage beantworten, warum wir ein bestimmtes Objekt (z.B. ein Auto in einem digitalen Foto) erkannt haben. Diese Bedingungen mögen zwar ausreichend sein, um dieses spezielle Auto in dieser speziellen Aufnahme zu erkennen. Vermutlich sind noch nicht einmal alle dieser formulierten Bedingungen für die Erkennung notwendig, weil ausreichend redundante Information vorhanden ist. Die Bedingungen sind aber mit einiger Sicherheit auch nicht hinreichend, um alle Autos in beliebigen Bildern zu erkennen (siehe Abbildung 1.4). Um ein für eine Klasse von Objekten generalisierungsfähiges Erkennungssystem zu erhalten, muss die Generalisierung schon im zugrunde liegenden Modell angelegt sein.

Abbildung 1.4: Dieses Bild zeigt insgesamt acht PKWs, die (fast) ohne Mühe zu erkennen sind. Allerdings wird es schwer sein, allen gemeinsame und auf Basis der Bildinformation auswertbare Kriterien zu finden, nach denen alle acht PKWs gefunden werden. Dass es nicht nur die Form allein ist, die über die Interpretation entscheidet, wird klar, wenn man das Bild nur auf seine Kanten reduziert (rechts).

Erkenntnisse zur Verarbeitung von Bildern durch unsere eigene visuelle Wahrnehmung zählen zu den Fachgebieten der Wahrnehmungspsychologie, Neurobiologie und Medizin. Die Thematik soll hier nicht weiter vertieft werden. Sofern Bezüge hierzu, z.B. bei der Entwicklung bestimmter Filter, relevant sind, werden diese Zusammenhänge im Verlauf des Textes erläutert. Solche Informationen sind jedoch bereits früh in die Entwicklung von Methoden der Bildverarbeitung eingeflossen. Filter zur Hervorhebung von Kanten oder gerichteten Mustern wurden etwa durch Erkenntnisse der

Verarbeitung im visuellen Kortex motiviert. Eine leicht lesbare Betrachtung des Wissensstands vornehmlich aus der Sicht der Neurobiologie ist [Hubel2000] zu entnehmen. Eine empfehlenswerte Betrachtung zur visuellen Wahrnehmung aus Sicht der Psychologie ist [Gregory1997]. Ein einführendes und sehr leicht lesbares Buch zur Betrachtung der algorithmischen Umsetzung von Erkenntnissen aus der Wahrnehmungspsychologie ist [Hoffman2000].

Schon dieser kleine Exkurs sollte klar gemacht haben, dass die algorithmische Verarbeitung von Bildern inhärent interdisziplinär ist. Ein weiteres Fachgebiet, das die digitale Bildverarbeitung wesentlich beeinflusst hat – man kann mit einiger Berechtigung auch dafür eintreten, dass sie hierdurch erst entstanden ist –, ist die Signalverarbeitung. Aus der Sicht der Signalverarbeitung ist ein Bild das Resultat eines Aufnahmeprozesses durch ein Aufnahmesystem (z.B. eine Kamera), bei dem Signale verändert und reduziert wurden. Ziel ist die Rekonstruktion und Restauration des ungestörten Signals. Die in den Ingenieurwissenschaften (in diesem Fall insbesondere in der Elektrotechnik) entwickelte Systemtheorie zur Beschreibung komplexer Systeme wird angewendet, um dieses System zu beschreiben, um Einflüsse zu charakterisieren und um das Signal zu restaurieren. Die Bildverarbeitung ist so gesehen eine Erweiterung der klassischen Signalverarbeitung auf mehrdimensionale Signale. Viele Methoden zur Rekonstruktion und Restauration des ursprünglichen Signals wurden aus diesen Gebieten adaptiert. Ein klassischer Text hierzu ist [Oppenheim1996].

Bezüge lassen sich auch aus Sicht der Numerik (Bildanalyse als schlecht gestelltes inverses Problem) oder der Mustererkennung (Bildanalyse als Klassifikation von Merkmalsträgern) aufstellen. Es scheint daher, als ob es ohne umfangreiches Vorwissen keinen Einstieg in die Bildverarbeitung geben kann. Glücklicherweise ist aber die Betrachtung aus jeder der genannten Perspektiven eine in sich stimmige Analyse. Gerade unsere eigene Fähigkeit, Bilder nahezu ohne Mühe zu interpretieren, ermöglicht darüber hinaus oft ein intuitives Verständnis von Analyseverfahren. Jedoch sollte man sich bewusst sein, dass eine Strategie zur Analyse von Bildern im Rahmen einer bestimmten Problemstellung häufig unbewusste Annahmen über Bildinhalte enthält.

Die Entwicklung eines Bildanalyseverfahrens erfolgt in mehreren Phasen. In jeder Phase definiert der Entwickler ein eigenes Modell über die gesuchte Information im Bild. Das Modell umfasst Wissen über Aufnahme und Abbildung der gesuchten Information. Eine Integration von Modell und Daten wird implementiert, durch die dann die Daten interpretiert werden. Wenn danach in der Validierung festgestellt wird, dass das Verfahren nicht immer die erwarteten Ergebnisse liefert, liegt das häufig daran, dass das Modell den Sachverhalt nicht vollständig beschrieben hat. Anstatt nun das implementierte Verfahren so zu korrigieren, dass es in diesen Fällen das richtige Ergebnis liefert, wird überprüft, gegen welche Modellannahmen verstoßen wurde. Nach entsprechender Korrektur sollte die Methode ein nun besseres Verhalten zeigen. Dieser Zyklus wird unter Umständen mehrfach durchlaufen (siehe Abbildung 1.5).

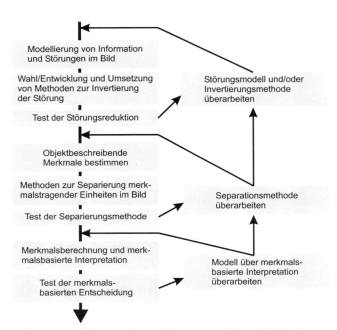

Abbildung 1.5: Entwicklung eines Bildinterpretationsverfahrens: Das Problem wird in eine Sequenz von Teilprozessen zerlegt. Zunächst werden mögliche, durch die Aufnahme verursachte Störungen beseitigt. Dann werden bedeutungstragende Symbole separiert und anschließend erfolgt die Interpretation anhand der Merkmale dieser Symbole. Jeder Schritt besteht in der Regel aus mehreren Teilschritten, basiert auf einem Modell und wird von einer Validierungsphase abgeschlossen, die möglicherweise zur Revision eines oder mehrerer dieser Modelle führt.

Wegen der Modellabhängigkeit könnte jede Problemlösung eine Einzelentwicklung sein. Das wäre für die Bildverarbeitung als Anwendungs- und als Forschungsgebiet inakzeptabel, denn dies würde nur wenig Austausch von Information und Wiederverwendung von Methoden ermöglichen. Strategien der Bildverarbeitung zerlegen daher die Analyse in eine Folge von Teilprozessen. Das Modell für jeden Teilprozess beinhaltet nur so viel Information, wie für die Berechnung des nächsten Zwischenergebnisses notwendig ist. Auf den unteren Ebenen sind die Modelle wenig anwendungsspezifisch und daher für viele Applikationen nutzbar. Die Vorgehensweise trägt auch dazu bei, ein Verständnis für die schrittweise Akkumulation von Wissen von Bildelementen zur Bildbedeutung zu entwickeln. Auch bei der Zuordnung von Bedeutung wird man darauf achten, dass die Anwendungsabhängigkeit über eine Parametrisierung in ein generalisiertes Modell eingebracht wird. Die Parameter werden aus der Kenntnis des Problems bestimmt oder anhand von bereits interpretierten Beispielen gelernt.

Bilddaten und Modellinformation können auf verschiedene Arten integriert werden (siehe Abbildung 1.6). Bei einer **Bottom-Up-Strategie** wird ausgehend von den Bilddaten durch Reduktion und Transformation der Daten schrittweise Evidenz für eine bestimmte Bedeutung akkumuliert. Auf oberster Ebene wird das Konvolut dieses Prozesses anhand des Modells interpretiert. Diese Strategie nennt man auch datenbasiert (*data driven*). Bei einer **Top-Down-Strategie** geht man umgekehrt vor: Durch das

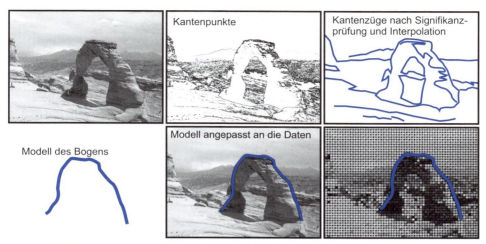

Abbildung 1.6: Bildinterpretation nach Bottom-Up- (obere Zeile) und Top-Down-Strategie (untere Zeile). Wird die Bottom-Up-Strategie verfolgt, so werden zunächst aus den Bildelementen größere, semantisch interessantere Einheiten (im Beispiel sind dies Kantenpunkte und anschließend die aus signifikanten Kantenpunkten zusammengesetzten Kantenzüge) erzeugt. Diese werden dann Gegenstand der Interpretation. Nach einer Top-Down-Strategie existiert zunächst eine Beschreibung des erwarteten Bildinhalts (ein Modell, das im Beispiel die Silhouette des Bogens ist). Das Bild wird danach daraufhin untersucht, inwieweit ein solches Modell durch die Daten bestätigt wird. Mit einem Top-Down-Ansatz wäre es vermutlich möglich, den Bogen auch noch in dem künstlich veränderten Bild rechts zu finden, während die signifikantesten Aspekte des Bildes für einen Bottom-Up-Ansatz sehr gut auch die künstlich eingebrachten Artefakte sein können.

Modell wird vorgegeben, welche Bildinhalte erwartet werden und wie sie abgebildet sein können. Anhand dieser Erwartungshaltung werden die Daten durchsucht. Diese Strategie wird auch modellbasiert (*model driven*) genannt.

In der Regel können Methoden nur näherungsweise einer der beiden Strategien zugeordnet werden. Methoden werden in eher datenbasierte und eher modellbasierte Verfahren unterschieden. Zudem existieren hybride Ansätze, bei denen z.B. eine datenbasiert erzeugte Interpretation genutzt wird, um unter dieser Annahme die Daten ein zweites Mal zu interpretieren. Das ist sinnvoll, weil dieselben Daten unter unterschiedlichen Modellen anders interpretiert werden können. Ein Bild enthält multiple Informationen (eine Landschaftsszene kann die Bedeutung „Berge" oder „Unwetter" haben) und der unter Umständen mehrfache Wechsel zwischen Top-Down- und Bottom-Up-Strategie ermöglicht es, trotz dieser Mehrdeutigkeiten zu der wahrscheinlichsten Erklärung für die Bedeutung eines Bilds zu kommen.

Prozesse der Bildverarbeitung können einer von zwei Ebenen zugeordnet werden. Ziel der so genannten **Low-Level**-Bildverarbeitung ist es, aus der Menge von Bildpunkten Symbole zu generieren, denen eine Bedeutung zugeordnet werden kann. Man wird darauf achten, dass die Eigenschaften dieser Symbole in erster Linie die Bedeutung und nicht Aufnahmebedingungen oder Störungen repräsentieren. Die Verarbeitung eines abgelichteten und dann digitalisierten Dokuments sollte z.B. Symbole erzeugen, die von der Beleuchtung bei der Aufnahme unabhängig sind. Durch eine nachfolgende **High-Level**-Bildanalyse werden diese Symbole anhand ihrer Eigenschaften interpretiert. Dies kann mit Methoden der Mustererkennung für symbolische Beschreibungen erfolgen.

1.3 Zu diesem Buch

Innerhalb der oben genannten Strukturierung in High-Level- und Low-Level-Methoden können die Prozesse der Bildverarbeitung weiter unterteilt werden. Wesentliche Untergruppen, die im Rahmen dieses Buches behandelt werden, sind die folgenden Themen:

- **Bildentstehung:** Hier werden Fragen zu Aufnahmesystemen, zur Bedeutung des aufgenommenen Signals sowie zu Einflüssen bei der Bildaufnahme behandelt. Das Thema der Bildaufnahme und grundlegende Eigenschaften von digitalen Bildern folgen in *Kapitel 2*. Die Veränderung und Reduktion von Information bei der Bildaufnahme ist Thema von *Kapitel 3*.

- **Bildrekonstruktion und Bildrestauration:** Hier geht es darum, die Bildinformation von Störungen und Veränderungen zu befreien und verloren gegangene Information zu rekonstruieren. Das ist das Thema der *Kapitel 4* bis *Kapitel 6*. In *Kapitel 4* werden wir uns mit der diskreten Variante einiger Integraltransformationen auseinander setzen, die eine wichtige Technik zur Reduktion von Artefakten nach der Bildaufnahme sind. *Kapitel 5* behandelt Rekonstruktions- und Restaurationsverfahren und *Kapitel 6* setzt sich mit der Reduktion redundanter Information zur Bildkompression auseinander.

- **Bildverbesserung:** Dabei geht es um die Hervorhebung von Bildmerkmalen, die die Separation von bedeutungtragenden Einheiten erleichtern, sowie um die Unterdrückung von Merkmalen, die für diese Separation störend sind. Wesentliche Methoden sind die Unterdrückung von Rauschen, die Kontrastverstärkung und die Hervorhebung von Kanten. Bildverbesserungsmethoden werden in *Kapitel 7* behandelt.

- **Segmentierung:** Durch Segmentierung wird ein Bild in einzelne Regionen zerlegt, die als Symbole für eine Interpretation geeignet sind. Segmentierung bildet damit die Brücke zwischen Low-Level- und High-Level-Methoden. Segmentierungsverfahren sind Gegenstand der Betrachtungen in *Kapitel 8* und *9*. In *Kapitel 8* werden datenbasierte und in *Kapitel 9* modellbasierte Segmentierungsverfahren behandelt. Morphologische Operationen werden in *Kapitel 10* als Bindeglied zwischen Segmentierung und Klassifikation eingeführt. Diese Operationen auf der Form von Segmenten können sowohl für eine Nachverarbeitung zur Unterdrückung von Störungen als auch zur Berechnung von Merkmalen eingesetzt werden.

- **Merkmalsberechnung und Klassifikation:** Nach einer Segmentierung werden Merkmale aus der erzeugten Repräsentation errechnet, anhand derer im Klassifikationsschritt über die Interpretation des Bildes entschieden wird. Merkmalsbasierte Klassifikation gehört zur High-Level-Vision. Eine kurze Einführung in dieses Gebiet in *Kapitel 11* schließt dieses Buch ab.

Um den Inhalt eines Bildes zu identifizieren, müssen alle Prozesse der Bildverarbeitung durchlaufen werden. Jeder Prozess erzeugt eine informationsreichere Repräsentation des Bildes. Für jeden Schritt muss die entsprechende Modellinformation ausreichen, um die nächste Repräsentationsstufe zu erreichen. Wie man sich sicher vorstellen kann, ist der Gesamtumfang dieser Methoden viel zu groß, um in einem einführenden Text abgehandelt zu werden. Selbst die Beschränkung auf statische, zweidimensionale Grauwertbilder reicht für eine umfassende Behandlung nicht aus. Aber in den vergangenen 30 Jahren haben sich Strategien und Lösungsansätze etabliert, die Grundlage vieler spezialisierter Verfahren der Bildverarbeitung und Bildanalyse sind.

Ziel dieses Buchs ist es, Ihnen diese Strategien nahe zu bringen und gebräuchliche Methoden der Low-Level-Bildverarbeitung zu erläutern. Mit diesen Kenntnissen sollten Sie in der Lage sein, Probleme der Bildverarbeitung und Bildanalyse einzuordnen, und über genügend Rüstzeug verfügen, um viele Aufgaben der Bildverarbeitung selbst zu lösen. Zudem sollten Sie dann über das Hintergrundwissen verfügen, das Ihnen die Einarbeitung in speziellere Themen der Bildverarbeitung und Bildanalyse erleichtert.

Jedes Kapitel beginnt mit einer kurzen Einführung über behandelte Begriffe, Methoden und Definitionen. Das Buch ist sequentiell aufgebaut, d.h. in der Regel setzt das Verständnis eines Kapitels Kenntnisse aus den Vorgängerkapiteln voraus. Damit es Ihnen aber – z.B. beim späteren Nachschlagen – möglich ist, den Text auch abschnittsweise zu lesen, werden in dieser Einführung kurz die wichtigsten, vorausgesetzten Begriffe mit Angabe der jeweiligen Kapitel genannt. Die Kapitel sind weitgehend in sich abgeschlossen. Sagen Ihnen aber mehrere der im einleitenden Text eines Kapitels aufgeführten Begriffe gar nichts, so ist es vielleicht ratsam, noch einmal kurz nachzuschlagen.

Jedes Kapitel wird mit einem zusammenfassenden Fazit, einer Reihe von Übungsaufgaben und Angaben zu weiterführender Literatur abgeschlossen. Teil der Übungsaufgaben sind vor allem in den späteren Kapiteln einige kleinere Projekte, die Sie selbst durchführen können; den entsprechenden Fragen finden Sie „[Projekt]" vorangestellt. Dadurch sollen Sie Strategien entwickeln, um Modelle für Bildverarbeitungsprobleme zu entwerfen und zu überarbeiten. Ein Großteil der Prob-leme in der Praxis kennt keine eindeutige Lösung. Dennoch wird Ihr Auftraggeber erwarten, dass Sie ihm die Funktionsfähigkeit einer entwickelten oder adaptierten Methode zusichern.

1.4 Vertiefende und weiterführende Literatur

Neben der bereits erwähnten Literatur zur Betrachtung von Bildern als Informationsquelle aus nichttechnischer Sicht gibt es eine Fülle von Büchern, die sich mit Bildverarbeitung und Computer Vision aus technischer Sicht auseinander setzen. Der am weitesten verbreitete deutschsprachige Text ist das mittlerweile in fünfter Auflage erschienene Buch von Jähne [Jähne2002], das vor allem auch die Aspekte der Bildentstehung und Bildrestauration vertieft behandelt. Zwei gute englischsprachige Texte sind die Bücher von Gonzalez, Woods [Gonzalez2002] und Sonka et al. [Sonka1998]. Der Text von Gonzales hat seine Stärke vor allem in seinem sorgfältigen, aus dem Prozess der Bildentstehung abgeleiteten Aufbau der Thematik, während das Buch von Sonka et al. eine Fülle von Methoden zur Bildverbesserung und Segmentierung behandelt.

Ein Buch, das sich vor allem an Leser richtet, die bereits über das Grundlagenwissen verfügen, ist das von Jähne et al. herausgegebene Handbuch zur Bildverarbeitung und Computer Vision [Jähne1999]. Hier werden verschiedenste Aspekte der Bildverarbeitung (beginnend mit Bildaufnahmetechniken bis hin zu fortgeschrittenen Themen der Computer Vision) in einer großen Anzahl von Einzelbeiträgen betrachtet. Aktuelle Forschungsergebnisse wird man vor allem in Fachzeitschriften und Konferenzbänden finden. Auch hier gibt es eine große Anzahl von Publikationen. Allgemeine Themen der Bildverarbeitung und Mustererkennung werden z.B. in den beiden von IEEE herausgebrachten Zeitschriften *Transactions on Image Processing* und *Transactions on Pattern Analysis and Machine Intelligence*, in der von Kluwer Academics herausgebrachten Reihe *International Journal of Computer Vision*, in den vom IAPR heraus-gebrachten *Pattern Recognition Letters*, in der von Elsevier herausgebrachten Zeit-schrift *Pattern Recognition* oder in der von Academic Press publizierten *CVGIP: Image Understanding* behandelt. Wichtige Konferenzen sind die von IEEE veranstalte-ten *International Conference of Computer Vision* (ICCV), *International Conference on Image Processing* (ICIP) und *International Conference on Computer Vision and Pattern Recognition* (CVPR), die von der IAPR veranstaltete *International Conference on Pattern Recognition* (ICPR) sowie die *European Conference on Computer Vision* (ECCV).

Z U S A M M E N F A S S U N G

Aufgabe der automatischen Verarbeitung von digitalen Bildern ist die Hervorhebung, Identifikation und Extraktion von Information aus Bildern.

Information kann nur anhand eines Modells über erwartete Inhalte vom Hintergrund unterschieden werden. Einzelne Bildpunkte tragen nur einen geringen Teil der Bildinformation. Erste Aufgabe der Bildverarbeitung ist es, Gruppen von Bildpunkten zu erzeugen, deren Eigenschaften in Hinblick auf das Modell ausgewertet werden können.

Methoden zur Gruppierung von Bildpunkten zu bedeutungstragenden Einheiten zählen zur Low-Level-Vision. Bedeutungsordnung und Informationsextraktion wird High-Level-Vision genannt.

Die Bildanalyse kann datenbasiert (data driven) als Prozess durch allmähliche Akkumulation von Merkmalen definiert werden, anhand derer am Schluss eine Entscheidung getroffen wird, oder sie kann modellbasiert (model driven) ausgeführt werden, indem in einem Bild nach einer vorgegebenen Modellinformation gesucht wird. Die erste Strategie wird Bottom-Up- und die zweite Top-Down-Strategie genannt.

Z U S A M M E N F A S S U N G

Übung 1.1

Aufgaben

- [Projekt] Stellen Sie sich die Schlüsselsuche in einem abgeschlossenen Raum aus dem Kapitelanfang vor. Beschreiben Sie die Komponenten eines Modells für eine bildbasierte Suche. Welche Informationen können Sie voraussetzen? Mit welchen Problemen müssen Sie rechnen? Wann und wie können Sie entscheiden, dass die Suche erfolglos war?

- Schauen Sie sich Abbildung 1.1 an. Was sind wesentliche Eigenschaften in beiden Bildern, die Sie extrahieren und an ein Analysesystem weitergeben würden?

- [Projekt] Was versteht man unter einem Top-Down-Ansatz in der Bildanalyse? Wie könnte eine Strategie aussehen, um über einen Top-Down-Ansatz das im rechten Bild von Abbildung 1.1 gezeigte Auto zu finden? Ginge das auch mit einem Bottom-Up-Ansatz?

- Was verbirgt sich hinter dem Begriff Computer Vision?

- Nennen Sie drei mögliche Anwendungen der digitalen Bildverarbeitung oder Bildanalyse. Nennen und beschreiben Sie für jedes der Gebiete mögliche Ziele der Verarbeitung. Geben Sie an, welche Bilder dazu erzeugt werden müssten und welche Informationen aus den Bildern entnommen werden sollten.

Literatur

[Gonzalez2002] R. C. Gonzalez, R. E. Woods. *Digital Image Processing*. Prentice Hall, 2. Auflage, 2002.

[Gregory1997] R. L. Gregory. *Eye and Brain – The Psychology of Seeing*. Princeton University Press, 5. Auflage, 1997.

[Hoffman2003] D. D. Hoffman. *Visuelle Intelligenz*. dtv, 2003.

[Hubel2000] D. H. Hubel, H. Ginzler. *Auge und Gehirn – Neurobiologie des Sehens*. Spektrum Akademischer Verlag, 2000.

[Jähne2002] B. Jähne. *Digitale Bildverarbeitung*. Springer Verlag, 5. Auflage, 2002.

[Jähne1999] B. Jähne et al. (Hrsg.). *Handbook of Computer Vision and Applications*. Academic Press, 1999.

[Marr1983] D. Marr. *Vision*. Henry Holt & Company, 1983.

[Oppenheim1996] A. V. Oppenheim, A. S. Willsky, S. H. Nawab. *Signals and Systems*. Prentice Hall, 2. Auflage, 1996.

[Sonka1998] M. Sonka, V. Hlavac, R. Boyle. *Image Processing, Analysis and Machine Vision*. PWS Publisher, 1998, 2. Auflage.

Digitale Bilder und die Bildaufnahme

2

ÜBERBLICK

Fragestellungen, Begriffe und Voraussetzungen

Fragestellungen

Digitale Bilder sind die Basis für die algorithmische Weiterverarbeitung. Wesentliche Fragestellung ist, welche Bildeigenschaften bereits durch die Aufnahme und die Repräsentation als diskretisierte Funktion festgelegt sind.

Eingeführte Begriffe und Konzepte

Eigenschaften digitaler Bilder werden am Beispiel des *digitalen Fotos* erläutert. Die Begriffe *Pixel, Orts- und Kontrastauflösung* sowie *Quantisierung* werden eingeführt.

Grundlegende Eigenschaften aller digitalen Bilder sind die *Gitterstrukturen*, auf denen die Diskretisierung durchgeführt wurde, und die sich daraus ergebenden Nachbarschaftsbeziehungen und Distanzmaße. Die für rechteckige und quadratische Gitter geltende *4- und 8-Nachbarschaft* wird definiert. Die daraus abgeleiteten Distanzmaße sind die *Cityblock* und die *Schachbrettdistanz*, die neben der bekannten *euklidischen Distanz* vorgestellt werden. Die Begriffe *Pfad* und *zusammenhängendes Gebiet*, die für die Gruppierung von Pixeln zu bedeutungstragenden Einheiten benötigt werden, werden definiert.

Wesentliche Eigenschaften von digitalen Kameras in Hinblick auf die Bildqualität werden vorgestellt. Das Prinzip der *CCD-Kamera* wird überblicksartig erläutert und die *Akquisition von Farbbildern* durch eine CCD-Kamera wird erklärt.

Weitere Systeme, die fotografische Aufnahmen erzeugen, sind *digitale Videokameras* und *Flachbettscanner.* Wichtige nichtfotografisch erzeugte digitale Bilder sind *digitale Röntgenbilder, Schichtbildrekonstruktionen, Reflexions- und Tiefenkarten.* Sie werden kurz charakterisiert.

Vorausgesetzte Kenntnisse aus vorangegangenen Kapiteln

keine

Bereits die Liste der Anwendungen aus dem letzten Kapitel zeigt, wie verschieden die Datenquellen zur Erzeugung digitaler Bilder sein können. Ein nahe liegendes Beispiel ist sicher die Fotografie einer dreidimensionalen Szene durch eine Digitalkamera. Andere Möglichkeiten sind das Abtasten eines digital oder analog aufgenommenen Signals oder die Rekonstruktion einer mehrdimensionalen Werteverteilung aus Messungen. Durch Letztere können sehr unterschiedliche Daten als Bild repräsentiert werden. Beispiele hierfür sind eine Röntgen-CT-Aufnahme, die Abbildung seismischer Daten zur Erdölexploration oder die bildliche Darstellung einer abstrakten, zweidimensionalen Messreihe, wie etwa die Bevölkerungsdichte eines Landes.

Gemeinsam ist allen Bildern, dass es sich um zweidimensionale Werteverteilungen handelt, die in beobachtbare und interpretierbare Helligkeits- oder Farbwerte umgewandelt wurden. Zwischen dem Foto einer realen Szene und digitalen Bildern, wie z.B. einem Röntgencomputertomogramm (RCT), existiert ein wesentlicher Unterschied: Während das Foto auf Grund unserer Wahrnehmungsfähigkeiten interpretiert wird, benötigt man zur Interpretation des RCT aus der Messwerterzeugung resultierendes Modellwissen. Für die automatische Interpretation sind solche Darstellungen oft leichter zu verarbeiten, weil aus der Motivation semantische Vorgaben für die Interpretation abgeleitet werden können.

Für die Interpretation digitaler Bilder muss dafür gesorgt werden, dass eventuelle aufnahmebedingte Störeinflüsse entfernt, unterdrückt oder zur Berücksichtigung bei der späteren Weiterverarbeitung möglichst genau erkannt werden. Wie bereits im vorigen Kapitel angedeutet, mag es zwar sein, dass auch eine auf intuitiven Entschlüssen basierende Weiterverarbeitung erfolgreich ist. Die auf einem konkreten Modell beruhende Interpretation ist jedoch zielgerichteter, oft effizienter und vor allem hilfreicher bei der Ursachenforschung bei falschem, d.h. nicht den Erwartungen entsprechendem Verhalten des Systems.

In diesem Kapitel soll die Kameraaufnahme exemplarisch für alle anderen Aufnahmesysteme behandelt werden. Eigenschaften dieser Aufnahmeart lassen sich sinngemäß auch auf andere Arten der Erzeugung digitaler Bilder übertragen.

2.1 Das digitale Foto

Eine Fotografie bildet eine dreidimensionale Szene so ab, dass das Foto ähnlich wie die Szene selbst wahrgenommen werden kann. Definitions- und Wertebereich digitaler Fotos sind endlich. Der Definitionsbereich ist dreidimensional (zwei Ortskoordinaten x,y sowie die Wellenlänge λ, welche die Farbe spezifiziert). Für jede Kombination (x,y,λ) ist ein Reflexionswert $R(x,y,\lambda)$ angegeben, mit dem Licht der Wellenlänge λ reflektiert wird. Der Definitionsbereich ist wie folgt beschränkt:

$$x_{min} \leq x < x_{max},$$

$$y_{min} \leq y < y_{max},$$

$$\lambda_{min} \leq \lambda < \lambda_{max}.$$

Durch (x_{min},y_{min}) und (x_{max},y_{max}) werden die untere linke und die obere rechte Ecke des Bildausschnitts bezeichnet. Durch λ_{min} und λ_{max} wird der wahrnehmbare Farbbereich repräsentiert.

Der Wertebereich ist in gleicher Weise beschränkt:

$$R_{min} \leq R(x,y,\lambda) < R_{max}.$$

Die beiden Werte R_{min} und R_{max} geben die kleinste und die größte darstellbare Intensität an.

Die Restriktionen sind in gewisser Weise willkürlich und schränken den Realismus einer digitalen, fotografischen Aufnahme ein. Die aufgenommene Welt ist genauso wenig räumlich begrenzt, wie es Wellenlänge und Intensität des einfallenden Lichts sind. Zunutze macht man sich, dass die menschliche Wahrnehmungsfähigkeit für visuelle Reize beschränkt ist und Ziel einer Fotografie die Simulation dieser Reize ist. Allerdings sind sowohl der durch das Auge wahrgenommene Bildausschnitt als auch die wahrnehmbare Dynamik (der Wertebereich) wesentlich größer als in einem Foto. In der Computergrafik (die „digitale Fotos" künstlich erzeugt) spricht man daher von fotorealistischer statt von realistischer Darstellung.

Für eine Bildanalyse muss darüber hinaus berücksichtigt werden, dass die Interpretation teilweise automatisch erfolgen soll, das verarbeitete Bild also visuell gar nicht wahrgenommen wird. Ein sich an der visuellen Wahrnehmung orientierendes Aufnahmesystem ist damit nicht unbedingt optimal für eine automatische Verarbeitung der in den Bildern enthaltenen Information. Obwohl aus diesem Grund auch andere Aufnahmesysteme verwendet werden, sprechen zwei Gründe dennoch für die Verwendung von Kameras: Aus pragmatischer Sicht steht ein kostengünstiges Aufnahmesystem zur Verfügung, das auch als Datengeber für die Bildanalyse verwendet werden kann. Zudem orientieren sich Bildverarbeitungsmethoden oft an Erkenntnissen aus der Forschung zur visuellen Wahrnehmung, welche besonders gut auf Daten angewendet werden können, die visuell wahrnehmbaren Szenen ähnlich sind.

Für eine rechnerinterne Darstellung wird die Funktion $R(x,y,\lambda)$ diskretisiert. Der Definitionsbereich wird dazu in Ortsbereich (x,y-Koordinaten) und Spektralbereich (die λ-Koordinate) zerlegt. Die x,y-Koordinaten des Ortsbereichs werden auf eine endliche Anzahl von $M{\times}N$ Bildelementen (m,n) abgebildet:

$$m = \left\lfloor M \cdot \frac{x - x_{\min}}{x_{\max} - x_{\min}} \right\rfloor \text{ und } n = \left\lfloor N \cdot \frac{y - y_{\min}}{y_{\max} - y_{\min}} \right\rfloor \text{ für } x_{\min} \le x < x_{\max}, y_{\min} \le y < y_{\max}$$

Die Bildelemente heißen **Pixel** (Kunstwort aus **pi**cture **el**ement). Durch die Anzahl der Pixel je Zeile bzw. Spalte ist die **Ortsauflösung** eines digitalen Bildes festgelegt (siehe Abbildung 2.1).

Abbildung 2.1: Unterschiedliche Ortsauflösung für das gleiche Bild bedeutet eine unterschiedliche Anzahl von Pixeln pro Längeneinheit. Die Ortsauflösungen sind 768×384, 192×96, 48×24 und 12×6 Pixel. Während zwischen dem Bild oben rechts und oben links nur ein geringer Qualitätsunterschied zu sehen ist, nimmt die Erkennbarkeit bei weiterer Reduktion der Ortsauflösung rasch ab.

Der Spektralbereich wird in ähnlicher Weise in drei Spektralkanäle (rot, grün und blau) zerlegt. Drei verschiedene Funktionen $I_{rot}(m,n)$, $I_{grün}(m,n)$ und $I_{blau}(m,n)$ beschreiben Farbe und Helligkeit an jedem Ort (m,n). Die Funktionswerte sind gleichfalls beschränkt:

$$0 \le I_{rot}(m,n), I_{grün}(m,n), I_{blau}(m,n) \le I_{\max}$$

Zur Repräsentation wird das zweidimensionale Feld ersetzt durch drei Felder $r(m,n)$, $g(m,n)$ und $b(m,n)$. Alternativ kann statt dreier zweidimensionaler Felder ein dreidimensionales Feld definiert werden, dessen dritte Dimension zur Farbrepräsentation dient.

Die Repräsentation entspricht dem **RGB-Farbmodell** der Computergrafik. Ein Beispiel für die drei Farbkanäle eines Farbbilds ist in Abbildung 2.2 zu sehen. Durch die Verwendung von nur drei Farbkanälen kann ein visueller Eindruck erzeugt werden, welcher der Aufnahme eines kontinuierlichen Wellenlängenspektrums durch die farbempfindlichen Rezeptoren (die Zäpfchen) im Auge ähnlich ist. Die RGB-Repräsentation ermöglicht eine redundanzarme und möglichst exakte Farbwiedergabe, die zu einer ähnlichen Wahrnehmung wie die der Szene selbst führen soll.

Abbildung 2.2: Rot-, Grün- und Blau-Auszüge eines Farbbilds. Der blaue Himmel ist vor allem im Grün- und im Blau-Auszug zu sehen. Die Werte des rötlichen Felsens sind besonders gut im Rot-Auszug zu sehen. Die weißen Wolken sind in allen drei Auszügen nahezu gleich hell.

Historisch bedingt ist bei Farbbildern auch eine indirekte Repräsentation über eine einfache Hash-Tabelle, genannt **Video-Lookup-Tabelle** (**VLT**), möglich (siehe Abbildung 2.3). In diesem Fall ist der Wert eines Bildelements der Hash-Code. Unter diesem Schlüssel ist in der VLT eine Kombination von Rot, Grün und Blau (jeweils ein Byte) zu finden, die für diesen Bildpunkt dargestellt bzw. verarbeitet werden soll. Wesentliches Ziel war ursprünglich die Speicherplatzersparnis, da für jedes Pixel nur ein statt drei Byte benötigt werden. Dies spielt keine wesentliche Rolle mehr, doch da die VLT in Hardware realisiert werden kann (die Anzahl der Tabelleneinträge und die zu repräsentierenden Daten sind vorab bekannt), wird die Repräsentation noch genutzt, um schnelle, leicht invertierbare Manipulationen der Darstellung zu ermöglichen. Die Veränderung von $256 \cdot 3$ Einträgen in der VLT verursacht weniger Aufwand als die direkte Ausführung derselben Operation auf z.B. $512^2 \approx 262.000$ Pixeln.

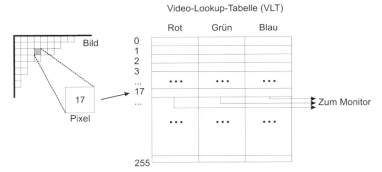

Abbildung 2.3: Mittels Video-Lookup-Tabelle wird ein Farbbild durch ein Element je Pixel repräsentiert. Der Wert des Elements verweist auf eine Position in der Video-Lookup-Tabelle, an der die darzustellenden Rot-, Grün- und Blauwerte stehen.

Neben der RGB-Repräsentation sind Einkanalbilder üblich, bei denen der Funktionswert die Intensität des Signals über einen bestimmten Wellenlängenbereich (meist das sichtbare Spektrum) wiedergibt. Die Bilder werden Intensitäts- oder **Grauwertbilder** genannt. Gerade in der digitalen Bildverarbeitung werden Methoden oft für Einkanalbilder entwickelt. Für die Verarbeitung von Signalen aus Mehrkanalbildern werden diese als voneinander unabhängig betrachtet, so dass die für Einkanalbilder entwickelten Methoden unabhängig voneinander auf die einzelnen Kanäle angewendet werden. Diese Unabhängigkeit ist jedoch nicht immer gegeben, so dass der Entwickler sich dieses Approximationsfehlers bewusst sein sollte (es gibt ein eigenes Gebiet der Farbbildverarbeitung, das sich dieser Unterschiede annimmt).

In der Regel sind die Farb- bzw. Grauwerte ganze Zahlen zwischen 0 und 255. Die Anzahl der unterschiedlichen Werte bestimmt die **Kontrastauflösung** eines digitalen Bildes (siehe Abbildung 2.4). Die **Quantisierung** auf 256 verschiedene Werte resultiert daraus, dass die Anzahl visuell wahrnehmbarer Helligkeitsabstufungen eng begrenzt ist (je nach Lichtverhältnissen ca. 30-100). Das ermöglicht eine Speicherung eines Farb- oder Grauwerts als vorzeichenloser Wert in einem Byte (einzulesen unter C++ zum Beispiel als Datentyp `unsigned char`).

Abbildung 2.4: Unterschiedliche Kontrastauflösung desselben Bildes (256, 64, 16 und 4 unterschiedliche Grauwerte). Auf den oberen beiden Bildern ist kein Unterschied wahrnehmbar. Selbst bei nur vier Graustufen ist das Bild noch gut erkennbar.

Für eine automatische Bildanalyse sind weder Informationsreduktion durch Quantisierung der Grauwerte noch die Farbrepräsentation durch drei Spektralkanäle immer motivierbar. Ein Algorithmus kann sehr wohl mehr als hundert Helligkeitsstufen unterscheiden oder mehr als drei Spektralkanäle verarbeiten. Es gibt daher Bereiche, in denen andere Beschränkungen üblich sind. So werden bei Satellitenbildern Aufnahmen in mehreren hundert Spektralkanälen erzeugt, deren Grenzen weit über das sichtbare Spektrum hinausgehen. Bei der Digitalisierung von medizinischen Bildern wird zwar nur ein Spektralkanal genutzt, die Anzahl der Intensitätsstufen ist jedoch höher ($I_{max} = 4.096$ bei Röntgen-CT-Bildern).

In diesen Fällen steht für eine computergestützte Auswertung mehr Information zur Verfügung. Sollen die Bilder durch ein handelsübliches Wiedergabesystem dargestellt werden, so muss vor der Wiedergabe eine Reduktion der Information erfolgen. Da es der Zweck der Wiedergabe ist, einen Betrachter das wahrgenommene Bild interpretieren zu lassen, ist es Aufgabe der Bildverarbeitung, dafür zu sorgen, dass Information nicht nur wahrgenommen wird, sondern dass auch erkennbar ist, welche Reduktion stattgefunden hat.

2.2 Repräsentation und grundlegende Eigenschaften von digitalen Bildern

Viele der Eigenschaften von digitalen Bildern werden wir erst im Verlauf dieses Buches erläutern. Die Begriffe von Abstand und Nachbarschaft zwischen Pixeln sollen aber bereits an dieser Stelle geklärt werden. Sie sind grundlegend, da sich die Bedeutung eines Bildes fast immer aus einer Gruppe von Pixeln ergibt, zwischen denen eine Zusammenhangsbedingung definiert ist.

Für die Nachbarschaft gibt es auf einem quadratischen Gitter zwei Definitionen, die der **4-Nachbarschaft** und die der **8-Nachbarschaft** (siehe Abbildung 2.5). Zwei Pixel sind 4-benachbart, wenn sie eine gemeinsame Kante haben. Sie sind 8-benachbart, wenn sie einen gemeinsamen Eckpunkt oder eine gemeinsame Kante haben. Wenn die Pixel eines Bildes durch eine diskrete Funktion $f(m,n)$ repräsentiert werden, dann sind die 4-Nachbarn eines Pixels mit den Koordinaten (m,n) die Pixel mit den Koordinaten $(m-1,n)$, $(m,n-1)$, $(m+1,n)$, $(m,n+1)$. Bei einer 8-Nachbarschaft kämen noch die Pixel mit den Koordinaten $(m-1,n-1)$, $(m-1,n+1)$, $(m+1,n-1)$ und $(m+1,n+1)$ hinzu.

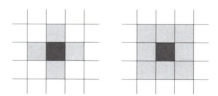

Abbildung 2.5: 4- und 8-Nachbarschaft auf einem quadratischen Gitter

Wir werden uns auf die Betrachtung von quadratischen Gittern beschränken, weil die meisten Aufnahmesysteme Bilder auf solchen Gittern produzieren. Grundsätzlich sind aber auch andere regelmäßige oder nicht regelmäßige Gitterstrukturen denkbar, die die zweidimensionale Fläche in eine Reihe von meist überlappungsfreien Teilflächen zerlegen. Ein hexagonales Gitter dürfte die nächsthäufigste, regelmäßige Gitterstruktur sein. Unter hexagonalen Gittern gibt es nur eine einzige Nachbarschaftsdefinition, wonach benachbarte Elemente eine gemeinsame Kante und zwei gemeinsame Eckpunkte haben. Probleme, die auf Grund der zwei Nachbarschaftsdefinitionen von quadratischen Gittern auftreten, existieren hier nicht (Nervenzellen auf der Retina sind übrigens nahezu hexagonal angeordnet).

Mit einer Nachbarschaftsdefinition lässt sich der Begriff eines Pfades bestimmen. Zwei Pixel p_A und p_B sind durch einen **Pfad** verbunden, wenn es eine Folge von benachbarten Pixeln p_A, p_1, p_2, ..., p_K, p_B gibt und für alle Pixel dieser Folge eine Homogenitätsbedingung gilt. Der Pfad ist offen, falls $p_A \neq p_B$ ist. Andernfalls ist er geschlossen.

Die Homogenitätsbedingung kann zum Beispiel erfüllt sein, wenn alle Pixel den gleichen Intensitätswert haben. Ob zwischen zwei Pixeln ein Pfad existiert, hängt nicht nur von der Homogenitätsbedingung ab, sondern auch davon, welche Nachbarschaftsdefinition gewählt wurde. Ein Pfad unter 8-Nachbarschaft ist nicht automatisch ein Pfad unter 4-Nachbarschaft.

Damit kann man den Begriff des **zusammenhängenden Gebietes** definieren. Eine Menge von Pixeln bildet ein zusammenhängendes Gebiet, wenn zwischen je zwei dieser Pixel ein Pfad existiert. Ein Teil der Aufgaben der Bildverarbeitung besteht darin, Homogenitätsbedingungen so zu formulieren, dass die danach entstehenden zusammenhängenden Gebiete diejenigen Pixelgruppen sind, denen auf Grund ihrer gemeinsamen Eigenschaften eine Bedeutung zugeordnet werden kann.

Der **Rand** eines zusammenhängenden Gebiets ist eine Folge von Pixeln, die zum Gebiet gehören und zu Pixeln benachbart sind, die nicht dazu gehören.

Damit die Definition von Pfaden und zusammenhängenden Gebieten konsistent ist, muss man fordern, dass sich die verwendete Nachbarschaft für zusammenhängende Gebiete im Vordergrund von der im Hintergrund unterscheidet. Andernfalls wäre es zum Beispiel möglich, die zweidimensionale Ebene durch zwei sich an einer Ecke berührende zusammenhängende Gebiete unter 4-Nachbarschaft so zu teilen, dass es zwischen beiden Gebieten keinen Pfad hindurch gibt. Der Hintergrund wäre damit fälschlicherweise nicht zusammenhängend (siehe Abbildung 2.6).

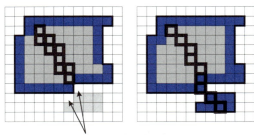

Hier zwischen sollte ein Pfad sein

Abbildung 2.6: Pfade und zusammenhängende Gebiete und deren Ränder (blau) unter 4- und 8-Nachbarschaft. Der Rand eines zusammenhängenden Gebiets unter 4-Nachbarschaft ist 8-zusammenhängend, der eines Gebiets unter 8-Nachbarschaft ist 4-zusammenhängend. Die Definition der Nachbarschaft muss für zusammenhängende Gebiete des Hintergrunds entgegengesetzt zu der für Vordergrundgebiete sein. Andernfalls existiert zum Beispiel fälschlicherweise keine Verbindung zwischen den beiden Pixeln (s. Pfeile) im linken Bild.

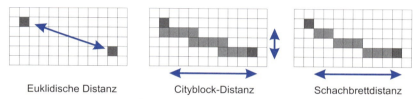

Euklidische Distanz   Cityblock-Distanz   Schachbrettdistanz

Abbildung 2.7: Neben der euklidischen Distanz kann als Länge des kürzesten Pfades die Cityblock-Distanz für die 4-Nachbarschaft und die Schachbrettdistanz für die 8-Nachbarschaft definiert werden.

Mit den beiden Nachbarschaftsdefinitionen sind zwei verschiedene Abstandsdefinitionen assoziiert (siehe Abbildung 2.7). Die mit der 8-Nachbarschaft verknüpfte **Schachbrettdistanz** D_8 ist definiert als

$$D_8\left(x_1, y_1; x_2, y_2\right) = \max\left(\left|x_1 - x_2\right|, \left|y_1 - y_2\right|\right).$$

Sie gibt die kleinste Anzahl von Pixeln an, aus denen ein Pfad bestehen kann, der zwei Pixel mit den Koordinaten (x_1, y_1) und (x_2, y_2) verbindet. Die so genannte **City-block-** oder **Manhattan-Distanz** D_4 ist dagegen die Länge des kürzesten Pfades unter 4-Nachbarschaft:

$$D_4\left(x_1, y_1; x_2, y_2\right) = \left|x_1 - x_2\right| + \left|y_1 - y_2\right|.$$

Neben diesen beiden Abstandsmaßen ist – vor allem für Vermessungen, die sich auf den zugrunde liegenden reellen Definitionsbereich beziehen – auch die **euklidische Distanz**

$$D_e\left(x_1, y_1; x_2, y_2\right) = \sqrt{\left|x_1 - x_2\right|^2 + \left|y_1 - y_2\right|^2}$$

gebräuchlich. Die drei Abstandsmaße sind Metriken der so genannten L_p-Normen. D_8 ist die Metrik der L_∞-Norm (**Maximumsnorm**), D_4 die der L_1-Norm (**Betrags-summennorm**) und D_e die der L_2-Norm (**euklidische Norm**). Die Berechnung der L_p-Norm wird durch $\|.\|_p$ angegeben, so dass zum Beispiel mit $\|p_1 - p_2\|_1$ der Abstand zwischen p_1 und p_2 unter der Cityblock-Distanz gemeint ist. Fehlt die Angabe von p, so ist meist die L_2-Norm gemeint. Die Angabe $\|p_1 - p_2\|$ bezeichnet daher den Abstand zwischen p_1 und p_2 unter der euklidischen Norm. Für beliebige Pixel p_1 und p_2 gilt $D_8(p_1, p_2) \leq D_e(p_1, p_2) \leq D_4(p_1, p_2)$.

Es liegt nahe, digitalisierte Bildinformation durch ein zweidimensionales Feld $I(m,n)$, $m = 0,\ldots,M{-}1$, $n = 0,\ldots,N{-}1$ von Funktionswerten zu repräsentieren. Obwohl damit die Zuordnung zwischen Feldelementen und Bildkoordinaten einfach ist, gibt es – historisch bedingt – zwei unterschiedliche Abbildungen, bei denen die y-Achse (die n-Achse des diskreten Systems) von der x-Achse (der m-Achse) aus gesehen entweder nach oben oder nach unten zeigt.

Grundsätzlich sind beliebige Bildgrößen möglich. Oft ist die Anzahl der Pixel je Zeile und Spalte jedoch gleich und es werden Potenzen von 2 für die Anzahl der Zeilen und Spalten eines Bildes gewählt. Bildgrößen von 256^2, 512^2, 1.024^2 usw. sind üblich. Die Wahl von 2er-Potenzen hat vor allem bei Funktionstransformationen (siehe *Kapitel 4*) gewisse Vorteile bei der Weiterverarbeitung. Bedingt durch das Verhältnis von Höhe zu Breite bei Wiedergabesystemen (Monitor, Papierabdruck) sind auch Bildgrößen üblich, bei denen $M \neq N$ ist (z.B. 640×480, 1.024×768, 1.280×1.024).

2.3 Die Digitalkamera

Es gibt verschiedene Typen von digitalen Kameras für den privaten oder industriellen Gebrauch. Digitalkameras für den Privatgebrauch sind in erster Linie für die Aufnahme von Fotos geeignet, während Videoaufnahmen nur eingeschränkt möglich sind. Eine solche Kamera produziert in der Regel Farbbilder, für die die Intensitäten eines Rot-, Grün- und Blaukanals gespeichert werden. Das Aufnahmesystem besteht aus dem auch für analoge Kameras üblichen Linsensystem. Statt auf den lichtempfindlichen Film trifft das einfallende Licht auf einen CCD-Chip (siehe Abbildung 2.8). Dieser Chip besteht aus lichtempfindlichen Sensoren, die in einem zweidimensionalen Feld angeordnet sind. Die Chipgröße ist kleiner als die Größe von analogen Fotos (ca. 1-2 cm Seitenlänge im Vergleich zu 3,6 cm beim Film), so dass bei gleichem Öffnungswinkel die fokale Länge (Abstand zwischen Linse und Sensor bzw. Film) entsprechend kürzer ausfällt. Die Größe einer digitalen Kamera wird wesentlich durch die Größe des Speichersystems für die Bilder und durch das Linsensystem bestimmt. Der Trend zu kleinen Kameras hat allerdings dazu geführt, dass Lichtstärke und Linsenqualität bei Digitalkameras oft schlechter als bei Analogkameras sind. Mit zunehmender Verbreitung von Digitalkameras beginnt sich dies allerdings zu ändern.

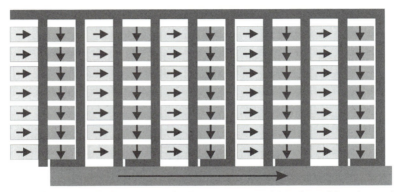

Abbildung 2.8: Aufbau eines CCD-Chips. Lichtempfindliche Sensoren wandeln Licht in elektrische Impulse um, die über vertikale und horizontale Shift-Register ausgelesen werden.

Die Anzahl der Elemente auf einem CCD-Chip beträgt bei heutigen Kameras bis zu acht Megapixel, was einem Bild mit etwas weniger als 3.600×2.400 Pixeln entspricht. Bei Umrechnung in Linien pro Millimeter (lpmm), der üblichen Angabe für die räumliche Auflösung analogen Films, können bei einer 8-Megapixel-Kamera 1.800 Linien in horizontaler und 1.200 Linien in vertikaler Richtung unterschieden werden. Bei einer Filmgröße von 24×36 mm bedeutet das 50 lpmm. Kommerzielle Kameras erreichen eine etwas höhere Auflösung. Die Auflösung eines analogen Films, die bei normaler Temperatur und normal empfindlichem Film (100 ASA) etwa 150 lpmm beträgt, ist damit noch nicht erreicht.

Farbbilder werden – anders als bei analogem Film, wo hintereinander unterschiedlich farbempfindliche Schichten aufgebracht sind – bei einfachen CCD-Kameras dadurch erzeugt, dass auf das Sensorraster abwechselnd Rot-, Grün- und Blaufilter aufgebracht werden. Um ein regelmäßiges Muster aus den quadratisch angeordneten Sensorelementen zu erzeugen, werden je 2×2 Pixel zusammengefasst, von denen zwei Elemente mit einem Grün- und die beiden anderen Elemente mit einem Rot- bzw.

Blaufilter versehen sind. Grün wird bei der Filterung bevorzugt behandelt, weil das menschliche Auge für diesen Spektralbereich besonders empfindlich ist. Ein Pixel entspricht damit vier Sensorelementen. Für kommerzielle Zwecke sind für die Farbdarstellung auch 3-Chip-Kameras üblich, bei denen das einfallende Licht durch ein Prismensystem in drei Teilstrahlen aufgespalten und auf drei Chips gelenkt wird, die jeweils mit einem Rot-, Grün- oder Blaufilter versehen sind. Man kann sich leicht vorstellen, dass die hierfür notwendige hohe Präzision des Prismensystems zu einer Verteuerung des Kamerasystems führt.

Bilddaten werden aus dem CCD-Chip ausgelesen und entweder in der Kamera gespeichert oder über eine Interface-Karte direkt in den Hauptspeicher eines angeschlossenen Rechners geschrieben. Ersteres ist die bei Kameras für den Privatgebrauch übliche Methode. Da die Speicherung eines einzigen Bildes bei einer 4-Megapixel-Kamera bei einem Speicherbedarf von drei Byte je Pixel 12 MByte betragen würde, ist die Speicherkapazität der internen Speicherkarten rasch erschöpft. Daher werden die Bilder vor der Speicherung meist komprimiert. Näheres zur Kompression wird in *Kapitel 5* erläutert, doch an dieser Stelle sei angemerkt, dass die Kompression für digitale Kameras für den Privatgebrauch oft verlustbehaftet ist, um ausreichend hohe Kompressionsfaktoren zu erreichen. Information, die für den visuellen Eindruck wenig relevant ist, wird nicht gespeichert. Das Originalbild kann damit nicht mehr exakt aus dem komprimierten Bild rekonstruiert werden. Für eine Weiterverarbeitung kann das problematisch sein, denn die verlorene Information kann für einen Algorithmus zur Bildinterpretation durchaus relevant sein. Kameras für kommerzielle Anwendungen und auch bessere Kameras für den Privatgebrauch ermöglichen in der Regel eine verlustfreie Speicherung des aufgenommenen Bildes.

2.4   Semantik der aufgenommenen Daten

Für ein digitales Foto beschreiben die zu verarbeitenden Daten abgetastete Reflexionen von Licht an Oberflächen. Ziel einer Bildinterpretation wird in der Regel die Erkennung von einzelnen Objekten oder eines Zusammenhangs zwischen Objekten sein. Dem liegt die Hypothese zugrunde, dass Objekte anhand ihrer unterschiedlichen Reflexion voneinander unterschieden werden können und dass – da nur eine zweidimensionale Projektion der dreidimensionalen Objekte existiert – die zur Verfügung stehende Information ausreicht oder geeignet ergänzt werden kann, um die gewünschten Inhalte zu extrahieren.

Letzteres ist eine Frage an die Modellkomponente einer Interpretation und damit im Zusammenhang der Betrachtung der Daten zunächst nicht relevant. Dass unterschiedliche Objekte anhand der Dateninformation zumindest teilweise unterschieden werden können, kann dagegen angenommen werden. Ansonsten wäre das Bild für die angenommene Interpretation irrelevant und wohl gar nicht erst erzeugt worden. Die Annahme ist auch nicht haltlos, da sich die Reflexionseigenschaften unterschiedlicher Objekte auf Grund ihrer unterschiedlichen Lage und Absorptionseigenschaften voneinander unterscheiden sollten.

2.5 Andere Aufnahmesysteme

Neben Kameras für die Aufnahme von Einzelbildern existieren **digitale Videokameras** für Industrieanwendungen und für den Privatgebrauch. Der Aufbau dieser Kameras ist ähnlich, wobei die räumliche Auflösung oft dem CCIR-Standard (z.B. 768×576 Pixel für ein PAL-Signal; andere Systeme, z.B. NTSC, haben eine andere Auflösung) folgt. Falls die Bilder als Analogsignal weitergegeben werden, wird dieses nach einer Übertragung an einen angeschlossenen Rechner durch einen Frame-Grabber wieder in ein digitales Signal zurückgewandelt. Die zweimalige Wandlung und die Übertragung als Analogsignal können zu zusätzlichen Störungen des Signals führen. Bei Kameras, die ein Digitalsignal weitergeben, muss beachtet werden, dass gerade die im Privatgebrauch üblichen Kameras eines der Standardformate (z.B. MPEG) erzeugen, das eine verlustbehaftete Kompression beinhaltet. Die computergestützte Weiterverarbeitung kann daher zu ähnlichen Problemen führen wie bei verlustbehaftet komprimierten Einzelbildern.

Eine häufige Quelle für digitale Bilder sind **Flachbettscanner**, die dazu gedacht sind, zweidimensionale, digitale Kopien von zweidimensionalen Vorlagen zu machen. Obwohl es hier nicht zu einem Informationsverlust durch die Projektion von drei auf zwei Dimensionen kommt, sind dennoch Artefakte möglich, die in diesem Fall von Unterschieden der räumlichen Auflösung herrühren.

Neben der fotografischen Aufnahme gibt es eine ganze Reihe von Messverfahren, durch die bildlich interpretierbare Signale erzeugt werden (siehe z.B. Abbildung 2.9). Deren Eigenschaften variieren mit der jeweiligen Messaufnahmetechnik, wobei allen Aufnahmen gemein ist, dass sie als digitale Bilder mit einer endlichen Anzahl von Kanälen repräsentierbar sind. Im Einzelnen sollen diese Verfahren hier nicht behandelt werden, da dies den Rahmen einer Einführung in die Bildverarbeitung sprengen würde. Dennoch sollen wesentliche bildgebende Systeme genannt und kurz charakterisiert werden. Der interessierte Leser sei dann auf die jeweils genannte vertiefende Literatur verwiesen. Wichtige Beispiele für nichtfotografische Aufnahmen sind:

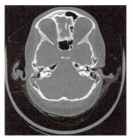  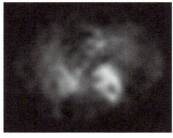

Abbildung 2.9: Bilder von nichtfotografischen Aufnahmen: Die Röntgencomputertomografie (links) rekonstruiert Schichten einer dreidimensionalen Messwertverteilung; Reflexionslaufzeitbilder (Mitte) geben die Reflexion in Relation zur Laufzeit wieder (hier ein Bild der unterirdischen Sedimentschichtfolge aus einer seismischen Untersuchung); ein SPECT-Bild (rechts, Bild von A.Celler) gibt eine rekonstruierte Schicht der Konzentration einer injizierten, strahlenden Substanz wieder.

- **Digitale Röntgenbilder**. Sie zeigen eine zweidimensionale Projektion der Abschwächung von Röntgenstrahlen und werden in der Radiologie, aber auch in der Materialprüfung verwendet. Die Bilder sind in der Regel hochauflösende Einkanalbilder, deren Funktionswert die akkumulierte Röntgenstrahlabschwächung beschreibt. Näheres zu Aufnahmetechnik, Signalinterpretation und Störungen ist der Fachliteratur zur Bildgebung in der Medizin zu entnehmen (z.B. [Webb2003]).

- **Schichtbildrekonstruktionen**. Sie zeigen die zweidimensionale Verteilung eines Messwerts, der aus Projektionen berechnet wurde. Bekanntestes Beispiel dürfte die Röntgencomputertomografie sein. Aus mehreren Projektionen der Strahlenabschwächung beim Durchgang durch einen Körper wird eine zwei- oder dreidimensionale Verteilung der Abschwächung rekonstruiert. Verschiedene Approximationen der Invertierung der Radon-Transformation werden zur Rekonstruktion verwendet. Näheres hierzu und auch zu den aus der Approximation resultierenden Störungen ist ebenfalls in der Fachliteratur zur medizinischen Bildgebung zu finden. Die Computertomografie wird in der Radiologie und in der Materialprüfung verwendet. Neben Röntgenstrahlen gibt es weitere Signale, die sich für die Schichtbildrekonstruktion eignen (z.B. Magnetresonanztomografie oder Photonenemissionstomografie).

- **Reflexionslaufzeitbilder**. Sie zeigen die Reflexion von Licht oder Schall an Grenzschichten. Die Laufzeit der reflektierten Welle wird als Abstand zur Signalquelle interpretiert. Aus einer eingestrahlten Wellenfront in ein Material kann so ein Bild der Reflexion der Wellen in unterschiedlicher Tiefe berechnet werden. Der Intensitätswert entspricht hier der Stärke der Reflexion. Beispiele für Schallreflexionsbilder sind Ultraschallbilder in der Medizin oder die Ergebnisse seismischer Untersuchungen von Gesteinsschichten. Probleme bei der Bildaufnahme und -interpretation werden unter anderem durch Variation der Schallgeschwindigkeit, durch Signalabschwächung und Mehrfachreflexionen verursacht. Die Laufzeit oder daraus abgeleitete Parameter können auch als Abstand zum ersten reflektierenden Objekt interpretiert werden, so dass eine Tiefenkarte entsteht. Bei der Verwendung von Schallwellen (Radar) ist die Fokussierung, bei der Verwendung von Licht die hohe Ausbreitungsgeschwindigkeit das größte Problem.

- **Tiefenkarten**. Sie zeigen den Abstand zu einem bezüglich der Signalart (meist Licht) undurchlässigen Objekt. Tiefenkarten können auf unterschiedliche Weise gewonnen werden, doch meist beruht das Verfahren auf einer Triangulation zwischen Signalgeberposition, Aufnahmesystem und Ort, zu dem der Abstand gemessen wird. Die wiedergegebene Intensität solcher Bilder steht dann zum Abstand in bekannter Relation (z.B. heller, je dichter ein Objektpunkt am Aufnahmesystem ist). Näheres zur Erzeugung von Tiefenkarten ist in der Literatur zur 3-D Computer Vision zu finden (z.B. [Klette 1996]).

- **Simulationsergebnisse**. Diese sind das Resultat einer numerischen Simulation. Ein Beispiel ist eine Karte der Windgeschwindigkeiten, die aus Wetterbeobachtungen und einem Simulationsmodell gewonnen worden sind.

Die Aufnahmen werden durch zweidimensionale, zum Teil auch durch höherdimensionale diskrete Verteilungen von Werten repräsentiert, die bildlich wiedergegeben werden können. Allgemeine Definitionen und Eigenschaften zu digitalen Bildern, so wie sie in diesem Kapitel diskutiert worden sind, treffen auch auf diese Daten zu.

2.6   Vertiefende und weiterführende Literatur

Informationen zu unterschiedlichen Aufnahmetechniken sind in Band 1 (Sensors and Imaging) des Handbuchs zur Computer Vision von Jähne et al. [Jähne1999] zu finden. Viele Informationen zu Standards (Bildformate, Übertragung, Bildqualität) findet man auf den Webseiten der International Standards Organisation (ISO, http://www.iso.org) und von IEEE (http://www.ieee.org). Ein klassischer Text zur Rekonstruktion von Bildern aus Projektionen ist [Kak2001]. Einen guten Überblick über verschiedene Bildgebungsverfahren in der Medizin gibt [Webb2003]. Dieses Werk umfasst sowohl gängige Schichtbildverfahren (Röntgen-CT, MRT, PET) als auch andere, digitale Bildgebungsmethoden. Bildgebung durch mikroskopische Aufnahmen wird in [Murphy2001] behandelt. Ein sehr ausführlicher Text über die Satellitenaufnahme ist [Convay1997]. Farbbildgebung und vorverarbeitende Schritte der Farbbildverarbeitung werden in [Sharma2002] diskutiert. Viele Bücher zur digitalen Bildverarbeitung (z.B. die schon genannten Bücher von Jähne [Jähne2002] und Gonzales, Woods [Gonzales2002]) beinhalten Kapitel zur Farbbildverarbeitung. Ein amüsantes Buch zur Betrachtung von Bildinformationen aus verschiedenen Bereichen des (nicht sichtbaren) elektromagnetischen Spektrums ist [Richards2001].

Z U S A M M E N F A S S U N G

Digitale Bilder sind zweidimensionale Funktionen mit endlichem und ganzzahligem Definitionsbereich. Ein einzelner Ort im Definitionsbereich ist ein Pixel. Jedes Pixel trägt als Funktionswert seinen Grauwert oder einen Farbwertvektor. Farben sind als RGB-Werte (rot, grün, blau) codiert. Auch der Wertebereich ist ganzzahlig und begrenzt.

Bilder können auf beliebigen Gittern definiert sein, doch üblich sind rechteckige oder quadratische Gitter. Auf solchen Gittern lassen sich 4- und 8-Nachbarschaft zwischen Pixeln definieren, woraus sich neben der euklidischen Distanz die Cityblock- und Schachbrettdistanz als zusätzliche Distanzmaße ergeben.

Ein zusammenhängendes Gebiet besteht aus Pixeln, zwischen denen Pfade aus benachbarten Pixeln nach einer vorgegebenen Homogenitätsbedingung existieren.

Bilder können durch verschiedene Aufnahmesysteme erzeugt werden, wovon digitale Kamera, Videokamera und Flachbettscanner die bekanntesten Systeme zur Generierung von digitalen Fotografien sind. Digitale Röntgenbilder, Schichtbildrekonstruktionen, Reflexions- und Tiefenkarten erzeugen dagegen diskrete Verteilungen von Messwerten, die als Bilder ausgewertet werden können.

Z U S A M M E N F A S S U N G

Übung 2.1 Aufgaben

- Was ist eine Video-Lookup-Tabelle und wozu wird sie verwendet?
- Erklären Sie die Begriffe Ortsauflösung und Kontrastauflösung.
- Ein Bild mit schlechter Ortsauflösung ist schwieriger zu interpretieren als eines mit schlechter Kontrastauflösung (vgl. Abbildung 2.1 und Abbildung 2.2). Geben Sie mögliche Gründe dafür an.
- Was ist eine 4-Nachbarschaft und was eine 8-Nachbarschaft auf einem quadratischen Gitter? Warum gibt es zwei unterschiedliche Nachbarschaftsbeziehungen?
- Was ist ein zusammenhängendes Gebiet und welche Rolle kann es bei der Analyse eines Bildes spielen?
- Wenn ein Vordergrundobjekt zusammenhängend unter 4-Nachbarschaft ist, dann sollte der Hintergrund zusammenhängend unter 8-Nachbarschaft sein. Erklären Sie, warum das so ist.
- Wie sind die drei gebräuchlichen Abstandsmaße auf einem quadratischen Gitter definiert und wie hängen sie mit den Nachbarschaftsbegriffen zusammen?
- [Projekt] Die Intensität eines Farbbilds in einer RGB-Repräsentation ist definiert als die Länge des Farbvektors $(r\ g\ b)$ für jedes Pixel. Schreiben Sie ein kurzes Programm, das ein RGB-Bild einliest (Beispielbilder sind auf der Companion Website zu finden) und daraus ein Intensitätsbild erzeugt. Farb- und Intensitätsbild sollen nebeneinander ausgegeben werden.
- Welche Rolle spielt ein CCD-Chip bei der Aufnahme eines Bildes durch eine Digitalkamera?
- Wie kann ein Farbbild in einer Digitalkamera erzeugt werden?
- Eine digitale Röntgenaufnahme unterscheidet sich von der Ihnen wahrscheinlich bekannten analogen Röntgenaufnahme im Wesentlichen dadurch, dass die Aufnahme statt auf Film als digitales Bild gespeichert wird. Was sind in Hinblick auf eine Interpretation des Bildinhalts Unterschiede zwischen einer Fotografie und einem digitalen Röntgenbild?

Literatur

[Convay1997] E. D. Convay. *An Introduction to Satellite Image Interpretation.* Johns Hopkins University Press, 1997.

[Gonzalez2002] R. C. Gonzalez, R. E. Woods. *Digital Image Processing.* Prentice Hall, 2. Auflage, 2002.

[Jähne1999] B. Jähne et al. (Hrsg.). *Handbook of Computer Vision and Applications: Sensors and Imaging (Vol. 1),* Academic Press, 1999.

[Jähne2002] B. Jähne. *Digitale Bildverarbeitung.* Springer Verlag, 5. Auflage, 2002.

[Kak2001] A. C. Kak, M. Slaney. *Principles of Computerized Tomographic Imaging.* Society for Industrial and Applied Mathematics (SIAM), 2001.

[Klette1996] R. Klette, A. Koschan, K. Schlüns. *3D Computer Vision.* Vieweg, 1996.

[Murphy2001] D. B. Murphy. *Fundamentals of Light Microscopy and Electronic Imaging.* Wiley, 2001.

[Richards2001] A. Richards. *Alien Vision: Exploring the Electromagnetic Spectrum with Imaging Technology.* SPIE Optical Engineering Press, 2001.

[Sharma2002] G. Sharma. *Digital Color Imaging Handbook.* CRC Press, 2002.

[Webb2003] A. R. Webb. *Introduction to Biomedical Imaging.* Wiley, 2003.

Einflüsse bei der Bildaufnahme

3

ÜBERBLICK

Fragestellungen, Begriffe und Voraussetzungen

Fragestellungen

Wenn eine Szene durch ein Aufnahmesystem abgebildet wird, wird die in der Szene vorhandene Information nicht vollständig oder nicht unverändert in das Bild übernommen. Wesentliche Fragestellungen sind, welche Art von Reduktion und Veränderung stattgefunden hat und wie sich diese Prozesse beschreiben lassen.

Eingeführte Begriffe und Konzepte

Bei der Aufnahme finden eine Transformation und eine Projektion statt. Als Definitionsbereiche für diese Operationen werden *Bild-, Kamera- und Weltkoordinatensystem* definiert. Voneinander unterschieden werden extrinsische und intrinsische Parameter, welche die Abbildung zwischen Welt-, Kamera- und Bildkoordinatensystem beeinflussen.

Die *Abtastung* bei der Aufnahme wird durch Multiplikation mit einer Impulsfolge modelliert. Die *Impulsfolge* kann aus einer *Impulsfunktion* (Dirac-Funktion) erzeugt werden.

Viele Veränderungen bei der Aufnahme können durch *lineare Operatoren* beschrieben werden. Die zusätzliche Annahme von *Verschiebungsinvarianz* führt zur Definition der *Konvolutionsoperation* (auch Faltung genannt). Die Veränderung selbst wird durch Faltung mit einer so genannten *Point Spread Function* erzeugt.

Einer Reihe von Störungen (*Intensitätsvariationen*, *Über- oder Unterbelichtung* und die *Linsenverzerrung*) können durch einfache, aber nicht verschiebungsinvariante Operatoren beschrieben werden.

Rauschen im Bild ist ein *stochastischer Einfluss*, der nicht exakt rückgängig gemacht, sondern nur charakterisiert werden kann.

Vorausgesetzte Kenntnisse aus vorangegangenen Kapiteln

keine

Durch Bildinterpretation werden Daten auf der Basis einer Erwartungshaltung über den möglichen Bildinhalt erklärt. Dazu muss die Bedeutung des aufgenommenen und abgebildeten Signals bekannt sein. Das Signal sollte darüber hinaus nur die gesuchte Information widerspiegeln. Dies ist aber nur unter idealen Bedingungen möglich. In der Praxis unterliegt das Bildsignal einer Vielzahl von Einflüssen, durch die die Bildinformation verändert wird. Diese lassen sich unterscheiden in

- **informationsreduzierende Einflüsse**, durch die ein Teil der Information verloren geht. Aufgabe der Bildverarbeitung ist es, den Informationsverlust zu beziffern und unter Umständen durch zusätzliches Wissen auszugleichen.

- **deterministische Einflüsse**, die auf berechenbare und wiederholbare Veränderungen bei der Bildaufnahme zurückzuführen sind. Ziel ist es hier, die Veränderung zu beschreiben, nötigenfalls geeignet zu parametrisieren und rückgängig zu machen.

- **stochastische Einflüsse**, durch die das Bild in statistisch beschreibbarer Weise verändert wird. Die Parameter der statistischen Beschreibung sollen berechnet werden, damit der Einfluss bei der Verarbeitung berücksichtigt oder näherungsweise rückgängig gemacht werden kann.

Die genaue Art der Informationsreduktion oder -veränderung hängt wesentlich vom Aufnahmesystem ab und muss im konkreten Fall systemspezifisch festgestellt werden. Die Strategien zu ihrer Beschreibung, Beseitigung, Unterdrückung oder Berücksichtigung sind jedoch ähnlich, so dass eine Erläuterung anhand eines konkreten Aufnahmesystems auf andere Systeme übertragbar ist. Nachfolgend werden daher die drei Arten der Störeinflüsse am Beispiel der digitalen Kameraaufnahme näher erläutert.

3.1 Informationsreduktion bei der Aufnahme

Ein aufgenommenes und durch eine endliche Anzahl von Pixeln repräsentiertes Bild enthält sicher weniger Information als die Welt, von der diese Aufnahme stammt. Für eine spätere Interpretation muss der Informationsverlust möglichst genau modelliert werden, um bei einer automatischen Analyse keine falschen Schlüsse aus nicht vorhandener und dann falsch ergänzter Information zu ziehen.

3.1.1 Transformation und Projektion

Die wohl offensichtlichste Informationsreduktion findet bei der **Projektion** einer dreidimensionalen Welt auf das zweidimensionale Bild statt. Insgesamt können drei Formen der Reduktion unterschieden werden (siehe Abbildung 3.1):

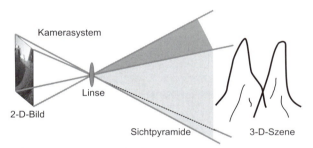

Abbildung 3.1: Bei der Bildaufnahme wird die 3-D-Information in mehrfacher Hinsicht reduziert. Alle Strukturen außerhalb der Sichtpyramide werden nicht abgebildet. Verdeckte Strukturen innerhalb der Sichtpyramide werden ebenfalls nicht abgebildet.

- Alle außerhalb der durch Bildfläche und Linsenmittelpunkt gebildeten, nach hinten offenen Sichtpyramide liegenden Punkte werden nicht abgebildet.
- Alle aus Kamerasicht von anderen Flächen verdeckten Objektanteile werden nicht abgebildet.
- Es werden nur die Reflexionseigenschaften von sichtbaren Punkten entlang einer Achse vom Punkt durch das Linsenzentrum der Kamera auf das Bild projiziert. Die Information über den Abstand des Punktes zur Kamera geht verloren.

Der Vorgang kann durch eine Koordinatentransformation, die mit einem Hidden Surface Removal (Entfernung verdeckter Flächenanteile) kombiniert wird, modelliert werden. Für die Bestimmung der Sichtpyramide und der Sichtbarkeit von Flächen werden Koordinatensysteme definiert, durch die Projektionsfläche, Kamera und dreidimensionale Welt zueinander in Relation gesetzt werden (siehe Abbildung 3.2).

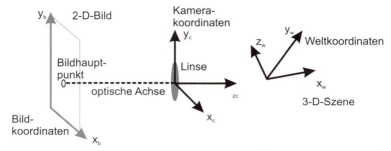

Abbildung 3.2: Weltkoordinatensystem und Kamerakoordinatensystem sind 3-D-Koordinatensysteme. Das Weltkoordinatensystem ist von der Position der Kamera unabhängig, so dass durch die extrinsische Kalibrierung Translations- und Rotationsparameter zwischen beiden Systemen berechnet werden müssen. Das Bildkoordinatensystem ist ein 2-D-System, dessen x_b- und y_b-Achse parallel zur x_c- und y_c-Achse des Kamerakoordinatensystems ausgerichtet sind.

Diese Koordinatensysteme sind:

- ein zweidimensionales **Bildkoordinatensystem** für das erzeugte Bild. Der Ursprung dieses Koordinatensystems ist meist die linke untere oder die linke obere Bildecke. Für die Einheiten entlang den Achsen gibt es sowohl ein Koordinatensystem auf reellen Zahlen (x_b, y_b), um die Projektion vor der Abtastung zu bezeichnen, als auch ein System auf ganzen Zahlen (m, n), um den Zustand nach der Abtastung zu beschreiben.

- ein dreidimensionales **Kamerakoordinatensystem** x_c, y_c, z_c für die Relation von Orten der dreidimensionalen Welt zur Kamera. Zwei der drei Achsen sind parallel zu den beiden Achsen des Bildkoordinatensystems ausgerichtet. Die dritte Achse ist die so genannte **optische Achse** vom Bildmittelpunkt durch das Linsenzentrum. Der Linsenmittelpunkt ist der Ursprung des Koordinatensystems. Das Kamerakoordinatensystem ist orthogonal. Abweichungen hiervon werden als deterministische Störeinflüsse betrachtet und als **intrinsische** Parameter einer **Kamerakalibrierung** berechnet und korrigiert.

- ein dreidimensionales, objektbezogenes **Weltkoordinatensystem** (x_w, y_w, z_w). Die Lage unbewegter Objekte ist konstant bezüglich dieses Koordinatensystems. Falls keine Kamerabewegung stattfindet oder die Bewegung für die weitere Analyse nicht relevant ist, können Kamera- und Weltkoordinatensystem auch gleichgesetzt werden. Andernfalls müssen die Parameter einer Transformation zwischen Kamera- und Weltkoordinatensystem im Zuge einer **Kalibrierung** von **extrinsischen** Parametern berechnet werden.

Die Sichtpyramide ist über die in Kamerakoordinaten bekannten Eckpunkte des Bildes und den Linsenmittelpunkt definiert. Ist die Transformation zwischen Kamerakoordinaten und Weltkoordinaten bekannt, so kann der potentiell sichtbare Ausschnitt in Weltkoordinaten bestimmt werden. Die Transformation besteht – falls Welt- und Kamerakoordinatensystem die gleiche Skalierung verwenden – aus einer Rotation und einer Translation, die durch Matrixmultiplikationen im homogenen Koordinatensystem repräsentiert werden können:

$$
\begin{pmatrix} x_w & y_w & z_w & 1 \end{pmatrix} = \begin{pmatrix} r_{11} & r_{12} & r_{13} & t_x \\ r_{21} & r_{22} & r_{23} & t_y \\ r_{31} & r_{32} & r_{33} & t_z \\ 0 & 0 & 0 & 1 \end{pmatrix} \begin{pmatrix} x_c \\ y_c \\ z_c \\ 1 \end{pmatrix}.
$$

Hierbei ist $r_{11},...,r_{33}$ eine 3×3 Rotationsmatrix, d.h. eine orthogonale Matrix mit Determinante 1. Die Spaltenvektoren sind die gedrehten Achsen des Koordinatensystems. Der Spaltenvektor $(t_x\ t_y\ t_z)$ ist der Translationsvektor vom Ursprung des Kamerakoordinatensystems in den des Weltkoordinatensystems. Diese zwölf Parameter müssen bekannt sein oder durch einen Kalibrierungsschritt bestimmt werden. Falls Kamera- und Weltkoordinatensystem übereinstimmen, ist die Transformationsmatrix die Einheitsmatrix.

Die Transformation von Kamerakoordinaten in die reellen Bildkoordinaten besteht aus einer perspektivischen Projektion und einer Verschiebung (d_x,d_y). Durch die Verschiebung wird der unterschiedliche Ort des Koordinatenursprungs in Bildkoordinaten (oben oder unten links) und in projizierten Kamerakoordinaten (am Schnittpunkt der optischen Achse mit der Sensorfläche, der so genannte **Bildhauptpunkt**) ausgeglichen. Diese Transformation sieht in homogenen Koordinaten wie folgt aus (wobei f die fokale Länge, also der Abstand zwischen Linse und Bild ist):

$$\begin{pmatrix} x_i & y_i & -f & 1 \end{pmatrix} := \begin{pmatrix} -f\dfrac{x_c+d_x}{z_c} & -f\dfrac{y_c+d_y}{z_c} & -f & 1 \end{pmatrix} = \begin{pmatrix} 1 & 0 & 0 & d_x \\ 0 & 1 & 0 & d_y \\ 0 & 0 & 1 & 0 \\ 0 & 0 & -\frac{1}{f} & 0 \end{pmatrix} \begin{pmatrix} x_c \\ y_c \\ z_c \\ 1 \end{pmatrix}.$$

Alle Orte auf einem Strahl von $(x_i\ y_i\ -f\ 1)$ durch den Ursprung (0 0 0 1) des Kamerakoordinatensystems werden auf den gleichen Punkt $(x_b\ y_b)$ in Bildkoordinaten abgebildet. Falls die Szene nur opake Objekte beinhaltet, wird dasjenige Pixel abgebildet, das der Linse auf dieser Linie am nächsten ist. Andernfalls handelt es sich um eine gewichtete Kombination der Reflexionen aller hintereinander angeordneten, transparenten Oberflächen. Die zuletzt genannte Möglichkeit wird allerdings bei einer Invertierung des Informationsverlusts meist ausgeschlossen. Dann brauchen nur die Abstände der am dichtesten liegenden Punkte berechnet zu werden. Diese Abstandsangaben können unter anderem benutzt werden, um bei einem vorhandenen 3-D-Modell verdeckte Flächenanteile zu rekonstruieren.

Für die Anwendung von Methoden der Bildverarbeitung, d.h. der Datenaufbereitung bis hin zur Berechnung von klassifizierenden Merkmalen, wird häufig vorausgesetzt, dass entweder Einflüsse aus dem Verlust der Tiefeninformation und aus der Entfernung nicht sichtbarer Flächen korrigiert worden sind oder dass diese Einflüsse keine wesentliche Rolle für die Berechnung von Bildmerkmalen spielen. Letzteres ist der Fall, wenn die Dimensionalität der Daten bei der Aufnahme nicht reduziert wurde (das gilt etwa für Schichtbildverfahren oder für durch einen Flachbettscanner abgetastete Dokumente) oder wenn die Daten „nahezu" zweidimensional sind, die verloren gegangene Abstandsinformation also eine geringe Rolle bei der Bildinterpretation spielt. Das ist z.B. bei Satelliten- oder Luftaufnahmen der Fall. Die Abstandsinformation ist auch dann nicht wichtig, wenn die Projektionsart immer gleich ist und die durch die Projektion verursachten Einflüsse im Zuge einer Kalibrierung berechnet und ausgeglichen werden können (beispielsweise wenn Aufnahmen von nahezu flachen Objekten auf einem Förderband gemacht werden, welche immer unter dem gleichen Winkel und den gleichen Beleuchtungsverhältnissen aufgenommen werden). Gerade bei Prüfaufgaben wird man solch eine Aufnahmesituation anstreben, um den Analyseaufwand gering zu halten.

3.1.2 Abtastung der Szene

Eine weitere, nicht ganz so offensichtliche Informationsreduktion erfolgt durch die **Abtastung**. Helligkeiten werden nur an einer begrenzten Anzahl von Orten registriert (abgetastet) und Intensitätsunterschiede werden nur erfasst, wenn sie einen bestimmten Mindestunterschied überschreiten.

Um den Abtastvorgang zu beschreiben, brauchen wir eine mathematische Operation, die aus einer gegebenen Funktion $f(x)$ mit reellem Definitionsbereich eine neue Funktion $f_d(x)$ generiert, so dass $f_d(x) = f(x)$ an allen Abtastpunkten $x_0, x_1, \ldots, x_{N-1}$ ist. An allen anderen Orten x sollte $f_d(x) = 0$ gelten. Die Funktionswerte an den Orten x_0, $x_1, \ldots, x_{N-1}$ sind die Werte der abgetasteten Funktion $f(n)$. Die gesuchte Operation ist eine Multiplikation von $f(x)$ mit einer Impulsfolge δ_d. Die Impulsfolge besteht aus N um x_0 bis x_{N-1} verschobenen Impulsfunktionen $\delta(x)$ mit Abstand d zwischen den Impulsen. Die **Impulsfunktion** (oder **Dirac-Funktion**) ist eine Funktion, deren Integral von $-\infty$ bis ∞ gleich eins und deren Wert für alle Orte $x \neq 0$ gleich Null ist.

Damit ist der Wert der Impulsfunktion an der Stelle 0 bestimmt. Er ist gerade so hoch, dass das Gesamtintegral den Wert eins hat. Das lässt sich durch eine Grenzwertbetrachtung ermitteln. Beginnen wir mit einer Funktion $\delta_\Delta(x)$ mit $\delta_\Delta(x) = 1/\Delta$, falls $-\Delta/2 < x \leq \Delta/2$ und $\delta_\Delta(x) = 0$ sonst. Die Multiplikation von f mit einer aus δ_Δ generierten Impulsfolge $\delta_{\Delta,d}$ ergibt eine Funktion $f_\Delta(x)$, deren Integral über jedes dieser Intervalle den Durchschnittswert von f in diesem Intervall liefert (siehe Abbildung 3.3). Das Integral von δ_Δ ändert sich für kleiner werdende Δ nicht, der Funktionswert zwischen $-\Delta/2$ und $\Delta/2$ erhöht sich aber stetig. Für $\Delta \to 0$ geht die Intervallgröße gegen Null und $\delta_{\Delta,d}$ gegen δ_d. Der Funktionswert der mit der Impulsfolge multiplizierten Funktion nähert sich der gesuchten Funktion f_d an. Die Multiplikation von f mit einer Folge von Dirac-Impulsen erzeugt daher die abgetastete Funktion.

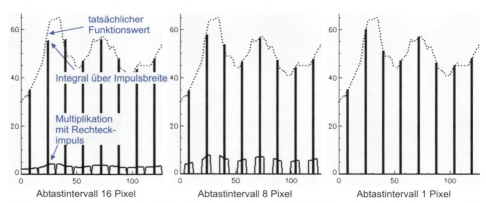

Abbildung 3.3: Abtastung einer kontinuierlichen Funktion (gestrichelt) durch immer bessere Annäherungen an die ideale Impulsfolge. Die durchgezogene Kurve ist das Resultat der Multiplikation der Funktion mit der angenäherten Impulsfolge. Die schwarzen Balken bezeichnen das Integral über die Intervallbreite.

3.2 Deterministische Einflüsse

Viele deterministische Veränderungen lassen sich durch lineare Operatoren beschreiben. Ein Operator O ist linear, wenn für zwei Funktionen f_1 und f_2 sowie Skalare a_1 und a_2 gilt:

$$O(a_1 f_1 + a_2 f_2) = a_1 \cdot O(f_1) + a_2 \cdot O(f_2).$$

Daraus lässt sich ableiten, dass ein linearer Operator unabhängig vom Funktionswert sein muss. Es bedeutet auch, dass der Operator für einen gegebenen Funktionswert nur eine gewichtete Summe aller Funktionswerte sein kann. Damit lässt sich jeder lineare Operator als lineares Gleichungssystem schreiben:

$$\vec{y} = \mathbf{A}\vec{x},$$

wobei $\vec{x}$ die hintereinander geschriebenen Pixel des ungestörten Bildes sind und $\vec{y}$ das Ergebnis durch die Störung bedeutet. Jede Zeile i von $\mathbf{A}$ beinhaltet die Gewichtungen, mit denen alle Pixel von $\vec{x}$ gewichtet wurden, um den gestörten Wert y_i zu erzeugen. Die Matrix $\mathbf{A}$ muss quadratisch sein, da die Anzahl der gestörten und ungestörten Pixel gleich ist. Also lässt sich eine durch einen linearen Operator beschreibbare Störung invertieren, falls die Determinante von $\mathbf{A}$ von Null verschieden ist.

Man kann davon ausgehen, dass sich die meisten verändernden Einflüsse einer Kameraaufnahme durch einen linearen Operator beschreiben lassen. Durch einen nichtlinearen Operator würde der Wert eines Pixels die Wertveränderung des Pixels selbst oder anderer Pixel beeinflussen. Das ist bei einem passiven System, so wie es eine Kamera ist, eigentlich nur möglich, wenn der Arbeitsbereich des Aufnahmesensors überschritten wird (etwa bei einer Über- oder Unterbelichtung). Durch aktives Eingreifen (z.B. die Pre-kneeing-Schaltung zur Vergrößerung des Empfindlichkeitsbereichs) kann nichtlineares Verhalten verursacht werden, doch ist in solchen Fällen dieser Einfluss bei der Aufnahme abschaltbar. Das ist uns Motivation genug, uns bei der Betrachtung von verändernden Operatoren größtenteils auf lineare Operatoren zu beschränken.

3.2.1 Verschiebungsinvariante, lineare Operatoren

Unter den linearen Operatoren sind verschiebungsinvariante Operatoren eine spezielle Gruppe, bei denen das Operatorergebnis nicht vom Ort der Operation abhängt. Für einen verschiebungsinvarianten Operator gilt zusätzlich:

$$O \circ f(x+a, y+b) = [O \circ f](x+a, y+b).$$

Viele Einflüsse bei der Bildaufnahme sind unabhängig vom Ort im Bild und lassen sich durch einen verschiebungsinvarianten Operator beschreiben. Beispiele sind etwa eine gleichmäßige Unschärfe des Bildes durch Defokussierung oder Unschärfen auf Grund einer Kamerabewegung.

Der Einfluss dieser Operation hängt nicht vom Ort des Einwirkens ab. Auch andere, deterministische, aber möglicherweise nicht genau analytisch beschreibbare Einflüsse durch das Aufnahmesystem können durch einen solchen Operator repräsentiert werden. Wir werden im Folgenden sehen, dass der Operator selbst dann bestimmt werden kann, wenn die Ursache des Einflusses nicht bekannt ist. Das macht die Repräsentation von Störungen durch einen linearen, verschiebungsinvarianten Operator attraktiv.

Die Operation kann durch

$$\left(g * f\right)\left(m, n\right) = \sum_{i=-\infty}^{\infty} \sum_{j=-\infty}^{\infty} g\left(i, j\right) \cdot f\left(i - m, j - n\right) \tag{3.1}$$

beschrieben werden. Dieser Ausdruck besagt, dass der Funktionswert des veränderten Bilds $f * g$ an der Stelle (m,n) durch Addition der umgebenden Funktionswerte mit einer nach (m,n) verschobenen Gewichtungsfunktion entsteht (siehe Abbildung 3.4). Zunächst wollen wir davon ausgehen, dass der Definitionsbereich des Bildes und der Gewichtungsfunktion von $-\infty$ bis $+\infty$ reicht, um uns die gesonderte Betrachtung einer über die Bildgrenzen hinaus reichenden Gewichtungsfunktion zu ersparen. Für weitere Betrachtungen brauchen wir eine andere Repräsentation des Bildes, die durch die im nächsten Kapitel behandelte Fourier-Transformation generiert werden kann.

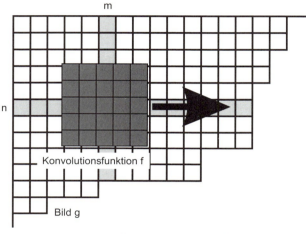

Abbildung 3.4: Für die Konvolution zwischen zwei Funktionen f und g wird die Konvolutionsfunktion f über die Funktion g verschoben. Für einen Verschiebevektor (m,n) ist das Konvolutionsergebnis die mit den Werten der verschobenen Funktion f gewichtete Summe der von g überdeckten Werte.

Die Operation in Gleichung (3.1) wird **Konvolution** oder **Faltung** genannt. Die Funktion g heißt **Konvolutionsfunktion** oder **Faltungsfunktion**. Die Operation wird durch den Operator „*" gekennzeichnet. Faltungsoperationen werden nicht nur zur Beschreibung von Bildstörungen eingesetzt, sondern auch als Filter für verschiedene Methoden der Bildverbesserung.

Neben Linearität und Verschiebungsinvarianz ist die Konvolution kommutativ und assoziativ. Für Operationen g_1, g_2 und g_3 gilt also:

- $[g_1 * g_2](m,n) = [g_2 * g_1](m,n)$.
- $g_1 * ([g_2 * g_3](m,n)) = [g_1 * g_2](m,n) * g_3(m,n)$.

Bei der Anwendung von Konvolutionen für die Bildverbesserung ermöglicht die Assoziativitätseigenschaft eine effiziente Ausführung. Falls nämlich die Verarbeitung durch mehrere hintereinander ausgeführte Konvolutionen $g_1, g_2, \ldots, g_k$ erfolgen soll, kann man einen gemeinsamen Operator $g = g_1 * g_2 * \ldots * g_k$ erzeugen und auf das Bild anwenden, anstatt die Konvolutionen nacheinander auf das Bild anzuwenden. Das ist ein Vorteil, weil solche Operationen in der Regel nicht nur auf ein, sondern auf mehrere Bilder angewendet werden.

Aus der Gleichung ist ableitbar, dass sich ein linearer, verschiebungsinvarianter Operator leicht aus einem Experiment mit einem einfachen Testbild berechnen lässt. Das Testbild muss so aufgebaut sein, dass dessen Abbildung an genau einem Bildelement an einer Stelle (p,q) einen von Null verschiedenen Wert a erzeugt. Gemäß Gleichung (3.1) ist das tatsächlich abgebildete Resultat dann

$$(g * f)(m,n) = \sum_{i=-\infty}^{\infty} \sum_{j=-\infty}^{\infty} g(i,j) \cdot f(i-m, j-n) = g(p+m, q+n) \cdot a. \qquad (3.2)$$

Die Abbildung $(g * f)$ an allen Orten (m,n) ist also eine um a skalierte und nach (p,q) verschobene Operatorfunktion g. Es ist zwar nicht einfach, für ein Bild zu sorgen, bei dem der abgebildete Punkt genau ein Pixel groß und die abzubildende Helligkeit bekannt ist, aber Grenzwertbetrachtungen im Anschluss an das folgende Kapitel werden zeigen, dass es auf diese Weise möglich ist, einen linearen Operator durch ein Experiment zu bestimmen, bei dem das abgebildete Objekt eine infinitesimal kleine Fläche (ein Punkt) mit Helligkeit 1 ist. Die Funktion ist also nichts anderes als eine zweidimensionale Impulsfunktion. Die durch das Experiment ermittelte Funktion heißt daher **Punktantwort** (engl. **Point Spread Function – PSF**, also Punktverteilungsfunktion).

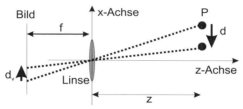

Abbildung 3.5: Skizze für die Berechnung der Bewegungsunschärfe bei bewegter Kamera. Durch die Bewegung der Kamera ändert sich die Position des Punktes P in Kamerakoordinaten.

Als Beispiel für einen durch Konvolution mit einer PSF beschreibbaren Einfluss soll die Unschärfe durch Bewegung beschrieben werden. Nehmen wir an, dass eine Kamera den CCD-Chip für eine gegebene Zeit von 30 msec belichtet und in dieser Zeit um $d = 2{,}5$ cm entlang der x-Achse bewegt wird (siehe Abbildung 3.5). Alle Objekte der aufgenommenen Szene befinden sich in einer Entfernung von $z = 1$ m zum Linsenzentrum. Die fokale Länge f (Abstand zwischen Linse und CCD-Chip) sei 8 mm und die Größe eines Sensorelements sei $p = 0{,}04$ mm. Durch Anwendung der Strahlensätze ergibt sich für die Verschiebung d_v

$$\frac{d + d_v}{d} = \frac{z + f}{z} \Leftrightarrow d_v = d\frac{f}{z}.$$

Damit ergibt sich eine Verschiebung von $d_v = 25 \cdot (8/1.000)$ mm $= 0{,}20$ mm $= 5$ Pixel. Da die gleiche Lichtenergie, die ohne Bewegung auf ein einziges Pixel fällt, nun auf fünf Pixel verteilt wird, ergibt sich die folgende Konvolutionsfunktion g:

$$g(i,j) = \begin{cases} 0.2, & -2 \le i \le 2 \quad \wedge \quad j = 0 \\ 0, & \text{sonst} \end{cases}$$

Die Annahme, dass alle Punkte gleich weit entfernt sind, bedeutet eine erhebliche Einschränkung für die Art der analytisch hergeleiteten Konvolutionsfunktion. Doch da die Funktion näherungsweise auch für Objekte gilt, die geringfügig größere oder kleinere Entfernungen zur Linse haben, kann man auch die Unschärfe einer Szene beschreiben, bei der es kleinere Abstandsunterschiede zwischen den abgebildeten Objekten gibt. Genau wie die Bewegungsunschärfe kann man auch eine Fokussierungsunschärfe ableiten. In diesem Fall müssten Objektentfernung, Linsendurchmesser und Abstand des Objekts von der Linse bekannt sein. Beispiele für PSFs für Bewegungsunschärfe und Fokussierungsunschärfe zeigen Abbildung 3.6 und Abbildung 3.7.

Abbildung 3.6: Störung durch Bewegungsunschärfe. Während der Aufnahme wurde die Kamera in einem Winkel von 25° zur X-Achse bewegt. Die Point Spread Function (PSF) zeigt das auch deutlich an.

Abbildung 3.7: Störung durch Fokussierungsunschärfe. Im Gegensatz zur Bewegungsunschärfe ist keine Richtungspräferenz zu erkennen.

Die Konvolutionsfunktion hätte man auch durch die Messung eines Testbilds herleiten können. Dazu hätte man ein Bild mit einer ein Pixel großen Region auf schwarzem Hintergrund erzeugen müssen (wäre das Bild 1 m entfernt, dann müsste diese Region eine Größe von 5×5 mm haben) und unter derselben Kamerabewegung aufnehmen müssen. Da die reflektierte Intensität der hellen Region nicht bekannt ist, müssen die Helligkeitswerte im aufgenommenen Bild addiert werden. Das Resultat ist der gesuchte Normierungsfaktor a aus Gleichung (3.2).

Lineare Operatoren können invertiert werden, falls die Operatormatrix eine von Null verschiedene Determinante hat. Das ist aber bei Konvolutionen nicht automatisch der Fall. Eine Faltung mit einer Funktion $g(x,y) = 0$ bedeutet beispielsweise, dass die entsprechende Matrix kein von Null verschiedenes Element hat, die Determinante also Null ist.

Der Rang der Matrix ist aber in der Regel hoch, wenn die Faltungsfunktion örtlich stark variiert. Iterative Invertierungsmethoden mit geeigneten Regularisierungsverfahren führen daher bei vielen Konvolutionsfunktionen zu akzeptablen Resultaten. Es gibt jedoch ein einfacheres Verfahren, das zuvor eine Transformation mit einem linearen, orthogonalen Operator voraussetzt. Invertierungsmethoden für durch lineare Filter beschreibbare Störungen werden wir daher bis zur Behandlung von orthogonalen Funktionstransformationen zurückstellen und zunächst andere Operationen diskutieren.

3.2.2 Andere Operatoren

Bei nicht verschiebungsinvarianten Einflüssen muss die Gewichtungsmatrix des Operators bekannt sein. Bekannte, nicht verschiebungsinvariante Einflüsse bei der Kameraaufnahme sind:

- **Intensitätsvariationen durch unterschiedliche Sensorsensitivität**. Dies ist ein multiplikativer Einfluss, dessen Parameter durch die Aufnahme eines Testbilds von homogener Reflexion geschätzt werden kann.

- **Sensoraktivität ohne Intensitätseinfall**. Manche Sensoren geben Aktivität weiter, ohne dass durch die Linse Licht auf den Sensor einfällt. Dies ist ein additiver Einfluss, der durch ein so genanntes Schwarzbild beschrieben werden kann, welches man erhält, wenn eine Aufnahme ohne Lichteinfall erzeugt wird.

- **Variation der Ausleuchtung**. Im Regelfall geht man davon aus, dass die Ausleuchtung in einem Bild, also der Einfall von Licht auf die Oberfläche, überall gleich ist, so dass Helligkeitsvariationen nur durch unterschiedliche Oberflächeneigenschaften verursacht werden. Das ist eine Voraussetzung für eine helligkeitsbasierte Zerlegung eines Bildes, mit der man verschiedene Objekte unterscheiden möchte. Ausleuchtungsunterschiede (so genanntes Shading) sind ein multiplikativer Einfluss, dessen Parameter ähnlich wie beim Ausgleich unterschiedlicher Sensorsensitivität durch eine Testaufnahme gewonnen werden (siehe Abbildung 3.8).

Abbildung 3.8: (Simuliertes) Shading-Artefakt, der bei manchen Verschlusssystemen und schnellen Verschlusszeiten einer Kamera auftritt: Der Rand des Bildes ist schlechter ausgeleuchtet als das Zentrum.

- **Über- oder Unterbelichtung** (siehe Abbildung 3.9). Dieser Fehler kann nicht korrigiert werden, da er nichtlinear ist und zu Informationsverlust führt. Zu viel oder zu wenig Lichteinfall führt dazu, dass an der betreffenden Stelle im Bild der kleinste bzw. größte repräsentierbare Intensitätswert gespeichert wird. Besonders unangenehm ist Über- oder Unterbelichtung in einem einzelnen Farbkanal bei Farbbildern. Dies führt bei der üblichen Farbrepräsentation zu Farbverfälschungen, die unter Umständen gar nicht als Über- oder Unterbelichtung erkannt werden.

Abbildung 3.9: Unter- und Überbelichtung sind nichtlineare Störungen, die nicht vollständig rückgängig gemacht werden können, weil der Teil der Information, der unterhalb bzw. oberhalb des Wertebereichs liegt, verloren gegangen ist.

- **Radiale Linsenverzerrung** (siehe Abbildung 3.10). Idealerweise wird davon ausgegangen, dass die Projektion bei der Aufnahme durch ein Linsensystem durch eine Zentralprojektion beschrieben ist. Allerdings sind optische Linsen nicht perfekt und es kann zu (minimalen) Abweichungen von der Zentralprojektion in Abhängigkeit vom Winkel zwischen optischer Achse und Projektionsrichtung kommen.

Abbildung 3.10: Die radiale Linsenverzerrung ist kaum erkennbar. Die eigentlich gerade Horizontlinie ist im Bild aber gebogen.

Betrachtet man diese Einflüsse, dann fällt auf, dass es sich um einfache Operationen handelt, die neben den Parametern des Störeinflusses nur das jeweilige Pixel betreffen. Damit ist auch die Beseitigung der Fehler verhältnismäßig einfach. Natürlich gibt es, ähnlich wie bei verschiebungsinvarianten Operatoren, auch solche lineare Störungen, bei denen sich Pixel gegenseitig beeinflussen. Das ist insbesondere bei rekonstruierenden Aufnahmeverfahren (z.B. Röntgen-CT) der Fall, wo diese Störungen auf Abweichungen der tatsächlichen Messwertsituation von der zur Rekonstruktion angenommenen beruhen. Allerdings werden diese Einflüsse oft nicht beschrieben, weil eine analytische Herleitung zu aufwändig wäre. Eine Herleitung auf Grund von Experimenten würde dagegen die Lösung eines sehr komplexen inversen Problems erfordern.

3.3 Stochastische Einflüsse

Stochastische Einflüsse sind nicht wiederholbar, lassen sich aber über eine Wahrscheinlichkeitsverteilung beschreiben. Für die Kameraaufnahme ist dabei vor allem das durch Quantenrauschen verursachte Bildrauschen von Interesse. Grundsätzlich wird davon ausgegangen, dass sich Photonen geradlinig ausbreiten und auf die Sensorfläche auftreffen. Quanteneffekte sorgen jedoch dafür, dass ein bestimmter Anteil der Photonen nicht oder nicht an der richtigen Stelle auftrifft. Der Effekt wird durch die Wahrscheinlichkeit beschrieben, dass ein ausgesendetes Photon auch auf die Sensorfläche trifft. Die Wahrscheinlichkeitsfunktion ist poissonverteilt und lässt sich für hohe Anzahlen von Photonen durch eine Gauß-Verteilung annähern.

Das Bild ist daher eine Kombination von Helligkeitsanteilen aus sich regulär verhaltenden Photonen (Signal) und einer zufallsverteilten Komponente (**Rauschen**). Der Prozess ist additiv, d.h. die gemessene Intensität $g(m,n)$ in einem Bild ist eine Addition von Signal $f(m,n)$ und zufallsverteiltem Rauschen $\eta(m,n)$:

$$g(m,n) = f(m,n) + \eta(m,n).$$

Da ein wesentlicher Anteil des Rauschens aus dem poissonverteilten Quantenrauschen herrührt, wird die Wahrscheinlichkeit einer Abweichung des gemessenen Grauwerts vom tatsächlichen Grauwert durch eine Gauß'sche Normalverteilung mit Erwartungswert Null modelliert. Quantenrauschen wird als räumlich unkorreliert angenommen. Ziel einer Analyse des Rauscheinflusses ist es, die Varianz der Verteilungsfunktion zu bestimmen. Sie lässt sich auf Basis einer ausreichend großen Anzahl von Stichproben mit bekanntem Erwartungswert schätzen. Kennt man also einen homogenen Bildbereich B mit Pixeln p, deren nicht durch Rauschen gestörter Grauwert f_0 sein sollte, so lässt sich die Varianz σ^2 für diesen Bildbereich durch

$$\sigma^2 = \frac{1}{|B|-1} \sum_{p \in B} \left(f(p) - f_0 \right)^2$$

berechnen. Mit $|B|$ ist die Anzahl der Elemente der Menge B gemeint. Unter der Annahme, dass das Rauschen im Bild überall die gleiche Charakteristik hat, kann dieser Wert als Varianz für das ganze Bild benutzt werden.

Neben der Normalverteilung wird manchmal auch eine einfache Gleichverteilung verwendet, um die Abweichung durch Rauschen zu beschreiben. In diesem Fall ist eine Abweichung des gemessenen vom tatsächlichen Grauwert für jede Differenz innerhalb eines vorgegebenen Intervalls gleichwahrscheinlich (Abbildung 3.11 zeigt normal- und gleichverteiltes Rauschen im Vergleich).

Das Verhältnis zwischen Signalstärke und durchschnittlicher Stärke des Rauschens wird als **Signal-Rausch-Verhältnis** (**SNR** – **Signal-to-Noise-Ratio**) bezeichnet. Es gibt verschiedene Wege, das SNR bei gegebener Varianz des Rauschens zu bestimmen. Falls über den Bildinhalt nichts bekannt ist, kann für den Signalabstand angenommen werden, dass das Hintergrundsignal den Wert Null hat und das maximale Signal der höchste im Bild vorkommende Wert ist.

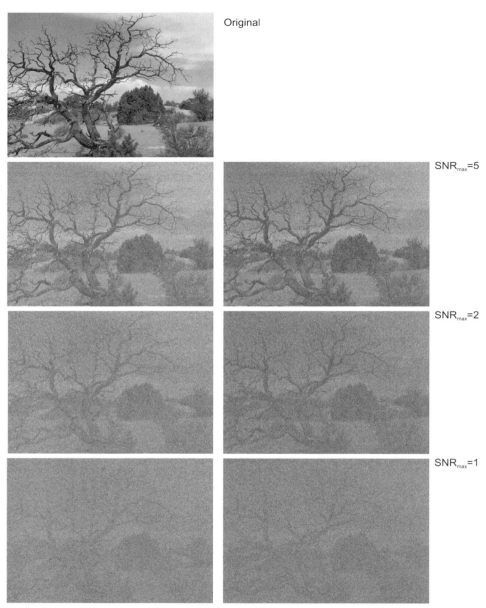

Abbildung 3.11: Gleichverteiltes (links) und normalverteiltes (rechts) Rauschen mit unterschiedlich hohem Signal-Rausch-Verhältnis (Signal-to-Noise-Ratio = SNR).

Je nachdem, ob man den durchschnittlichen oder den maximalen Signalabstand zum Störsignal ins Verhältnis setzt, ergeben sich zwei verschiedene Definitionen für das SNR:

$$SNR_{max}(f) = \frac{f_{max}}{\sigma} \text{ oder } SNR_{avg} = \frac{\frac{1}{MN} \sum_{m=0}^{M-1} \sum_{n=0}^{N-2} f(m,n)}{\sigma}.$$

Wenn bekannt ist, was das tatsächliche Signal und was der Hintergrund ist, dann kann der Ausdruck im Zähler auch durch den tatsächlichen Abstand zwischen Signal und Hintergrund ersetzt werden. Das Signal charakterisiert in der Regel das oder die gesuchten Objekte. Diese müssen nicht unbedingt die hellsten Grauwerte im Bild haben. Das berechnete SNR kann sich also von SNR_{max} oder SNR_{avg} erheblich unterscheiden. Wegen dieser Unterschiede ist das SNR nur dann ein taugliches Maß zum Vergleich der Rauschcharakteristik, wenn die Berechnungsart angegeben wird.

Unkorreliertheit und die angenommene Gauß-Verteilung für das Rauschen sind nur Näherungen und gelten vor allem nicht für andere stochastische Einflüsse bei der Bildaufnahme. Das muss berücksichtigt werden, wenn Analysemethoden auf der Basis eines gaußverteilten Rauschens mit Erwartungswert Null entwickelt und getestet werden. Unerwartetes Verhalten im realen Einsatz ist manchmal darauf zurückzuführen, dass die stochastischen Störeinflüsse eben nicht durch das verwendete Rauschmodell modellierbar sind.

Räumliche Korrelation existiert z.B. bei Impulsrauschen. Dabei ist die Veränderung des Funktionswerts entweder maximal positiv oder negativ und nur wenige Orte sind von der Störung betroffen. Bilder, die durch Impulsrauschen gestört sind, zeichnen sich daher dadurch aus, dass sich in der Umgebung eines durch Rauschen veränderten Pixels meist keine anderen gestörten Pixel befinden. Diese räumliche Korrelation, die auch bei anderen Arten des Rauschens auftritt, lässt sich schwer beschreiben, weil sie eine summarische Betrachtung des Bildwerts in Abhängigkeit vom Abstand zwischen Bildpunkten verlangt. Hierzu ist eine Repräsentation im Frequenzbereich, so wie sie im folgenden Kapitel vorgestellt wird, besser geeignet.

3.4   Vertiefende und weiterführende Literatur

Das Thema des Informationsverlusts bei der Bildaufnahme durch Projektion und Hidden Surface Removal wird in Standardtexten der 3-D-Computergrafik (z.B. [Foley1995]) behandelt. Die verschiedenen Koordinatensysteme, die bei einer Abbildung der dreidimensionalen Welt auf das zweidimensionale Bild eine Rolle spielen, und die automatische Berechnung der Transformationsparameter sind Gegenstand in Büchern zur 3-D Computer Vision (z.B. [Hartley2004] oder [Forsyth2003]; das häufig verwendete Kalibrierungsverfahren von Tsai ist in [Tsai1987] zu finden).

Lineare Operatoren werden als Teil der Systemtheorie gelehrt. Die Systemtheorie wird in der Regel für eindimensionale Signale (z.B. Signale als Funktion der Zeit) entwickelt und auf mehrdimensionale Signale (z.B. Bilder) erweitert. Der klassische Text hierzu ist [Oppenheim1996]. Ein deutscher Text zu linearen und nichtlinearen Systemen ist [Unbehauen2002].

Die Beschreibung der Informationsveränderung in Bildern durch verschiebungsinvariante, lineare Operatoren ist Gegenstand fast aller Lehrbücher zur Bildverarbeitung (z.B. [Pratt2001] oder [Gonzalez2002]).

Z U S A M M E N F A S S U N G

Die Information einer dreidimensionalen Szene wird bei der Aufnahme in mehrfacher Hinsicht reduziert und modifiziert.

Die Reduktion der Dimension wird durch Transformation und Projektion vom Weltkoordinatensystem über das Kamerakoordinatensystem in das Bildkoordinatensystem modelliert. Die Parameter von Transformation und Projektion müssen während einer Kamerakalibrierung berechnet werden.

Die Reduktion bei der Abtastung wird durch Multiplikation des projizierten Bildes mit einer Folge von verschobenen Dirac-Impulsen modelliert.

Die meisten Veränderungen bei der Bildaufnahme können durch lineare Operatoren beschrieben werden. Ein linearer Operator auf einer Bildfunktion kann als lineares Gleichungssystem auf den Bildfunktionswerten repräsentiert werden. Verschiebungsinvariante lineare Operatoren sind als Konvolution beschreibbar. Die Veränderung durch einen verschiebungsinvarianten Operator ist eine Konvolution mit einer Point Spread Function.

Intensitätsvariationen und Linsenverzerrung können durch nicht verschiebungsinvariante, lineare Operatoren beschrieben werden. Der Einfluss durch Über- oder Unterbelichtung ist ein nichtlinearer Operator.

Rauschen lässt sich nur als stochastischer Prozess charakterisieren.

Z U S A M M E N F A S S U N G

Übung 3.1	Aufgaben

- Erklären Sie die unterschiedlichen Rollen von Bild-, Kamera- und Weltkoordinatensystem.

- Was sind Bildhauptpunkt und optische Achse in einem Aufnahmesystem?

- Was wird bei der Kalibrierung extrinsischer Parameter kalibriert und was bei einer Kalibrierung von intrinsischen Parametern?

- Was ist eine Dirac-Funktion und welche Rolle spielt sie bei der Abtastung eines Bildes?

- [Projekt] Schreiben Sie ein Programm, das das Bild „KonzentrischeKreise" auf der Companion Website einliest, und simulieren Sie eine Unterabtastung, indem Sie ein neues Bild erzeugen, bei dem Sie nur jedes zweite Pixel je Zeile und Spalte auswählen. Beschreiben Sie, wie das Resultat aussieht.

- Was ist ein linearer Operator und wann ist dieser Operator verschiebungsinvariant?

- Was ist der Vorteil der Verschiebungsinvarianz bei linearen Operatoren?

- Was ist eine Point Spread Function (PSF) und welche Rolle spielt sie bei der Beschreibung einer Störung?

- Nennen und beschreiben Sie wenigstens drei nicht verschiebungsinvariante, deterministische Störungen bei der Bildaufnahme.

- Ein Flachbettscanner wird zur Digitalisierung von Dokumenten benutzt. Was wären mögliche Störungen bei der Aufnahme durch einen Flachbettscanner?

- Während der Digitalisierung durch einen Flachbettscanner wird das zu digitalisierende Dokument mit gleichmäßiger Geschwindigkeit bewegt (also vom Scanner gezogen). Wie ließe sich diese Störung beschreiben? Handelt es sich um eine verschiebungsinvariante Operation? Tipp: Überlegen Sie erst, wie der Prozess des Scannens technisch realisiert ist.

- Was ist der Unterschied zwischen gleich- und normalverteiltem Rauschen?

- [Projekt] Schreiben Sie ein Programm, das ein Grauwertbild von der Companion Website einliest und daraus ein durch gleichverteiltes Rauschen mit vorgegebenem Signal-Rausch-Verhältnis gestörtes Bild erzeugt und ausgibt. Wie könnte eine Methode aussehen, mit der (unter Umständen mit einer interaktiven Komponente) das SNR aus einem Bild geschätzt werden kann? Tipp: Bedenken Sie, dass für das Rauschen oft ein Erwartungswert von Null angenommen wird.

Literatur

[Foley1995] J. D. Foley, A. van Dam, S. K. Feiner, J. F. Hughes. *Computer Graphics*. Addison-Wesley, 2. Auflage, 1995.

[Forsyth2003] D. A. Forsyth, J. Ponce. *Computer Vision: A Modern Approach*. Prentice Hall, 2003.

[Gonzalez2002] R. C. Gonzalez, R. E. Woods. *Digital Image Processing*. Prentice Hall, 2. Auflage, 2002.

[Hartley2003] R. Hartley, A. Zisserman. *Multiple View Geometry in Computer Vision*. 2. Auflage, Cambridge University Press, 2003.

[Oppenheim1996] A. V. Oppenheim, A. C. Willsky, S. H. Nawab. *Signals and Systems*. Prentice Hall, 2. Auflage, 1996.

[Pratt2001] W. K. Pratt. *Digital Image Processing*. Wiley, 3. Auflage, 2001.

[Tsai1987] R. Tsai. A versatile camera-calibration technique for high-accuracy 3d machine vision metrology using off-the-shelf TV cameras. *IEEE Journal of Robotics and Automation*, Vol. 3(4), 1987, 323-344.

[Unbehauen2002] R. Unbehauen. *Systemtheorie 1: Allgemeine Grundlagen, Signale und lineare Systeme im Zeit- und Frequenzbereich*. Oldenbourg-Verlag, 2002.

Orthogonale Funktionstransformationen

4

ÜBERBLICK

Fragestellungen, Begriffe und Voraussetzungen

Fragestellungen

Orthogonale Funktionstransformationen sind einfach ausführbare, invertierbare Transformationen in eine neue Funktionsbasis. Wesentliche Fragestellung sind die Eigenschaften eines in der neuen Funktionsbasis repräsentierten Bildes in Hinblick auf dessen Verarbeitung und Analyse.

Eingeführte Begriffe und Konzepte

Der Zusammenhang zwischen orthogonalen Basen für Vektoren und Funktionen wird erklärt. Für Funktionen wird ein *Skalarprodukt* zur Feststellung der *Orthogonalität* aus dem Skalarprodukt für Vektoren abgeleitet.

Die komplexen Basisfunktionen der *Fourier-Transformation* werden als Kombination von reeller Kosinus- und imaginärer Sinuskomponente sowie als Exponentialdarstellung eingeführt. Aus den Eigenschaften der Fourier-Transformation wird mit der *Fast Fourier Transform* eine schnelle Art der Berechnung abgeleitet.

Interpretation und Repräsentation von *Amplitude*, *Phase*, *Frequenz* und *Richtung* von Wellen im Frequenzraum werden vor allem in Hinblick auf die Repräsentation von Bildinhalt und Störungen diskutiert. Wir stellen für die *Korrelation* und die bereits eingeführte *Konvolution* eine effizientere Durchführung als Multiplikation im Frequenzraum vor.

Eine weitere, für Kompressionsverfahren genutzte orthogonale Funktionstransformation ist die auf reellen Basisfunktionen definierte *Diskrete Kosinustransformation*.

Die *Wavelet-Transformation* wird für die Bildinterpretation und -kompression verwendet und am Beispiel von *Haar-Wavelet* und *Daubechies-Wavelet* erläutert. Die Durchführung der Transformation durch Faltung mit *Basis*- bzw. *Skalierungs-Wavelet* wird erklärt.

Vorausgesetzte Kenntnisse aus vorangegangenen Kapiteln

Faltung, Konvolution (*Abschnitt 3.2.1*)

Stellen Sie sich vor, Sie erhielten ein Bild, das während einer Analogübertragung über ein Kabel wegen eines benachbarten, schlecht abgeschirmten Stromkabels mit der sinusförmigen Schwingung des Wechselstroms überlagert wird. Um die Störung zu beseitigen, müssten Sie eine Methode entwerfen, die Offset (die Phase), Höhe (die Amplitude) und Häufigkeit (die Frequenz) der Schwingung berechnet, und die Schwingung anschließend entfernen. Wie viel einfacher wäre das, wenn Sie das Bild in Schwingungen zerlegen können, so dass die störende Schwingung lokalisiert und entfernt werden kann? Genau das lässt sich durch die Fourier-Transformation erreichen.

Oder stellen Sie sich vor, Sie wollten die geringe Wahrnehmbarkeit von kleinen Grauwertschwankungen für ein Kompressionsverfahren nutzen. Könnte man das Bild so zerlegen, dass diese weniger wichtigen Details von den wichtigen getrennt sind, dann wäre die Kompression einfach. Die Region des transformierten Bildes mit den unwichtigen Details bräuchte nicht gespeichert oder übertragen zu werden. Auch solch eine Zerlegung ist möglich, wobei statt der Fourier-Transformation eher die Diskrete Kosinustransformation oder eine Wavelet-Transformation infrage kommt.

Die genannten Transformationen werden nach dem immer gleichen Konzept entwickelt bzw. ausgewählt. Zunächst wird eine umkehrbare Zerlegung des Bildes nach Kriterien gesucht, nach denen das angestrebte Ziel (Unterdrückung von Störungen, Separierung von unwichtigen Details, etc.) leichter erreicht werden kann. Anschließend wird die Transformation als Abbildung der Bildfunktion auf einen anderen Definitionsbereich realisiert, die Operation dort ausgeführt und das Resultat zurück transformiert.

Bilder können dazu als zweidimensionale, diskrete Funktionen $f(m,n)$ mit beschränktem Definitions- und Wertebereich aufgefasst werden. Eine Transformation einer solchen Funktion in eine besser geeignete Repräsentation vereinfacht z.B. die folgenden Operationen:

- Bildrestauration, also die Invertierung bestimmter Störungen
- Beschreibung von informationsreduzierenden Einflüssen
- Filteroperationen zur Bildverbesserung
- Bildkompressionsverfahren
- Bildrekonstruktion aus Projektionen.

Bis auf das zuletzt genannte Gebiet werden alle Bereiche im weiteren Verlauf dieses Textes behandelt. Es sollte erkennbar sein, welche Wichtigkeit daher die Abbildung in eine alternative Repräsentation besitzt.

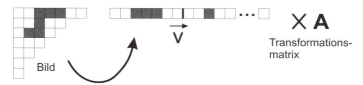

Abbildung 4.1: Die Zeilen eines zweidimensionalen Bildes können in einem einzigen Vektor hintereinander geschrieben werden. Dieser Vektor kann anschließend durch Multiplikation mit einer Transformationsmatrix **A** transformiert werden.

Werden Operationen auf einer alternativen Funktionsrepräsentation durchgeführt, so muss die Transformation umkehrbar sein. Jedes Bild muss eine eineindeutige Repräsentation in der alternativen Darstellung besitzen. Nur dann kann eine Operation im transformierten Bild durchgeführt und das Resultat anschließend zurück transformiert werden. Diese Forderung erfüllt jede orthogonale Funktionstransformation. Eine orthogonale Funktionstransformation einer Funktion mit diskretem, begrenztem Definitionsbereich kann als Multiplikation der in einem Vektor $\bar{x}$ aufgelisteten Funktionswerte mit einer orthogonalen Matrix **A** repräsentiert werden (siehe Abbildung 4.1). Ähnlich wie bei der Projektion eines Vektors auf eine andere orthogonale Basis wird die Funktion auf eine Menge von Basisfunktionen projiziert, die zueinander orthogonal sind. Jede Zeile der Matrix **A** ist eine Basisfunktion. Wie bei Vektorbasen existieren unendlich viele orthogonale Funktionsbasen **A**. Für die Bildverarbeitung sind vor allem Basisfunktionen von Interesse, die selbst eine Semantik in Hinblick auf die jeweilige Fragestellung besitzen. Bekannte Basen sind

- die **Fourier-Basis**, bei der die Basisfunktionen komplexe, periodische Funktionen sind;
- die **Kosinusbasis**, bei der die Basisfunktionen Kosinusfunktionen sind;
- verschiedene **Wavelet-Basen**, bei denen die Basisfunktionen lokal wirkende Wavelets von unterschiedlicher Frequenz sind;
- die **Hauptachsentransformation**, bei der die orthogonale Basis von der Verteilung von einer Menge von Funktionen abhängt.

Transformation und Rücktransformation sind für alle diese Basen gleich. Die Transformation ist eine Skalarmultiplikation mit den Spalten der Matrix $\mathbf{A}$. Die inverse Transformation ist eine Skalarmultiplikation mit Spalten der inversen Matrix $\mathbf{A}^{-1}$. Ist $\mathbf{A}$ normiert und orthogonal, dann ist die Invertierung besonders einfach. In diesem Fall ist die inverse Matrix $\mathbf{A}^{-1}$ die transponierte Matrix $\mathbf{A}^{\mathrm{T}}$, die aus der Vertauschung von Zeilen mit Spalten von $\mathbf{A}$ entsteht. Falls die Basisfunktionen nicht normiert sind, muss zusätzlich noch eine Normierung mit der Länge der Basisfunktionen erfolgen.

In den nachfolgenden Abschnitten sollen Basisfunktionen, Transformation und inverse Transformation am Beispiel der Fourier-Transformation ausführlich erläutert werden. Für die anderen Transformationen werden wir nur die Basisfunktionen charakterisieren und die Eigenschaften der jeweiligen Basis erklären. Die Hauptachsentransformation wird nicht in diesem Kapitel behandelt. Ihre Diskussion erfolgt im Zusammenhang mit der Dekorrelation von Merkmalen in *Abschnitt 9.3.3*.

Zunächst jedoch sollen orthogonale Transformationen anhand der Analogie zu Vektortransformationen erläutert werden. Leser, die bereits über diese Kenntnisse verfügen, mögen den nächsten Abschnitt überspringen.

4.1   Orthogonale Transformationen

Dieser Abschnitt ist eine kurze Einführung in die Begriffe Orthogonalität, Basisfunktion und Transformation zwischen orthogonalen Basen. Die Diskussion wird am Beispiel von eindimensionalen Funktionen mit beschränktem, ganzzahligem Definitionsbereich geführt, da hier die Analogie zu der dem Leser vielleicht bekannten Vektorrechnung besonders deutlich ist. Verallgemeinerungen für mehrdimensionale Funktionen und Funktionen mit reellwertigem, unbeschränktem Definitionsbereich sind einfach und werden am Schluss des Abschnitts kurz dargestellt.

Beginnen wollen wir mit einer kurzen Wiederholung von Aspekten der Vektoralgebra. Ein Vektor hat die Dimension N wenn er aus N Komponenten besteht. Drei Vektoren $\vec{v}_0, \vec{v}_1, \vec{v}_2$ sind voneinander unabhängig, wenn es keine Skalare $a_1, a_2 \neq 0$ gibt, so dass $\vec{v}_0 = a_1 \vec{v}_1 + a_2 \vec{v}_2$ ist. Für eine gegebene Dimension N, bilden je N voneinander unabhängige Vektoren $\vec{b}_n$ eine Basis B. Beliebige andere Vektoren dieses Raums lassen sich als Linearkombination $\sum_{n=0}^{N-1} a_n \vec{b}_n$ repräsentieren. Ist die Basis bekannt, dann kann jeder Vektor in diesem Raum durch Angabe der Gewichtungsskalare $(a_0, ..., a_{N-1})$ genau bezeichnet werden (siehe Abbildung 4.2). Dies sind die Koordinaten des Vektors unter dieser Basis.

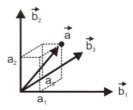

Abbildung 4.2: Ein Vektor $\vec{a}$ kann als Kombination von Basisvektoren repräsentiert werden.

Für einen gegebenen N-dimensionalen Raum gibt es unendlich viele Basen. Ein Vektor $\vec{a}^1 = \begin{pmatrix} a_0^1 & \dots & a_{N-1}^1 \end{pmatrix}$ der Basis B^1 kann in eine beliebige andere Basis B^2 transformiert werden, wenn die Koordinaten $\vec{b}_n^2 = \begin{pmatrix} b_{n,0}^1 & b_{n,1}^1 & \dots & b_{n,N-1}^1 \end{pmatrix}$ von deren Basisvektoren in der Basis B^1 bekannt sind. Die Transformation für jede Komponente von $\vec{a}^1$ lautet dann (siehe Abbildung 4.3):

$$a_n^2 = \sum_{m=0}^{N-1} a_m^1 \cdot b_{n,m}^1 \, / \left\| \vec{b}_n^1 \right\|.$$

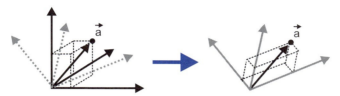

Abbildung 4.3: Die Transformation eines Vektors in eine neue Basis erfolgt durch Projektion des Vektors auf alle neuen Basisvektoren.

Unter $\|.\|$ ist die Länge (die euklidische Norm) eines Vektors zu verstehen. Die Abbildung ist umkehrbar, wenn B^2 den N-dimensionalen Raum aufspannt, d.h. aus N voneinander unabhängigen Vektoren besteht. Die Rücktransformation erfolgt nach den gleichen Regeln.

Unter den Basen spielen orthogonale Basen eine besondere Rolle. Eine orthogonale Basis besteht aus Basisvektoren, die paarweise orthogonal sind. Orthogonalität zwischen zwei Vektoren $\vec{b}_m$ und $\vec{b}_n$ ist gegeben, wenn der Kosinus des Winkels zwischen ihnen, also das normierte Skalarprodukt, Null ist:

$$\cos\left(\vec{b}_m, \vec{b}_n \right) = \frac{\vec{b}_m \bullet \vec{b}_n}{\left\| \vec{b}_m \right\| \cdot \left\| \vec{b}_n \right\|} = \frac{\sum_{k=0}^{N-1} b_{m,k} \cdot b_{n,k}}{\left\| \vec{b}_m \right\| \cdot \left\| \vec{b}_n \right\|} = 0 \quad \text{und daher auch}$$

$$\sum_{k=0}^{N-1} b_{m,k} \cdot b_{n,k} = 0.$$

Da zwei zueinander orthogonale Vektoren immer voneinander unabhängig sind, ist in diesem Fall der Test für Unabhängigkeit einer Menge von Basisvektoren sehr einfach: Eine Menge von N Vektoren bildet eine orthogonale Basis, die einen N-dimensionalen Raum aufspannt, wenn das Skalarprodukt für je zwei unterschiedliche Vektoren der Basis Null ist.

Die Begriffe Orthogonalität, Basen und Transformation zwischen Basen lassen sich leicht auf Funktionen übertragen. Beschränkt man das Ganze zunächst auf eindimensionale Funktionen mit ganzzahligem, beschränktem Wertebereich, so wird die Analogie besonders deutlich. Eine Funktion $f(n)$, $n = 0,\dots,N-1$ kann einerseits durch Angabe eines Bildungsgesetzes für die Funktionswerte (z.B. $f(n) = n^2$, $n = 0,\dots,N-1$) oder durch Aufzählung aller Funktionswerte (z.B. $f(n) = [0,1,4,9,\dots,(N-1)^2]$) spezifiziert werden (siehe Abbildung 4.4).

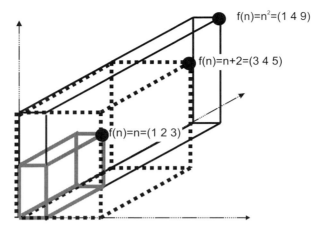

Abbildung 4.4: Funktionen können durch Aufzählung aller ihrer Werte repräsentiert werden. In diesem Fall wurden die drei Funktionen $f(n) = n$, $f(n) = n+2$ und $f(n) = n^2$ für den Definitionsbereich $n = [1,2,3]$ dargestellt.

Beide Beschreibungen sind äquivalent, wobei die zuletzt genannte Darstellung beispielsweise gebräuchlich ist, wenn es um die Repräsentation der Helligkeiten einer Bildzeile geht. Das Bildungsgesetz für diese Helligkeiten ist in der Regel nicht bekannt, die Helligkeit an jedem Bildpunkt dagegen sehr wohl. Also wird die Bildfunktion durch Angabe der Bildpunkthelligkeiten repräsentiert. Diese Folge von Helligkeiten wird als Helligkeitsvektor mit N Einträgen (also als N-dimensionaler Vektor) aufgefasst, so dass die oben gemachten Angaben für Vektoren unmittelbar auf diese Funktionen übertragbar sind. Insbesondere sind zwei Funktionen f_1 und f_2 mit gleichem Definitionsbereich orthogonal zueinander, wenn das Skalarprodukt $f_1 \bullet f_2 = \sum_{k=0}^{N-1} f_1(k) \cdot f_2(k)$ gleich Null ist.

Eine orthogonale Basis für Funktionen besteht aus N zueinander orthogonalen Basisfunktionen. Die einfachste orthogonale Basis besteht aus N Funktionen $b_n(k)$, $n = 0,...,N-1$ mit $b_n(k) = (b_{n,0},...,b_{n,N-1})$ mit $b_{k,k} = 1$ und $b_{k,l} = 0$ für $k \neq l$. Genau wie bei Vektoren ist die Transformation zwischen orthogonalen Basen invertierbar, d.h. es gibt eine eineindeutige Repräsentation für jede repräsentierbare Funktion. Eine Funktion f ist repräsentierbar, wenn das Skalarprodukt für die Funktion mit den Basisvektoren existiert. Das ist der Fall, wenn

$$\|f\|^2 = \sum_{k=0}^{N-1}(f_k)^2$$

endlich ist.

Die Basisvektoren können in einer Matrix $\mathbf{B}$ zusammengefasst werden. Die Transformation einer Funktion f in eine Funktion g ist dann das Vektor-Matrix-Produkt

$$\vec{g} = \mathbf{B}\vec{f}.$$

Die Rücktransformation besteht dementsprechend aus der Multiplikation von $\vec{g}$ mit der inversen Matrix von $\mathbf{B}$. Da $\mathbf{B}$ orthogonal ist, lautet die inverse Matrix $s \cdot \mathbf{B}^T$, wobei $s = 1$ ist, falls die Basisfunktionen normiert sind. Die Rücktransformation von $\vec{g}$ ist also

$$\vec{f} = s\left(\mathbf{B}^T \vec{g}\right).$$

Für orthogonale Basen ist damit sichergestellt, dass die Abbildung umkehrbar ist.

Das Konzept der Basisfunktionen kann leicht auf mehrdimensionale Funktionen erweitert werden. Einzig das Skalarprodukt muss definiert werden. Dies ist für zwei Funktionen f_1 und f_2 mit Definitionsbereich $(0,\ldots,N–1)(0,\ldots,M–1)$ gegeben durch

$$f_1 \bullet f_2 = \sum_{i=0}^{N-1} \sum_{j=0}^{M-1} f_1(i,j) \cdot f_2(i,j).$$

Für Funktionen mit unbeschränktem Definitionsbereich wird über unendlich viele Werte aufsummiert. Es sind hier nur Funktionen repräsentierbar und transformierbar, deren Skalarprodukt mit einer anderen Funktion nicht unendlich ist. Das ist dann der Fall, wenn die Norm der Funktion

$$\|f\| = \sqrt{\sum_{i=-\infty}^{\infty} f(i)^2} < \infty$$

ist. Das Konzept lässt sich auf Funktionen mit reellwertigem Wertebereich erweitern. Dann werden aus den Summen zur Bildung des Skalarprodukts Integrale. Die Norm einer Funktion ist das Integral über den ganzen Wertebereich. Man erhält also

$$f_1 \bullet f_2 = \int_{-\infty}^{\infty} \int_{-\infty}^{\infty} f_1(x,y) \cdot f_2(x,y)\, dxdy, \quad \text{mit } \int_{-\infty}^{\infty} \int_{-\infty}^{\infty} \left(f_i(x,y)\right)^2 dxdy < \infty \ \text{ für } i = 1,2.$$

4.2 Die Fourier-Transformation

Die Basisfunktionen der Diskreten Fourier-Transformation (DFT) sind periodische Funktionen unterschiedlicher Frequenz mit diskretem Definitionsbereich. Da die transformierte Funktion durch periodische Wellen unterschiedlicher Frequenz und Amplitude repräsentiert ist, spricht man auch von einer Repräsentation im **Frequenzraum**. Die Originalrepräsentation wird Repräsentation im **Ortsraum** genannt. Funktionen im Ortsraum werden üblicherweise durch kleine Buchstaben – z.B. $f(n)$ – und korrespondierende Frequenzraumfunktionen durch große Buchstaben – z.B. $F(u)$ – bezeichnet.

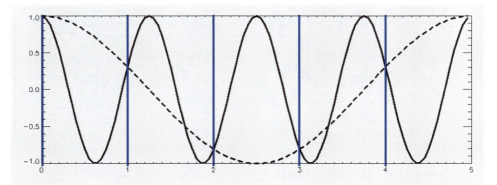

Abbildung 4.5: Zwei Kosinuswellen mit unterschiedlicher Frequenz, die an $N = 5$ Stellen abgetastet wurden. Die Frequenzen der beiden Wellen sind $u_1 = 1$ und $u_2 = 4 = N - u_1$. Obwohl sich die Wellen im reellen Definitionsbereich unterscheiden, sind ihre Werte an den abgetasteten Positionen $u = 0,1,2,3,4$ gleich.

Zwei an diskreten Orten $n = 0,\ldots,N-1$ definierte, ungleiche Kosinusfunktionen $\cos(u_1 n)$ und $\cos(u_2 n)$, deren Frequenzen u_1 und u_2 ganzzahlige Vielfache einer Basisfrequenz u_0 sind, sind orthogonal zueinander, wenn die Wellenlänge der Basisfrequenz $2\pi/N$ ist. Allerdings reicht die Anzahl der erzeugbaren Basisfunktionen nicht aus. Es ist nämlich leicht nachweisbar (siehe Übungsaufgabe 2 am Ende des Kapitels), dass für zwei an N Orten abgetastete Funktionen $\cos(u_1 n)$ und $\cos(u_2 n)$ mit $u_1 = N - u_2$ gilt, dass $\cos(u_1 n) = \cos(u_2 n)$ für alle Werte n ist (siehe Abbildung 4.5). Wellen mit einer Frequenz, die geringer ist als $N/2$, sind daher nicht von korrespondierenden Wellen mit einer Frequenz oberhalb $N/2$ unterscheidbar (das gilt natürlich nur für die an N Stellen abgetastete Funktion!).

Mit $N/2$ orthogonalen Basisfunktionen wird nur ein $N/2$-dimensionaler Unterraum aufgespannt. Nicht alle Funktionen können daher repräsentiert werden. Das lässt sich leicht an einem Beispiel demonstrieren. Da $\cos(0) = 1$ ist, kann eine Funktion mit $f(0) = 0$ nur repräsentiert werden, wenn entweder alle Wellen mit Frequenz größer als Null die Amplitude Null haben oder wenn $F(0) = -\sum_{n=1}^{N-1} F(n)$ ist. Jede andere Funktion liegt zwar im N-dimensionalen Funktionsraum, nicht aber in dem durch die $N/2$ Kosinusfunktionen aufgespannten Unterraum.

Für eine vollständige orthogonale Basis müssen weitere $N/2$ Basisfunktionen gefunden werden, die möglichst der Semantik der $N/2$ Kosinuswellen folgen. Hierzu gibt es zwei Wege :

- Für die Fourier-Transformation werden statt reellwertiger Funktionen $\cos(un)$ komplexe Funktionen $\cos(un) + i\sin(un)$ gewählt (siehe Abbildung 4.6).
- Für die Diskrete Kosinustransformation werden N Kosinuswellen mit Frequenzen mit Wellenlängen gewählt, die keine ganzzahligen Vielfachen der Intervalllänge des Definitionsbereichs der Funktion sind.

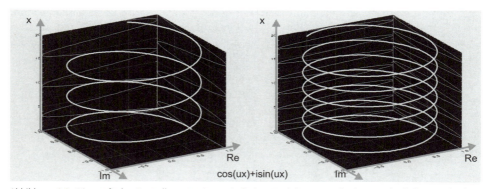

Abbildung 4.6: Die grafische Darstellung zweier periodischer Funktionen $\cos(ux) + i\sin(ux)$ für verschiedene Frequenzen u (links eine geringere, rechts eine höhere Frequenz). Die Projektion auf die reelle bzw. imaginäre Ebene ergibt eine Kosinus- bzw. Sinusfunktion.

Wir beschränken uns in der Betrachtung der Fourier-Transformation auf die erste Lösung. Die Diskrete Kosinustransformation wird in einem der nachfolgenden Abschnitte behandelt.

4.2.1 Eindimensionale Fourier-Transformation

Komplexe Zahlen $x = \mathrm{Re}(x) + i \cdot \mathrm{Im}(x)$ bestehen aus einem Realteil $\mathrm{Re}(x)$ und einem Imaginärteil $\mathrm{Im}(x)$, wobei $i = \sqrt{-1}$ ist. Ähnlich wie bei reellwertigen Kosinuswellen unterschiedlicher Frequenz lässt sich leicht nachweisen, dass zwei komplexe Wellen $\cos(2\pi n u_1) + i\sin(2\pi n u_1)$ und $\cos(2\pi n u_2) + i\sin(2\pi n u_2)$ für ganzzahlige Vielfache $u_1 \neq u_2$ einer Basisfrequenz $u_0 = 2\pi/N$ auf dem Definitionsbereich $n = [0, N-1]$ zueinander orthogonal sind. Darüber hinaus ist es so, dass wegen der zusätzlichen Sinuswelle im Ausdruck bis zu N unterschiedliche Wellenlängen bei N Abtastorten auf dem Intervall unterschiedlich repräsentierbar sind. Damit spannen die N Funktionen den gesuchten N-dimensionalen Raum auf. Eine Funktion $f(n)$ kann durch Konvolution mit den Basisfunktionen auf diesen Raum projiziert werden (siehe Abbildung 4.7):

$$F(u) = \frac{1}{s} \sum_{n=0}^{N-1} f(n) \left[\cos\left(\frac{2\pi un}{N}\right) - i\sin\left(\frac{2\pi un}{N}\right) \right].$$

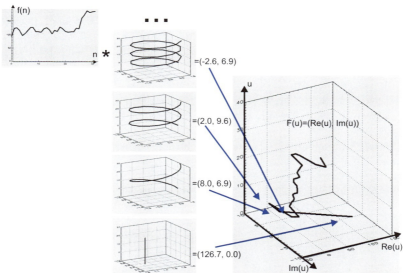

Abbildung 4.7: Projektion einer eindimensionalen Funktion (links) auf eine Folge von orthogonalen, komplexen, periodischen Basisfunktionen (Mitte). Das Ergebnis jeder einzelnen Projektion ist eine komplexe Zahl. Die Folge aller komplexen Zahlen ergibt die transformierte Funktion (rechts).

Durch die Skalierung s werden die Basisfunktionen normiert. Der Betrag der Basisfunktionen ist:

$$s = \left\| \vec{b}_u \right\| = \sqrt{\sum_{n=0}^{N-1} \cos^2\left(\frac{2\pi un}{N}\right) + \sin^2\left(\frac{2\pi un}{N}\right)} = \sqrt{N}$$

Wie im vorigen Abschnitt dargestellt, kann die Transformation auch als eine Vektor-Matrix-Multiplikation der Funktionsvektoren mit der Matrix der Basisfunktionen aufgefasst werden:

$$\vec{F} = \mathbf{B}\vec{f} \, .$$

Für die Rücktransformation wird $\vec{F}$ mit der transponierten Matrix $\mathbf{B}^{\mathrm{T}}$ multipliziert. Die Basisfunktionen von $\mathbf{B}^{\mathrm{T}}$ sind komplexe periodische Funktionen, die am Ursprung gespiegelt sind. Die Basisfunktionen für die Rücktransformation sind also:

$$b_n(u) = \cos\left(\frac{2\pi un}{N}\right) + i\sin\left(\frac{2\pi un}{N}\right)$$

Der Ausdruck aus Sinus- und Kosinusfunktion kann noch kompakter formuliert werden, wenn man sich die Taylor-Reihenentwicklungen für die beiden Funktionen anschaut:

$$\cos x = 1 - \frac{x^2}{2!} + \frac{x^4}{4!} - \frac{x^6}{6!} + ..., \quad \sin x = x - \frac{x^3}{3!} + \frac{x^5}{5!} - \frac{x^7}{7!} + ...$$

und mit der Reihenentwicklung von e^x vergleicht:

$$e^x = 1 + x + \frac{x^2}{2!} + \frac{x^3}{3!} + \frac{x^4}{4!} + ...$$

Damit ist $\cos(x) + i\sin(x) = e^{ix}$. Diese Repräsentation der komplexen periodischen Funktion hat darüber hinaus den Vorteil, dass Amplitude A und Phase θ einer Welle auf elegante Weise ausgedrückt werden können. Wegen

$$A\left[\cos(x+\theta) + i\sin(x+\theta)\right] = Ae^{i(x+\theta)} = Ae^{i\theta}e^{ix} = Ke^{ix}$$

sind Amplitude und Phase einer Welle in einer komplexen Zahl K codiert, deren Länge die Amplitude A und deren Winkel mit der reellen Achse die Phasenverschiebung θ ist.

Die Basisfunktionen für die Fourier-Transformation und ihre inverse Transformation lauten also:

$$b_u(n) = \exp\left[-iun\frac{2\pi}{N}\right] \quad \text{bzw.} \quad b_n(u) = \exp\left[iun\frac{2\pi}{N}\right].$$

Der besseren Lesbarkeit halber wurde statt der Darstellung e^x die Darstellung $\exp(x)$ gewählt. Hin- und Rücktransformation mit diesen Basisfunktionen sind

$$F(u) = \frac{1}{\sqrt{N}}\sum_{n=0}^{N-1} f(n)b_u(n) = \frac{1}{\sqrt{N}}\sum_{n=0}^{N-1} f(n)\exp\left[-iun\frac{2\pi}{N}\right],$$

$$f(n) = \frac{1}{\sqrt{N}}\sum_{u=0}^{N-1} F(u)b_n^{\mathrm{T}}(u) = \frac{1}{\sqrt{N}}\sum_{u=0}^{N-1} F(u)\exp\left[iun\frac{2\pi}{N}\right].$$

Oft wird die Normierung nur bei einer der beiden Transformationen vorgenommen, so dass sich das Transformationspaar

$$F(u) = \sum_{n=0}^{N-1} f(n)\exp\left[-iun\frac{2\pi}{N}\right] \quad \text{und} \quad f(n) = \frac{1}{N}\sum_{u=0}^{N-1} F(u)\exp\left[iun\frac{2\pi}{N}\right]$$

ergibt.

Die Werte von $F(u)$ sind komplexe Zahlen, welche die Amplituden und Phasen der korrespondierenden Wellen im Ortsbereich beschreiben. Der Wert u gibt die Frequenz an. Für $u = 0$ ist die Frequenz Null, d.h. die korrespondierende Funktion im Ortsbereich ist eine Funktion mit konstantem Wert $f(n) = 1/N \cdot F(0)$. Im Englischen wird sie oft als DC-Komponente bezeichnet (von engl. *direct current* – Gleichstrom). Die anderen Komponenten werden auch AC-Komponenten genannt (von engl. *alternating current* – Wechselstrom). Ein Beispiel für das Ergebnis der Fourier-Transformation eines Rechteckimpulses ist in Abbildung 4.8 zu sehen. Abbildung 4.9 zeigt den Vergleich zwischen einer idealen Stufe und einer allmählichen Änderung des Funktionswerts.

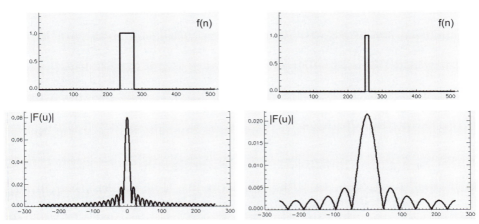

Abbildung 4.8: Beträge zweier fouriertransformierter Rechteckfunktionen. Der Frequenzraum ist über die Frequenzen $[-N/2, +N/2-1]$ definiert. Man erkennt, dass bei der breiteren Rechteckfunktion (links) die Funktionswerte mit steigender Frequenz schneller gegen Null gehen.

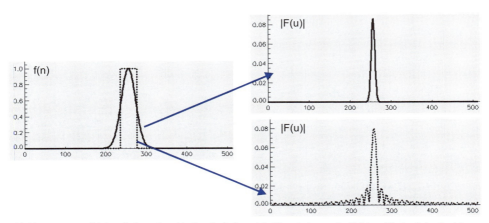

Abbildung 4.9: Vergleich zwischen einer idealen Stufe (gestrichelt) und einem allmählichen Wechsel des Funktionswerts (durchgezogen). Für die ideale Stufe werden sehr viele hochfrequente Anteile benötigt, so dass die Summe der periodischen Funktion die ideale Stufe ergibt.

Die Funktion und ihre fouriertransformierte Funktion sind nur auf dem Intervall [0,N–1] an N Stellen definiert. Dies ist für die Beschreibung von digitalen Bildern keine große Einschränkung, da Bilder durch eine endliche Anzahl von Pixeln mit gleichem Abstand beschrieben werden. Die verwendeten Basisfunktionen sind jedoch abgetastete Versionen von Funktionen mit reellem, unbeschränktem Definitionsbereich. Das kann für die Bearbeitung von Bildern relevant sein und soll daher im Folgenden kurz behandelt werden.

Die Erweiterung des Intervalls der Länge N, für welches die Basisfunktionen definiert sind, auf die Länge $kN > N$ führt zu neuen Basisfunktionen eines höherdimensionalen Raums. Diese können auf die um Nullen in den ursprünglichen Basisfunktionen erweiterten Funktionen projiziert werden. Ein unbeschränkter, ganzzahliger Definitionsbereich wäre eine Erweiterung auf abzählbar unendlich viele Dimensionen. Die neuen Basisfunktionen bilden eine orthogonale Basis eines N-dimensionalen Unterraums, solange kN ein ganzzahliges Vielfaches von N ist, was insbesondere für $k \to \infty$ der Fall ist. Die ursprüngliche Funktion ist in diesem Unterraum eingebettet. Sie ist weiterhin durch eine Folge periodischer Funktionen definiert und setzt sich nun über das eigentliche Intervall fort. Schaut man sich die Fortsetzung an, so sieht man, dass es sich einfach um die periodische Wiederholung der Funktion handelt.

4.2.2 Zweidimensionale Fourier-Transformation

Bilder sind zweidimensional, so dass unser Konzept der periodischen Basisfunktionen auf zwei Dimensionen erweitert werden muss. Statt Basisfunktionen vom Typ $\cos x + i\sin x$ werden solche vom Typ $(\cos x + i\sin x) \cdot (\cos y + i\sin y)$ oder, in der Repräsentation als komplexe Exponentialfunktion, $\exp(ix) \cdot \exp(iy) = \exp(i(x+y))$ gewählt. Für die Repräsentation von $M \cdot N$ Bildelementen einer Funktion $f(m,n)$ sind die Funktionen $b_{m,n}(u,v) = \exp[-i(2\pi(um/M + vn/N))]$ eine orthogonale Basis. Damit ergeben sich Fourier-Transformation und inverse Fourier-Transformation zu

$$F(u,v) = \sum_{m=0}^{M-1}\sum_{n=0}^{N-1} f(m,n) b_{u,v}(m,n) = \sum_{m=0}^{M-1}\sum_{n=0}^{N-1} f(m,n)\exp\left[-i2\pi\left(\frac{um}{M} + \frac{vn}{N}\right)\right]$$

$$f(m,n) = \frac{1}{MN}\sum_{u=0}^{M-1}\sum_{v=0}^{N-1} F(u,v) b_{m,n}(u,v)$$

$$= \frac{1}{MN}\sum_{u=0}^{M-1}\sum_{v=0}^{N-1} F(u,v)\exp\left[i2\pi\left(\frac{um}{M} + \frac{vn}{N}\right)\right]$$

Für quadratische Bilder ist $M = N$. In diesem Fall wird der Skalierungsfaktor $1/N^2$ manchmal über beide Transformationen verteilt und geht dann bei Fourier-Transformation und Rücktransformation jeweils mit $1/N$ ein. Es ergibt sich

$$F(u,v) = \frac{1}{N}\sum_{m=0}^{N-1}\sum_{n=0}^{N-1} f(m,n)\exp\left[-i\frac{2\pi}{N}(um + vn)\right]$$

$$f(m,n) = \frac{1}{N}\sum_{u=0}^{N-1}\sum_{v=0}^{N-1} F(u,v)\exp\left[i\frac{2\pi}{N}(um + vn)\right].$$

Phase und Amplitude sind genau wie bei der eindimensionalen Frequenzraumrepräsentation durch den komplexen Wert $F(u,v)$ repräsentiert. Die Frequenz einer Welle an der Stelle (u,v) ist der Abstand von (u,v) zum Ursprung. Zusätzlich zur Frequenz hat die Welle noch eine Richtung, die durch die Richtung des Vektors (u,v) gegeben ist. Beispiele für Transformationen einfacher Bilder zeigt Abbildung 4.10.

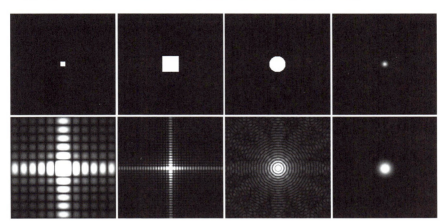

Abbildung 4.10: Beträge der Fourier-Transformierten (unten) für verschiedene einfache Bilder (oben). Man erkennt deutlich eine Richtungspräferenz nach Ausführung der Fourier-Transformation auf den beiden Bildern mit Quadraten (links). Genau wie bei der eindimensionalen Funktion erfordert die Repräsentation von scharfen Kanten auch hier sehr viele hohe Frequenzanteile. Nur im Bild rechts außen, das keine harte Kante zwischen Vordergrund und Hintergrund besitzt, sinken die Werte im Frequenzraum rasch mit steigender Frequenz.

4.2.3 Schnelle Berechnung der Fourier-Transformation

Der Berechnungsaufwand für die zweidimensionale Fourier-Transformation für ein Bild der Größe $N{\times}N$ für jedes Bildelement wäre $O(N^2)$ und für alle Bildelemente dementsprechend $O(N^4)$. Es gibt aber einige Eigenschaften, welche die Berechnung vereinfachen. Zunächst einmal gilt die folgende **Periodizitätseigenschaft** (siehe Abbildung 4.11):

$$F(u) = F(u+N), f(n) = f(n+N).$$

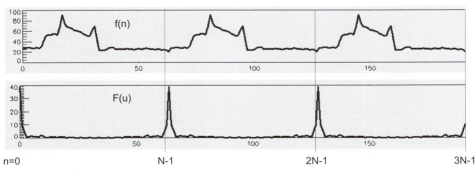

Abbildung 4.11: Periodizität der Fourier-Transformation für diskrete Funktionen mit Definitionsbereich $[0,N-1]$. Sowohl die Funktion $f(n)$ als auch die transformierte Funktion $F(u)$ wiederholen sich mit der Periode N. Diese Eigenschaft gilt auch für höherdimensionale Funktionen.

Diese Eigenschaft gilt sinngemäß auch für zweidimensionale Funktionen. Sie wird uns später helfen, einen Conquer-Schritt für eine Divide-and-Conquer-Strategie für eine schnelle Variante der Fourier-Transformation zu definieren. Direkter lässt sich die für reellwertige Funktionen geltende **Symmetrieeigenschaft** nutzen (siehe Abbildung 4.12):

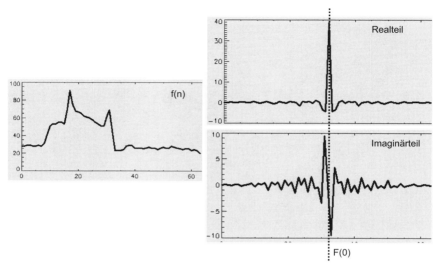

Abbildung 4.12: Symmetrieeigenschaft der fouriertransformierten reellwertigen Funktion. Der Realteil der Funktion ist punktsymmetrisch zum Ursprung. Der Imaginärteil ist gespiegelt punktsymmetrisch zum Ursprung. Diese Eigenschaft gilt auch für höherdimensionale Funktionen.

$$F(u) = {}^*F(-u) \quad \text{bzw.} \quad F(u,v) = F^*(-u,-v).$$

Durch x^* wird der komplex-konjugierte Wert von x bezeichnet, d.h. $x^* = Re(x) - Im(x)$. Die Symmetrie bedeutet, dass nur die Hälfte aller Werte berechnet werden muss. Die andere Hälfte kann anschließend direkt abgeleitet werden. Die Eigenschaft ist wenig überraschend, denn die Fourier-Transformation erzeugt aus einer Repräsentation aus N^2 Zahlen im Ortsraum $2N^2$ Zahlen im Frequenzraum, ohne dass zusätzliche Information einfließt. Damit muss eine gewisse Redundanz existieren.

Eine weitere Eigenschaft führt zu einer wesentlich größeren Reduktion des Berechnungsaufwands. Schaut man sich die Doppelsumme für die Transformation einer zweidimensionalen Funktion genauer an, so sieht man, dass sie wie folgt zerlegt werden kann:

$$
\begin{aligned}
F(u,v) &= \frac{1}{N} \sum_{m=0}^{N-1} \sum_{n=0}^{N-1} f(m,n) \exp\left[-i\frac{2\pi}{N}(um+vn)\right] \\
&= \frac{1}{N} \sum_{m=0}^{N-1} \exp\left[-i\frac{2\pi}{N}um\right] \left(\sum_{n=0}^{N-1} f(m,n)\exp\left[-i\frac{2\pi}{N}vn\right]\right).
\end{aligned}
$$

Diese Eigenschaft nennt sich **Separabilität** der Transformation und sie gilt auch für höhere Dimensionen. Die Transformation und die inverse Transformation einer P-dimensionalen Funktion können daher als Folge von P eindimensionalen Transformationen ausgeführt werden. Für zweidimensionale Bilder mit N^2 Pixeln sinkt der Berechnungsaufwand auf $O(N^3)$. Der Aufwand je Pixel ist $O(N)$.

Durch eine Divide-and-Conquer-Strategie kann dieser Aufwand je Pixel noch weiter auf $O(\log N)$ gesenkt werden. Der Gesamtaufwand für eine zweidimensionale Funktion ist dann $O(N^2 \log N)$. Diese Methode heißt **Fast Fourier Transform** (FFT) und steht in den meisten Programmbibliotheken zur Bildverarbeitung zur Verfügung.

Für die FFT existieren verschiedene Varianten, denen aber gemeinsam ist, dass sie eine Transformation von N Werten durch zwei Transformationen von K und L Werten mit $K + L = N$ ersetzen (der Divide-Schritt) und einen Ausdruck angeben, durch den aus diesen beiden Transformationen die Transformation für N Werte berechnet werden kann (der Conquer-Schritt). Am effizientesten lässt sich das umsetzen, wenn $K = L = N/2$ ist, d.h. wenn die Bilder Größen $N{\times}N$ mit $N = 2^P$ haben. Die hier vorgestellte Variante ist dem Buch *Digital Image Processing* von Gonzales et al. [Gonzales 2002] entnommen.

Die FFT braucht wegen der Separabilitätseigenschaft nur für die eindimensionale Fourier-Transformation definiert zu werden. Für die eindimensionale Transformation wird der nicht von u und n abhängige Teil der periodischen Funktion zunächst wie folgt umgeschrieben:

$$F(u) = \frac{1}{N} \sum_{n=0}^{N-1} f(n)\left(W_N\right)^{un}, \text{ mit } W_N = \exp\left(-i\frac{2\pi}{N}\right).$$

Falls N durch $K = N/2$ substituiert wird, gilt für die gleiche Transformation:

$$
\begin{aligned}
F(u) &= \frac{1}{2K} \sum_{n=0}^{2K-1} f(n)\left(W_{2K}\right)^{un} \\
&= \frac{1}{2}\left(\frac{1}{K} \sum_{n=0}^{K-1} f(2n)\left(W_{2K}\right)^{2nu} + \frac{1}{K} \sum_{n=0}^{K-1} f(2n+1)\left(W_{2K}\right)^{(2n+1)u}\right).
\end{aligned}
$$

Jetzt ist die Fourier-Transformation durch zwei halb so lange Summen repräsentiert, die sich zudem sehr ähnlich sind. Mit einer weiteren Substitution

$$F_{even}(u) = \frac{1}{K} \sum_{n=0}^{K-1} f(2n)\left(W_{2K}\right)^{2nu} \text{ und } F_{odd}(u) = \frac{1}{K} \sum_{n=0}^{K-1} f(2n+1)\left(W_{2K}\right)^{2nu}$$

erhält man

$$F(u) = \frac{1}{2}\left(F_{even}(u) + F_{odd}(u)\left(W_{2K}\right)^{u}\right).$$

Für die Bestimmung des Conquer-Schritts nutzt man jetzt die Periodizitätseigenschaft und die Ähnlichkeit von F_{even} und F_{odd} aus. Wegen der Periodizitätseigenschaft gilt, dass

$$\left(W_K\right)^{u+N} = \left(W_K\right)^u \text{ und } \left(W_{2K}\right)^{u+N} = -\left(W_{2K}\right)^u.$$

Das bedeutet, dass man offenbar die periodischen Funktionen von $u = 0,...,K{-}1$ benutzen kann, um die von $u = K,...,N{-}1$ zu berechnen, also genau das, was man für den Conquer-Schritt braucht. Für die fouriertransformierte Funktion heißt dies, dass

$$
\begin{aligned}
F(u+K) &= \frac{1}{2}\left(F_{even}(u+K) + F_{odd}(u+K)\left(W_{2K}\right)^u\right) \\
&= \frac{1}{2}\left(F_{even}(u) - F_{odd}(u)\left(W_{2K}\right)^u\right).
\end{aligned}
\tag{4.1}
$$

Die Funktion wird also im Divide-Schritt zerlegt, bis $K = 1$ ist. Die Lösung dafür ist trivial. Im Conquer-Schritt wird $F(u)$ für $u = 0,...,K-1$ berechnet und anschließend werden die Werte für $u = K,...,N-1$ nach Formel (4.1) bestimmt. Damit ergibt sich der logarithmische Aufwand.

4.2.4   Fourier-Transformation für Funktionen mit reellem Definitionsbereich

Bereits bei der Diskussion der Basisfunktionen wurde angedeutet, dass auch die auf reellen Zahlen definierten Kosinusfunktionen eine orthogonale Basis bilden. Für die vollständige Beschreibung einer Funktion mit reellem, unbeschränktem Definitionsbereich führt man eine Grenzwertbetrachtung durch und gelangt schließlich zu dem folgenden Transformationspaar:

$$F(u,v) = \int_{-\infty}^{\infty} \int_{-\infty}^{\infty} f(x,y) \exp\big(-i(ux+vy)\big)\,dxdy$$

$$f(x,y) = \int_{-\infty}^{\infty} \int_{-\infty}^{\infty} F(u,v) \exp\big(i(ux+vy)\big)\,dudv.$$

Funktionen f sind jedoch nur repräsentierbar, wenn für sie das Skalarprodukt existiert. Andernfalls können sie nicht auf die Basisfunktionen projiziert werden. Die Funktion kann repräsentiert werden, wenn die so genannten Dirichlet'schen Bedingungen eingehalten werden:

- Das Integral ist $< \infty$.
- Es existieren nur endlich viele Unstetigkeiten.
- Es existieren nur endlich viele Funktionswerte $f(x) \to \infty$.

Diese Bedingungen gelten für diskrete Bildfunktionen mit endlichem Definitions- und Wertebereich automatisch.

4.2.5   Eigenschaften der Fourier-Transformation

Frequenz und Richtung. Die Fourier-Transformation erzeugt eine Zerlegung in Wellen unterschiedlicher Frequenz und Richtung (siehe Abbildung 4.13). Wenn die Transformation für eine begrenzte, diskrete Funktion mit $N \times N$ Werten ausgeführt wird, existieren N^2 unterschiedliche Wellen. Das heißt natürlich nicht, dass nicht mehr Kosinusfunktionen unterscheidbar wären, doch muss man berücksichtigen, dass uns von diesen Funktionen nur ihre diskret abgetastete Variante interessiert. Für die Abtastorte gilt $\exp[i(2\pi/N)un] = \exp[i(2\pi/N)u(n+N)]$.

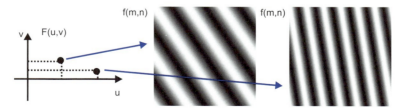

Abbildung 4.13: Frequenz und Richtung der zweidimensionalen Funktion im Frequenzraum. Die Richtung einer Welle $F(u,v)$ ist die Richtung des Vektors $(u\ v)$. Die Frequenz ergibt sich aus dem Abstand von $(u\ v)$ zum Ursprung.

Die Frequenz fq der Welle ist der Abstand der Position (u,v) vom Ursprung, also $fq = (u^2+v^2)^{0,5}$. Die Richtung der Welle ergibt sich aus der Richtung des Vektors $(u\ v)$. Für die Fourier-Transformation einer eindimensionalen Funktion ist die Wellenlänge einer Welle $N/(2\pi \cdot fq)$. Für eine zweidimensionale Fourier-Transformierte hängt die Wellenlänge von der Frequenz fq und der Gesamtbildlänge in Richtung $(u\ v)$ ab.

Die Rücktransformation aus dem Frequenzbereich besteht aus der Addition der einzelnen Wellen mit den an (u,v) angegebenen Amplituden und Phasen. Die Reihenfolge, in der die Wellen addiert werden, ist irrelevant.

Amplitude und Phase (siehe Abbildung 4.14). Die Amplitude jeder Welle gibt an, wie hoch die Grauwertvariation des durch diese Welle repräsentierten Anteils im Bild ist. Die Amplitude A einer Welle an der Position (u,v) ist der Betrag des Funktionswerts: $A = |F(u,v)|$. Würde man vor der Rücktransformation beispielsweise die Beträge der Funktionswerte halbieren, so wäre das resultierende Bild nur halb so hell.

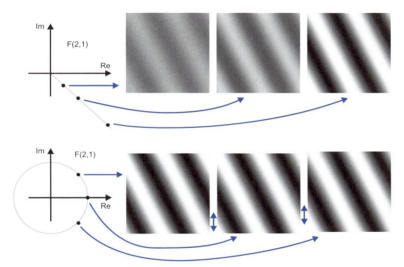

Abbildung 4.14: Amplitude und Phase im Frequenzraum. Für einen gegebenen Wert $F(u,v)$ ist die Amplitude der Welle der Betrag der komplexen Zahl (obere Zeile). Die Phase ist der Winkel der komplexen Zahl zur reellen Achse (untere Zeile).

Bei der Darstellung einer Fourier-Transformation zeigt man meist nicht den Real- und den Imaginärteil der Funktion separat in zwei Bildern, sondern man begnügt sich mit der Darstellung der Amplituden aller Wellen (dem so genannten **Spektrum**). Bei dieser Darstellung wird der Ursprung in den Mittelpunkt, d.h. den Punkt $(N/2,N/2)$, verschoben, damit die niedrigsten Frequenzen in der Bildmitte zu sehen sind (siehe Abbildung 4.15, rechts).

Für die meisten fouriertransformierten Bilder sinken die Werte der Amplitude mit steigender Frequenz sehr schnell. Der Rückgang ist so stark, dass bei der Quantisierung der reellen Amplitudenwerte sehr viele der Werte auf Null abgebildet werden. Daher wird meist ein logarithmiertes Amplitudenbild dargestellt (siehe Abbildung 4.15, unten).

Abbildung 4.15: Verschiedene Darstellungsarten des Spektrums (Amplitude) eines fouriertransformierten Bildes

Die mit steigender Frequenz schnell sinkende Amplitude bedeutet auch, dass in den meisten Bildern offenbar ein erhebliches Kompressionspotential steckt. Da niedrige Amplituden im Ortsbereich geringe Grauwertvariationen bedeuten, ist der Informationsverlust durch Streichung von Wellen mit geringer Amplitude möglicherweise kaum wahrnehmbar.

Die Phasenverschiebung jeder Welle ist durch den Winkel in der komplexen Ebene gegeben. Für eine gegebene Welle an $F(u,v)$ ist der Phasenwinkel $\theta = \tan^{-1}[Im(F(u,v))/Re(F(u,v))]$. Neben dem Amplitudenbild komplettiert das Phasenbild die bildliche Darstellung der fouriertransformierten Funktion.

Ein Phasenbild sieht auf den ersten Blick nicht so aus, als ob dieser Anteil wesentlich zum Informationsgehalt des Bildes beitrüge. Aber dem ist nicht so, denn die Verschiebung einer Welle führt zu erheblichen Änderungen im gesamten Bild. Transformiert man ein Bild in den Frequenzraum, bildet dort den Betrag der Funktion und transformiert es zurück, so wird dieses neue Bild nur wenig mit dem Originalbild gemein haben. Diese Änderung wird durch den Verlust der Phaseninformation verursacht (siehe Abbildung 4.16).

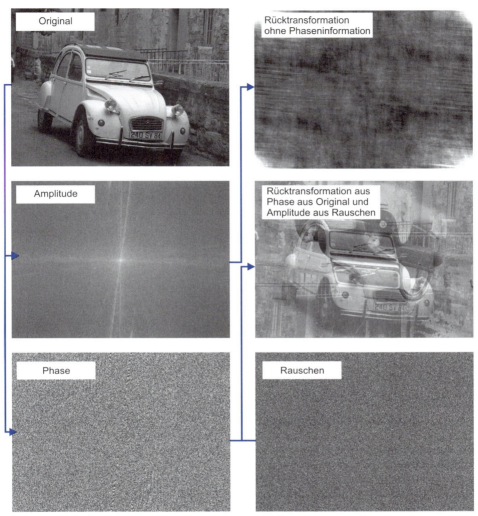

Abbildung 4.16: Das Ergebnis der Fourier-Transformation kann durch ein Amplitudenbild und ein Phasenbild dargestellt werden. Auch wenn die Amplitude im Bild aussagekräftiger als die Phase aussieht, trägt die Phase doch einen großen Teil der Bedeutung. Das erkennt man, wenn das Bild ohne Phaseninformation rekonstruiert wird. Der Bildinhalt ist in diesem Fall nicht mehr zu erkennen. Rekonstruiert man dagegen ein Bild aus der Phase sowie aus einem aus Rauschen gewonnenen Amplitudenbild (das also keine Information trägt), so lässt sich der Bildinhalt erkennen.

Mittelwert. Der Mittelwert $\mu(f)$ einer Funktion ist leicht aus der fouriertransformierten Funktion ableitbar. Wegen

$$F(0,0) = \sum_{m=0}^{M-1} \sum_{n=0}^{N-1} f(m,n) \exp\left(-i2\pi\left(\frac{0m}{M} + \frac{0n}{N}\right)\right) = \sum_{m=0}^{M-1} \sum_{n=0}^{N-1} f(m,n)$$

ist $\mu(f) = F(0,0)/MN$.

Translation. Die Verschiebung einer Funktion f um (dx,dy) im Ortsraum führt im Frequenzraum zu einer Veränderung der Phasen, ohne die Amplituden zu verändern (siehe Abbildung 4.17). Das ist leicht einzusehen, denn eine Phasenverschiebung entspricht der Verschiebung der durch den Funktionswert repräsentierten Welle. Der Umfang der Phasenverschiebung hängt von der Frequenz $(u^2+v^2)^{0,5}$ und vom Kosinus des Winkels α zwischen Wellenrichtung (u,v) und Verschieberichtung (dx,dy) ab. Der Kosinus ist

$$\cos(\alpha) = \frac{(u \quad v) \bullet (dx \quad dy)}{\|(u \quad v)\| \cdot \|(dx \quad dy)\|} \ .$$

Original   Amplitude   Phase

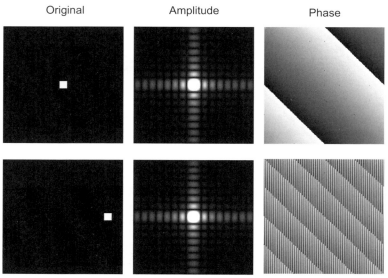

Abbildung 4.17: Das Quadrat im Ortsraum wurde um 90 Pixel nach rechts verschoben (linke Seite). Das Amplitudenbild (Mitte) ändert sich nicht, wohl aber das Phasenbild (rechte Seite).

Die Wellenlänge $T_{u,v}$ ist

$$T_{u,v} = \frac{N}{2\pi \cdot \|(u \quad v)\|} \ .$$

Damit ist die Phasenverschiebung

$$\theta_{dx,dy}(u,v) = \exp\left(i\frac{\|(dx \quad dy)\| \cdot \cos\alpha}{T_{u,v}}\right) = \exp\left(i\frac{2\pi}{N}(u \cdot dx + v \cdot dy)\right).$$

Besonders interessant ist die Phasenverschiebung für $dx = dy = N/2$. Dann ist

$$\theta_{N/2,N/2}(u,v) = \exp\left(i\frac{2\pi}{N}\left(u \cdot \frac{N}{2} + v \cdot \frac{N}{2}\right)\right) = \exp\left(i\pi(u+v)\right) = (-1)^{u+v}.$$

Bei einer Verschiebung um die Hälfte des Bildes ändern sich also nur die Vorzeichen für ungerade Werte $(u+v)$.

Rotation. Eine Rotation der Funktion im Ortsbereich um den Koordinatenursprung mit dem Winkel α führt zur gleichen Rotation der fouriertransformierten Werte im Frequenzbereich. Auch das ist einleuchtend, weil die das Bild ergebenden Wellen um den gleichen Winkel gedreht werden müssen wie das Bild selbst (siehe Abbildung 4.18).

Original	Amplitude	Phase

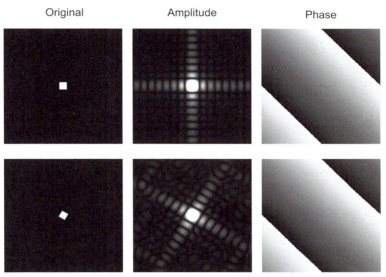

Abbildung 4.18: Bei einer Rotation im Ortsraum (linke Seite) wird das Spektrum (das Amplitudenbild, Mitte) um den gleichen Betrag rotiert. Die Phase ändert sich nicht (rechte Seite).

4.2.6 Konvolution und Korrelation

Zwei Operationen, deren Berechnungsaufwand bei einer Durchführung im Frequenzraum sinkt, sind Konvolution und Korrelation. Die Konvolutionsoperation wurde bereits im vorangegangenen Kapitel eingeführt, um verschiebungsinvariante, lineare Störoperatoren zu beschreiben. Wir betrachten sie zunächst als Operation auf eindimensionalen Signalen. Eine Konvolution zwischen zwei eindimensionalen Funktionen f und g ist definiert als

$$\left[f * g\right](n) = \sum_{k=-\infty}^{\infty} f(k)g(n-k).$$

Für die Fourier-Transformation **FT** nehmen wir zunächst an, dass der Definitionsbereich von $-\infty$ bis ∞ reicht. Dann ist

$$\mathbf{FT}\left(\left[f * g\right](n)\right) = \mathbf{FT}\left(\sum_{k=-\infty}^{\infty} f(k) \cdot g(n-k)\right)$$

$$= \sum_{n=-\infty}^{\infty}\left(\sum_{k=-\infty}^{\infty} f(k) \cdot g(n-k)\right)\exp\left(-i\frac{2\pi}{N}un\right)$$

$$= \sum_{n=-\infty}^{\infty}\sum_{k=-\infty}^{\infty} f(k) \cdot g(n-k)\exp\left(-i\frac{2\pi}{N}un\right)$$

Nun wird die Verschiebeeigenschaft angewendet, wonach

$$g(n-k) = g(n)\exp\left(-i\frac{2\pi}{N}uk\right)$$

ist:

$$\sum_{n=-\infty}^{\infty}\sum_{k=-\infty}^{\infty} f(k)\cdot g(n-k)\exp\left(-i\frac{2\pi}{N}un\right)$$

$$= \sum_{n=-\infty}^{\infty}\sum_{k=-\infty}^{\infty} f(k)\cdot g(n)\exp\left(-i\frac{2\pi}{N}uk\right)\exp\left(-i\frac{2\pi}{N}un\right)$$

$$= \sum_{n=-\infty}^{\infty}\sum_{k=-\infty}^{\infty} f(k)\exp\left(-i\frac{2\pi}{N}uk\right)\cdot g(n)\exp\left(-i\frac{2\pi}{N}un\right)$$

$$= \sum_{k=-\infty}^{\infty} f(k)\exp\left(-i\frac{2\pi}{N}uk\right)\cdot \sum_{n=-\infty}^{\infty} g(n)\exp\left(-i\frac{2\pi}{N}un\right)$$

$$= F(u)\cdot G(u).$$

Eine Filterung durch Konvolution im Ortsbereich entspricht also einer Filterung durch Multiplikation im Frequenzbereich. Wenn die Grenzen des Definitionsbereichs auf 0...N–1 beschränkt werden und diese Operation im Frequenzraum ausgeführt und zurücktransformiert wird, so erhält man die entsprechende Faltung im Ortsraum. Wegen der Periodizitätseigenschaft wird dann, wenn die Überdeckung von g über den Bereich von f hinausreicht, die Funktion f einfach wiederholt.

Allerdings wirkt das Resultat dieser Operation oft unrealistisch. In der Praxis ist ein Bild nicht periodisch mit seiner Bildgröße. Andererseits ist die Information über Bereiche außerhalb des Ausschnitts verloren gegangen. Daher nimmt man im Allgemeinen bei der Entwicklung von Faltungsfunktionen an, dass

- die Faltungsfunktion außerhalb eines Kernbereichs um den Koordinatenursprung Null ist;
- die Bildfunktion an den Grenzen mit einem Rand des Radius des Faltungskerns ebenfalls Null ist.

Unter diesen Annahmen ist das Resultat der Faltung an den Rändern ebenfalls Null. Diese Art der Faltung auf Funktionen mit endlichem Funktionsbereich wird oft in vorimplementierten Faltungsfunktionen verwendet und ergibt einen „Trauerrand" von der Größe des Radius des Faltungskerns. Alternativ dazu kann man auch von dem Modell ausgehen, dass, weil die Bildfunktion nicht über den Rand hinaus bekannt ist, dort die Faltungsoperation undefiniert ist, und deshalb an diesen Orten die Bildfunktion unverändert lassen.

In jedem Fall muss an den Rändern des Bildes die fehlende Information ersetzt werden. Die oben angegebenen Alternativen sind drei mögliche Modelle dafür (siehe Abbildung 4.19).

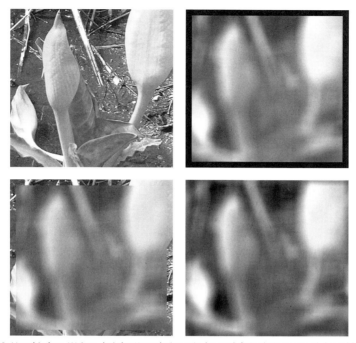

Abbildung 4.19: Verschiedene Weisen, bei der Konvolution mit der Undefiniertheit am Rand des Bildes umzugehen. Das Bild oben links wurde mit einem Kern gefaltet, der eine Bildunschärfe simuliert. Im Bild oben rechts wurde in den Bereichen, wo der Konvolutionskern über den Rand hinausreicht, das Resultat auf Null gesetzt. Im Bild unten links wurde der Funktionswert der Originalfunktion eingesetzt. Im Bild unten rechts wurde das Bild periodisch fortgesetzt, bevor die Konvolution ausgeführt wurde.

Der Zusammenhang zwischen Faltung im Ortsbereich und Multiplikation im Frequenzbereich gilt für diskrete und reelle Funktionen und lässt sich auch für zwei- oder höherdimensionale Funktionen nachweisen. Für zweidimensionale Funktionen heißt das

$$\mathbf{FT}(f(m,n)*g(m,n)) = F(u,v) \cdot G(u,v).$$

Die Konvolution als Multiplikation im Frequenzbereich auszuführen kann den Prozess erheblich beschleunigen, weil die Fourier-Transformation als FFT mit geringem Aufwand durchführbar ist. Für ein Bild der Größe $N{\times}N$ beträgt der Aufwand für Hin- und Rücktransformation jeweils $O(N^2\log_2 N)$. Die Multiplikation der beiden Bilder erfordert den Aufwand $O(N^2)$. Der Gesamtaufwand ist also $O(N^2\log_2 N)$. Wird die Konvolution im Ortsbereich durchgeführt, so ist der Aufwand bei einem Faltungskern der Größe $K{\times}K$ pro Bildpunkt $O(K^2)$. Der Gesamtaufwand ist $O(K^2 \cdot N^2)$. Für $\log_2 N < K^2$ ist die Konvolution im Frequenzraum effizienter durchzuführen.

Da sich Fourier-Transformation und ihre inverse Transformation bis auf das Vorzeichen und den Skalierungsfaktor gleichen, ist nachvollziehbar, dass eine Konvolution im Frequenzraum einer Multiplikation im Ortsraum entspricht.

Eine der Konvolution sehr ähnliche Operation ist die **Korrelation**. Der Anwendungs-bereich für die Korrelation unterscheidet sich von dem der Konvolution. Während die Haupteinsatzgebiete der Konvolution die Invertierung der in *Abschnitt 3.2.1* genann-ten Bildeinflüsse sowie die später noch zu erläuternden Bildverbesserungsmethoden sind, dient die Korrelation dazu, Ähnlichkeiten zwischen Bildern oder Bildsegmenten festzustellen.

Dazu bedient man sich der folgenden Überlegung: Wenn sich zwei Bilder ähnlich sind, dann sollten die Grauwerte des einen Bildes sich ähnlich wie die des anderen Bildes verändern. Damit ist gemeint, dass man erwarten würde, dass, falls ein Bild-punkt (m_1,n_1) in f heller ist als ein anderer Bildpunkt (m_2,n_2), auch $g(m_1,n_1) > g(m_2,n_2)$ gilt. Dies kann durch die **Kovarianz** zwischen den beiden Bildern beschrieben wer-den. Sie ist definiert durch

$$\sigma_{f,g} = \frac{1}{MN} \sum_{n=0}^{N-1} \sum_{m=0}^{M-1} \left(f(m,n) - \overline{f}(m,n) \right) \left(g(m,n) - \overline{g}(m,n) \right).$$

Hierbei sind $\overline{f}$ und $\overline{g}$ die Mittelwerte der beiden Funktionen. Die Kovarianz einer Funktion mit sich selbst ist die Varianz dieser Funktion. Interessanter ist aber die Betrachtung zweier unterschiedlicher Funktionen. Man sieht sofort, dass die Kovari-anz besonders hoch sein wird, wenn für jede positive Abweichung von f von seinem Mittelwert auch g positiv von seinem Mittelwert abweicht und für jede negative Abweichung von f dies auch für g gilt. Die Kovarianz ist dagegen besonders niedrig, falls positive Abweichungen von f mit negativen Abweichungen von g koinzidieren und umgekehrt. Die Kovarianz zwischen f und g ist Null, wenn aus der Abweichung eines Funktionswerts von f von seinem Mittelwert keine Schlüsse auf Abweichungen von g möglich sind.

Was bedeutet das nun für die Ähnlichkeit zwischen f und g? Es ist offenbar so, dass sich bei hoher positiver Kovarianz f und g bis auf einen Skalierungsfaktor und eine additive Komponente ähnlich sind. Bei hoher negativer Kovarianz ist g eine in den Grauwerten invertierte Version von f, denn wo f hell ist, ist g dunkel, und umgekehrt. Keine Ähnlichkeit gibt es, falls die Kovarianz Null ist. Dann kann aus der Kenntnis des Grauwerts von f keine Vorhersage über die Helligkeit desselben Pixels in g gemacht werden.

Die mögliche Kovarianz zwischen zwei Bildern lässt sich gut in einem Bild $H(g_f,g_g)$ visualisieren, dessen beide Achsen die Grauwerte von f bzw. g sind, und für die $H(g_f,g_g)$ die Häufigkeit angibt, mit der Pixel existieren, die in f den Grauwert g_f und in g den Grauwert g_g haben. Der Betrag der Kovarianz ist besonders groß, wenn sich in dieser Funktion alle von Null verschiedenen Werte auf einer Geraden befinden, und besonders niedrig, falls die Häufigkeit in H beliebig gestreut ist.

Allerdings ist die Kovarianz kein perfektes Maß. Ein perfektes Ähnlichkeitsmaß sollte für alle Bildpaare, deren gemeinsame Häufigkeitsverteilung auf einer Geraden liegt, denselben Wert ergeben. Das ist nicht der Fall, denn der Kovarianzwert hängt vom Winkel dieser Geraden, d.h. von dem Verhältnis der Varianzen beider Funktio-nen, ab. Für eine Normalisierung muss die Kovarianz mit den Varianzen der beiden Funktionen normiert werden. Das Ergebnis ist

$$cc_{f,g} = \frac{\sigma_{f,g}}{\sigma_f^2 \cdot \sigma_g^2}$$

und heißt **Korrelationskoeffizient**. Der Wert von $cc_{f,g}$ ist 1, falls es Skalare $s > 0$ und d gibt, so dass $f(m,n) = s \cdot g(m,n) + d$ ist. Falls $s < 0$ ist, dann ist $cc_{f,g} = -1$. Für $cc_{f,g} = 0$ gibt es keine lineare Abhängigkeit zwischen f und g. Werte zwischen 0 und 1 bzw. 0 und -1 geben unterschiedliche Grade von Streuung der Grauwertkombinationen in der gemeinsamen Häufigkeitsverteilung an.

Für die Ähnlichkeitssuche möchte man oft feststellen, ob es einen Verschiebevektor $(dx\ dy)$ gibt, so dass die Korrelation maximal wird. Das kann genutzt werden, um festzustellen, ob und wo ein kleineres Bild m (das Modell) sich in einem größeren Bild f befindet. Dazu müsste m pixelweise über f verschoben und für jeden Verschiebevektor $(dx\ dy)$ festgestellt werden, wie groß der Korrelationskoeffizient ist. Dort, wo er hoch ist, befinden sich möglicherweise Instanzen von m in f. Allerdings ist diese Berechnung aufwändig, weil für jede Position Varianzen und die Kovarianz berechnet werden müssen.

Dieser Vorgang lässt sich vereinfachen, wenn man annimmt,

- dass der Mittelwert von m Null ist;
- dass m die gleiche Größe wie f hat und dort, wo das Modell endet, mit Nullen besetzt ist.

Ersteres lässt sich leicht erzeugen und hat keinen Einfluss auf das Resultat, weil das Korrelationsergebnis unabhängig von einer additiven Komponente ist. Letzteres führt dazu, dass keine perfekte Korrelation erwartet werden kann, auch wenn das gesuchte Modell in f enthalten ist. Sobald f auch andere Strukturen enthält, wird es zu zusätzlicher Streuung in der kombinierten Häufigkeitsverteilung kommen. Wenn man diese anderen Strukturen aber als unabhängig von der gesuchten Struktur betrachtet, dann sollte die maximale (positive oder negative) Korrelation immer noch dort sein, wo sich m mit dem Teilbild von f perfekt überdecken lässt.

Diese Voraussetzungen vereinfachen die Berechnung erheblich. Es gilt nämlich:

$$cc_{f,g}(m,n) = \frac{\sigma_{f,g}(m,n)}{\sigma_f^2 \sigma_g^2} = \frac{1}{\sigma_f^2 \sigma_g^2} \sum_{i=0}^{M-1} \sum_{j=0}^{N-1} \left(f(i+m, j+n) - \overline{f} \right) \left(m(i,j) - \overline{m} \right)$$

$$= \frac{1}{\sigma_f^2 \sigma_g^2} \sum_{i=0}^{M-1} \sum_{j=0}^{N-1} \left(f(i+m, j+n) - \overline{f} \right) m(i,j)$$

$$= \frac{1}{\sigma_f^2 \sigma_g^2} \sum_{i=0}^{M-1} \sum_{j=0}^{N-1} f(i+m, j+n)\, m(i,j).$$

Die Funktion $[f \circ g](m,n) = \sum_{i=0}^{M-1} \sum_{j=0}^{N-1} f(i+m, j+n)\, m(i,j)$ wird **Korrelationsfunktion**, die Operation **Kreuzkorrelation** oder manchmal auch einfach Korrelation genannt (siehe Abbildung 4.20). Betrachtet man sie genauer, so sieht man, dass sie der Konvolution bis auf das Vorzeichen gleicht. Es ist daher sicher nachvollziehbar, dass sich auch die Korrelation wesentlich einfacher im Frequenzraum berechnen lässt. Es gilt

$$FT\left([f \circ g](m,n)\right) = F(u,v) \cdot G^*(u,v),$$

wobei G^* die komplex-konjugierte Funktion von G ist.

Abbildung 4.20: Die Kreuzkorrelation kann eingesetzt werden, um Strukturen in einem Bild zu finden. Die Blüte im Bild links wurde durch die Maske in der Bildmitte grob angenähert. Das Resultat (rechts) zeigt die höchsten Werte dort, wo die Maske am meisten mit dem Bild übereinstimmt.

4.3   Andere orthogonale Funktionstransformationen

Es gibt beliebig viele orthogonale Funktionstransformationen und etliche davon bilden die Bildfunktion im Ortsraum auf einen Raum ab, in dem bestimmte Aspekte der Semantik des Bildes besser erkennbar oder extrahierbar sind. Alle diese Transformationen lassen sich auf die gleiche Art durchführen. Das heißt, dass eine vollständige orthogonale Basis bestimmt wird und die Transformation als Projektion auf die Basisfunktionen erfolgt. Zwei dieser Transformationen sollen im Folgenden vorgestellt werden:

- Die Diskrete Kosinustransformation ist eine Abbildung auf Kosinuswellen unterschiedlicher Frequenz. Sie ist der Fourier-Transformation sehr ähnlich, mit dem Unterschied, dass der Frequenzraum reell ist.

- Die Wavelet-Transformation zerlegt das Bild in Wellen und Orte gleichzeitig. Ihre Basisfunktionen sind Wellen unterschiedlicher Frequenz, die idealerweise außerhalb einer bestimmten Umgebung Null sein sollten.

Diese beiden Transformationen stehen repräsentativ für eine Fülle unterschiedlicher orthogonaler Funktionstransformationen. Sie wurden ausgewählt, weil ihre Anwendung in den Ausführungen zur Bildrestauration, -kompression und -verbesserung eine Rolle spielt. Als Hilfe für den Umgang mit unbekannten Transformationen sei der Leser aber daran erinnert, dass sich der Wert und die möglichen Anwendungen einer solchen Transformation oft aus dem Aussehen der Basisfunktionen erschließen. Wird man also mit der Aussage konfrontiert, „die Hilbert-Transformation sei für das Problem X besonders geeignet", so frage man sich zunächst, ob mit dieser Transformation eine Abbildung auf eine (orthogonale) Basis gemeint ist, und dann ggf., wie denn die Basisfunktionen aussehen. Da Transformation und inverse Transformation den bekannten Methoden folgen, wird die Spezifikation der Basisfunktionen viel über die Eigenschaften der transformierten Werte aussagen und insbesondere etwas darüber, ob das Problem X tatsächlich nach der Transformation besser auf den transformierten Werten lösbar ist. (Zur Information: Die Hilbert-Transformation ist eine orthogonale Funktionstransformation und Näheres über sie ist z.B. im Buch *Einführung in die Systemtheorie* [Girod2003] zu finden.)

4.3.1 Kosinustransformation

Bei der Spezifikation der Basisfunktionen für die Fourier-Transformation wurden komplexe, periodische Funktionen gewählt, weil durch die Kombination von Kosinus- und Sinusfunktionen eine genügende Anzahl von orthogonalen, periodischen Basisfunktionen definierbar war. Alternativ dazu kann die Frequenz der Kosinusfunktion auch so geändert werden, dass anstelle von Frequenzen $u(2\pi/N)$ Frequenzen $(u + 0{,}5)(2\pi/N)$ gewählt werden. Das Transformationspaar für die **Diskrete Kosinustransformation** (*Discrete Cosine Transform* – DCT) ist dann

$$C(u,v) = \alpha(u)\alpha(v)\sum_{m=0}^{M-1}\sum_{n=0}^{N-1} f(m,n)\cos\left(\frac{(2m+1)u\pi}{2M}\right)\cos\left(\frac{(2n+1)v\pi}{2N}\right)$$

$$f(m,n) = \sum_{u=0}^{M-1}\sum_{v=0}^{N-1} \alpha(u)\alpha(v)C(u,v)\cos\left(\frac{(2u+1)m\pi}{2M}\right)\cos\left(\frac{(2v+1)n\pi}{2N}\right).$$

Die Korrekturparameter für die Skalierung $\alpha(u)$ und $\alpha(v)$ sind für $u,v = 0$ und $u,v \neq 0$ unterschiedlich:

$$\alpha(u) = \begin{cases} \sqrt{1/M} & , \text{ für } u = 0 \\ \sqrt{2/M} & , \text{ für } u \neq 0 \end{cases} \quad \text{und} \quad \alpha(v) = \begin{cases} \sqrt{1/N} & , \text{ für } v = 0 \\ \sqrt{2/N} & , \text{ für } v \neq 0 \end{cases}.$$

Das Resultat der Diskreten Kosinustransformation eines Bildes sieht dem der Fourier-Transformation ähnlich (siehe Abbildung 4.21). Vor allem sinkt auch hier die Amplitude schnell mit steigender Frequenz. Das Hauptanwendungsgebiet der Transformation ist daher die Bildkompression. Dort wird dieses Verhalten genutzt, um Komponenten mit geringer Amplitude zu identifizieren und zu entfernen.

Abbildung 4.21: Vergleich zwischen Amplitude der Fourier-Transformierten (links, mit Koordinatenursprung in der Mitte) und Amplitude nach Diskreter Kosinustransformation (rechts, mit Koordinatenursprung unten links)

Genau wie die Fourier-Transformation ist auch die Kosinustransformation separabel. Wegen der großen Ähnlichkeit zwischen den Basisfunktionen der beiden Transformationen lässt sich zudem die Kosinustransformation aus dem Resultat einer Fourier-Transformation errechnen. Damit kann die FFT verwendet werden, um auch die Koeffizienten der DCT eines Bildes der Größe N^2 mit $O(N^2 \log_2 N)$ zu ermitteln.

4.3.2   Wavelet-Transformation

Bei Fourier- und Kosinustransformation wird angenommen, dass die Wellen unterschiedlicher Frequenz, in die ein Bild zerlegt wird, überall im Bild existieren. Man braucht sich nur ein beliebiges Bild anzuschauen, um zu sehen, dass die Realität so nicht gut widergespiegelt wird. In den meisten Bildern gibt es Bereiche, in denen niedrige Frequenzen vorherrschen, und solche, wo kleine, detailreiche Strukturen durch hohe Frequenzen repräsentiert werden. Ein Extremfall hierfür ist das einfache weiße Quadrat auf schwarzem Hintergrund in Abbildung 4.10. Nur an den Kanten des Quadrats werden Wellen mit hoher Frequenz benötigt, um den abrupten Wechsel von schwarz nach weiß zu modellieren. In allen anderen Bereichen des Bildes ist der Grauwert konstant. Da aber die Wellen, welche die Kante modellieren, im gesamten Bild vorhanden sind, wird eine große Anzahl von ausgleichenden Wellen benötigt. Ihr einziger Zweck ist es, dafür zu sorgen, dass nach Summierung aller Wellen das Resultat an allen Stellen des Bildes mit Ausnahme der Kante konstant ist. Das ist in der Darstellung des Spektrums in Abbildung 4.10 zu erkennen und es deutet nicht gerade auf eine sehr gute Repräsentation der Bildsemantik durch die Basisfunktionen der Fourier-Transformation hin.

Eine bessere Repräsentation von Semantik sind Basisfunktionen, die zwar Wellen mit unterschiedlicher Frequenz sind, deren Amplitude aber nur in einem kleinen Bereich von Null verschieden ist. So könnte ein Bild an unterschiedlichen Stellen in Wellen mit unterschiedlichen Frequenzen und Amplituden zerlegt werden. Solche Basisfunktionen heißen **Wavelets** (engl., „kleine Wellen"). Die Transformation, die eine Funktion auf diese Basis abbildet, heißt **Wavelet-Transformation**. Im Gegensatz zu den bisher behandelten Basen haben die Basisfunktionen einer Wavelet-Transformation also zwei Parameter, von denen sie abhängen. Neben der Frequenz, die durch einen Skalierungsparameter s festgelegt ist, können sich zwei Wavelets auch durch den Ort d unterscheiden, an dem sie wirken (Abbildung 4.22).

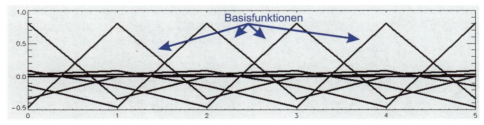

Abbildung 4.22: Basisfunktionen einer Wavelet-Transformation (hier Daubechies-Wavelets gleicher Frequenz der Ordnung 3) sind nur in einem eng begrenzten Intervall von Null verschieden. Verschiedene Basisfunktionen gleicher Frequenz unterscheiden sich im Ort des Intervalls.

Es existiert nicht nur eine, sondern eine ganze Reihe von Basen, welche die oben genannte Eigenschaft haben. Die Transformation auf jede dieser Basen kann – zumindest prinzipiell – genau wie alle anderen, bisher gezeigten Transformationen ausgeführt werden. Die zu transformierende Funktion wird auf alle Basisfunktionen projiziert. Jedoch haben die Wavelet-Basen zwei zusätzliche Eigenschaften, die eine einfachere Berechnung zulassen: Es sind dies die Skalierungseigenschaft und die Verschiebeeigenschaft. Sie sollen nachfolgend erläutert werden.

Die Wavelet-Transformation lässt sich genau wie die anderen bisher vorgestellten Transformationen für Funktionen mit reellem Definitionsbereich definieren. Dann ist auch der Definitionsbereich der Basisfunktionen reell und die Skalierung kann beliebig klein werden. Wir werden uns nachfolgend aber vornehmlich mit der Diskreten Wavelet-Transformation für Funktionen mit endlichem Definitionsbereich auseinander setzen. Für die Transformation einer solchen eindimensionalen Funktion $f(n)$ kann eine Basisfunktion $\Psi_{s,0}$ mit einer gegebenen Frequenz s und Ort $d = 0$ durch Skalierung aus einer anderen Basisfunktion $\Psi_{s-1,0}$ wie folgt erzeugt werden:

$$\Psi_{s,0}(n) = \Psi_{s-1,0}(2n).$$

Die Variable s bezeichnet die Skalierungsstufe. Die Basisfunktion auf der untersten Skalierungsstufe $s = 0$ ist das **Basis-Wavelet** $\Psi(n) = \Psi_0(n)$ (auch *Mother Wavelet* genannt). Ein Wavelet der Skalierungsstufe s hat die doppelte Frequenz eines Wavelet der Stufe $s-1$. Das ist die **Skalierungseigenschaft**. Unter Einhaltung des Abtasttheorems kann es bei einer diskreten Funktion $f(n)$ mit Definitionsbereich $n = 0,1,2,\ldots,N-1$ maximal $S = (\log_2 N) - 1$ verschiedene Skalierungsstufen geben. Für die Basisfunktionen einer gegebenen Skalierung s gilt die **Verschiebeeigenschaft**

$$\Psi_{s,d}(n) = \Psi_{s,0}(n + d \cdot s).$$

Basisfunktionen an der Stelle d und der Skalierungsstufe s sind also um $d \cdot 2^s$ verschobene Varianten des Wavelet an der Stelle 0. Damit lassen sich alle Basisfunktionen einer Skalierungsstufe s aus $\Psi_{s,0}$ generieren.

Auf einer gegebenen Skalierungsstufe s können bei einer diskreten Funktion mit $2^s = N$ Werten genau $N/2^s$ um jeweils Vielfache von s verschobene Wavelets unterschieden werden. Skalierungs- und Verschiebeeigenschaft bedeuten zusammen, dass es eine einzige, generierende Funktion gibt, aus der durch Translation und Skalierung insgesamt $2^0 + 2^1 + 2^2 + \ldots + 2^{s-1} = 2^s - 1 = N-1$ verschiedene Basisfunktionen erzeugt werden können.

Wavelet-Koeffizienten einer Skalierungsstufe s können durch Konvolution der Funktion f mit dem Basis-Wavelet berechnet werden. Um die $N/2^s$ Koeffizienten zu erhalten, muss man nur die Werte an den Stellen $0, 2^s, 2 \cdot 2^s, \ldots$ auslesen. Das gleiche Resultat erhält man effizienter, wenn anstelle eines skalierten Wavelet die Funktion f auf den Bereich $1,\ldots,N/2^s$ skaliert und die Konvolution auf der skalierten Funktion ausgeführt wird. Das Ergebnis sind die Wavelet-Koeffizienten.

Um die Skalierung der Funktion f_{s-1} der Stufe $s-1$ auf eine Stufe s bei einer diskreten Funktion ausführen zu können, muss aus den $N/2^{s-1}$ Werten von f_{s-1} eine Funktion f_s mit $N/2^s$ (also halb so vielen) Werten erzeugt werden. Dazu kann f_{s-1} so gefiltert werden, dass die Generierung durch eine Selektion jedes zweiten Werts erfolgen kann. Das notwendige Filter heißt Skalierungs-Wavelet Φ. Bei einer orthogonalen Basis muss es dafür sorgen, dass genau diejenige Information für jeden zweiten Wert des Resultats berechnet wird, die nicht im Resultat der Konvolution mit dem Basis-Wavelet enthalten ist. Skalierungs- und Basis-Wavelet müssen daher orthogonal zueinander sein. Da die beiden Faltungsresultate von f mit beiden Filtern zusammen genommen die gesamte Information von f ergeben müssen, muss sich das Spektrum beider Filter im Frequenzraum zu 1 ergänzen (so genannter Quadrature Mirror Filter).

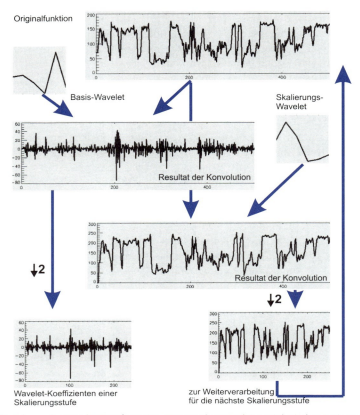

Abbildung 4.23: Schema der Wavelet-Transformation. Eine gegebene Funktion wird mit dem Basis-Wavelet und dem Skalierungs-Wavelet gefaltet. Beide Resultate werden auf die Hälfte ihrer Funktionswerte reduziert. Das reduzierte Ergebnis aus der Faltung mit der Skalierungsfunktion wird an den Prozess zurückgegeben, um die Koeffizienten der nächsten Skalierungsstufe zu berechnen.

Mit Skalierungs- und Basis-Wavelet kann die Wavelet-Transformation als Folge von Konvolutionen und Skalierungen ausgeführt werden (siehe Abbildung 4.23):

- Initialisiert wird das Verfahren mit der Skalierungsstufe $s = 0$, d.h. $f_0 = f$.
- Solange nicht die höchste Skalierungsstufe $S = (\log_2 N) - 1$ erreicht ist:
- Faltungen: $f_{\Psi,s} = f_s * \Psi$, $f_{\Phi,s} = f_s * \Phi$
- Subsampling, d.h. Entfernung jedes zweiten Werts: $f_{s+1} = f_{\Phi,s} \downarrow 2$, $w_{s+1} = f_{\Psi,s} \downarrow 2$

w_{s+1} sind die Wavelet-Koeffizienten dieser Skalierungsstufe, f_{s+1} wird in den folgenden Iterationen weiter verarbeitet.

    Insgesamt werden $N-1$ Wavelet-Koeffizienten erzeugt. Der nach S Iterationen übrig bleibende skalierte Wert ist der noch fehlende N-te Koeffizient. Die Skalierungsfunktion ist also die letzte noch fehlende Basisfunktion. Eine Algorithmenskizze für die Wavelet-Transformation zeigt Listing 4.1.

```
Wavelet(f,N,Ψ,Φ)    // Transformation der N-elementigen 1-D-Funktion f
                    // mit Basis-Wavelet Ψ und Skalierungs-Wavelet Φ
p=0
m=N
s=0
S(s,0:N-1)=f        // in das 2-D-Feld S werden in jede Zeile s die
                    // skalierten Werte der Skalierungsstufe s eingetragen
while m>1 do
  s=s+1
  m=m/2                            // CONVOL() führt eine Konvolution durch
  H(s,*) = CONVOL(S(s-1,*),Ψ)  // in H stehen die Wavelet-Koeffizienten
                                   // der Stufe s
  S(s,*) = CONVOL(S(s-1,*),Φ)  // in S stehen die skalierten Werte
  for i=0,m-1 do                   // Subsampling
     S(s,i) = S(s,2*i)
  end_for
end_while
H(s+1,0)=S(s,0)
return, H
```

Listing 4.1: Fragment zur Berechnung der Wavelet-Transformation für eine eindimensionale Funktion

Die Wavelet-Transformation lässt sich leicht auf die Transformation zweidimensionaler Funktionen erweitern, da sie separabel ist. Sie kann als Folge von Transformationen mit zwei eindimensionalen Wavelets Ψ_m und Ψ_n bzw. Φ_m und Φ_n durchgeführt werden (siehe Abbildung 4.24). Auf jeder Skalierungsstufe s entstehen die vier Zwischenresultate $f_s*\Psi_m*\Psi_n$, $f_s*\Psi_m*\Phi_n$, $f_s*\Phi_m*\Psi_n$ und $f_s*\Phi_m*\Phi_n$. Die ersten drei Resultate sind nach dem Subsampling-Schritt das Ergebnis der Transformation auf dieser Skalierungsstufe. Das letzte Resultat wird nach Subsampling an die nächste Skalierungsstufe weitergereicht.

Anwendung des Basis-Wavelet Ψ_y und Subsampling in y-Richtung

Anwendung des Skalierungs-Wavelet Θ_x und Subsampling in x-Richtung

Abbildung 4.24: Die zweidimensionale Wavelet-Transformation besteht auf jeder Skalierungsstufe aus der Kombination einer eindimensionalen Konvolution in m-Richtung mit nachfolgendem Subsampling, gefolgt von einer eindimensionalen Konvolution in n-Richtung mit nachfolgendem Subsampling. Das obige Beispiel zeigt die Kombination von Skalierungs-Wavelet in m- und Basis-Wavelet in n-Richtung. Die anderen drei möglichen Kombinationen werden in ähnlicher Weise berechnet.

Haar-Transformation

Die **Haar-Transformation** ist die einfachste Wavelet-Transformation mit orthogonaler Basis. Das Haar-Wavelet für kontinuierliche Funktionen $f(x)$ ist

$$\Psi_{Haar}(x) = \begin{cases} \dfrac{1}{\sqrt{2}} & \text{, für } 0 \le x < 1, \\ -\dfrac{1}{\sqrt{2}} & \text{, für } 1 \le x < 2, \\ 0 & \text{, sonst.} \end{cases}$$

Das dazugehörige Skalierungs-Wavelet ist

$$\Phi_{Haar}(x) = \begin{cases} \dfrac{1}{\sqrt{2}} & \text{, } 0 \le x < 2 \\ 0 & \text{, sonst.} \end{cases}$$

Die Variante für die Diskrete Wavelet-Transformation ergibt sich aus den Werten für Φ und Ψ an den Stellen $n = 0,1,2,\ldots,N{-}1$. Ähnlich wie bei der Konvolution werden in der Regel nur die von Null verschiedenen Werte aufgelistet. Danach ist für die Diskrete Haar-Transformation

$$\Psi_{Haar} = \left(\frac{1}{\sqrt{2}} \quad -\frac{1}{\sqrt{2}} \right) \quad \text{und} \quad \Theta_{Haar} = \left(\frac{1}{\sqrt{2}} \quad \frac{1}{\sqrt{2}} \right).$$

Die aus Basis-Wavelet und Skalierungs-Wavelet abgeleiteten Basisfunktionen wirken nur über einen von der jeweiligen Skalierungsstufe vorgegebenen, räumlich begrenzten Bereich. Allerdings ist das Frequenzraumverhalten der Basisfunktionen unbefriedigend. Während bei der Fourier-Transformation und der Kosinustransformation jede Basisfunktion nur eine einzige Frequenz repräsentiert, reicht der Bereich, in dem die Basisfunktion einen von Null verschiedenen Wert im Frequenzraum hat, für jede einzelne Basisfunktion über den gesamten Definitionsbereich. Allerdings kann jeder Basisfunktion eine Hauptfrequenz zugewiesen werden, bei der ihre Amplitude maximal ist. Dennoch wurde die räumliche Begrenzung der Basisfunktion über eine Abschwächung der Trennung der einzelnen Komponenten im Frequenzraum erkauft.

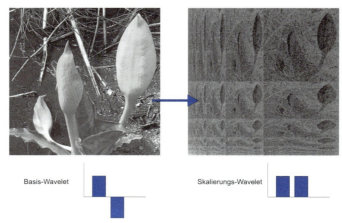

Basis-Wavelet   Skalierungs-Wavelet

Abbildung 4.25: Haar-Transformation eines Bildes. Das Basis-Wavelet, mit dem die einzelnen Bilder berechnet wurden, ist unten links skizziert, das Skalierungs-Wavelet für die Skalierung zwischen je zwei Auflösungsstufen unten rechts.

Die zweidimensionale Haar-Transformation zerlegt ein Bild in Komponenten unterschiedlicher Frequenz und unterschiedlichen Ortes (Abbildung 4.25 zeigt ein Beispiel für die Anwendung der Haar-Transformation). Für jeden einzelnen Ort im Bild kann so eine Untermenge von Koeffizienten bestimmt werden, welche die Amplituden von Wellen unterschiedlicher Frequenz sind und welche das Bild an diesem Ort beschreiben. Würde man – ähnlich wie wir das im Frequenzraum durch Multiplikation mit einer Filterfunktion getan haben – eine Filterung im Haar-Raum durchführen, so könnte man Filter entwerfen, die nur an bestimmten Orten wirken.

Daubechies-Wavelets

Schon aus pragmatischen Gründen wünscht man sich eine Wavelet-Transformation, deren Basisfunktionen kompakte Träger haben, für die also der Bereich der von Null verschiedenen Werte zusammenhängend und begrenzt ist. Dann wäre eine überdeckungsfreie Zerlegung des Bildsignals nach Ortsraum- und Frequenzraumkomponenten möglich. Die Basisfunktionen der Haar-Transformation haben zwar im Ortsraum, nicht aber im Frequenzraum einen kompakten Träger. Andererseits führt ein kompakter Träger im Frequenzraum zu unendlich vielen von Null verschiedenen Koeffizienten im Ortsraum.

Wavelets mit kompaktem Träger im Ortsraum und nahezu idealem Bandpassverhalten sind die **Daubechies-Wavelets** höherer Ordnung. Ein Beispiel für die Wavelet-Transformation mit einem Daubechies-Wavelet zeigt Abbildung 4.26. Die Daubechies-Wavelets sind eine Familie von orthogonalen Wavelet-Basen, zu denen auch die Haar-Basis zählt.

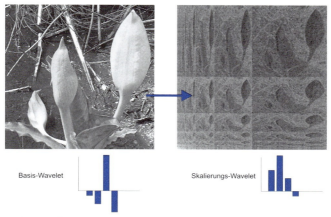

Abbildung 4.26: Wavelet-Transformation mit einem Daubechies-Wavelet der Ordnung 2. Basis- und Skalierungs-Wavelet sind unten skizziert.

Die Koeffizienten für das Skalierungs-Wavelet und daraus folgend die für das Basis-Wavelet werden aus Bedingungen über die Orthogonalität und aus Glattheitsbedingungen der Skalierungsfunktion abgeleitet. Diese werden über die Momente der Skalierungsfunktionen definiert. Die Ordnung gibt die Anzahl der Momente an, für die das Skalierungs-Wavelet den Wert Null hat. Danach ist das Haar-Wavelet ein Daubechies-Wavelet der Ordnung 1. Mittelwert und Schwerpunkt des Wavelet sind Null. Die Koeffizienten für das Skalierungs-Wavelet der Ordnung 2 sind dagegen

$$\Phi_{Daub2} = \left(\frac{1+\sqrt{3}}{4\sqrt{2}} \quad \frac{3+\sqrt{3}}{4\sqrt{2}} \quad \frac{3-\sqrt{3}}{4\sqrt{2}} \quad \frac{1-\sqrt{3}}{4\sqrt{2}} \right)$$

Die Koeffizienten für das Basis-Wavelet lauten:

$$\Psi_{Daub2} = \left(\Phi(3) \quad -\Phi(2) \quad \Phi(1) \quad -\Phi(0)\right) = \left(\frac{1-\sqrt{3}}{4\sqrt{2}} \quad \frac{-3+\sqrt{3}}{4\sqrt{2}} \quad \frac{3+\sqrt{3}}{4\sqrt{2}} \quad \frac{-1-\sqrt{3}}{4\sqrt{2}}\right)$$

Allgemein ist $2K$ die Anzahl der Koeffizienten für ein Wavelet der Ordnung K. Mit höherer Ordnung steigt die Anzahl der Koeffizienten von Basis- und Skalierungs-Wavelet. Dafür werden die Glattheit und das Bandpassverhalten im Frequenzraum besser (siehe Abbildung 4.27). Zunehmende Glattheit wird also durch größeren Berechnungsaufwand bezahlt.

Daubechies-Wavelets höherer Ordnung werden unter anderem erfolgreich zur Kompression von Bildern eingesetzt (siehe *Kapitel 6*). Sie haben den Vorteil, dass wegen der (näherungsweisen) Kompaktheit der Basisfunktion in Orts- und Frequenzraum homogene Regionen im Bild sehr effizient durch wenige Wavelet-Koeffizienten angenähert werden können.

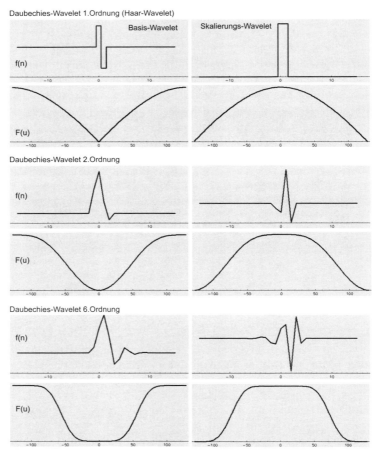

Abbildung 4.27: Orts- und Frequenzraumrepräsentation von Daubechies-Wavelets unterschiedlicher Ordnung. Man erkennt gut, dass das Bandpassverhalten für die Wavelets mit steigender Ordnung besser wird. Zudem lässt sich bei allen Filtern erkennen, dass jeweils Basis-Wavelet und Skalierungs-Wavelet Quadrature Mirror Filter sind, dass sich also die quadrierten Amplituden für jede beliebige Frequenz zu 1 ergänzen.

4.4 Vertiefende und weiterführende Literatur

Die Fourier-Transformation wird in fast jedem Buch behandelt, das sich mit der Verarbeitung ein- oder mehrdimensionaler Signale auseinander setzt, und damit insbesondere in den beiden schon im letzten Kapitel genannten Büchern von Unbehauen [Unbehauen2002] und Oppenheim [Oppenheim1996]. Meist wird die Transformation zunächst für kontinuierliche Signale entwickelt und daraus die Fourier-Transformation für diskrete Signale abgeleitet. Ein Buch, in dem der – aus Sicht der digitalen Bildverarbeitung vielleicht näher liegende – Weg von einer diskreten zu einer kontinuierlichen Welt eingeschlagen wird, ist [Sundararajan2001]. Die schnelle Fourier-Transformation wird detailliert in [Brigham1988] und [Walker1996] beschrieben. Der Zeitschriftenbeitrag von [Duhamel1990] gibt ebenfalls einen Überblick über die FFT.

Eine umfassende Herleitung und vor allem Beschreibung der Anwendungen der Diskreten Kosinustransformation ist in [Rao1990] zu finden. Die DCT kann über die FFT berechnet werden, doch existieren eigene, schnellere Verfahren. Wohl das erste Verfahren hierzu ist [Chen1977], ein Überblick findet sich in [Feig1992].

Die hier skizzierten Daubechies-Wavelets wurden in [Daubechies1988] präsentiert. Neben dieser Publikation zählt der Artikel von Mallat [Mallat1989] zu den ersten Veröffentlichungen über die Repräsentation von Bildinformation durch Wavelets. Eine allgemeine Einführung in die Wavelet-Transformation findet sich z.B. in den beiden deutschsprachigen Büchern [Bäni2002] und [Louis1998] sowie in den englischsprachigen Texten [Debnath2001] und [Prasad1997]. Von den beiden in Deutsch geschriebenen Büchern (mit gleichem Titel) behandelt das erste die Thematik aus der Sicht eines Ingenieurs, während das zweite eine Betrachtung aus der Sicht eines Mathematikers ist.

Z U S A M M E N F A S S U N G

Die orthogonale Funktionstransformation ist die Abbildung einer Funktion auf eine andere Basis. Für eine gegebene Funktion erfolgt die Abbildung durch das Skalarprodukt mit allen Basisfunktionen der Basis. Wenn die Basis vollständig und orthogonal ist, ist die Transformation umkehrbar.

Orthogonale Funktionstransformationen werden in der Bildverarbeitung verwendet, um ein Bild durch Basisfunktionen zu repräsentieren, deren Semantik für bestimmte Aspekte der Bildinterpretation relevant ist.

Die Fourier-Basis ist eine in der Bildverarbeitung häufig verwendete Basis. Die Basisfunktionen sind komplexe, periodische Funktionen unterschiedlicher Frequenz. Durch die Fourier-Transformation wird ein Bild in Wellen unterschiedlicher Frequenz, Richtung, Amplitude und Phase zerlegt. In diesem Frequenzraum sind z.B. Rauschen und Signal eines Bildes besser voneinander zu trennen als im Ortsbereich. Filterung, im Ortsbereich als Faltung definiert, ist im Frequenzbereich eine einfache Multiplikation. Auch die Kreuzkorrelation – später für die Suche nach vorgegebenen Mustern in einem Bild wichtig – lässt sich als einfache Multiplikation durchführen. Die Schnelle Fourier-Transformation (FFT – Fast Fourier Transform) ist eine effiziente Methode, eine Funktion in den Frequenzraum abzubilden.

Die Basis der Diskreten Kosinustransformation (DCT) besteht ebenfalls aus Wellen unterschiedlicher Frequenz. Im Unterschied zur Fourier-Transformation sind die Basisfunktionen der DCT reell. Die DCT wird vor allem für die Kompression von Bilddaten eingesetzt.

Wavelet-Basen sind Funktionen mit Wellen unterschiedlicher Frequenz, die örtlich begrenzt sind. Durch eine Wavelet-Transformation wird ein Bild daher nach Orts- und Frequenzanteilen zerlegt. Die Daubechies-Wavelets sind eine Familie von orthogonalen Wavelet-Basen, bei denen mit höherer Ordnung das Bandpassverhalten optimiert wird. Das einfachste Daubechies-Wavelet ist das Haar-Wavelet.

Z U S A M M E N F A S S U N G

Übung 4.1 | Aufgaben

- Zeigen Sie, dass zwei diskrete Basisfunktionen $\cos(u_1 n \cdot 2\pi/N)$ und $\cos(u_2 n \cdot 2\pi/N)$ mit ganzzahligen Werten u_1, u_2 und $n = 0, N-1$ zueinander orthogonal sind, falls $u_1 \neq u_2$.

- Zeigen Sie, dass $\cos(u_1 n \cdot 2\pi/N) = \cos((N-u_1)n \cdot 2\pi/N)$ für $n = 0, N-1$. Tipp: Denken Sie daran, dass $\cos(x) = \cos(-x)$ ist.

- [Projekt] Schreiben Sie ein kurzes Programm für die eindimensionale Fourier-Transformation (benutzen Sie nicht eines der verfügbaren Softwaremodule) und wenden Sie es auf die beiden Zeilen in den Dateien „vect1.dat" und „vect2.dat" auf der Companion Website an. Geben Sie die Bildzeilen sowie Real- und Imaginärteil des Transformationsergebnisses als eindimensionale Funktion aus. Beschreiben Sie den Unterschied im Resultat.

■ Wie berechnet man aus dem Resultat der Fourier-Transformation die Amplitudenwerte und die Phasenwinkel?

■ Durch die Fourier-Transformation wird aus einem Bild mit MN Werten ein Resultat von $2MN$ Werten erzeugt (jede komplexe Zahl besteht aus einem Real- und einem Imaginärteil), ohne dass neue Information in die Transformation einfließt. Wie äußert sich diese Redundanz?

■ Erklären Sie, warum das Löschen der Phaseninformation vor der Rücktransformation (siehe Abbildung 4.16) die Bildinformation nach der Rücktransformation unkenntlich macht.

■ Was geschähe, wenn vor der Rücktransformation alle Amplituden im Frequenzraum verdoppelt würden?

■ Wann ist eine Filterung als Multiplikation im Frequenzraum trotz Transformation und inverser Transformation schneller ausführbar als eine Konvolution im Ortsraum?

■ Wie sieht die Frequenzraumrepräsentation eines um 90° rotierten Bildes im Vergleich zum nicht rotierten Bild aus?

■ Warum verwendet man bei der Darstellung der Amplitude der Fourier-Transformation oft den Logarithmus der Amplitudenwerte?

■ Was ist der wesentliche Unterschied zwischen Fourier-Transformation und Kosinustransformation? Was sind die Gemeinsamkeiten beider Transformationen?

■ [Projekt] Schreiben Sie ein Programm zur Diskreten Kosinustransformation eines zweidimensionalen Bildes. Nutzen Sie dazu die Separabilitätseigenschaft der Kosinustransformation. Wenden Sie die Kosinustransformation auf eines der Grauwertbilder von der Companion Website an und geben Sie das Resultat aus.

■ Woher hat die Wavelet-Transformation ihren Namen?

■ Was ist ein Basis-Wavelet und was ein Skalierungs-Wavelet? Wie werden diese beiden Wavelets für die Berechnung der Wavelet-Transformation genutzt?

■ Das Ergebnis einer Wavelet-Transformation auf zweidimensionalen Bildern besteht aus vier unterschiedlich erzeugten Teilergebnissen (die in Abbildung 4.26 gut unterscheidbar sind). Wie werden diese Ergebnisse generiert?

Literatur

[Bäni2002] W. Bäni. *Wavelets*. Oldenbourg-Verlag, 2002.

[Brigham1988] E. O. Brigham. *Fast Fourier Transform and Its Applications*. Prentice-Hall, 1988.

[Chen1977] W. H. Chen, C. Smith, S. Fralick. A fast computational algorithm for the discrete cosine transform. *IEEE Transactions on Communications*, Vol. 25(9), 1977, 1004-1009.

[Daubechies1988] I. Daubechies. Orthonormal bases of compactly supported wavelets. *Communications Pure and Applied Mathematics*. Vol. 41, 909-996, 1988.

[Debnath2001] L. Debnath. *Wavelet Transforms and Their Applications*. Birkhauser, Boston, 2001.

[Duhamel1990] P. Duhamel, M. Vetterli. Fast fourier transforms: a tutorial review and a state of the art. *Signal Processing*, Vol. 19(4), 1990, 259-299.

[Feig1992] E. Feig, S. Winograd. Fast algorithms for the discrete cosine transform. *IEEE Transactions on Signal Processing*, Vol. 40(9), 1992, 2174-2193.

[Girod2003] B. Girod, R. Rabenstein, A. Stenger. *Einführung in die Systemtheorie*. Teubner, 2003.

[Gonzales2002] R. C. Gonzales, R. E. Woods. *Digital Image Processing*. Prentice-Hall, 2. Auflage, 2002.

[Louis1998] A. K. Louis, P. Maaß, A. Rieder. *Wavelets*. Teubner, 1998.

[Mallat1989] S. Mallat. A theory for multiresolution image decomposition: the wavelet representation. *IEEE Transactions on Pattern Recognition and Machine Intelligence*, Vol. 11(7), 674-693.

[Oppenheim1996] A. V. Oppenheim, A. S. Willsky, S. H. Nawab. *Signals and Systems*. Prentice Hall, 2. Auflage, 1996.

[Prasad1997] L. Prasad, S. S. Iyengar. *Wavelet Analysis with Applications to Image Processing*. CRC Press, 1997.

[Rao1990] K. R. Rao, P. Yip. *Discrete Cosine Transform Algorithms, Advantages, Applications*. Academic Press, 1990.

[Sundararajan2001] D. Sundararajan. *The Discrete Fourier Transform: Theory, Algorithms and Applications*. World Scientific Publishing, 2001.

[Unbehauen2002] R. Unbehauen. *Systemtheorie 1: Allgemeine Grundlagen, Signale und lineare Systeme im Zeit- und Frequenzbereich*. Oldenbourg, 2002.

[Walker1996] J. S. Walker. *Fast Fourier Transforms*. CRC Press, 1996.

Rückgewinnung und Restauration von Information

5

ÜBERBLICK

> ### *Fragestellungen, Begriffe und Voraussetzungen*
>
> #### Fragestellungen
>
> Die Wiederherstellung verloren gegangener Information und die Restauration verfälschter Information setzen Modelle dieser Information voraus. Wesentliche Fragestellung ist die Integration mit der in den Daten vorhandenen Information.
>
> #### Eingeführte Begriffe und Konzepte
>
> Die Wiedergewinnung der Abstandsinformation durch Methoden der *3-D Computer Vision* wird überblicksartig diskutiert. Als Verfahren wird eine *Active-Vision-Methode mit strukturiertem Licht* vorgestellt.
>
> *Moiré-Muster*, die als *Aliasing-Effekt* bei der Abtastung entstehen, werden behandelt. Anti-Aliasing-Techniken werden diskutiert und das *Shannon'sche Abtasttheorem* über maximal rekonstruierbare Frequenzen wird erläutert. Verfahren zur Interpolation von abgetasteten Funktionen werden vorgestellt.
>
> Die *Restauration* von verschiebungsinvarianten Störungen durch Invertierung der Faltung mit einer *Point Spread Function (PSF)* wird diskutiert und es werden Verfahren zur Ermittlung der PSF aus Kanten vorgestellt. *Kanten* werden über die Ableitung der Bildfunktion definiert. In diesem Zusammenhang wird der Begriff des *Gradienten* einer Bildfunktion eingeführt. Für die Restauration wird die *Inverse Filterung* im Frequenzraum behandelt. Das *Wiener-Filter* wird als rauschunempfindliche Alternative zur einfachen Inversen Filterung vorgestellt.
>
> Neben der Restauration von verschiebungsinvarianten, linearen Störungen werden Methoden zur Korrektur der *Variationen der Detektorempfindlichkeit*, zur *Schwarzbildkorrektur* und *Linsenverzerrung* erläutert.
>
> #### Vorausgesetzte Kenntnisse aus vorangegangenen Kapiteln
>
> Kamera- und Bildkoordinatensysteme (*Abschnitt 3.1.1*); Abtastung (*Abschnitt 3.1.2*); Faltung, Point Spread Function (*Abschnitt 3.2.1*); Rauschen (*Abschnitt 3.3*); Fourier-Transformation (*Abschnitt 4.2*)

In den 90er Jahren wurde das Hubble-Space-Teleskop zur Erforschung ferner Galaxien in die Erdumlaufbahn gebracht. Da es bei Aufnahmen aus dem Weltraum keine Störungen durch die Atmosphäre der Erde gibt, erwartete man klarere und schärfere Bilder, als sie je vorher erzeugt werden konnten. Die Enttäuschung war groß, als man die ersten Bilder sah. Durch einen Fertigungsfehler des Teleskopspiegels waren die Bilder so unscharf, dass sie für den gedachten Zweck unbrauchbar waren. Ein schneller Zugang zum Teleskop existierte nicht und man war daher daran interessiert, den Fehler nachträglich zu bestimmen und rückgängig zu machen. Das ist die Aufgabe der Bildrestauration. Auch wenn die meisten Aufnahmesysteme leichter zugänglich sind als das Hubble-Space-Teleskop, gibt es vor allem bei nichtfotografischen Messsystemen oft physikalisch bedingte Störungen bei der Aufnahme, für deren Korrektur ebenfalls Methoden der Bildrestauration notwendig sind.

Information wird aber bei der Aufnahme nicht nur verfälscht. Ebenfalls Ziel einer Korrektur ist die Wiedergewinnung verloren gegangener Information, wie z.B. der Tiefeninformation. Wenn etwa ein Roboter kameragesteuert ein Werkstück auf einem Fließband greifen soll, dann muss das Werkstück nicht nur erkannt werden, sondern es muss auch berechnet werden, wie weit es sich von der Roboterhand entfernt befindet.

Mit der Modellierung der Störungen und Informationsverluste bei der Bildaufnahme und der Einführung von orthogonalen, linearen Transformationen haben wir die Werkzeuge, um uns mit der Wiederherstellung von verloren gegangener oder verfälschter Information zu befassen.

Da es sich in beiden Fällen um die Wiederherstellung von Information handelt, könnte man unterschiedslos von Bildrestauration sprechen. Es ist jedoch üblich, unter Bildrestauration nur die Invertierung von verfälschenden Einflüssen zu verstehen. Deswegen werden wir die Zurückgewinnung verloren gegangener Information unter der Rubrik der Rückgewinnung behandeln. Dies umfasst

- den Informationsverlust bei einer Projektion von 3-D nach 2-D. Ziel ist die Wiederherstellung der Tiefeninformation abgebildeter Objekte. Da diese Information verloren gegangen ist, ist das nur unter Zuhilfenahme von zusätzlicher Information möglich. Gängige Ansätze sind z.B. Stereo–Vision-Methoden oder Active-Vision-Verfahren.

- die Reduktion von Orts- und Kontrastauflösung. Auch diese Information ist verloren gegangen, so dass zusätzliche Information benötigt wird. Alle Interpolationsverfahren zählen zu dieser Gruppe.

Die Bildrestauration umfasst dagegen die folgenden Gebiete:

- **Invertierung von linearen Störungen:** Die Veränderung der Information kann durch ein lineares Gleichungssystem repräsentiert werden. Maßnahmen zur Lösung linearer Gleichungssysteme lösen das Restaurationsproblem. Falls der Störoperator durch eine verschiebungsinvariante Operation beschrieben werden kann, existiert zudem eine wesentlich einfachere Invertierungsmöglichkeit nach Transformation in den Frequenzraum.

- **Reduktion von stochastischen Einflüssen:** Da diese Veränderungen nicht exakt reproduzierbar sind, können sie nur durch Angabe der Wahrscheinlichkeitsverteilung der Veränderung beschrieben werden. Restauration bezieht sich daher auf eine Reduktion der Varianz der Störung. Diese Reduktion wird in die Restauration von deterministischen Störungen integriert.

5.1 Rückgewinnung der Tiefeninformation

Es ist vielleicht anmaßend, dieses Problem als Abschnitt eines Kapitels behandeln zu wollen, weil die für die Lösung notwendige Information weit über die Klärung einiger technischer Details hinausgeht. Zur Verarbeitungskette, die mit der Bildaufnahme beginnt und mit extrahierter und bewerteter Information endet, gehört der Aspekt der Rekonstruktion dreidimensionaler Information aber untrennbar hinzu. Deswegen soll zumindest eine kurze Charakterisierung vorgenommen und für ein wichtiges Teilproblem ein grundlegender Lösungsansatz vorgestellt werden.

Es gibt zwei mögliche Ziele für die Rekonstruktion dreidimensionaler Information:

1 Mit Methoden der so genannten **Early Computer Vision** kann Tiefeninformation für abgebildete Punkte zurückgewonnen werden. Diese Thematik wird z.B. im Buch *3-D Computer Vision* von Klette et al. [Klette1996], in dem klassischen Text *Robot Vision* von Horn [Horn1986] oder im Buch *Multiple View Geometry in Computer Vision* von Hartley und Zisserman [Hartley2003] behandelt.

2 Eine weiter gehende Zielsetzung ist die Rekonstruktion der kompletten 3-D-Oberfläche aus den sichtbar abgebildeten Oberflächenanteilen. Es gibt einige grundlegende Ansätze auf der Basis von Symmetrie-Annahmen, wie beispielsweise die von David Marr ausgeführte Generalised Cylinder Representation in seinem Buch *Vision* [Marr 1983]. Für spezielle Objekte reichen solche allgemeinen Angaben jedoch nicht aus. Hier muss ein konkretes Modell mit der sichtbaren Information in Übereinstimmung gebracht werden. Der interessierte Leser sei auf das Buch *High Level Vision* von Shimon Ullman [Ullman1996] verwiesen, das gerade diesen Aspekt vertieft behandelt.

Im Rahmen dieses Buches werden wir uns mit der zuerst genannten Rekonstruktion von Tiefeninformation näher auseinander setzen (siehe Abbildung 5.1). Hier gibt es zwei verschiedene Ansätze:

1 Existieren wenigstens zwei Projektionslinien eines abgebildeten Punktes auf Orte in mindestens zwei Bildern, dann kann der Abstand dieses Punktes durch Triangulation bestimmt werden.

2 Ist die Abbildungscharakteristik der Oberfläche in Abhängigkeit ihrer Krümmung bekannt, so kann aus der Abbildung auf die Krümmung geschlossen werden.

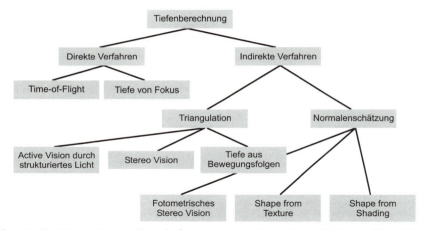

Abbildung 5.1: Die Rekonstruktion von Abstandsinformation kann durch verschiedene Methoden erfolgen. Direkte Verfahren berechnen den Abstand direkt aus einem Signal. Indirekte Verfahren verwenden entweder Triangulation aus zwei bekannten Positionen oder berechnen die Oberflächenneigung aus einer normalenabhängigen Veränderung des Bildes.

Zu den Verfahren nach der ersten Gruppe zählen manche **Active-Vision**-Methoden, **Stereo-Vision**-Verfahren und Methoden zur Tiefenrekonstruktion aus bekannter Bewegung (**Depth from Motion**). Unter Active Vision versteht man Verfahren, bei denen ein Signalgeber ein Signal auf die Objektoberfläche abgibt und entweder die Laufzeit (z.B. bei Radar) oder die Richtung bekannt ist, aus der das Signal auf die Oberfläche trifft. Bei der zuletzt genannten Strategie wird beispielsweise ein Lichtpunkt auf die Oberfläche projiziert und abgebildet. Aus Projektions- und Abbildungsrichtung und der als bekannt vorausgesetzten Relation zwischen Signalgeber und Kamera kann ein Dreieck bestimmt werden, für das der gesuchte Punkt des Objekts an einer Spitze liegt.

Im Gegensatz zu aktiven Verfahren sind passive Verfahren Methoden, bei denen nicht auf die Szene eingewirkt wird. Triangulation kann auch bei einigen dieser Verfahren verwendet werden. Soll Tiefe durch ein Stereo-Vision-Verfahren bestimmt werden, so gibt es keinen Signalgeber, sondern eine zweite Kamera (siehe Abbildung 5.2). Identifiziert man in den beiden Bildern den gleichen Punkt, so hat man wieder zwei Linien eines Dreiecks, an dessen Spitze der gesuchte Punkt liegt. Für ein Tiefenberechnungsverfahren aus Bewegung ist die Triangulation etwas komplizierter, weil sich die Form des Dreiecks aus der Verschiebung eines Punktes nach einer beliebigen, aber bekannten Bewegung zusammensetzt. Das Problem der Identifikation der Abbildung desselben Punktes in zwei oder mehreren Bildern, das in beiden Fällen zu lösen ist, wird Korrespondenzproblem genannt. Bei Active-Vision-Verfahren tritt es nicht auf, weil dort die Identifikation durch die vorab bekannte Art des abgegebenen Signals eindeutig ist.

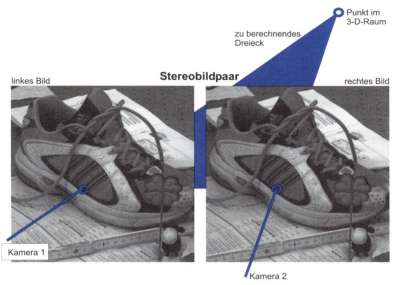

Abbildung 5.2: Beim Stereo-Vision-Versuch erfolgt die Triangulation durch Schnitt von zwei Projektionslinien von der Kamera in die Szene (Bilder von P. Engelhard, C. Rost und M. Wikert).

Verfahren der zweiten Gruppe sind weniger verbreitet. Ein bekannter Ansatz ist **Shape-from-Shading**. Information über die Objektform wird aus der Invertierung eines Beleuchtungsmodells gewonnen. Da das Beleuchtungsmodell beschreibt, wie einfallendes Licht in Abhängigkeit von der Oberflächennormalen reflektiert wird, kann man bei bekanntem Beleuchtungsmodell aus der Helligkeit an jedem Punkt auf dessen Normalenrichtung schließen. Leider ist das Problem unterbestimmt, da nur der Winkel zwischen Lichtquelle und Normale, nicht aber die Normalenrichtung selbst berechnet werden kann. Zudem setzt die Berechnung ein exakt fotometrisch kalibriertes Kamerasystem und ein genau bekanntes Beleuchtungsmodell voraus. Ersteres lässt sich mit genügend technischem Aufwand erreichen, doch das Beleuchtungsmodell kann im Allgemeinen nur annähernd bestimmt werden. Zusammen mit der Mehrdeutigkeit der Lösung führt dies dazu, dass die Resultate im Vergleich zu anderen Tiefenberechnungsverfahren oft unbefriedigend sind.

Ein anderer Vertreter der zweiten Gruppe ist das so genannte **Shape-from-Texture**-Verfahren. Diesem liegt eine ähnliche Annahme zugrunde, die sich allerdings nicht auf die Beleuchtung, sondern auf die Textur bezieht. Textur ist eine Eigenschaft, die sich aus der Abbildung der Musterung einer Objektoberfläche ergibt. Ist ein Objekt gleichmäßig texturiert und weist die Textur eine bestimmte Grundfrequenz auf (z.B. eine bekannte Anzahl von Linien pro Millimeter), dann kann man aus der Veränderung der projizierten Frequenz auf den Winkel zwischen Projektionsrichtung und Oberflächennormalenrichtung schließen. Mit zusätzlichen Glattheitsannahmen kann, wie bei Shape-from-Shading, aus dem Winkel auf eine Normalenrichtung geschlossen werden.

Von allen Methoden ist ein Active-Vision-Verfahren am einfachsten zu erläutern, weil das Korrespondenzproblem nicht existiert. Diese Methode soll nachfolgend beschrieben werden. Im einfachsten Fall wirft ein Signalgeber $\vec{S}$, dessen Position relativ zur Kamera bekannt ist, einen Lichtstrahl auf die Szene, so dass dieser an einem einzigen Punkt reflektiert wird (siehe Abbildung 5.3). Das Signal muss hell genug sein, um den beleuchteten Ort leicht identifizierbar zu machen. Hat dieser Ort die maximale Helligkeit f_{max}, dann muss nur nach Koordinaten (m_p, n_p) mit $f(m_p, n_p) = f_{max}$ gesucht werden.

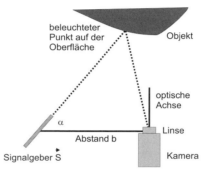

Abbildung 5.3: Active-Vision-Versuch mit strukturiertem Licht: Ein Signalgeber mit bekannter Position zur Kamera projiziert einen Lichtpunkt auf die Objektoberfläche.

Damit eine Kalibrierung der Kamera in Bezug auf ein von der Kamera unabhängiges Weltkoordinatensystem nicht benötigt wird, nehmen wir an, dass beide Koordinatensysteme identisch sind. Der Ursprung des Kamerakoordinatensystems ist der Linsenmittelpunkt, X- und Y-Achse des Systems verlaufen parallel zur X- und Y-Achse des Bildes. Die Z-Achse ist die optische Achse des Aufnahmesystems und verläuft senkrecht zum Bild durch den Linsenmittelpunkt. Der Abstand zwischen Linsenmittelpunkt $\vec{L}$ und Bild sei f. Der Einfachheit halber nehmen wir an, dass der Koordinatenursprung des Bildkoordinatensystems in Kamerakoordinaten an der Stelle $(0,0,-f)$ liegt, d.h. es gibt positive und negative Bildkoordinaten. Die üblichen Bildkoordinaten (die ihren Ursprung in der Regel oben oder unten links im Bild haben) können leicht durch eine entsprechende Translation in diese Koordinaten überführt werden.

Der Signalgeber $\vec{S}$ befindet sich am Punkt $(b,0,0)$ des Kamerakoordinatensystems, also im Abstand b auf der X-Achse (siehe Abbildung 5.4). Das Signal soll im Winkel α zur optischen Achse abgestrahlt werden. Aus diesem Winkel kann man zwei Winkel α_x zwischen der in die XZ-Ebene projizierten Signalrichtung und optischer Achse und α_y zwischen Signalrichtung und XZ-Ebene berechnen. Aus den Bildkoordinaten (m_p, n_p) mit diskretem Wertebereich seien reelle Weltkoordinaten $(x_p, y_p, -f)$ berechnet worden, indem die tatsächliche Größe eines Pixels in Millimetern für die Skalierung verwendet worden sei.

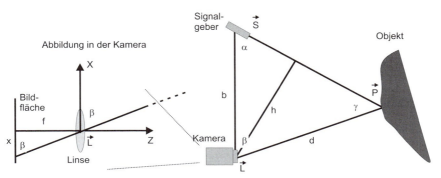

Abbildung 5.4: Berechnung der zu bestimmenden Dreiecksseite d. Das Dreieck ist durch die Seite b und die Winkel α und β eindeutig bestimmt.

Nun wollen wir den Abstand eines Punktes $\vec{P}$ zunächst unter der Einschränkung berechnen, dass er auf einen Ort $(x_p,0,-f)$ abgebildet wurde. Dazu müssen wir ein Dreieck bestimmen, dessen Eckpunkte der Punkt $\vec{P}$, der Linsenmittelpunkt und die Position des Signalgebers sind. Die erste Seite dieses Dreiecks ist die Linie $(0,0,0)$–$(0,0,b)$ zwischen Linse und Signalgeber. Der erste Winkel ist damit $\pi/2 - \alpha_x$. Da der Punkt auf $(x_p,0,-f)$ abgebildet wird, muss $\alpha_y = 0$ sein und damit ist $\alpha_x = \alpha$.

Der noch fehlende Winkel β ist durch den Winkel zwischen der Linie vom Linsenmittelpunkt zum gesuchten Punkt $\vec{P}$ und der X-Achse gegeben. Dieser Winkel findet sich ein zweites Mal als Winkel in einem Dreieck aus $(x_p,0,-f)$, $(0,0,0)$ und $(0,0,-f)$. In diesem rechtwinkligen Dreieck sind alle Eckpunkte bekannt und man sieht, dass $\tan\beta = f/x_p$ ist. Damit ist das Dreieck vollständig bestimmt und die Koordinaten von $\vec{P}$ können berechnet werden. Dazu wird zunächst der Abstand d zwischen $\vec{P}$ und dem Punkt $(0,0,0)$ bestimmt. Folgende Festlegungen werden gemacht:

- Der dritte, unbekannte Winkel zwischen den Seiten $(\vec{P},\vec{L})$ und $(\vec{P},\vec{S})$ sei γ.
- Wir definieren eine Linie der Länge h von $\vec{L}$ senkrecht auf die Seite $(\vec{P},\vec{S})$, die das Dreieck in zwei rechtwinklige Dreiecke teilt.

Für die Länge h gelten nun aus diesen beiden Dreiecken die folgenden Beziehungen (siehe Abbildung 5.4):

$$h = d \cdot \sin\gamma = b \cdot \sin\alpha .$$

Durch Gleichsetzung erhält man einen Ausdruck für die gesuchte Seite d:

$$d = b \cdot \frac{\sin\alpha}{\sin\gamma}$$

Da aber $\alpha + \beta + \gamma = \pi$ und $\sin(\pi - \alpha - \beta) = -\sin(\alpha + \beta)$ sind, ergibt sich schließlich

$$d = -b \cdot \frac{\sin\alpha}{\sin(\alpha + \beta)} .$$

Wenn d bekannt ist, können die Koordinaten von $\vec{P}$ im Kamerakoordinatensystem berechnet werden:

$$\vec{P} = (d \cdot \cos\beta \quad 0 \quad d \cdot \sin\beta).$$

Falls $\vec{P}$ nicht in der XZ-Ebene liegt, wird er auf einen Punkt $(x_p, y_p, -f)$ abgebildet. Dann wird zunächst die gleiche Berechnung für einen in die XZ-Ebene projizierten Punkt $\vec{P}'$ durchgeführt, dessen Abbild $(x_p, 0, -f)$ wäre. Der Winkel β wird wieder basierend auf der Position $(x_p, 0, -f)$ als $\beta = \tan^{-1}(f/x_p)$ berechnet. Der erste Winkel muss jetzt der Winkel α_x sein.

Von $\vec{P}'$ weiß man, dass er der in die XZ-Ebene projizierte Punkt $\vec{P}$ ist. Also sind X- und Z-Koordinate von $\vec{P}$ und $\vec{P}'$ gleich. Die Y-Koordinate ergibt sich schließlich aus der Anwendung der Strahlensätze. Danach ist

$$\frac{y_p}{f} = \frac{Y}{d} \Leftrightarrow Y = \frac{d}{f} y_p.$$

Diese Berechnung ist einfach und beruht nur auf der Anwendung bekannter Gesetze der Geometrie. Fehler sind hauptsächlich wegen einer falschen Lagebestimmung der Kamera relativ zum Signalgeber und wegen Abweichungen von der Projektionsgeometrie zu erwarten.

Die Positionierung der Kamera wird in der Regel nicht mechanisch sichergestellt, sondern beruht auf der Kalibrierung des Systems anhand eines Kalibrierobjekts mit bekannter Position und Ausdehnung. Abweichungen von der Projektionsgeometrie stammen von Linsenverzerrungen, die ebenfalls durch Kalibrierung bestimmt und invertiert werden müssen. Eine exakte Kamerakalibrierung ist daher eine wichtige Voraussetzung für exakte Tiefenrekonstruktion. Diese Verfahren sind allerdings nicht trivial und ihre Behandlung gehört nicht in einen Einführungstext. Der Leser sei auf die entsprechende Fachliteratur verwiesen (z.B. *Computer Vision – A Modern Approach* [Forsyth 2003]).

Das genannte Verfahren ist langsam, wenn mehr als eine Tiefenbestimmung erforderlich ist. Für jeden Punkt $\vec{P}$ muss ein neues Bild erzeugt werden, so dass der Aufwand für die Erzeugung einer Tiefenkarte von z.B. 512^2 Punkten wesentlich durch den Aufwand zur Aufnahme der ca. 250.000 Bilder verursacht wird. Durch die Projektion von senkrechten Streifen anstelle von Lichtpunkten lässt sich diese Anzahl auf 512 Bilder verringern. Da Lichtpunkte mit unterschiedlichem Y-Wert in Kamerakoordinaten auf unterschiedliche Orte im Bild abgebildet werden (wegen $y_p = (f/d)Y$), besteht keine Verwechslungsgefahr.

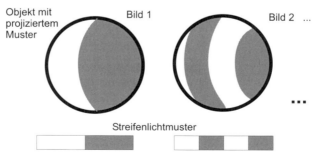

Abbildung 5.5: Bei einer codierten Streifenlichtprojektion wird eine Folge von unterschiedlichen Streifenmustern auf das Objekt projiziert. Die Hell-Dunkel-Folge über alle Bilder ordnet jedes Pixel eindeutig einem Streifen zu.

Der Aufwand kann weiter verringert werden, wenn die Signale entlang der X-Achse codiert werden. Statt eines schmalen (ideal linienförmigen) Streifens wird zunächst ein Streifen der Breite $K/2$ Pixel projiziert, wobei K die Breite der Aufnahme ist (siehe Abbildung 5.5). Damit kann zwischen zwei Bereichen „beleuchtet"(1) und „unbeleuchtet"(0) unterschieden werden. Allerdings ist die Positionsbestimmung in X-Richtung mit $\pm K/2$ sehr ungenau. Deshalb wird ein zweites Bild mit Streifenbreite $K/4$ erzeugt. Die Abfolge der Streifen ist hier „1010". Aus dem zweiten Bild allein lässt sich nicht entnehmen, ob ein beleuchteter Streifen der erste oder der dritte Streifen ist. Zusammen mit dem ersten Bild ergeben sich jedoch vier verschiedene Codes (11, 10, 01, 00), die jeden der vier Streifen eindeutig identifizieren. Diese Codierung kann so lange fortgesetzt werden, bis die Streifenbreite genügend schmal ist. Wäre $K/512$ die Zielgröße, dann bräuchte man nun anstelle von 512 Bildern nur noch $\log_2 512 = 9$ Bilder.

Das Verfahren heißt Active Vision durch **strukturiertes Licht**. Für die Verarbeitung werden p Bilder mit unterschiedlicher Streifenbreite aufgenommen. In jedem Bild wird entschieden, welche Pixel beleuchtet und welche unbeleuchtet waren. Anschließend wird für jedes Pixel die „beleuchtet-unbeleuchtet"-Folge bestimmt. Aus dieser ergibt sich direkt die Streifennummer einer Folge von Streifen der Breite $K/2^p$.

5.2 Reduktion von Abtastfehlern

Wenn eine potentiell beliebig fein aufgelöste Szene durch eine digitale Kamera aufgenommen wird, dann geht durch die Abtastung Information zwischen den Pixeln verloren. Wichtigstes Ziel für die weitere Verarbeitung ist es, wahrnehmbare Verfälschungen durch den Informationsverlust zu verhindern. Für manche Zwecke ist es auch notwendig, die verloren gegangene Information zu ergänzen. Das ist z.B. nach manchen geometrischen Transformationen – die auf einem reellen Definitionsbereich definiert sind – der Fall.

5.2.1 Aliasing und Anti-Aliasing-Methoden

In *Abschnitt 3.1.2* wurde Abtastung durch eine Multiplikation der Bildfunktion mit einer Impulsfolge modelliert. Nach Abtastung z.B. durch einen Flachbettscanner wird man ein Phänomen bemerken, das **Moiré-Muster** genannt wird (siehe Abbildung 5.6). Im abgetasteten Bild wurde Information offenbar nicht nur reduziert, sondern auch verfälscht. Den gleichen Effekt kann man auch bei Kameraaufnahmen beobachten. In Fernsehaufnahmen von sehr kleinteiligen Mustern – z.B. der Musterung eines Anzugs – können ebenfalls Moiré-Effekte wahrgenommen werden. Die Muster ändern sich mit der Bewegung des Objekts. Das gibt einen ersten Hinweis auf die mögliche Ursache. Die relative Änderung bei einem bewegten Objekt bedeutet, dass der Moiré-Effekt durch Abtastung verursacht worden sein muss. Da der Effekt nur bei kleinteiligen, also hochfrequenten Anteilen auftritt, wird die Betrachtung des Abtastvorgangs im Frequenzraum hilfreich sein.

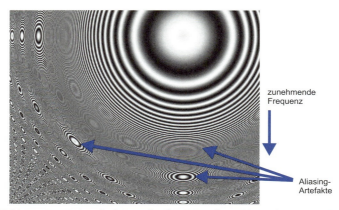

Abbildung 5.6: Moiré-Muster entstehen durch zu große Abtastintervalle in Abhängigkeit von der Frequenz des aufge-nommenen Musters. Nur die konzentrischen Kreise um das Zentrum oben rechts sind tatsächlich in den Daten enthalten. Oben rechts im Bild – wo das Bild keine hochfrequenten Anteile aufweist – sind keine Moiré-Effekte zu erkennen, während sie mit steigender Frequenz stark zunehmen.

Wir haben die Abtastung einer kontinuierlichen Funktion f mit einer Abtastdichte d durch Multiplikation mit einer entsprechenden Impulsfolge δ_d als $f_d = f \cdot \delta_d$ modelliert. Diese Multiplikation entspricht einer Konvolution mit der fouriertransformierten Impulsfolge D_d im Frequenzbereich, d.h. es gilt $F_d = F * D_d$. Die Impulsfolge erfüllt zwar nicht die Bedingungen für transformierbare Funktionen, doch kann die Fourier-Transformation durch eine Grenzwertbetrachtung bestimmt werden. Wird die Impulsfolge durch immer schmaler werdende Rechtecke einer Rechteckimpulsfolge angenähert, so ergibt sich, dass auch die fouriertransformierte Impulsfolge wieder eine Impulsfolge ist. Der Abstand zwischen den Impulsen im Frequenzraum beträgt $1/d$, so dass $D_d = \delta_{1/d}$ ist (siehe Abbildung 5.7).

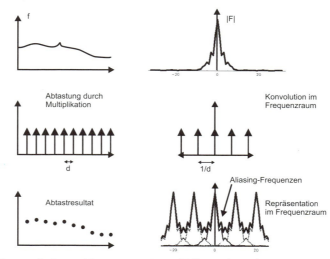

Abbildung 5.7: Abtastung in Orts- und Frequenzraum. Der Multiplikation der Funktion mit der Impulsfolge mit Abstand d zwischen Impulsen im Ortsraum entspricht eine Konvolution mit einer Impulsfolge mit Abstand $1/d$ im Frequenzraum. Das führt zur Überlagerung von Kopien der Originalfunktion, welche dann Alias-Effekte verursachen, wenn die Original-funktion nicht bandbegrenzt ist oder die Bandbegrenzung nicht dem Shannon'schen Abtasttheorem genügt.

Mit dieser Impulsfolge wird F gefaltet. Das Ergebnis ist eine Summe von Kopien der um jeweils $1/d$ verschobenen Funktion F. Die Frequenzraumdarstellung der abgetasteten Funktion weicht also von der Originalfunktion ab. Da die Amplituden mit wachsender Frequenz für die meisten Bilder schnell gegen Null gehen, ist diese Veränderung durch die Abtastung nicht immer wahrnehmbar. Weil außerdem nur ein begrenztes Frequenzband im abgetasteten Bild repräsentierbar ist, haben die um Vielfache von $1/d$ verschobenen Maxima keinen Einfluss auf das Bild.

Gibt es aber im Bild signifikante Anteile mit hoher Frequenz, wie sie z.B. durch ein kräftiges, kleinteiliges, regelmäßiges Muster verursacht werden können, dann kann es zu sichtbaren Veränderungen von Frequenzen kommen. Sie entstehen bei der Abtastung durch Überlappung von verschobenen Kopien von F. Diese Frequenzen werden **Alias-Frequenzen** genannt (weil sie für etwas posieren, was im Originalbild nicht existiert, siehe Abbildung 5.8) und der Effekt heißt **Aliasing-Effekt**.

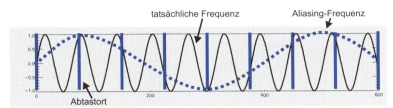

Abbildung 5.8: Darstellung der Entstehung des Aliasing-Artefakts. Die Originalfunktion (schwarz, durchgezogen) wird an den blau gekennzeichneten Orten abgetastet. Verbindet man die Funktionswerte an den Abtastorten durch eine Kurve (blau, gestrichelt), so entsteht eine andere Funktion. Diese Funktion wird durch den Betrachter wahrgenommen.

Es gibt zwei unterschiedliche Ansätze, Aliasing-Effekte bei der Generierung von Bildern zu vermeiden:

1 Durch Erhöhung der Abtastrate können Überlappungen von Kopien im Frequenzraum vermieden werden, falls die Originalfunktion bandbegrenzt ist. Das heißt, dass höhere Frequenzen als eine vorgegebene Grenzfrequenz nicht vorkommen.

2 Unregelmäßige Abtastabstände verhindern die Wahrnehmbarkeit von periodischen Signalen. Das Vorgehen besteht eigentlich aus einer zweistufigen Abtasthierarchie. Unterhalb eines bestimmten Abstands (der Grenzfrequenz) sind die Abtastorte zufällig verteilt. Oberhalb dieses Abstands ist die Summe der Abtastorte in jedem Intervall gleich. Das führt dazu, dass periodische Signale oberhalb der Grenzfrequenz wahrgenommen werden. Alle Details unterhalb der Grenzfrequenz werden als Rauschen wahrgenommen. Das entspricht der Wahrnehmung durch das Auge (Verteilung der Zellen auf der Netzhaut) oder der Aufnahme mit analogem Film (die Körnung der lichtempfindlichen Pigmente). Auch manche Algorithmen zur Generierung von Bildern (z.B. bestimmte Ray-Tracing-Algorithmen) wenden dieses Prinzip an.

Für eine digitale Kamera oder für einen Flachbettscanner ist die zuletzt genannte Lösung leider nicht anwendbar, obwohl sie für die Wahrnehmung die beste Lösung darstellt, denn wahrgenommenes Rauschen ist leichter interpretierbar als der informationsverfälschende Moiré-Effekt. Bei der Konstruktion von Bildern – und wir werden im Zusammenhang mit Bildkompression noch einmal darauf zurückkommen – kann die Strategie allerdings angewendet werden.

Für die Abtastung durch die Kamera ist dagegen der erste Weg interessanter. Es stellt sich die Frage, was die geeignete Grenzfrequenz ist. Die Antwort gibt das **Shannon'sche Abtasttheorem**, das aus der Kenntnis der Impulsfunktion im Frequenzraum abgeleitet werden kann. Wenn der Abstand zwischen zwei Impulsen $1/d$ ist, überlappen sich zwei Kopien der fouriertransformierten Funktion nicht, wenn für die höchstvorkommende Frequenz f_{max} gilt, dass $2f_{max} < 1/d$ ist. Also muss die Abtastrate d mindestens $\frac{1}{2} \cdot f_{max}$ sein, um Aliasing-Effekte zu verhindern. Die für die Abtastung eines bandbegrenzten Signals mindestens notwendige Grenzfrequenz heißt **Nyquist-Frequenz**.

5.2.2 Transformationen und Interpolation

Manchmal, etwa nach geometrischen Transformationen, ist es notwendig, den durch Abtastung verursachten Informationsverlust rückgängig zu machen. Rotation Rot_α um den Winkel α im Uhrzeigersinn um den Koordinatenursprung, Translation $Tr_{dx,dy}$ um den Vektor $(dx\ dy)$ und Skalierung Sc_s um s eines Bildpunkts mit Koordinaten (x,y) können wie folgt ausgeführt werden:

$$Rot_\alpha \begin{pmatrix} x \\ y \end{pmatrix} = \begin{pmatrix} \cos\alpha & \sin\alpha \\ -\sin\alpha & \cos\alpha \end{pmatrix} \begin{pmatrix} x \\ y \end{pmatrix}, \quad Tr_{dx,dy} \begin{pmatrix} x \\ y \end{pmatrix} = \begin{pmatrix} x + dx \\ y + dy \end{pmatrix}, \quad Sc_s \begin{pmatrix} x \\ y \end{pmatrix} = s \begin{pmatrix} x \\ y \end{pmatrix}.$$

Die Werte in der Matrix sind reell. Eine Transformation ist daher nur möglich, wenn die ganzzahligen Abtastkoordinaten vor der Transformation in reelle Koordinaten umgewandelt werden.

Das Resultat sind reelle Koordinaten. Nach der Transformation müsste die Originalfunktion an diesen Orten abgetastet werden. Diese Originalfunktion wird jedoch selten zur Verfügung stehen. So müssen Funktionswerte an beliebigen Orten (x,y) aus der abgetasteten Funktion interpoliert werden. Im einfachsten Fall kann man eine konstante Interpolation vornehmen. Für eine eindimensionale Funktion $f(n)$, die das Abtastergebnis einer reellen Funktion $g(x)$ ist, ist das

$$g_0(x) = f(n_x) \quad \text{mit} \quad n_x = \arg\min_n \left(|x - n|\right).$$

Das bedeutet, dass für $g_0(x)$ derjenige Funktionswert $f(n)$ verwendet wird, für den $|x - n|$ minimal ist.

Wendet man das Verfahren für zweidimensionale Bilder an, so sollten die Pixelkoordinaten transformiert und anschließend sollte für jeden Abtastort nach dem nächstgelegenen Pixel gesucht werden. Der Wert dieses Pixels sollte übernommen werden. Transformiert man dagegen die Abtastorte, bildet die beiden Koordinaten auf die nächste ganze Zahl ab und schreibt den Pixelwert an diese Stelle, so kann es bei Rotationen dazu kommen, dass an manche Abtastorte keine Pixel abgebildet werden. Das liegt daran, dass die Diagonale eines Pixels größer als seine Seitenlänge ist. Das Ergebnisbild enthält dann schwarze Löcher (siehe Abbildung 5.9).

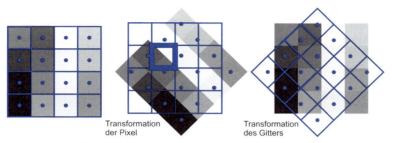

Transformation
der Pixel

Transformation
des Gitters

Abbildung 5.9: Falls zur Interpolation nach einer Transformation der Funktionswert des nächsten Nachbarpixels eingetragen wird, dann sollte das Gitter und nicht die Funktion transformiert werden. Sonst kann es geschehen, dass auf einen Gitterpunkt (hervorgehobenes Quadrat im mittleren Bild, kein Funktionswert abgebildet wird.

Die konstante Interpolation ist ein schnell berechenbares, einfach zu implementierendes Verfahren. Allerdings muss bedacht werden, dass es einer zweiten Abtastung mit gleicher Abtastfrequenz entspricht. Nach dem Shannon'schen Abtasttheorem kann es daher zu Aliasing-Effekten kommen, wenn nicht vorher alle Frequenzen gelöscht werden, die größer als $f_{max}/2$ sind.

Für eine genauere Interpolation kann man die ursprüngliche Funktion, falls sie beliebig häufig differenzierbar war, durch Polynome höheren Grades annähern. Jede solche Funktion lässt sich als eine Taylor-Reihe entwickeln; sie ist also durch alle ihre Ableitungen an einer beliebigen Stelle vollständig beschreibbar. Nun sind zwar Funktionswerte, nicht aber Ableitungen bekannt. Ableitungen werden daher durch Differenzen angenähert. Für die erste Ableitung einer eindimensionalen Funktion, deren in den reellen Definitionsbereich transformierte Werte an den Stellen $x_0, x_1, \ldots, x_m, \ldots, x_{M-1}$ definiert sind, entsteht für die Berechnung an der Stelle x zwischen den Orten x_m und x_{m+1} eine lineare Interpolationsfunktion

$$g_1(x) = \frac{x_{m+1} - x}{x_{m+1} - x_m} f(x_m) + \frac{x - x_m}{x_{m+1} - x_m} f(x_{m+1}).$$

Die lineare Interpolation ist weniger anfällig gegenüber Aliasing-Effekten. Durch die Gewichtung werden hohe Frequenzen vor der Abtastung unterdrückt.

Wenn die lineare Interpolation für zweidimensionale Bilder durchgeführt werden soll, kann man sich die Separabilität der Operation zunutze machen. Für einen Ort (x, y), der zwischen Pixeln an (x_m, y_n), (x_{m+1}, y_n), (x_m, y_{n+1}) und (x_{m+1}, y_{n+1}) liegt, werden zunächst Werte an (x_m, y) und (x_{m+1}, y) interpoliert (siehe Abbildung 5.10):

$$g_1(x_m, y) = \frac{y_{n+1} - y}{y_{n+1} - y_n} f(x_m, y_n) + \frac{y - y_n}{y_{n+1} - y_n} f(x_m, y_{n+1}),$$

$$g_1(x_{m+1}, y) = \frac{y_{n+1} - y}{y_{n+1} - y_n} f(x_{m+1}, y_n) + \frac{y - y_n}{y_{n+1} - y_n} f(x_{m+1}, y_{n+1}).$$

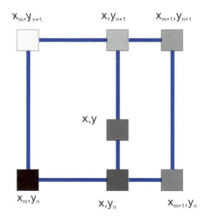

Abbildung 5.10: Die bi-lineare Interpolation zwischen Pixeln wird in zwei Schritten ausgeführt: Im ersten Schritt wird entlang der x-Richtung interpoliert. Aus diesen Werten wird anschließend der endgültige Wert durch Interpolation in y-Richtung berechnet.

Anschließend wird aus diesen beiden Werten der Wert für $g_1(x,y)$ berechnet:

$$g(x,y) = \frac{x_{m+1} - x}{x_{m+1} - x_m} g_1(x_m, y) + \frac{x - x_m}{x_{m+1} - x_m} g_1(x_{m+1}, y).$$

Anstelle von Polynomen vom Grad 1 kann man auch Polynome höheren Grades benutzen. So werden immer höhere Terme der Taylor-Reihe berücksichtigt und die tatsächliche Funktion wird besser angenähert. Allerdings wird der Fehler der Schätzung der entsprechenden Ableitungen durch Differenzen größer.

Man kann sich fragen, ob es eine für die gegebene Information optimale Interpolation gibt. Unter der Annahme, dass das Shannon'sche Abtasttheorem erfüllt ist, die abgetastete Funktion also keine höheren Frequenzen enthielt als die Grenzfrequenz, lässt sich diese Frage beantworten. Dann ist nämlich die vollständige Beschreibung der Funktion an jedem Ort durch die Wellen der fouriertransformierten Funktion gegeben. Da im Frequenzraum also *alle* Frequenzen der kontinuierlichen Funktion repräsentiert sind, bedeutet das für den Funktionswert an einem beliebigen Punkt (x,y):

$$g_F(x,y) = \sum_{u=0}^{M-1} \sum_{v=0}^{N-1} F(u,v) \exp\left(i2\pi \left(\frac{ux}{M} + \frac{vy}{N} \right) \right)$$

Bei dieser „optimalen" Interpolation sollte man allerdings beachten, dass die Funktion f, von der F generiert wurde, in der Regel Rauschen beinhaltet, was ebenfalls mit rekonstruiert wird. Außerdem ist die reelle Funktion selten wirklich bandbegrenzt. Ein gewisses Maß an Aliasing-Artefakten fließt daher ebenfalls mit in die Interpolation ein. Es mag aus diesen Gründen besser sein, eines der einfacheren Interpolationsverfahren zu wählen. Die dort implizit oder explizit vorgesehene Entfernung hoher Frequenzanteile wird wahrscheinlich diejenigen Anteile der Funktion unterdrücken, für die Artefakte die Information überwiegen.

5.3 Bildrestauration

Unter Bildrestauration versteht man, deterministische, bekannte, verändernde Störeinflüsse rückgängig zu machen. Das zugrunde liegende Modell für die Störung ist das eines linearen Operators. Der Prozess kann als lineares Gleichungssystem $\vec{y} = \mathbf{A}\vec{x}$ repräsentiert werden. Das gestörte Bild wird dazu in einen Vektor $\vec{y}$ überführt, in dem alle Pixel des Bildes hintereinander gelistet sind. Das gesuchte ungestörte Bild ist ein Vektor $\vec{x}$, bei dem die Pixel in gleicher Weise angeordnet sind. Da die Anzahl der Pixel vor und nach der Störung gleich ist, muss die Störmatrix $\mathbf{A}$ quadratisch sein. Sie ist invertierbar, wenn sie vollen Rang hat, wenn also die Determinante der Matrix nicht Null ist.

Unter den Modellen für Störeinflüsse unterscheidet man zwischen verschiebungsinvarianten und nicht verschiebungsinvarianten Störungen, so wie sie in *Abschnitt 3.2.1* modelliert wurden. In beiden Fällen ist die Invertierbarkeit von $\mathbf{A}$ nicht garantiert, aber für verschiebungsinvariante Störoperatoren gibt es einfache Methoden zur Ermittlung der Störung aus Testbildern. Es gibt zudem ein einfaches und leicht zu regularisierendes Invertierungsverfahren.

5.3.1 Restauration von verschiebungsinvarianten Störungen

In *Abschnitt 3.2.1* wurde gezeigt, dass sich ein verschiebungsinvarianter, linearer Operator durch die Point Spread Function (PSF) beschreiben lässt. Das Modell für die Störung ist durch eine Faltung der ungestörten Funktion *f* mit dem Störoperator *h* gegeben:

$$g(m, n) = f(m, n) * h(m, n).$$

Der Operator *h* ist die PSF. Kann man den Aufnahmevorgang, durch den das Signal *f* verändert wird, in all seinen Einzelheiten beschreiben, so lässt sich der Störoperator analytisch herleiten. Das haben wir in *Kapitel 3* getan, als wir die PSF für eine Störung berechnet haben, die durch eine Bewegung der Kamera verursacht wurde.

Experimentelle Bestimmung der Point Spread Function

Oft ist es so, dass die verschiedenen Einflüsse bei der Aufnahme nicht im Einzelnen bekannt sind. Das Aufnahmesystem ist eine Black Box, in der eine wiederholbare Veränderung des Eingangssignals erfolgt. Für eine lineare, verschiebungsinvariante Veränderung muss das Verhalten der Black Box nicht im Detail bestimmt werden, um die PSF *h* zu ermitteln. Es genügt die Aufnahme einer Impulsfunktion. Das gemessene Aufnahmeergebnis ist die PSF, da die Konvolution mit einer Impulsfunktion die Konvolutionsfunktion selbst ergibt. Die PSF eines Aufnahmesystems wird daher auch **Impuls-** oder **Punktantwort** (*impulse response*) genannt.

Wenn auch eine Impulsfunktion selten in der Praxis generierbar ist, so kann sie doch auf verschiedene Art angenähert werden. Existiert z.B. eine Testaufnahme, in der nur an einem Ort in einer gewissen Umgebung von Null verschiedene Werte liegen, und ist diese Umgebung in der Projektion kleiner als ein Pixel, dann ist dies eine hinreichend gute Näherung an die Impulsfunktion. Die Testfunktion kann etwa generiert werden, wenn ein gleichmäßig beleuchtetes Stück Papier mit einem einzigen, kleinen schwarzen Punkt aufgenommen wird. Dass die Approximation des Impulses in diesem Fall negativ ist, spielt für die Bestimmung von *h* keine Rolle. Es bedeutet nur, dass das Vorzeichen der Punktantwort umgekehrt werden muss. Gleichermaßen ist es unerheblich, dass das Integral der Testfunktion nicht automatisch 1 sein wird. Die PSF wurde bis auf einen Skalierungsfehler genau gefunden. Dieser kann korrigiert werden, indem die PSF um ihr eigenes Integral korrigiert wird.

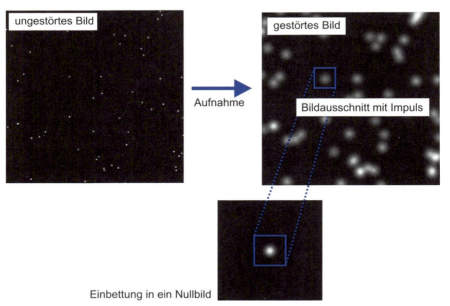

Abbildung 5.11: Falls ein gestörtes Bild Bereiche aufweist, die näherungsweise als Impuls aufgefasst werden können, dann kann dieser Bereich ausgeschnitten, skaliert und in ein Nullbild eingebettet werden.

Gleiche Bedingungen für Testaufnahme und zu korrigierende Aufnahme sind jedoch nicht immer leicht zu garantieren. Bei der in *Kapitel 3* genannten Bewegungsunschärfe kann es z.B. schwierig sein, bei einer Testaufnahme genau die gleiche Bewegung wie im gestörten Bild durchzuführen. In diesem Fall möchte man die PSF direkt aus dem Bild berechnen.

Das klingt zunächst unmöglich. Ohne zusätzliche Hinweise ist einem Bild nicht anzusehen, welche Anteile Störung und welche Information sind. Und in der Tat müssen zusätzliche Informationen bekannt sein. Man sucht Orte, von denen angenommen werden kann, dass dort im ungestörten Bild ein Impuls abgebildet worden wäre. Eine ausreichend große Nachbarschaft um diesen Ort muss darüber hinaus frei von Impulsen sein, so dass sich zwei Impulsantworten nicht überlagern.

Diese Suche kann interaktiv durchgeführt werden, denn meistens geht es um die Korrektur eines Aufnahmefehlers für eine große Anzahl von Bildern. Ein Ausschnitt konstanter Helligkeit um den spezifizierten Impuls wird zentriert und so skaliert, dass die Hintergrundwerte Null werden. Anschließend wird er in ein Nullbild eingebettet und normiert. Damit ist die PSF h gefunden (siehe Abbildung 5.11).

Der Vorteil der Einbeziehung des Benutzers liegt darin, dass er auf Grund seiner Erwartungshaltung an den Bildinhalt auch bei unscharfen Regionen feststellen kann, ob es sich ursprünglich wirklich um einen Impuls gehandelt hat. Durch das interaktive Vorgehen erspart man sich, beschreiben zu müssen, was man damit meint, dass „eine Region eigentlich ein Punkt sein müsste".

Abgesehen von einigen Spezialfällen (z.B. die Sterne in der Aufnahme des Nachthimmels) wird man aber selten Bereiche finden, die als Abbildungen von Impulsfunktionen interpretiert werden können. Dennoch kann man solche Impulse in fast jedem Bild finden, wenn man Objektkanten analysiert. Um diese Aussage zu erhärten, muss zunächst der Begriff **Kante** definiert werden.

Betrachten wir zuerst eine eindimensionale, kontinuierliche Funktion $f(x)$, die z.B. eine Bildzeile repräsentiert. Quer zu dieser Bildzeile verläuft genau dann eine Kante, wenn sich die Helligkeit ändert. Helligkeitsänderungen sind Änderungen der Funktionswerte $f(x)$ und entsprechen daher der Ableitung von f. Kanten verlaufen dort, wo der Betrag der Ableitung lokal maximal ist (siehe Abbildung 5.12).

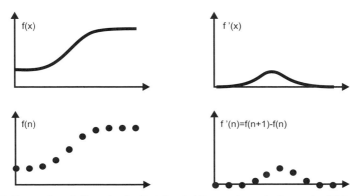

Abbildung 5.12: Kanten einer eindimensionalen Funktion sind Orte, an denen der Betrag der Ableitung dieser Funktion maximal ist. Für diskrete Funktionen wird die Ableitung durch eine Differenz angenähert.

Besonders interessant für die Berechnung sind Verdeckungskanten zwischen zwei Objekten. Dort sollte eine ideale Stufenkante vorliegen, bei der sich die Helligkeit um einen Wert Δ ändert. Die Funktion f ist an dieser Stelle nicht stetig, da es keine Korrelation zwischen verdeckendem und verdecktem Objekt gibt. Das Differential lässt sich durch eine Grenzwertbetrachtung über den Differenzenquotienten annähern. Man beginnt mit der Differenz in einem Intervall (d_1, d_2), wobei die Kante an der Stelle $d_k = (d_1 + d_2)/2$ liegt. Der Differenzenquotient ist

$$\frac{f(d_2) - f(d_1)}{d_2 - d_1} = \frac{\Delta}{d_2 - d_1} .$$

Für kleiner werdende Abstände $d_2 - d_1$ entsteht eine Folge von Schätzungen der Ableitung an der Stelle d_k. Für $d_2 - d_1 \to 0$ geht dieser Wert gegen unendlich. Falls aber die beiden Objekte innerhalb des ersten Intervalls (d_1, d_2) einen konstanten Helligkeitswert haben, bleibt das Integral der Ableitungen über (d_1, d_2) konstant. Die Ableitung an der Unstetigkeitsstelle ist also ein mit Δ skalierter Impuls. Die Abbildung des Betrags der Ableitung kann damit für die Bestimmung der PSF verwendet werden.

Zwei Dinge sind noch zu klären: Wie lässt sich dieses Konzept auf zweidimensionale Bilder erweitern und wie berechnet man die Ableitung im aufgenommenen, digitalen Bild?

Die erste Frage führt zur Definition von richtungsabhängigen Ableitungen. Für ein zweidimensionales Bild lassen sich zwei unabhängige, partielle Ableitungen bestimmen. Die Ableitungen heißen partiell, weil sie nur die Änderung der Funktionswerte in der angegebenen Richtung repräsentieren. Obwohl zwei beliebige, nicht kollineare Richtungen gewählt werden können, hat es sich eingebürgert, die Ableitung einer zweidimensionalen Funktion durch zwei partielle Ableitungen parallel zu den Richtungen der beiden Koordinatenachsen zu definieren. Die Ableitung in Richtung $\bar{x}$ wird als

$$\frac{\partial f(x,y)}{\partial x}$$

geschrieben.

Eigentlich müsste, da es sich bei der Angabe im Nenner um eine Richtung handelt, x als Vektor geschrieben werden. Bei partiellen Ableitungen in beliebige Richtungen $\bar{r}$ schreibt man daher auch $\partial \bar{r}$, doch bei Richtungen entlang der Koordinatenachsen verzichtet man meist auf diese Kennzeichnung als Vektor. Die partielle Ableitung von f in y-Richtung wird dementsprechend durch

$$\frac{\partial f(x,y)}{\partial y}$$

bezeichnet. Die partielle Ableitung einer analytisch gegebenen Funktion $f(x,y)$ nach der Variable x bedeutet, dass alle Variablen y als konstant angenommen werden. Für eine Funktion $f(x,y) = x^2 + y^2$ bedeutet das beispielsweise, dass

$$\frac{\partial f(x,y)}{\partial x} = \frac{\partial}{\partial x}(x^2 + y^2) = 2x$$

ist, da die Ableitung von Konstanten Null ist.

Die partiellen Ableitungen werden in einem Vektor zusammengefasst. Dieser Vektor heißt **Gradient** und wird durch das Symbol ∇ bezeichnet (siehe Abbildung 5.13):

$$\nabla f(x,y) = \begin{pmatrix} \dfrac{\partial f(x,y)}{\partial x} \\ \dfrac{\partial f(x,y)}{\partial y} \end{pmatrix}.$$

Die Steigung in eine beliebige Richtung $\bar{r}$ ergibt sich durch Projektion des Gradienten auf den normierten Richtungsvektor $\bar{r}$:

$$\frac{\partial f(x,y)}{\partial \bar{r}} = \nabla f(x,y) \bullet \frac{\bar{r}}{\|\bar{r}\|}.$$

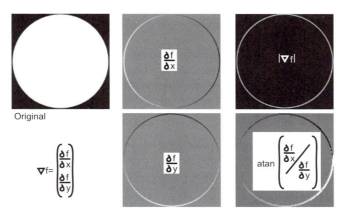

Abbildung 5.13: Kanten in zweidimensionalen Bildern werden durch die beiden partiellen Ableitungen in x- und in y-Richtung charakterisiert. Der Vektor der beiden partiellen Ableitungen einer Funktion f heißt Gradient ∇f. Seine Länge ist die Stärke einer Kante. Seine Richtung ist orthogonal zur Richtung der Kante.

Auf die Richtung, in der die partiellen Ableitungen für den Gradienten berechnet werden, kommt es daher nicht an. Aus partiellen Ableitungen entlang von beliebigen, nicht kollinearen Vektoren $\vec{r}_1$ und $\vec{r}_2$ kann durch Projektion auf die Richtungen $\vec{x}$ und $\vec{y}$ ein neuer Gradientenvektor mit partiellen Ableitungen in x- und y-Richtung erzeugt werden.

Obwohl es hier nicht weiter behandelt wird, sei angemerkt, dass das Konzept der partiellen Ableitungen und die Bezeichnung und das Symbol für den Gradienten nicht auf zweidimensionale Funktionen beschränkt sind.

Da der Gradient ein Vektor ist, hat er auch eine Richtung. Es ist leicht nachzuweisen, dass die Richtung die der stärksten Steigung der Funktion ist. Diese Richtung verläuft orthogonal zur Richtung der Kante. Die Länge des Vektors muss dann die Steigung in diese Richtung sein, da Länge über die Skalarmultiplikation eines Vektors mit sich selbst berechnet wird.

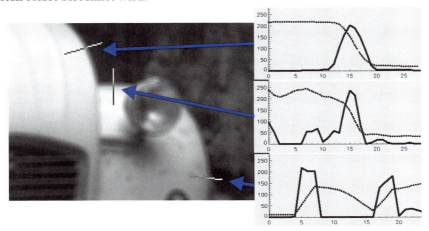

Abbildung 5.14: Die PSF kann näherungsweise aus Verdeckungskanten gewonnen werden. Die Gradientenlänge entlang der Gradientenrichtung entspricht der PSF in dieser Richtung, wenn außer an der Kante keine Intensitätsvariation existiert. Das ist allerdings meist nicht der Fall, wie die rechts gezeigten Profile aus dem Bildausschnitt links zeigen. Die gestrichelte Linie gibt das Intensitätsprofil wieder. Die durchgezogene Linie ist die Gradientenlänge.

Damit haben wir für die Bestimmung der PSF eine wichtige Angabe: Die Gradienten-länge ist ein Impuls entlang der Richtung der steilsten Steigung. Entlang dieser Richtung beschreibt die Gradientenlänge die Punktantwort. Um eine Impulsfunktion aus Verdeckungskanten zu erzeugen, braucht man daher möglichst viele Kanten unterschiedlicher Richtung. Jede dieser Kanten steuert eine Linie der Impulsantwort bei (siehe Abbildung 5.14). Aus allen Linien wird die zweidimensionale PSF interpoliert.

Als letzte Frage bleibt zu beantworten, wie der Gradient in einem digitalen Bild berechnet werden kann. Die Funktion ist nicht kontinuierlich und ein Gradient ist daher nicht definiert. Die Gradientenapproximation erfolgt durch einen Differenzen-quotienten, bei dem die beiden Orte, zwischen denen die Differenz gebildet wird, den Abstand von einem Pixel haben. Das heißt:

$$\frac{\partial f(m,n)}{\partial m} \approx f(m+1,n) - f(m,n) \quad \text{und} \quad \frac{\partial f(m,n)}{\partial n} \approx f(m,n+1) - f(m,n).$$

Es gibt aufwändigere Approximationsverfahren, die insbesondere Rauschen als Teil der Störungen mit berücksichtigen. Wir werden uns damit in Zusammenhang mit Kantensuchverfahren auseinander setzen. Für die PSF-Bestimmung wollen wir es bei dieser einfachen Approximation belassen.

Das Verfahren zur PSF-Bestimmung besteht also aus folgenden Schritten:

1   Interaktive Kennzeichnung geeigneter Kanten einschließlich einer Umgebung, in der sich keine Kanten befinden

2   Approximation des Gradienten

3   An jeder Kante

     a. Bestimmung des lokal höchsten Gradienten

     b. Bestimmung der Gradientenrichtung

     c. Übertragung des Gradientenlängenprofils entlang dieser Richtung in eine zweidimensionale PSF-Karte

4   Interpolation der PSF aus den in die Karte eingetragenen Werten.

Inverse Filterung

Wenn die PSF h bekannt ist, kann anschließend die durch sie verursachte Störung rückgängig gemacht werden. Die Erzeugung der gestörten Funktion g als Faltung der ungestörten Funktion f mit der PSF h ist eine Filterung von f mit h. Diese Filterung soll invertiert werden. Da die Faltung im Ortsraum einer Multiplikation im Frequenz-raum entspricht, ist die Invertierung einfach. Die gestörte Funktion g und die PSF h werden in den Frequenzraum transformiert und anschließend wird die ungestörte Funktion erzeugt durch

$$f(m,n) = \mathbf{FT}^{-1}\left(\frac{G(u,v)}{H(u,v)}\right).$$

Die Operation heißt **Inverse Filterung** (siehe Abbildung 5.15). Mit der Invertierung hat man es sich allerdings etwas einfach gemacht. Sie kann nur dann gelingen, wenn die durch die PSF bestimmte Transformationsmatrix den vollen Rang hat. Andernfalls wird die in den Frequenzbereich transformierte PSF Nullstellen beinhalten.

gestörtes Bild (Unschärfe wegen Bewegung in X-Richtung)

PSF der Störung

restauriertes Bild

Abbildung 5.15: Restauration durch Inverse Filterung. Falls die PSF exakt bekannt ist und das Bild mit Ausnahme der durch die PSF beschriebenen Störungen keine weiteren Artefakte aufweist, kann das ungestörte Bild durch Inverse Filterung zurückgewonnen werden.

Zudem muss berücksichtigt werden, dass die PSF und ihre Frequenzraumrepräsentation Abbildungen in die reellen bzw. komplexen Zahlen sind. Diese können nicht exakt im Computer repräsentiert werden und es wird zu Ungenauigkeiten kommen. Das wird besonders dann zu großen Fehlern führen, wenn die Werte von H sehr klein sind. Daher wird die Inverse Filterung in der Regel wie folgt abgewandelt:

$$F(u,v) = \begin{cases} \dfrac{G(u,v)}{H(u,v)} & \text{, falls } H(u,v) > H_{min} \\ 0 & \text{, sonst} \end{cases} \tag{5.1}$$

Die Restauration besteht also aus einer Kombination von Inverser Filterung mit einer Filterung, bei der Frequenzanteile gelöscht werden, für die die korrespondierenden Frequenzanteile von H für eine zuverlässige Berechnung zu klein sind. Da Information reduziert wird, ist man an einer möglichst niedrigen Schranke H_{min} interessiert. Der Grenzwert H_{min} hängt dabei von der erwarteten Genauigkeit der Repräsentation der komplexen Zahlen ab. Ein Betrag in der Größenordnung von 10^{-5} ist im Allgemeinen akzeptabel, falls die Störung ausschließlich durch die PSF verursacht wurde.

Restauration unter Berücksichtigung von Rauschen

Bisher sind wir davon ausgegangen, dass die Störung im Bild g vollständig durch einen linearen verschiebungsinvarianten Operator h erfasst ist. Ein immer vorhandener und nicht zu unterdrückender Einfluss ist aber das Rauschen η. Rauschen wurde in *Abschnitt 3.3* als ein stochastischer Prozess beschrieben. Der Prozess ist nicht wiederholbar. Man kann also keine Testaufnahme – beispielsweise mit $f(m,n) = 0$ – machen, daraus das Rauschen berechnen und vom Bild subtrahieren. Solch eine Testaufnahme liefert allerdings eine Anzahl von $M \cdot N$ Stichproben des stochastischen Prozesses, durch den das Rauschen verursacht wird.

Um Rauschen in das Modell zu integrieren, muss es erweitert werden zu

$$g(m,n) = f(m,n) * h(m,n) + \eta(m,n).$$

Da eine Subtraktion des Rauschanteils nicht möglich ist, sollte untersucht werden, wie sich unkorrigiertes Rauschen auf die Inverse Filterung auswirkt. Mit $N(u,v)$ als Fourier-Transformierte der Rauschfunktion $\eta(m,n)$ ist das Ergebnis

$$G(u,v) = F(u,v)H(u,v) + N(u,v) \quad \Leftrightarrow \quad \frac{G(u,v)}{H(u,v)} = F(u,v) + \frac{N(u,v)}{H(u,v)}$$

Das Resultat ist eine um N/H veränderte Funktion F. Das hat erhebliche Konsequenzen für die Filterung. Wenn Rauschen unkorreliert ist, dann ist die Variation der Rauschabweichungen zwischen Pixeln völlig zufällig (**weißes Rauschen**). Es wird weißes Rauschen genannt, weil der Erwartungswert für die Amplitude der fouriertransformierten Funktion $N(u,v)$ unabhängig von der Frequenz ist. Als Frequenzen eines Farbspektrums aufgefasst wäre das Resultat weiß (jede Frequenz tritt mit gleicher Amplitude auf). Variiert hingegen die erwartete Rauschamplitude mit der Frequenz, so spricht man von **farbigem Rauschen** (siehe Abbildung 5.16).

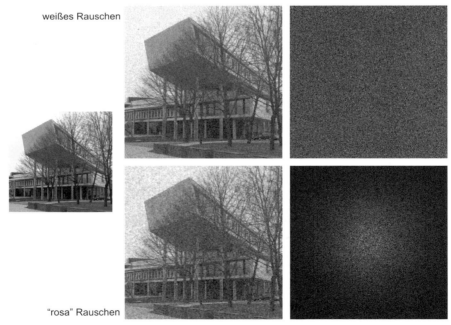

weißes Rauschen

"rosa" Rauschen

Abbildung 5.16: Rauschen kann durch seine Frequenzraumrepräsentation charakterisiert werden. Während bei weißem Rauschen alle Frequenzen gleichmäßig vertreten sind, enthält farbiges Rauschen unterschiedliche Frequenzen mit verschieden hoher Amplitude.

Weißes Rauschen ist ein häufig verwendetes Modell. Da im Gegensatz zum Rauschen die Amplitude von H meist rasch mit steigender Frequenz sinkt, überwiegt für höhere Frequenzen der Rauschanteil. Die restaurierte Information wird daher von extrem verstärktem Rauschen überlagert sein.

Um dieses Verhalten zu vermeiden, kann die bereits für die Berücksichtigung von Singularitäten eingeführte Filterung aus Gleichung (5.1) erweitert werden. Eine heuristische Lösung kann z.B. darin bestehen, die Inverse Filterung mit dem Verhältnis zwischen Amplitude von H und durchschnittlicher Amplitude A_N des Rauschens N zu gewichten. Das Resultat würde dort abgeschwächt, wo H im Vergleich zu N gering ist. Das modifizierte Filter ist:

$$\frac{1}{H(u,v)} \cdot \frac{|H(u,v)|}{A_N} .$$

In diesem Term ist $|H(u,v)|$ die Amplitude der PSF. Wendet man das Filter auf das Bild G an, so erhält man:

$$\frac{G(u,v)}{H(u,v)} \cdot \frac{|H(u,v)|}{A_N} = F(u,v) \frac{|H(u,v)|}{A_N} + \frac{N(u,v)}{H(u,v)} \frac{|H(u,v)|}{A_N}$$

$$= F(u,v) \frac{|H(u,v)|}{A_N} + \frac{|H(u,v)|}{H(u,v)} \frac{N(u,v)}{A_N} .$$

Falls die PSF symmetrisch zum Ursprung ist, ist H reell. Dann ist

$$\frac{G(u,v)}{H(u,v)} \cdot \frac{|H(u,v)|}{A_N} \approx F(u,v) \frac{|H(u,v)|}{A_N} + 1 .$$

Das Bildrauschen hat also mit Ausnahme einer Abschwächung von F kaum noch Einfluss auf das Ergebnis. Diese Ad-hoc-Lösung ist schon eine erhebliche Verbesserung, doch lässt sie außer Acht, dass eine Abschwächung von F nicht nur in Abhängigkeit von der Rauschverstärkung N/H, sondern auch von der Stärke von F erfolgen sollte. Ist die Amplitude von F für ein gegebenes (u,v) hoch, so kann die Abschwächung von N/H geringer ausfallen, was gleichzeitig eine geringere Abschwächung von F bedeuten würde. Außerdem geht die obige Heuristik davon aus, dass das Rauschen weiß ist. Es gibt aber durchaus Modelle von farbigem, d.h. ungleichmäßig im Frequenzraum verteiltem Rauschen.

Beide Aspekte werden optimal durch das **Wiener-Filter** berücksichtigt. Unter Optimalität ist hierbei zu verstehen, dass das Verhältnis von Signalrestauration und Unterdrückung der Rauschverstärkung unter der Voraussetzung optimiert wird, dass das Amplitudenspektrum des Rauschens für ein gegebenes Bild dem Erwartungswert entspricht. Dann ist die optimale Filterung gegeben durch:

$$\frac{1}{H(u,v)} \cdot \frac{|H(u,v)|^2}{|H(u,v)|^2 + \gamma \left(S_\eta(u,v) \Big/ S_f(u,v) \right)} ,$$

wobei S_η und S_f die quadrierten Spektren (also die Quadrate der Amplituden) von Rauschen η und ungestörtem Signal f sind. Man sieht ein ähnliches Verhalten wie bei unserem Ad-hoc-Filter. Die Abschwächung wird besonders groß für Frequenzen (u,v), bei denen $S_\eta(u,v)$ viel größer als $S_f(u,v)$ ist, während sich ein perfektes Inverses Filter für Frequenzen (u,v) ergibt, für die $S_\eta(u,v)$ Null ist. Der Parameter γ steuert die Stärke der Signaldämpfung. Falls $\gamma = 1$ ist, handelt es sich um das originale Wiener-Filter. Für $\gamma \neq 1$ spricht man von einem **parametrischen Wiener-Filter**.

Da in der Regel weder S_f noch S_η bekannt sind, vereinfacht man die Gleichung oft erheblich, indem man annimmt, dass das Verhältnis von S_f zu S_η für beliebige Werte (u,v) konstant ist. Dann wird das Filter nur noch von der Amplitude von H beeinflusst. Da sich H in der Regel ähnlich wie F verhält, d.h. mit steigender Frequenz schnell sinkt, ist das Ergebnis immer noch akzeptabel. Das Filter ist dann

$$\frac{1}{H(u,v)} \cdot \frac{|H(u,v)|^2}{|H(u,v)|^2 + k},$$

und wird **heuristisches Wiener-Filter** genannt (siehe Abbildung 5.17).

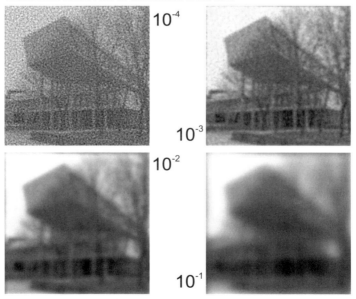

Abbildung 5.17: Restauration mit der heuristischen Variante des Wiener-Filters. Das unscharfe Original enthält noch einen geringen Rauschanteil ($SNR_{max} > 10$), der bei einfacher Inverser Filterung zu vollständiger Zerstörung des Bildinhalts führt. Falls bei der Restauration das Rauschen mit berücksichtigt wird, ist das Resultat ein Kompromiss zwischen Rauschunterdrückung und Restauration des ungestörten Originalbilds.

5.3.2 Restauration von anderen linearen Störungen

Ein nicht verschiebungsinvarianter linearer Operator lässt sich experimentell nur dadurch bestimmen, dass für jeden Ort im Bild eine eigene PSF bestimmt wird und so die Werte für die Operatormatrix **A** gefunden werden. Die Störung lässt sich auch nicht mehr als Konvolution beschreiben, so dass die Matrix **A** tatsächlich invertiert werden müsste. Sowohl die Berechnung der Matrixwerte als auch die Invertierung sind aufwändig, so dass man sich oft damit behilft, dass Verschiebungsinvarianz angenommen wird. Dieser angenäherte Operator wird bestimmt und invertiert in der Hoffnung, dass der Restfehler im Bild geringer ist als die negativen Einflüsse durch die ungenügende Berücksichtigung von Rauschen.

Es gibt aber eine Reihe linearer Störungen, deren Invertierung einfach ist. In erster Linie sind das diejenigen, bei der die Matrix **A** diagonal ist. Operationen sind die Schwarzbildkorrektur und die Korrektur von unterschiedlichen Detektorempfindlichkeiten. Unter gewissen Umständen kann man auch externes Shading dazu zählen. Ein linearer Operator, der zwar nicht garantiert invertierbar ist, für den es aber eine geeignete Regularisierung gibt, ist die Linsenverzerrung. Auch sie kann korrigiert werden.

Schwarzbildkorrektur und Ausgleich unterschiedlicher Detektorempfindlichkeiten lassen sich für jedes Pixel unabhängig definieren und korrigieren. Deswegen kann die Matrix **A** auch keine Einträge außerhalb der Diagonalen haben. Ein Eintrag an der Stelle a_{ij} mit $i \neq j$ würde bedeuten, dass es eine Abhängigkeit zwischen Pixel p_i und p_j gäbe.

Ein Schwarzbild $b(m,n)$ wird als Bild ohne Lichteinfall aufgenommen (z.B. eine Aufnahme mit aufgesetzter Objektivkappe). Pixel, die dennoch Aktivität zeigen, müssen korrigiert werden. Das Modell für den Schwarzbildeinfluss geht von der Annahme aus, dass die Intensität eines Bildes sich aus der Summe der eingestrahlten Intensität und der Schwarzbildintensität ergibt. Das Schwarzbild b muss also von g subtrahiert werden, um das ungestörte Bild f zu erhalten.

Variierende Sensorsensitivität ist dagegen ein multiplikativer Einfluss. Ein Sensitivitätsbild wird erzeugt, indem eine gleichmäßig ausgeleuchtete Fläche aufgenommen wird und die Werte mit dem hellsten aufgenommenen Punkt normiert werden. Die Korrektur dieses Einflusses erfolgt später durch Division des aufgenommenen Bildes g mit der Sensitivitätskarte s.

Auf diese Art können auch Variationen in der Ausleuchtung ausgeglichen werden, falls man annehmen kann, dass die Ausleuchtung ein unveränderlicher Teil des Aufnahmesystems ist. Jede Änderung der Aufnahmesituation erfordert aber eine erneute Bestimmung des Korrekturbilds. Eine ungleichmäßige Ausleuchtung wird als Störung betrachtet, weil zur Identifikation von Objekten die aufgenommene Helligkeit in erster Linie positions-, lage- und orientierungsunabhängige Objekteigenschaften widerspiegeln soll. Auch nach Korrektur der Ausleuchtung hängt jedoch die Helligkeit an der Oberfläche noch von Einstrahlwinkel und Entfernung der Lichtquelle zum Objekt ab. Spielt das eine wesentliche Rolle, dann müssen durch Kamerakalibrierung und Verfahren zur Tiefenrekonstruktion Objektentfernung und Oberflächenkrümmung berechnet und zur Entfernung beleuchtungsabhängiger Merkmale benutzt werden.

Ein letzter linearer Operator, der korrigiert werden muss, ist die Linsenverzerrung. Das Aufnahmemodell geht von einer geradlinigen Ausbreitung des Lichts aus. Das ist nur bei einer perfekten Linse der Fall. Alle Linsensysteme verursachen eine mehr oder weniger große Brechung des einfallenden Lichts. Durch Kombination mehrerer Linsen versucht man, diese Effekte möglichst auszugleichen. Dennoch kann eine Restverzerrung übrig bleiben. Für die Korrektur wird meist von einer radialen Verzerrung ausgegangen, da sie im Wesentlichen vom Auftreffwinkel des Lichtstrahls auf die Linse abhängt. Dieser nimmt mit dem Abstand zum Linsenzentrum zu. Ein an Punkt (x,y) auftreffender Lichtstrahl müsste ohne Verzerrung nach $(x + r(d) \cdot x, y + r(d) \cdot y)$ abgebildet werden. Der Wert d ist der Abstand vom Bildhauptpunkt (dem Punkt, an dem die optische Achse die Bildfläche schneidet). Die Verschiebevektoren können approximiert werden, indem Parameter a,b einer Funktion $r(d) = ad^2 + bd^4$ durch Aufnahme eines regelmäßigen Testgitters bestimmt werden.

Auch dies ist eine lineare Operation. Da aber der Definitionsbereich anstelle von reellen Koordinaten (x,y) ganzzahlige Koordinaten (m,n) hat, können mehrere Punkte (x_i,y_i) auf denselben Punkt (m_k,n_k) abgebildet werden. Auf manche Punkte (m_k,n_k) können dagegen gar keine Strahlen abgebildet werden. Die Operation ist also nicht invertierbar. Die fehlende Information muss durch Interpolation ergänzt werden. Dazu kehrt man das Entzerrungsverfahren um. Für jeden Ort (m,n) wird der Ort $(m',n') = (m - r(d)m, n - r(d)n)$ bestimmt, auf den der nach (m,n) geradlinig abzubildende Strahl wegen der Verzerrung abgebildet wurde. Für (m',n') wird aus den am nächsten liegenden Pixeln ein Helligkeitswert interpoliert und anschließend an (m,n) eingetragen.

5.4　Vertiefende und weiterführende Literatur

In diesem Kapitel wurden sehr unterschiedliche Themen behandelt. Zur Vertiefung in den Bereich der 3-D Computer Vision eignen sich gut der deutsche Text [Klette1996] und – aktueller – die englischsprachigen Texte [Hartley2003] und [Forsyth2003]. Das zuerst genannte Buch betrachtet ausschließlich die Rekonstruktion aus mehreren Kamerabildern und geht detailliert und gut nachvollziehbar auf alle Schritte der Berechnung ein, während der zuletzt genannte Titel eine Tour de Force durch alle Bereiche der Computer Vision ist. Eine Betrachtung von aktiven 3-D Computer-Vision-Verfahren ist unter anderem in [Krotkov1989] und [Aloimonos1993] zu finden. Ein klassischer Text zur 3-D Computer Vision ist [Horn1986]. Das Kamerakalibrierungsverfahren von Tsai wurde in [Tsai1987] veröffentlicht. Mit Shape-from-Shading setzen sich [Horn1989] und [Horn1990] auseinander.

Das Thema des Informationsverlusts durch Abtastung und insbesondere das Shannon'sche Abtasttheorem werden vertieft in [Gonzalez2002] behandelt; die Originalreferenz ist [Shannon1948]. Eine schöne Untersuchung der Auswirkung von Interpolationsfehlern ist [Lehmann1999]. Interpolationsfilter aus Sicht der Generierung von Bildern werden in [Möller1997] betrachtet.

Auch die Bildrestauration wird in den meisten Büchern zur Bild- und Signalverarbeitung behandelt, wobei wieder [Gonzalez2002] hervorzuheben ist, weil dort sehr viel Wert auf die Herleitung der Restaurationsmethoden unter Berücksichtigung von Rauschen gelegt wurde (die Originalreferenz für das Wiener-Filter ist [Wiener1942]). Eine weitere gute Referenz, in der das Thema der Bildrestauration unter einem linearen Modell behandelt wird, ist [Castleman1995]. Ein guter Einstieg in das Thema der Bildrestauration ist [Banham1997]. Eine große Untergruppe der Restaurationsverfahren sind die so genannten *Blind-Deconvolution*-Methoden, bei denen das ungestörte Bild und der Stöperator unbekannt sind. Einen Einstieg in diese Thematik findet man in [Kundur1996].

Z U S A M M E N F A S S U N G

Bei der Bildaufnahme geht Information durch die Projektion von 2-D auf 3-D und durch die Abtastung verloren. Durch das Aufnahmesystem wird die erhaltene Information zudem verändert.

Die durch Projektion verloren gegangene Information kann durch Methoden der 3-D Computer Vision (für die Abstandsinformation) und Methoden einer modellbasierten High Level Computer Vision (für den Verlust verdeckter Flächenanteile) ersetzt werden.

Die durch Abtastung entstehenden Moiré-Muster sind vermeidbar und verloren gegangene Information kann durch Interpolation rekonstruiert werden, wenn die Abtastfrequenz dem Shannon'schen Abtasttheorem genügt.

Verschiebungsinvariante Störungen aus der Bildaufnahme können durch Inverse Filterung mit der Point Spread Function (PSF) entfernt werden, wenn das Bild frei von Rauschen ist. Die PSF kann aus den Verdeckungskanten des Bildes selbst gewonnen werden. Der Einfluss von Rauschen kann nicht entfernt, wohl aber berücksichtigt werden. Dazu wird das Inverse Filter mit einem rauschunterdrückenden Filter kombiniert. Das Wiener-Filter ist ein Beispiel für diese Kombination, bei dem das Verhältnis zwischen Signal- und Rauschamplitude in das Filter eingeht.

Variation der Detektorempfindlichkeit, Schwarzbild und Linsenverzerrung sind lineare, aber nicht verschiebungsinvariante Einflüsse, die nicht durch Inverse Filterung entfernt werden können. Da sie aber für jedes Pixel unabhängig bestimmt werden können, lassen sie sich durch einfache Korrekturverfahren beseitigen.

Z U S A M M E N F A S S U N G

Aufgaben

- Beschreiben Sie, welche Möglichkeiten existieren, um verloren gegangene Tiefeninformation aus zweidimensionalen Bildern zurückzugewinnen.

- Bei der in Abbildung 5.4 skizzierten Konfiguration zur Tiefenbestimmung durch ein aktives Verfahren ändert sich mit zunehmendem Abstand nur der Winkel β. Diese Winkeländerungen können für eine gegebene Bildauflösung nur mit begrenzter Genauigkeit berechnet werden. Geben Sie an, was die kleinste Abstandsänderung ist, die Sie messen können, falls der Objektabstand 1 m, die fokale Länge $f = 8$ mm und die Pixelgröße auf dem CCD-Chip 8 µm ist.

- Was ist ein Moiré-Muster?

- Wieso treten bei zu grober Abtastung Aliasing-Artefakte auf? Erklären Sie den Effekt anhand einer Betrachtung im Frequenzraum.

- Mit welcher Auflösung muss ein Dokument eingescannt werden, wenn es auf einem 600-dpi-Drucker (dots per inch) ausgedruckt wurde und Aliasing-Effekte durch das Einscannen vermieden werden sollen?

- Wie sollte eine Nächste-Nachbar-Interpolation nach Rotation eines Bildes ausgeführt werden, damit nach der Interpolation keine Pixel mit undefinierten Werten („schwarze Löcher") entstehen?

- Wie kann man aus einem existierenden, durch einen linearen, verschiebungsinvarianten Operator gestörten Bild die Point Spread Function (PSF) der Störung schätzen?

- Was versteht man unter einem Gradienten? Welche Bedeutung hat der Gradient eines zweidimensionalen Bildes?

- Wieso wird das Resultat einer Inversen Filterung mit bekannter PSF in der Regel unbefriedigend sein?

- Was ist der Unterschied zwischen einfacher Inverser Filterung und der Anwendung eines Wiener-Filters?

- [Projekt] Das Bild „EnteUnscharf" auf der Companion Website enthält ein durch die PSF in „mask" gestörtes Bild. Schreiben Sie eine Methode für ein heuristisches Wiener-Filter, das diese Störung beseitigt und das Resultat ausgibt.

- Was ist eine Schwarzbildkorrektur und wie wird sie durchgeführt?

Literatur

[Aloimonos1993] Y. Aloimonos. *Active Perception.* Lawrence Erlbaum Associates, 1993.

[Banham1997] M. R. Banham, A. K. Katsaggelos. Digital image restoration. *IEEE Signal Processing Magazine,* Vol. 14(2), 1997, 24-41.

[Castleman1995] K. E. Castleman. *Digital Image Processing.* Prentice-Hall, 1995.

[Forsyth2003] D. A. Forsyth, J. Ponce. *Computer Vision: A Modern Approach.* Prentice Hall 2003.

[Gonzalez2002] R. C. Gonzalez, R. E. Woods. *Digital Image Processing.* Prentice Hall, 2002.

[Hartley2003] R. Hartley, A. Zisserman. *Multiple View Geometry in Computer Vision.* Cambridge University Press, 2003.

[Horn1986] B. K. P. Horn. *Robot Vision.* MIT Press, 1986.

[Horn1989] B. K. P. Horn, M. Brooks. *Shape from Shading.* MIT Press, 1989

[Horn1990] B. K. P. Horn. Height and gradient from shading. *International Journal of Computer Vision,* Vol. 5(1), 1990

[Klette1996] R. Klette, A. Koschan, K. Schlüns. *3-D Computer Vision.* Vieweg-Verlag, 1996.

[Krotkov1989] E. P. Krotkov. *Active Computer Vision by Cooperative Data from Images.* Springer-Verlag, 1989.

[Kundur1996] D. Kundur, D. Hatzinakos. Blind image deconvolution. *IEEE Signal Processing Magazine,* Vol. 13(3), 1996, 43-64.

[Lehmann1999] T. M. Lehmann, C. Gönner, K. Spitzer. Survey: interpolation methods in medical image processing. *IEEE Transactions on Medical Imaging,* Vol. 18(11), 1999, 1049-1076.

[Marr1983] D. Marr. *Vision.* Henry Holt & Company, 1983.

[Möller1997] T. Möller, R. Machiraju, K. Mueller, R. Yagel. Evaluation and design of filters using a taylor series expansion. *IEEE Transactions on Visualization and Computer Graphics,* Vol. 3(2), 1997, 184-199.

[Shannon1948] C. E. Shannon. A mathematical theory of communication. *The Bell Systems Technology Journal,* Vol. 27(3), 1948, 379-423.

[Tsai1987] R. Tsai. A versatile camera calibration technique for high accuracy 3d machine vision metrology using off-the-shelf TV cameras, *IEEE Journal of Robotics and Automation,* Vol. 3(4), 1987, 323-344.

[Ullman96] S. Ullman. *High Level Vision.* MIT Press, 1996.

[Wiener1942] N. Wiener. *Extrapolation, Interpolation and Smoothing of Stationary Time Series.* MIT Press, Cambridge, 1942.

Bildkompression

6

ÜBERBLICK

Fragestellungen, Begriffe und Voraussetzungen

Fragestellungen

Kompression entfernt Redundanz aus Bildern. Wesentliche Fragestellungen sind, wie diese Redundanz zu definieren ist und welche Methoden für ein gegebenes Redundanzmaß ein optimales Ergebnis liefern.

Eingeführte Begriffe und Konzepte

Das *Histogramm* und die aus dem Histogramm berechenbare *Entropie* werden als Maß für die Bezifferung der Signalredundanz erläutert. Als Beispiel wird die entropiebasierte *Huffman-Codierung* vorgestellt.

Konzepte für die Reduktion von nachbarschaftsabhängiger Redundanz werden präsentiert und die nach diesem Konzept entworfene *Lauflängencodierung* (Run-Length Encoding) beispielhaft vorgestellt. Im Zusammenhang mit einer Lauflängencodierung auf Bit-Ebenen wird die Berechnung des *Gray-Codes* erläutert.

Die Entfernung von wahrnehmungsbasierter Redundanz wird anhand von Quantisierung in Orts- und Frequenzraum diskutiert. Im Ortsraum erfolgt die Kompression durch *Grauwertquantisierung*, im Frequenzraum durch Quantisierung der Werte nach *Diskreter Kosinustransformation*. Die Quantisierung nach *Wavelet-Transformation* ist eine Methode, um beide Formen der Quantisierung zu verbinden.

Vorausgesetzte Kenntnisse aus vorangegangenen Kapiteln

Fourier-Transformation (*Abschnitt 4.2*); Diskrete Kosinustransformation (*Abschnitt 4.3.1*); Wavelet-Transformation (*Abschnitt 4.3.2*); Abtastung und Aliasing (*Abschnitt 5.2.1*)

Ein einziges, digitales Foto einer 4-Megapixel-Kamera besteht aus 4 MByte Daten für jeden der drei Farbkanäle. Wenn bei einer durchschnittlichen Urlaubsreise hundert Fotos geschossen werden, dann würden so ca. 1,2 GByte Daten produziert, die gespeichert und transferiert werden müssen. Wollte man die Urlaubsbilder über das Internet zur Verfügung stellen, würde das Herunterladen eines einzigen Bildes über eine 1-MBit-Breitbandleitung 1½ Minuten dauern, was vermutlich die Anzahl der Interessenten an diesen Bildern erheblich reduzieren würde. Das Problem tritt nicht nur im Privatbereich auf. Für Bilddatensammlungen eines Fernsehsenders, für radiologische Bilddaten eines Krankenhauses oder für die Sammlung von biometrischen Bilddaten zur Identifikation sind großer Speicheraufwand und vor allem lange Übertragungszeiten nicht nur ärgerlich, sondern können den mit der Erstellung der Sammlung angestrebten Erfolg gefährden.

Glücklicherweise enthalten Bilder viel redundante Information. Ziel von Bildkompressionsverfahren ist es, diese Redundanz vor einer Speicherung oder Übertragung zu entfernen. Die Übertragungskette (ob über eine Datenleitung oder ein Speichermedium) besteht aus einem Codierer, der die Daten komprimiert, einer Übertragungseinheit und einem Decodierer, der die Daten wieder entpackt.

Je höher die Kompression ist, desto geringer ist der Übertragungsaufwand. Dies wird durch die Kompressionsrate K gemessen, die das Verhältnis von unkomprimiertem zu komprimiertem Datenumfang angibt. Eine Kompressionsrate $K = 3$ bedeutet also, dass der komprimierte Datensatz nur noch ein Drittel des Umfangs des unkomprimierten Datensatzes hat.

Bei den Kompressionsverfahren kann man zwischen drei verschiedenen Arten unterscheiden:

1 Bei der **Signalkompression** wird jedes Pixel unabhängig von allen anderen Pixeln betrachtet. Redundanz in der Signalrepräsentation wird reduziert. Ein Beispiel hierfür wäre die Repräsentation eines Bildes mit Wertebereich von 0…7 durch drei statt acht Bit je Pixel.

2 Bei der **umgebungsbasierten Kompression** wird Redundanz zwischen benachbarten Pixeln reduziert. Hiermit wird z.B. eine Pixelfolge statt durch Aufzählung durch eine summarische Angabe repräsentiert, etwa durch die, dass die folgenden n Pixel alle den Grauwert k haben.

3 Bei der **wahrnehmungsorientierten Kompression** wird Information reduziert, die für die Wahrnehmung der Bildbedeutung nicht relevant ist. Ein Beispiel hierfür ist die Reduktion des Wertebereichs auf 64 Helligkeitswerte mit der Begründung, dass weniger als 60 Werte durch den Betrachter unterschieden werden können.

Verfahren, die einer der ersten beiden Strategien folgen, führen zu einer invertierbaren, also **verlustfreien Kompression** (engl. **lossless compression**). Die erzielbaren Kompressionsraten einer verlustfreien Kompression liegen bei normalen Bildern zwischen $K = 2$ und $K = 4$. Durch Reduktion von Information, der zuletzt genannten Strategie, können höhere Kompressionsraten erreicht werden. $K = 10$ bis $K = 30$ wären realistische Größen. Hier gehen Daten verloren. Die Rekonstruktion ist nur näherungsweise möglich, die Kompression ist also **verlustbehaftet** (engl. **lossy compression**). Für alle Ansätze gibt es etliche Verfahren, von denen im Folgenden exemplarisch wichtige Vertreter vorgestellt werden.

6.1 Reduktion der Signalredundanz

Die Reduktion von Signalredundanz geht davon aus, dass das Bild aus einer Folge von voneinander unabhängigen Pixeln besteht, die nacheinander übertragen werden sollen. Ziel ist es, jedes Pixel durch eine möglichst geringe Anzahl von Bits zu repräsentieren.

Meist ist die Anzahl der verwendeten Bits nicht von vornherein auf die minimal notwendige Anzahl beschränkt. Selbst dann, wenn der zur Verfügung stehende Wertebereich vollständig genutzt wird, ist die Häufigkeit von Pixeln nicht für alle Grauwerte gleich. Wenn beispielsweise 90% der Pixel den Grauwert 100 haben und die restlichen 10% der Pixel auf weitere 255 Grauwerte verteilt sind, dann werden 8 Bit pro Pixel benötigt. Definiert man aber unterschiedlich lange Codes für unterschiedliche Grauwerte, dann könnte man für den Grauwert 100 einen kurzen Code (z.B. 1 Bit, Code 0) spezifizieren. Die anderen Grauwerte behielten ihren ursprünglichen Code, dem aber zur Unterscheidung vom Code für den Grauwert 100 ein mit dem Wert 1 besetztes Bit vorangestellt ist. Die Codelänge für diese Grauwerte beträgt also 9 Bit. Die durchschnittliche Codelänge pro Pixel wäre dann $(90 \cdot 1 + 10 \cdot 9)/100 = 1{,}8$. Das ergibt eine Kompressionsrate von $K = 8/1{,}8 \approx 4{,}4$.

6.1.1 Histogramme und Entropie

Um diesen Ansatz generell umsetzen zu können, benötigen wir einen Begriff für den von der Häufigkeit eines Grauwerts abhängigen Informationsgehalt. Dazu führen wir das **Histogramm** ein (siehe Abbildung 6.1). Ein Histogramm $H(g)$ ist eine Funktion der Grauwerte g, die für jeden Grauwert angibt, wie häufig er in einem Bild vorkommt. Werden die Werte von H mit der Anzahl der Pixel normiert, so ergibt sich ein normiertes Histogramm $H_p(g)$, das für jeden Grauwert die Wahrscheinlichkeit seines Vorkommens im Bild angibt.

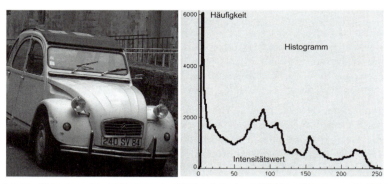

Abbildung 6.1: Das Histogramm ist eine Funktion der Häufigkeit der Intensität. Dem Histogramm des linken Bildes ist anzusehen, dass das Bild recht dunkel ist, weil die niedrigen Intensitätswerte besonders häufig vertreten sind.

Die Kompressionsrate durch Repräsentation mit variablen Codelängen ist offenbar besonders hoch, wenn die Häufigkeitsverteilung sehr ungleichmäßig ist. Um aus der Häufigkeitsverteilung die maximal erreichbare Kompressionsrate abschätzen zu können, benötigt man ein Maß für die in einem Pixel enthaltene Information und für die dafür notwendige Anzahl von Informationseinheiten.

Ein erster intuitiver Begriff von Information lässt sich unabhängig von der Häufigkeit des Vorkommens definieren. Wenn wir annehmen, dass alle Grauwerte etwa gleich oft vorkommen, dann kann man als Informationsgehalt IG den maximalen Wertebereich benutzen. Falls beispielsweise der Wertebereich $k = 0 \ldots K{-}1 = 0 \ldots 255$ ist, wäre der Informationsgehalt $IG_K(g) = 256$ für jeden Grauwert g. Für die Repräsentation durch einen Informationsträger wird die Anzahl der Zustände benötigt, die der Informationsträger annehmen kann. Ist der Informationsträger ein Bit – das zwei Zustände annehmen kann – so ist diese Anzahl $m = 2$. Wäre der Informationsträger eine Ziffer im Dezimalsystem, so ist $m = 10$.

Die Anzahl von Informationseinheiten I, durch die der Informationsgehalt IG mit einem m-wertigen Informationsträger repräsentiert wird, ist $I = \log_m IG_K$. Falls die Informationseinheit das Bit ist, so ist $m = 2$ und wir erhielten für unser Beispiel das erwartete Resultat von $\log_2 256 = 8$ Einheiten pro Pixel.

Bisher haben wir eine ungleiche Häufigkeit von g noch nicht berücksichtigt. Der Informationsgehalt in Abhängigkeit von der Häufigkeit könnte so definiert werden, dass die enthaltene Information umgekehrt proportional zur Wahrscheinlichkeit des Eintreffens ist. Das bedeutet, dass die Mitteilung über das Eintreffen eines unwahrscheinlichen Ereignisses einen höheren Informationsgehalt hat als die über das Eintreffen eines wahrscheinlichen Ereignisses (der Informationsgehalt darüber, dass A im

Lotto gewonnen hat, ist viel höher als der, dass B nicht gewonnen hat). Da das normierte Histogramm $H_p(g)$ die Wahrscheinlichkeit des Auftretens des Grauwerts g ist, ergibt sich für den Informationsgehalt

$$IG(g) = \frac{1}{H_p(g)} \quad \text{und} \quad I(g) = \log_m \frac{1}{H_p(g)} = -\log_m H_p(g).$$

Da wir von zweiwertigen Symbolen (den Bits) ausgehen, wird im Folgenden $-\log_2 H_p(g)$ als Informationseinheit genutzt. Wie groß ist nun die Anzahl der Informationseinheiten für die Übermittlung des Gesamtinformationsgehalts I_{ges} einer Folge von Pixeln $p_0,...,p_{N-1}$? Das ist gerade die Summe der benötigten Einzelsymbole, deren Häufigkeit aus dem Histogramm der Grauwerte entnommen werden kann:

$$I_{ges}(H) = -\sum_{i=0}^{K-1} H(i) \log_2 H_p(i).$$

Die durchschnittliche Anzahl der benötigten Informationseinheiten pro Pixel erhält man, wenn I_{ges} durch die Anzahl der Pixel dividiert wird oder wenn statt des Histogramms das normierte Histogramm, also die Grauwertwahrscheinlichkeit, verwendet wird. Dieses Maß hat den Namen **Entropie** E (siehe Abbildung 6.2) und ist

$$E(H) = -\sum_{i=0}^{K-1} H_p(i) \log_2 H_p(i) \cdot$$

Mit der Entropie als durchschnittlicher Anzahl der benötigten Bits für eine Folge von Pixeln haben wir ein Maß für den maximal erzielbaren Kompressionsfaktor durch Reduktion von Signalredundanz.

Abbildung 6.2: Die Entropie wird aus dem normierten Histogramm berechnet. Je gleichmäßiger die Intensitätswerte verteilt sind, desto höher ist die Entropie, weswegen die Entropie des rechten Bildes geringer ist als die des linken Bildes.

6.1.2 Huffman-Codierung

Für ein Bild f mit der Entropie E, in dem alle Grauwerte gleich häufig vorkommen, werden E Bits pro Pixel benötigt, um f redundanzfrei zu repräsentieren. Wenn die Verteilung ungleichmäßig ist, dann sollte für eine optimale Kompression jeder Pixelgrauwert g mit $-\log_2 H_p(g)$ Einheiten repräsentiert werden. Der Logarithmus der relativen Häufigkeit ist selten eine ganze Zahl, so dass bei einer realen Umsetzung jeweils die nächsthöhere Zahl gewählt werden muss. Bei acht Bit pro Grauwert im Bild bedeutet das, dass man pro Grauwert einen um bis zu 1/8 zu hohen Wert wählen muss und die optimal erreichbare Kompressionsrate entsprechend weit verfehlen kann.

Den Fehler kann man nicht vermeiden, aber man kann darauf achten, ihn so klein wie möglich zu halten. Die **Huffman-Codierung** ist solch ein Verfahren, bei dem sich aufsummierte Fehler ausgleichen. Zur Bestimmung des Codes werden fortgesetzt die am seltensten vorkommenden Codes zu neuen Codes zusammengesetzt, bis das Bild nur noch durch zwei (zusammengesetzte) Symbole beschrieben wird (siehe Abbildung 6.3).

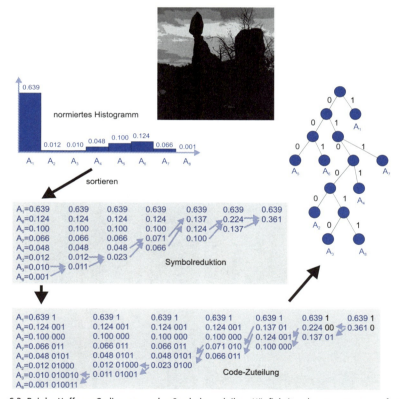

Abbildung 6.3: Bei der Huffman-Codierung werden Symbole nach ihrer Häufigkeit so lange zusammengefasst, bis nur noch zwei Symbole existieren. Anschließend werden neue Codes vergeben. Zusammengesetzte Symbole werden zerlegt und bei jeder Zerlegung verlängert sich der Code. Die Code-Zuteilung wird in einem Baum repräsentiert, der bei der Decodierung traversiert wird. Die Entropie des Bildes im Beispiel ist 1,741, die durchschnittliche Codelänge nach Huffman-Codierung ist 1,765. Die Codierung ist also nahezu optimal.

Die fortgesetzte Zusammenlegung von Codes wird in einem Baum dokumentiert. Die Blätter des Baums sind die ursprünglichen Symbole. Anfangs sind alle Blätter aktiv, d.h. sie sind mögliche Kandidaten für eine Zusammenlegung. Immer wenn aus zwei Symbolen ein neues, zusammengesetztes Symbol erzeugt wird, werden die betreffenden Knoten inaktiv und es wird ein neuer, aktiver Elternknoten erzeugt. Das Verfahren endet, wenn nur noch zwei Knoten aktiv sind. Diese werden Kindknoten der Wurzel des Baums. Der Wurzel selbst wird kein Symbol zugeordnet.

Zur Codevergabe wird der Baum in Level-Order traversiert, d.h. Knoten werden Ebene für Ebene abgearbeitet. Zu Beginn werden den beiden Kindknoten der Wurzel die beiden Codierungen 0 (für den linken Kindknoten) und 1 (für den rechten Kindknoten) zugeordnet. Solange nicht die unterste Ebene erreicht ist, wird die Codevergabe Ebene für Ebene fortgesetzt. Für jede Ebene werden die Codes der Vorgängerebene übernommen. Falls der Knoten ein linker Kindknoten ist, wird eine „0" an den Code angehängt, andernfalls eine „1". Die Codelänge wächst also von Ebene zu Ebene.

Durch variable Codelängen wird die durchschnittliche Codelänge bei einer ungleichmäßigen Grauwertverteilung verringert. Optimal wäre die Verringerung dann, wenn die durchschnittliche Codelänge pro Pixel der Entropie entspricht. Das kann zwar durch die Huffman-Codierung in der Regel nicht erreicht werden, weil dazu Basissymbole und zusammengesetzte Symbole eine normierte Häufigkeit haben müssten, deren Logarithmus ganzzahlig ist, doch wird der optimal erreichbare Kompressionsfaktor gut angenähert. Da die Kompression nahezu optimal in Hinblick auf die über die Entropie bezifferbare Signalredundanz ist, wird diese Art der Codierung **entropiebasierte Codierung** genannt.

Der zusätzliche Speicheraufwand für die Decodierung ist gering. Nur der Codierungsbaum muss gespeichert werden. Die Anzahl seiner Elemente ist höchstens doppelt so groß wie die Anzahl der Grauwerte. Nimmt man an, dass man fünf Byte für die Repräsentation jedes Knotens braucht (ein Byte für den gespeicherten Code und zweimal zwei Byte für den Verweis auf die beiden Kindknoten), werden bei $g_{max} = 255$ insgesamt 2,5 kByte zusätzlicher Speicheraufwand benötigt. Im schlechtesten Fall beträgt die Kompressionsrate ohne diesen Zusatzaufwand $K = 1$. Nehmen wir eine Bildgröße von 256^2 Pixeln an, dann würde sich die Kompressionsrate durch den Aufwand zur Speicherung des Baums auf $K \approx 0,96$ verringern.

Die Decodierung ist einfach. Beginnend mit dem ersten Bit des Signalstroms wird die Bit-Folge interpretiert, indem abhängig vom Wert des Bits im Codierungsbaum abgestiegen wird. Ein Zeichen ist interpretiert, wenn ein Blatt des Baums erreicht wurde. Die Bedeutung des Zeichens ist als Information im Blatt vermerkt. Da der Abstieg im Baum zu einem Blatt der Tiefe h mit $O(h)$ erfolgt und die Tiefe durch die Codelänge gegeben ist, steigt der Decodierungsaufwand linear mit der Anzahl der Bits, durch die das Bild repräsentiert wird.

6.2   Reduktion der räumlichen Redundanz

Die Kompression eines entropiebasierten Verfahrens ist nur dann optimal, wenn die Korrelation zwischen benachbarten Pixeln nicht berücksichtigt wird. Ein Bild der Größe $N \times N$, von dem die linke Hälfte der Pixel den Wert 0 und die rechte Hälfte den Wert 255 hat, könnte durch entropiebasierte Codierung maximal auf eine durchschnittliche Codelänge von einem Bit reduziert werden. Viel höher wäre die Kompression aber, falls eine Angabe gespeichert wird, dass zwei Rechtecke folgen. Dies könnte durch Angabe der Koordinaten von je zwei diagonal gegenüberliegenden Eckpunkten und des jeweiligen Grauwerts geschehen.

Damit ist bereits die grundsätzliche Struktur von Kompressionsverfahren charakterisiert, welche die Redundanz aus benachbarten Pixeln berücksichtigen. Während wir bei dem im vorigen Abschnitt vorgestellten Verfahren nur die Grauwerte selbst betrachtet haben, besteht eine Informationseinheit jetzt aus Angaben über die Form, Positionierung und Grauwertverteilung von geometrischen Elementen. Dem liegt die Hypothese zugrunde, dass der Aufwand für die Speicherung der komplexeren Informationseinheit durch die Einsparung über diese summarische Beschreibung der Grauwertverteilung in der Informationseinheit mehr als aufgehoben wird.

Da grundsätzlich beliebig geformte Informationseinheiten zulässig sind, gibt es keine einheitliche Theorie über den Informationsgehalt und die Anzahl der benötigten Einheiten, so wie das bei der entropiebasierten Kompression der Fall ist. Damit ist es leider auch nicht möglich, eine optimal erreichbare Kompressionsrate für ein gegebenes Bild anzugeben und ein konkretes Kompressionsverfahren dagegen zu testen.

6.2.1   Lauflängencodierung

Die Kompression durch **Lauflängencodierung** (engl. **Run Length Encoding – RLE**) nutzt den Umstand, dass in einer gegebenen Richtung aufeinander folgende Pixel oft den gleichen Wert haben. Eine solche Folge von Pixeln mit gleichem Grauwert entlang einer Linie wird als *run* (Lauf) bezeichnet (siehe Abbildung 6.4). Die Richtung der Pixelfolge ist vorgegeben und verläuft entlang einer der beiden Koordinatenachsen (meist entlang der x-Achse). Die Informationseinheit der Lauflängencodierung ist eine Linie von Pixeln gleichen Grauwerts und beliebiger Länge mit vorgegebener Richtung. Sie lässt sich vollständig durch den Startpunkt (m_l, n_l), die Länge l_l und den Grauwert g_l beschreiben. Da es keine Lücken zwischen Läufen gibt, kann man auf die Angabe von m_l verzichten. Die Angabe über n_l kann ebenfalls entfallen, wenn die Breite des Bildes bekannt ist. Der erste Lauf beginnt oben links im Bild. Immer, wenn ein Lauf am rechten Bildrand endet, muss der nächste Lauf eine Zeile tiefer am linken Bildrand anfangen.

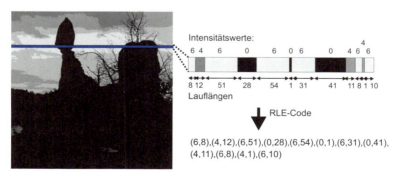

Abbildung 6.4: Durch die Lauflängencodierung wird jede Bildzeile in Läufe mit gleicher Intensität zerlegt. Intensität und Lauflänge werden gespeichert.

Damit reicht für die Lauflängencodierung eine Folge von Zahlenpaaren aus. Die erste Zahl bezeichnet den Grauwert und die zweite Zahl die Lauflänge. Für Bilder, deren Breite 256 Pixel nicht überschreitet, und einen Grauwertbereich von 0...255 könnte jeder Lauf durch zwei Byte repräsentiert werden. Der Kompressionsfaktor ist dann die Hälfte der durchschnittlichen Lauflänge. Im schlechtesten Fall – falls jeder Lauf nur ein Pixel lang ist – wäre die Kompressionsrate $K = 0{,}5$. Vergleicht man das Resultat mit dem der Huffman-Codierung, so sieht man, dass zwar die erzielbare Kompressionsrate höher sein kann, dafür aber im schlechtesten Fall die Kompressionsrate auch wesentlich kleiner ist (der Datensatz wird doppelt so groß!). Das ist ein grundsätzliches Problem für alle Kompressionsverfahren mit einem komplexeren Modell einer Informationseinheit. Durch das Modell können die Daten effizienter beschrieben werden, aber gleichzeitig steigt auch der Speicheraufwand für die Informationseinheit. Kompressionsraten sinken, wenn das Modell nicht die Struktur der im Bild enthaltenen Information widerspiegelt.

Wann ist also bei der RLE zu erwarten, dass das Bild nicht der Modellvorstellung entspricht? Vor allem hochfrequentes Rauschen führt – bei sehr kleiner Amplitude – zu kurz aufeinander folgenden Wechseln des Grauwerts. Die Kompressionsrate für ein Bild mit hohem Signal-Rausch-Verhältnis, dessen Rauschen wegen der niedrigen Amplitude vom Betrachter gar nicht wahrgenommen wird, kann daher überraschend schlecht sein. In solchen Fällen sollte man eine hybride Repräsentation aus Lauflängen und Pixelwerten wählen. Besteht der Lauf nur aus einem Pixel, wird statt des Laufs das Pixel selbst gespeichert. Für die Unterscheidung zwischen beiden Repräsentationen wird ein zusätzliches Bit benötigt. Durch diese Maßnahme steigt die Kompressionsrate für 8-Bit-Pixel in Bildern mit einer Bildgröße von bis zu 256×256 Pixeln im schlechtesten Fall auf 0.88.

6.2.2 RLE auf Bit-Ebenen

Wegen der Rauschempfindlichkeit wird die Lauflängencodierung oft nur auf Bildern ausgeführt, bei denen Rauschen durch vorverarbeitende, bildverbessernde Maßnahmen unterdrückt wurde. Mit Maßnahmen der Bildverbesserung werden wir uns im folgenden Kapitel beschäftigen, doch kann man auch ohne solche Methoden die Lauflängencodierung effizienter gestalten. Statt auf den Grauwerten wird die Lauflängencodierung auf einzelnen Bit-Ebenen separat ausgeführt.

Betrachtet man die oberste Bit-Ebene, so werden Pixel nur danach unterschieden, ob ihr Wert größer oder kleiner als 127 ist. Es werden also helle von dunklen Bereichen im Bild getrennt. Es ist anzunehmen, dass diese Trennung das Bild in relativ große Gebiete zerlegt, so dass die Lauflängencodierung der obersten Bit-Ebene einen guten Kompressionsfaktor ergeben wird.

Für die nächste Bit-Ebene gilt Ähnliches. Durch sie erfolgt eine Zerlegung in Gebiete mit Grenzen an den Grauwerten 63, 127 und 191. Je niedriger die Position des Bits ist, desto kürzer wird allerdings die durchschnittliche Lauflänge auf dieser Bit-Ebene sein. Auf den untersten Bit-Ebenen ist die Verteilung fast zufällig, so dass Lauflängen von einem Pixel die Regel sein werden. Deswegen macht sich eine hybride Repräsentation bezahlt, bei der nur die höheren Bit-Ebenen nach Lauflängen codiert werden.

Abbildung 6.5: Vergleich zwischen normaler Codierung und Gray-Code (obere vier Bit-Ebenen). Man sieht, dass die Fläche homogener Gebiete und damit die durchschnittliche Länge der Läufe beim Gray-Code größer als bei der normalen Codierung ist.

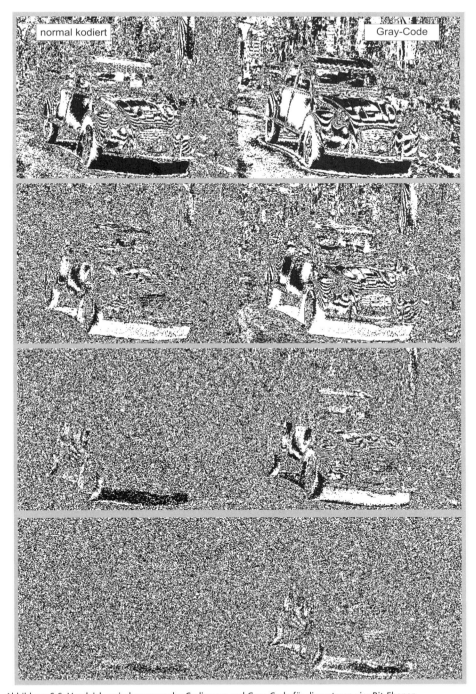

Abbildung 6.6: Vergleich zwischen normaler Codierung und Gray-Code für die unteren vier Bit-Ebenen

Die übliche Codierung durch Binärzahlen führt allerdings dazu, dass bestimmte Übergänge auf jeder Bit-Ebene stattfinden. So verursacht z.B. der Übergang von Grauwert 127 zu Grauwert 128 auf jeder Bit-Ebene einen Wechsel. Betrachtet man die Zahlenfolge von 0…255, so ist die Gesamtanzahl der Wechsel von Bit-Werten dieser Folge $255 + 127 + 63 + … + 1 = 503$. Die Anzahl kann auf 256 reduziert werden, wenn man eine Codierung wählt, für die sich für aufeinander folgende Zahlen höchstens ein Bit ändert. Diese Codierung heißt **Gray-Code**. Für einen m-stelligen, aufsteigend als $b_{m-1}b_{m-2}…b_0$ notierten Binärcode kann sein Gray-Code $g_{m-1}g_{m-2}…g_0$ nach dem folgenden Algorithmus erzeugt werden:

$$g_{m-1} = b_{m-1}$$

$$g_k = \begin{cases} b_k & , \text{falls } b_{k+1} = 0 \\ 1 - b_k & , \text{sonst.} \end{cases} \quad \text{für } k = m-2,…,0.$$

Die 3-Bit-Gray-Codes für Zahlen 0,1,2,…,7 lauten danach 000, 001, 011, 010, 110, 111, 101, 100. Man sieht, dass sich zwischen je zwei Zahlen nur ein Bit ändert. Schaut man sich die einzelnen Bit-Ebenen eines mit dem Gray-Code codierten Bildes an, so fällt auf, dass auf den unteren Bit-Ebenen die Bildinformation weiterhin verrauscht aussieht. Auf den mittleren Bit-Ebenen sind aber Strukturen früher zu erkennen und sie sind großflächiger als bei dem korrespondierenden binärcodierten Bild. Wird also eine Lauflängencodierung auf den oberen Bit-Ebenen und eine unveränderten Speicherung auf den unteren Bit-Ebenen gewählt, so ist die Trennung zwischen Bereichen, in denen die Lauflängen im Schnitt ein Pixel betragen, und denen mit längeren Läufen besser (siehe Abbildung 6.5 und Abbildung 6.6).

Der Gray-Code muss für die Erzeugung des unveränderten, unkomprimierten Bilds durch den Decodierer rückgängig gemacht werden. Dazu kann man entweder eine Tabelle B mitführen, die für $B(g)$ den Binärcode des Gray-Codes g beinhaltet, oder man kann den Binärcode mit dem folgenden Algorithmus aus dem Gray-Code berechnen:

$$b_k = \begin{cases} g_k & , \text{falls } \left(\sum_{i=1}^{k-1} g_i\right) \bmod 2 = 0 \\ 1 - g_k & , \text{sonst.} \end{cases} \quad \text{für } k = m-1, 1$$

$$b_0 = g_0.$$

Durch „mod" ist der Modulo-Operator bezeichnet.

6.3   Reduktion der Bedeutungsredundanz

Waren die bisher vorgestellten Strategien datenerhaltend, so wird bei der Reduktion von Bedeutungsredundanz das Bild verändert. Die Bedeutung eines Bildes ergibt sich aus einer Vielzahl redundanter Merkmale. Eine in diesem Sinn redundanzfreie Darstellung zeigt nicht mehr das ursprüngliche Bild, sondern nur noch diejenige Information, die für die Bedeutungszuordnung notwendig ist.

Ein Kompressionsverfahren nach dieser Annahme wird verlustbehaftet im Sinne eines Datenverlusts sein. Ob es auch verlustbehaftet bezüglich der Information ist, hängt davon ab, ob bei der Modellierung des Informationsträgers Fehler begangen wurden. Die einzelnen Verfahren unterscheiden sich nach dem Modell für den Informationsträger und nach der Art, wie dieser repräsentiert ist. Das Modell kann vom konkreten Bildinhalt verhältnismäßig unabhängig sein, wenn z.B. hochfrequente

Anteile mit kleiner Amplitude generell als Rauschen betrachtet werden, die nichts mit der Bedeutung abgebildeter Objekte zu tun haben. Die Reduktion kann aber auch auf erwartete Bildinhalte zugeschnitten sein, wenn z.B. Gesichter als Variationsmodi eines Durchschnittsgesichts beschrieben werden. Ähnlich wie schon bei der verlustfreien Kompression unter Berücksichtigung von Pixelnachbarschaften steigt die erzielbare Kompressionsrate mit der Spezialisierung des Modells, wobei gleichzeitig die Bandbreite möglicher Anwendungen sinkt.

Grundsätzlich kann man zwischen vier Arten der Kompression unterscheiden:

1 Quantisierung im Ortsraum

2 Quantisierung im Frequenzraum

3 Reduktion durch Speicherung der Abweichung von einem Norminhalt

4 Reduktion auf objektbeschreibende Merkmale.

Die ersten beiden Gruppen beschreiben Methoden, die sehr allgemeine Angaben über die im Bild enthaltene Information für die Kompression verwenden. Die Methoden sind nicht auf bestimmte Bildinhalte beschränkt. Die beiden zuletzt genannten Strategien setzen ein genaues Modell des erwarteten Bildinhalts voraus und sind dementsprechend eingeschränkt in ihren Anwendungsmöglichkeiten. Sie führen gerade wegen dieser Modellinformationen, die Teil des Codierers bzw. Decodierers sind, zu wesentlich höheren Kompressionsraten. Da sie die Definition eines Begriffs zu Bildinhalten voraussetzen, werden wir diese Methoden im Zusammenhang mit der Suche nach Objektinformation (*Kapitel 11*) behandeln und uns an dieser Stelle auf die Quantisierung im Orts- und Frequenzraum beschränken.

6.3.1 Quantisierung im Ortsraum

Aus der Bildentstehung ist bekannt, dass bei der Abbildung einer Szene eine Diskretisierung von Definitions- und Wertebereich erfolgt. Beides kann als **Quantisierung** bezeichnet werden. Quantisierte Bilder können für eine Kompression weiter quantisiert werden, d.h. die Anzahl der Pixel und die Anzahl der verfügbaren Grauwerte können weiter reduziert werden.

Eine Reduktion der Pixelanzahl ist z.B. sinnvoll, wenn das Bild für eine Darstellung als so genanntes „Thumbnail"-Bild (kleines Überblicksbild) gleichzeitig verkleinert wird. Da nur Objekte einer bestimmten Größe wahrgenommen werden können und Abtastrate sowie größte darzustellende Frequenz gleichzeitig sinken, ist die Qualität des verkleinerten Bildes nicht merklich schlechter. Bei Skalierung auf die Originalgröße werden Aliasing-Effekte aber sehr schnell sichtbar. Eine Tiefpassfilterung reduziert diese Effekte zwar, führt aber zu einem unscharfen Bild. Daher ist eine Reduktion der Ortsauflösung nur selten für eine bedeutungserhaltende Kompression geeignet.

Erfolgreicher ist die weitere Quantisierung des Grauwertbereichs. Es ist bekannt, dass erheblich weniger als die üblicherweise repräsentierbaren 256 Graustufen durch die visuelle Wahrnehmung voneinander unterschieden werden können. Eine Quantisierung mit z.B. 64 oder 128 Grauwerten ergibt meist keinen wahrnehmbaren Qualitätsverlust im Bild. Die weitere Reduktion führt zwar zu erkennbaren Artefakten – auch dies sind Aliasing-Artefakte –, aber die Objekte bleiben erkennbar. Ist die abgebildete Szene einfach genug, so reichen unter Umständen lediglich zwei Helligkeitswerte aus, um die dargestellte Information adäquat zu repräsentieren, auch wenn die Szene künstlich verändert wirkt. Offenbar ist die Reduktion der Anzahl der Grauwerte weniger störend für die visuelle Wahrnehmung als eine Reduktion der Ortsauflösung.

Der genannte Aliasing-Effekt ist dann unangenehm, wenn ein kontinuierlicher Grauwertwechsel auf viele, aber nicht ausreichend viele Quantisierungsstufen abgebildet wird (siehe Abbildung 6.7). Durch den so genannten **Machband-Effekt** wird das Signal an den Kanten künstlich überhöht wahrgenommen. Dieser Effekt unterstützt eigentlich die Wahrnehmung von Objekten, weil er die Erkennung von begrenzenden Kanten eines Objekts erleichtert. Quantisierungskanten sind jedoch nicht Teil des Bildinhalts. Bei einer Quantisierung in zehn oder 20 Graustufen werden sehr viele, nahezu parallel zueinander angeordnete künstliche Kantenzüge als störend wahrgenommen.

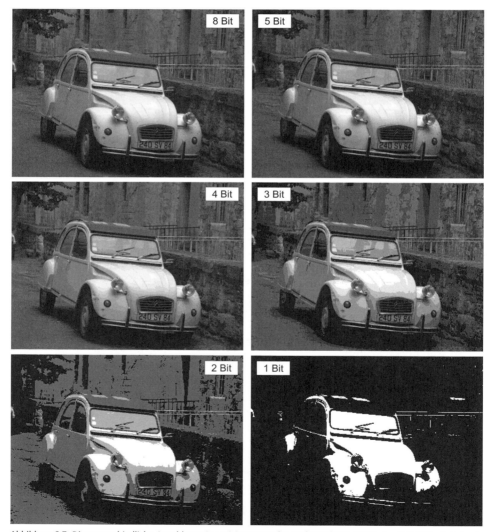

Abbildung 6.7: Die unterschiedliche Anzahl von Quantisierungsstufen ist für mehr als 32 Stufen (5 Bit) für die Intensitätswerte kaum bemerkbar. Machband-Effekte sind besonders störend in einem mittleren Bereich (3 und 4 Bit).

Zur Unterdrückung des Machband-Effekts kann man eine bekannte Anti-Aliasing-Technik verwenden. Wahrnehmbare Nicht-Information wirkt für den Betrachter angenehmer als schwer interpretierbare Fehlinformation. Der Eindruck der quantisierten Darstellung kann daher verbessert werden, wenn zufallsverteiltes Rauschen den regelmäßigen Verlauf der künstlichen Kanten zerstört. Es muss jedoch dafür gesorgt werden, dass reale Kanten und Quantisierungskanten unterschiedlich behandelt werden. Da sich die Bildfunktion an einer Quantisierungskante nur um einen Grauwert ändert, wird eine Kante nur dann als reale Objektkante erklärt, wenn der Grauwertunterschied größer als 1 ist. Um Quantisierungskanten durch Rauschen zu stören, wird ein quantisiertes Bild $f_{q_1}(m,n)$ mit q_1 Quantisierungsstufen aus einem Bild mit q_2 Stufen durch Addition einer gleichverteilten Rauschfunktion $\eta(m,n)$ mit Erwartungswert 0 und maximaler Abweichung 0,5 vor der Quantisierung erzeugt (siehe Abbildung 6.8):

$$f_{q_1} = \left\lfloor \frac{f_{q_2}}{2^{q_2-q_1}} + \eta(m,n) \right\rfloor .$$

Durch $\lfloor \ \rfloor$ wird eine reelle Zahl auf die nächste ganze Zahl abgerundet. Solange ein Wert f_{q_2} sich um mehr als einen Grauwert von der nächsten Quantisierungsstufe unterscheidet, hat die Addition der Rauschfunktion keinen Einfluss auf die Werte von f_{q_1}. Homogene Gebiete ändern sich also nicht. Auch die meisten Objektkanten bleiben erhalten, denn wenn der Grauwert sich um zwei oder mehr Werte ändert, bleibt die Ordnung der Grauwerte unverändert. An einer Quantisierungskante ändert sich der Kantenverlauf dagegen. Einige vorher dunklere Pixel werden um eine Stufe heller und einige vorher hellere Pixel werden um einen Grauwert dunkler. Diese Grenze wird also durch Rauschen überlagert, so dass ein regelmäßiger Verlauf des Kantenzugs nicht mehr erkennbar ist.

Abbildung 6.8: Anti-Aliasing durch Addition von Rauschen. Der Machband-Effekt im linken Bild ist störender als das leichte Rauschen, das im rechten Bild erkennbar ist.

6.3.2 Quantisierung im Frequenzraum

Untersuchungen zur visuellen Wahrnehmung haben gezeigt, dass die Wahrnehmbarkeit höherer Frequenzen (ab einer bestimmten Frequenz) vom steigenden Kontrast abhängt. Kleine Details können nur wahrgenommen werden, wenn die Amplitude hoch genug ist. Mit dieser Begründung kann man hohe Frequenzen mit geringem Kontrast löschen, ohne dass die Erkennbarkeit des Bildes eingeschränkt wird. Das hat zum

Teil sogar noch einen positiven Nebeneffekt, weil Amplitudenwerte von hohen Frequenzen vornehmlich durch Rauschen beeinflusst sind.

Die Reduktion hoher Frequenzanteile kann durch Quantisierung im Frequenzraum erreicht werden. Da die Amplitude mit steigender Frequenz rasch fällt, werden niedrige Amplituden bei einer Abbildung der komplexen Zahlen auf Paare von ganzen Zahlen automatisch gelöscht. Die auf Null abgebildeten Werte brauchen nicht gespeichert und übertragen zu werden. Wendet man dieses Verfahren an, so sieht man, dass die Rücktransformation auch bei höheren Kompressionsraten Bilder liefert, die kaum von den Ursprungsbildern unterscheidbar sind, obwohl die Entropieberechnung eine geringere Kompressionsrate vorhersagt. Ohne weitere Vorkehrungen muss allerdings für jeden von Null verschiedenen Wert die Position (u,v) mitgeführt werden, um die Werte aus der komprimierten Datei vor der Rücktransformation an die richtigen Stellen im Frequenzraum zurückzuschreiben.

Ein gebräuchliches Kompressionsverfahren durch Quantisierung im Frequenzraum nutzt statt der Fourier-Transformation die Diskrete Kosinustransformation (DCT, *Abschnitt 4.3.1*). Die DCT erzeugt ausschließlich reelle Werte und hat den Vorteil, dass die Funktionswerte mit dem Abstand vom Ursprung an der Stelle (0,0) abnehmen. Eine eindimensionale Anordnung der DCT-Werte entlang der Nebendiagonalen – also parallel zu einem Vektor von 1,0 nach 0,1 – mit steigendem Abstand zum Ursprung wird die Amplitudenwerte ungefähr nach steigender Frequenz sortieren (siehe Abbildung 6.9). Man braucht also nur diejenige Listenposition zu speichern, welche in dieser Folge den letzten von Null verschiedenen Wert enthält. Die Liste der zu speichernden Koeffizienten kann weiter komprimiert werden, wenn eines der verlustfreien Verfahren auf die quantisierten Koeffizienten angewendet wird.

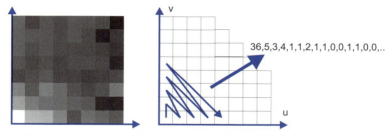

Abbildung 6.9: Die quantisierten DCT-Koeffizienten werden entlang der Nebendiagonalen des (u,v)-Raums ausgelesen. Dadurch werden die Werte nach steigender Frequenz sortiert. Die entstehende Liste wird nur bis zu demjenigen Element gespeichert, das den letzten von Null verschiedenen Wert enthält.

Die DCT-Kompression wird durch eine Zerlegung des Bildes in Blöcke gleicher Größe noch effizienter. Die Blöcke sind meist homogener als das Gesamtbild, so dass der Anteil an von Null verschiedenen hochfrequenten Werten im Spektrum weiter sinkt. Die Kosinustransformation wird auf jedem Block separat ausgeführt. Da mit der steigenden Anzahl von Blöcken auch die Anzahl der separat durchzuführenden Kosinustransformationen zunimmt, sollten die Blöcke allerdings nicht beliebig klein sein.

Die Kompression nach Blockzerlegung ist das Herzstück der alten Version des verlustbehafteten **JPEG-Standards** zur Bildkompression (JPEG 2000 nutzt die Wavelet-Kompression). Die Blockgröße ist 8×8 Pixel. Nachdem die Transformation auf allen Blöcken ausgeführt wurde, werden die Werte an der Stelle (0,0) jeder Kosinustransformierten separat behandelt. Diese Werte sind die Durchschnittswerte jedes Blocks, welche zwischen benachbarten Blöcken meist stark korrelieren. Die restlichen DCT-Werte werden für jeden Block einzeln komprimiert.

Die Kompression nach Blockzerlegung ist effizient und ermöglicht hohe Kompressionsraten. Allerdings sind die Blockgrenzen willkürlich gezogen und koinzidieren durchaus nicht immer mit Objektgrenzen. Außerdem werden Frequenzen, die größer als die Blockgröße sind, nicht erkannt. Sie werden nur indirekt über das auf den Blockdurchschnittswerten angewandte Kompressionsverfahren berücksichtigt. Bei hohen Kompressionsraten treten so Blockartefakte auf, weil benachbarte Blöcke unabhängig voneinander komprimiert wurden.

Lokal vorhandene Bilddetails von unterschiedlicher und unbekannter Ausdehnung sind besser durch die Wavelet-Transformation zu repräsentieren. Bei der Wavelet-Transformation hängt der lokal begrenzte Wirkungsbereich einer Welle nicht von willkürlich gewählten Blöcken, sondern von der Frequenz der Welle ab. Eine explizite Blockung ist nicht notwendig. Eine Quantisierung von Wavelet-Koeffizienten sollte weniger Artefakte an den Blockgrenzen verursachen, da sich Blöcke von Wavelets mit unterschiedlicher Frequenz überlappen.

Grundsätzlich ist jede Wavelet-Basis für die Kompression geeignet, weil das oben genannte Verhalten aus der Charakteristik der Wavelet-Definition und nicht aus der speziell verwendeten Basis abgeleitet ist. Wegen des guten Bandpassverhaltens werden Wavelet-Basen wie die Daubechies-Basen höherer Ordnung bevorzugt. Einen Vergleich zwischen DCT- und Wavelet-Kompression zeigt Abbildung 6.10.

6.4 Vertiefende und weiterführende Literatur

Die in diesem Kapitel genannten Methoden sollen beispielhaft für die mit den unterschiedlichen Strategien der Daten- bzw. Informationsreduktion erreichbaren Resultate stehen. Fast jedes Buch zur Bild- oder Signalverarbeitung setzt sich mit diesen Themen auseinander. Eine recht ausführliche Betrachtung mit einer umfangreichen Literaturliste für die weitere Beschäftigung mit dem Thema ist in [Gonzalez2002] zu finden. Der klassische Text zur Repräsentation und Übertragung von Information ist [Shannon1949]. Einen Einstieg in die Codierungstheorie bilden die beiden bei Teubner erschienenen Texte von [Klimant2003] und [Hotz2000]. Ein neuerer englischsprachiger Text zu diesem Thema ist [Jones2000].

Ein älterer, aber sehr umfangreicher Überblick zu Kompressionsverfahren ist der Review-Artikel von Jain [Jain1981]. Die Huffman-Codierung wurde zuerst in [Huffman1952] veröffentlicht. Lehrbücher zu Kompressionsverfahren allgemein sind [Gibson1998] und [Strutz2002]. Verlustfreie Kompressionsverfahren für medizinische Bilder werden in [Heer1990] betrachtet. In [Wong1995] werden auch verlustbehaftete Kompressionsverfahren in die Betrachtung zur Kompression medizinischer Bilder einbezogen. Kompression durch Fraktale ist eine Alternative zu Wavelets, um eine Multiskalenstrategie in den Kompressionsprozess zu integrieren. Ein Buch hierzu ist [Barnsley1993]. Die Wavelet-Transformation zur Bildkompression wurde in [deVore1992] untersucht. Eine auf Wavelets basierende verlustfreie Kompression wird in [Calderbank1997] vorgestellt. Eine Einführung in den JPEG2000-Standard stellt [Taubman2001] dar. Einen Überblick über Nachverarbeitungsmethoden bei verlustbehaftet komprimierten Bildern gibt [Shen1998].

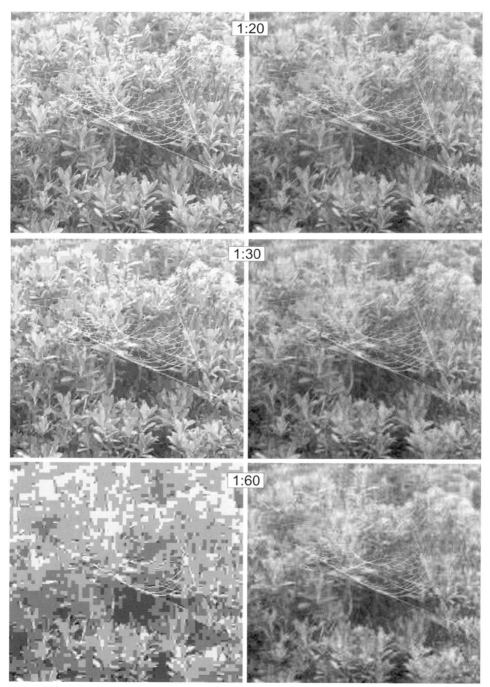

Abbildung 6.10: Vergleich zwischen DCT-basierter (links) und Wavelet-basierter (rechts) Kompression. Besonders bei hohen Kompressionsfaktoren ist die wahrgenommene Qualität der Wavelet-Kompression (Daubechies-Wavelets der Ordnung 10) erheblich besser als die der Kompression durch Quantisierung der DCT-Koeffizienten.

Z U S A M M E N F A S S U N G

Durch Bildkompression wird Redundanz aus einem Bild entfernt. Die Entfernung von Datenredundanz führt zu verlustfreien Kompressionsverfahren. Die Entfernung von Informationsredundanz führt zu einer verlustbehafteten Kompression (bezüglich der Daten). Der Kompressionsfaktor gibt das Verhältnis von benötigtem Speicherplatz vor und nach der Kompression an.

Durch verlustfreie Kompression kann Redundanz in der Signalrepräsentation oder in der Ortsrepräsentation reduziert werden. Der erzielbare Kompressionsfaktor steigt mit der Komplexität des Informationsträgermodells.

Zur Reduktion der Signalredundanz ist die Informationseinheit das Pixel. Die maximal erzielbare Kompressionsrate kann aus der aus dem Histogramm berechenbaren Entropie abgeleitet werden. Ein Verfahren zur entropiebasierten Kompression ist die Huffman-Codierung.

Bei der Reduktion der ortsabhängigen Redundanz ist der Informationsträger eine geometrische Struktur. Die Kompressionsrate hängt von der Angemessenheit der Struktur für das gegebene Bild ab. Ein Beispiel ist die Lauflängencodierung, bei der der Informationsträger eine horizontale Folge von Pixeln gleichen Grauwerts ist.

Die Reduktion von Informationsredundanz führt zu erheblich höheren Kompressionsfaktoren. Der Erfolg der Methode ist jedoch abhängig von der Korrektheit des Modells der im Bild vorhandenen Information.

Bei der Reduktion der Anzahl der Grauwerte wird angenommen, dass die Anzahl der wahrnehmbaren Grauwerte geringer ist als die tatsächlich darstellbare. Darüber hinaus wird berücksichtigt, dass geringe Grauwertvariationen wahrscheinlich durch Rauschen verursacht wurden.

Bei der Quantisierung im Frequenzraum (nach Diskreter Kosinustransformation oder Wavelet-Transformation) wird angenommen, dass in höheren Frequenzbereichen das Rauschen überwiegt und daher die Bildanteile nicht zum Informationsgehalt beitragen.

Z U S A M M E N F A S S U N G

Aufgaben

- Warum verwendet man verlustbehaftete Kompressionsverfahren, wenn doch das Originalbild nicht mehr rekonstruiert werden kann? Was wären Bereiche, in denen die Verwendung höchst problematisch wäre? Begründen Sie Ihre Aussage.

- Wie ist der Kompressionsfaktor definiert und was ist der höchstmögliche Kompressionsfaktor bei einer Kompression durch Huffman-Codierung?

- Was sind zu erwartende Kompressionsfaktoren bei normalen Fotos und einer Kompression durch Quantisierung der Werte der Diskreten Kosinustransformation?

- Wieso kann man für die Reduzierung der räumlichen Redundanz keine allgemeine Definition des Informationsgehalts geben?

- Was ist der Unterschied zwischen einem Histogramm und einem normierten Histogramm?

- Was ist die Entropie eines Bildes und wozu wird diese Information verwendet?

- [Projekt] Schreiben Sie ein Programm, das das Bild „TooDark" auf der Companion Website einliest und Histogramm und Entropie berechnet.

- Was ist Run Length Encoding (RLE) und wieso kann bei RLE-basierter Kompression der Speicheraufwand sogar größer als vor der Kompression werden?

- Welche Bilder lassen sich besonders schlecht durch ein RLE-Verfahren komprimieren?

- Wieso verwendet man bei der RLE-Kompression auf Bit-Ebenen den Gray-Code?

- [Projekt] Schreiben Sie ein Programm, welches das Bild „Ente" in Bit-Ebenen zerlegt und die Bit-Ebenen RLE-codiert. Berechnen Sie den Kompressionsfaktor.

- Wieso ist eine Kompression über die Quantisierung der Kontrastauflösung besser als eine über die Quantisierung der Ortsauflösung?

- Warum verwendet man bei einer Quantisierung im Frequenzraum statt der Fourier-Transformation die Diskrete Kosinustransformation (DCT)?

- Welche Artefakte treten bei dem alten JPEG-Standard auf, der für die verlustbehaftete Kompression die DCT verwendet? Wie hat man dies bei JPEG2000 geändert?

- Vergleichen Sie die Kompressionsresultate einer DCT-basierten Kompression und einer Wavelet-basierten Transformation bei Kompressionsrate 60 in Abbildung 6.10. Erklären Sie die Unterschiede.

Literatur

[Barnsley1993] M. F. Barnsley, L. P. Hurd. *Fractal Image Compression.* AK Peters, 1993.

[Calderbank1997] A. R. Calderbank, I. Daubechies, W. Sweldens, B. L. Yeo. Lossless image compression using integer to integer wavelet transform. *IEEE International Conference on Image Processing ICIP,* 1997, 596-599.

[deVore1992] R. A. deVore, B. Jawerth, B. J. Lucier. Image compression through wavelet transform coding. *IEEE Transactions on Information Theory,* Vol. 38(2), 1992, 719-742.

[Gibson1998] J. D. Gibson, D. Lindbergh, R. L. Baker. *Digital Compression for Multimedia: Principles and Standards.* Morgan Kaufman, 1998.

[Gonzales2002] R. C. Gonzalez, R. E. Woods. *Digital Image Processing.* Prentice-Hall, 2. Auflage, 2002.

[Heer1990] V. K. Heer, E. H. Reinfelder. A comparison of reversible methods for data compression. *Proceedings of the SPIE,* Vol.1233 (Medical Imaging IV), 1990, 354-365.

[Hotz2000] G. Hotz. *Algorithmische Informationstheorie.* Teubner Verlag, 2000.

[Huffman1952] D. A. Huffman. A method for the construction of minimum redundancy codes. *Proceedings of the IRE,* Vol. 40(10), 1952, 1098-1101.

[Jain1981] A. K. Jain. Image compression: A review. *Proceedings of the IEEE,* Vol. 69, 1981, 349-389.

[Jones2000] G. A. Jones, J. M. Jones. *Information and Coding Theory.* Springer-Verlag, 2000.

[Klimant2003] H. Klimant, R. Piotraschke, D. Schönfeld. *Informations- und Kodierungstheorie.* Teubner-Verlag, 2003.

[Shannon1949] C. E. Shannon, W. Weaver. *The Mathematical Theory of Communication.* University of Illinois Press, 1949.

[Shen1998] M. Y. Shen, C. C. J. Kuo. Review of postprocessing techniques for compression artifact removal. *Journal of Visual Communication and Image Representation,* Vol. 9(1), 1998, 2-14.

[Strutz2002] T. Strutz. *Bilddatenkompression: Grundlagen, Codierung, JPEG, MPEG, Wavelets.* 2. Auflage, Vieweg, 2002.

[Taubman2001] D. S. Taubman, M. W. Marcellin. *JPEG 2000: Image Compression Fundamentals, Standards and Practice.* Kluwer Academic 2001.

[Wong1995] S. Wong, L. Zaremba, D. Gooden, H. K. Huang. Radiologic image compression – a review. *Proceedings of the IEEE,* Vol. 83(2), 1995, 194-219.

Bildverbesserung

7

ÜBERBLICK

Fragestellungen, Begriffe und Voraussetzungen

Fragestellungen

Bildverbesserung soll die Erkennbarkeit von Objekten verbessern. Wesentliche Fragestellungen sind, wie sich die Erkennbarkeit unabhängig von einer Bildinterpretation definieren lässt, welche Faktoren die Erkennbarkeit beeinflussen und wie diese Einflussgrößen optimal verändert werden können.

Eingeführte Begriffe und Konzepte

Lokaler und *globaler Kontrast* werden als Kriterium für die Bildgüte definiert. Für die Bildverbesserung werden einfache Methoden wie die *Grauwertspreizung*, die *Gamma-Korrektur* und die *Falschfarbdarstellung* vorgestellt. Als entropiemaximierendes Verfahren wird die *Histogramm-linearisierung* in ihren verschiedenen Varianten erläutert.

Für die Unterdrückung von *Rauschen* werden lineare Filter im Orts- und Frequenzraum präsentiert und ihr Verhalten diskutiert. Zu den Filtern im Ortsbereich zählen *Mittelwertfilter, Binomial-filter* und *Gauß-Filter.* Im Frequenzraum werden das *Ideale Tiefpassfilter* und das *Butterworth-Tiefpassfilter* besprochen.

Der *Gradient* wird als Träger von Kantenmerkmalen eingeführt und seine Eigenschaften werden behandelt. Filter zur Berechnung des Gradienten sind *Robert's Gradient* und *Sobel-Filter.* Filter im Frequenzraum sind das *Ideale Hochpassfilter* und das *Butterworth-Hochpassfilter.* *Kompassfilter* für die Suche nach Kanten in einer der acht Hauptrichtungen der Kompassrose sind *Prewitt- und Kirsch-Operator.*

Die zweite Ableitung einer Bildfunktion repräsentiert wesentliche Eigenschaften von Kanten. Die *Hesse-Matrix* zur Repräsentation der partiellen zweiten Ableitungen wird vorgestellt. Der *Laplace-Operator* als Summe der zweiten Ableitungen zur Bestimmung von Nulldurchgängen und die mit einer Glättung kombinierten Filter zur Bestimmung von Nulldurchgängen (*LoG-Filter, DoG-Filter*) werden diskutiert.

Unter den *nichtlinearen Filtern* werden zwei Filter zur kantenerhaltenden Rauschunterdrückung vorgestellt. Das *Medianfilter* ist ein Rangordnungsfilter, dessen Resultat der in der Mitte eingeordnete Grauwert ist. Durch homogene und *isotrope bzw. anisotrope inhomogene Diffusion* wird die Bildverbesserung als Diffusionsprozess modelliert, bei dem die Grauwerte als unterschiedlich hohe Flüssigkeitskonzentrationen interpretiert werden.

Vorausgesetzte Kenntnisse aus vorangegangenen Kapiteln

Konvolution oder Faltung (*Abschnitt 3.2.1*); Rauschen (*Abschnitte 3.3, 5.3.1*); Fourier-Transformation (*Abschnitt 4.2*); Histogramm, Entropie (*Abschnitt 6.1.1*)

Der amerikanische Maler Edward Hopper war Zeit seines Lebens fasziniert vom Spiel von Licht und Schatten. In vielen seiner Bilder versuchte er, die große Dynamik visuell wahrnehmbarer Helligkeiten einzufangen. Durch Beleuchtung setzte er Akzente, die den Betrachter leiten sollen. Dabei verfälschte er bewusst die physikalisch messbare Intensität der Lichtreflexion an Objekten, um mit den begrenzten Möglichkeiten eines Bildes eine vergleichbare Impression der realen Szene zu schaffen. Das umschreibt ein wesentliches Ziel der Bildverbesserung. Es geht um die Unterdrückung von inhalts-armen Aspekten zugunsten der im Bild enthaltenen Information und um die Hervor-hebung von Merkmalen zur Unterscheidung von abgebildeten Objekten. Auch Bildver-besserungsmethoden opfern manchmal die realitätsnahe Darstellung einer besseren Erkennbarkeit von Objekten.

Stellen Sie sich z.B. vor, dass Sie in digitalen Fotos Fehler bei der Aufnahme (z.B. eine falsche Belichtungszeit) und technische Unzulänglichkeiten (z.B. einen zu geringen Kontrastumfang) ausgleichen wollen. Zunächst müssen Sie ein berechenbares Kriterium für Ihre Zielvorstellung definieren. Falls der Prozess automatisch durchgeführt werden soll, muss die Berechnung unabhängig vom Bildinhalt sein. Die Bildverbesserung optimiert genau dieses Kriterium. Ein Inhalt unabhängiges Qualitätsmaß wird jedoch nicht immer geeignet sein, um im Einzelfall die subjektiv wahrgenommene Qualität eines Bildes zu verbessern. Es mag sogar sein, dass gerade dasjenige Detail, auf das es dem Betrachter ankommt, anschließend schlechter erkennbar ist. Dennoch sind Bildverbesserungsmaßnahmen zumindest ein erster Schritt, um die Wahrnehmbarkeit aller Strukturen zu steigern. Um dem Widerspruch zwischen objektunabhängiger Bildverbesserung und objektabhängiger Definition der Bildqualität Rechnung zu tragen, werden Methoden der Bildverbesserung oft interaktiv beeinflussbar ausgelegt.

Die meisten Bildverbesserungsmaßnahmen werden den Kontrast zwischen Objekten oder zwischen Objekt und Hintergrund anheben. Das kann durch Anhebung des Signalabstands zwischen benachbarten Objekten, durch Unterdrückung von Rauschen oder durch Hervorhebung der Objektgrenzen selbst erfolgen. Bildverbesserungsmethoden können auch eine automatische Weiterverarbeitung des Bildes vorbereiten. Dann sorgt die Maßnahme dafür, dass nur wesentliche semantische Komponenten des Bildes (z.B. Kanten) an den Analyseprozess weitergeleitet werden.

Bildverbesserung ist eng verwandt mit der Bildrestauration, da auch eine Restauration die Wahrnehmbarkeit des Signals erhöht. Im Gegensatz zur Bildrestauration setzen Methoden der Bildverbesserung aber keine Invertierbarkeit eines bekannten und berechenbaren Störoperators voraus. Das Bild wird vielmehr so verändert, dass subjektive Qualitätsmaße zur Wahrnehmbarkeit optimiert werden. Die Wiederherstellung eines ursprünglichen Zustands muss damit nicht Teil der Zielvorstellung bei Maßnahmen der Bildverbesserung sein.

Methoden der Bildverbesserung können einer von drei Gruppen zugeordnet werden:

1 **Pixelbasierte Verfahren** erzielen eine Kontrastverbesserung durch Steigerung des Abstands zwischen Grauwerten.

2 Durch **lineare Filter** werden Nachbarschaften zwischen Pixeln mit berücksichtigt. Die Kontrastverstärkung erfolgt hier durch Unterdrückung von Rauschen oder durch die Hervorhebung von Kanten.

3 **Nichtlineare Filter** sind so konstruiert, dass sie Nachteile von linearen Filtern bei der Unterscheidbarkeit von Rauschen und Kanten aufheben.

7.1 Pixelbasierte Bildverbesserung

Über den Abstand zwischen Helligkeiten eines Bildes lässt sich ein intuitiver Begriff von Kontrast definieren. Danach hat von zwei Bildern mit gleichem Bildinhalt dasjenige den besseren Kontrast, dessen Grauwerte über einen größeren Bereich verteilt sind. Kontrastverbesserung ist dann eine geeignete Abbildung von Grauwerten g auf neue Grauwerte g', so dass dieses Kriterium optimiert wird. Ein größerer Kontrastumfang wird meist die Wahrnehmbarkeit von abgebildeten Objekten durch einen Betrachter verbessern. Kontrastumfang und Resultate einer Kontrastverbesserung können aus dem Histogramm abgelesen werden.

7.1.1 Globaler und lokaler Kontrast

Der Abstand zwischen dem minimalen vorkommenden Grauwert g_{min} und dem höchsten vorkommenden Grauwert g_{max} wird globaler Kontrast $C_{global} = g_{max} - g_{min}$ genannt. Ein überbelichtetes Bild, das keine niedrigen Grauwerte aufweist und bei dem der größte Teil der Grauwerte den Wert 255 hat, hat einen geringeren globalen Kontrast als ein Bild, bei dem der gesamte Grauwertbereich von 0 bis 255 genutzt wird. Ebenfalls kontrastarm nach diesem Maß wäre ein Bild, dessen Grauwerte nur in einem sehr schmalen Intervall $[g_{min}, g_{max}]$ liegen.

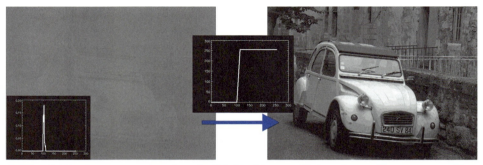

Abbildung 7.1: Durch Grauwertspreizung kann der globale Kontrast vergrößert werden.

Der globale Kontrast kann durch **Grauwertspreizung** vergrößert werden (siehe Abbildung 7.1). Jedem Pixel mit Grauwert g wird über eine Transferfunktion g' ein von $[g_{min}, g_{max}]$ abhängiger neuer Grauwert zugewiesen:

$$g'(g) = (g - g_{min}) \cdot \frac{w_{max} - w_{min}}{g_{max} - g_{min}} + w_{min}.$$

Durch w_{min} und w_{max} wird der kleinste bzw. größte repräsentierbare Grauwert bezeichnet. In den meisten Fällen wird $w_{min} = 0$ und $w_{max} = 255$ sein. Die Spreizung führt dazu, dass g_{min} auf w_{min} und g_{max} auf w_{max} abgebildet wird. Wenn der ursprünglich genutzte Grauwertbereich sehr klein war (z.B. 20-25 Grauwerte), führt das zu einer erheblichen Verbesserung der Erkennbarkeit. Das liegt daran, dass Quantisierungseffekte durch eine zu geringe Anzahl von Grauwerten die Wahrnehmbarkeit erheblich weniger beeinflussen als ein zu geringer Helligkeitsunterschied zwischen zwei ähnlichen, aber nicht gleichen Grauwerten. Ein eventuell auftretender Machband-Effekt kann anschließend durch Addition von künstlichem Rauschen reduziert werden (ähnlich dem in *Abschnitt 6.3.1* vorgestellten Verfahren). Man sieht aber auch, dass sich die Grauwertspreizung wohl kaum als Vorbereitung einer automatischen Bildanalyse eignen wird; ob der Abstand zwischen zwei Grauwerten n oder $n \cdot (w_{max} - w_{min})/(g_{max} - g_{min})$ ist, wird nämlich für eine Weiterverarbeitung keinen wesentlichen Unterschied machen.

Die aus der Definition des globalen Kontrasts resultierende Spreizung berücksichtigt die Verteilung der Grauwerte im Histogramm nicht. Sobald auch nur je ein einziges Pixel den Grauwert 0 bzw. 255 hat, ist keine Grauwertspreizung mehr möglich. Dennoch kann ein Großteil der Pixel sehr ähnliche Grauwerte haben und das Bild kann deshalb als kontrastarm empfunden werden. Zur Messung dieser Eigenschaft kann der lokale Kontrast C_{local} als zweite Kenngröße definiert werden:

$$C_{local}(f) = \frac{1}{MN} \sum_{m=0}^{M-1} \sum_{n=0}^{N-1} \left(f(m,n) - \overline{f}(m,n) \right).$$

Hierbei ist $\overline{f}(m,n)$ der durchschnittliche Wert der Funktion f in einer definierten Nachbarschaft – z.B. der 4-Nachbarschaft – um (m, n).

Da der lokale Kontrast über die Beziehung von Pixeln mit ihren Nachbarpixeln definiert ist, scheint es zunächst so, als ob es keine pixelbasierte Methode zur Verbesserung von C_{local} geben kann. Jedoch führt jede Verbesserung des globalen Kontrasts auch zu einer Verbesserung des lokalen Kontrasts. Man kann daher nach Abbildungen $g'(g)$ suchen, die den lokalen Kontrast weiter verstärken. Geht man von der Hypothese aus, dass Pixel mit häufig vorkommenden Grauwerten auch häufig zueinander benachbart sind, dann muss $g'(g)$ von der Häufigkeit von g abhängig sein. Finden sich die häufigsten Grauwerte entweder alle im niedrigen oder alle im hohen Bereich – wie das bei Unter- bzw. Überbelichtungen der Fall ist –, so kann man mit einer einfachen heuristischen Maßnahme, der **Gamma-Korrektur**, für eine Verbesserung des lokalen Kontrasts sorgen (siehe Abbildung 7.2). Die Gamma-Korrektur ist eine Abbildung

$$g'(g) = w_{max} \left(\frac{g - w_{min}}{w_{max} - w_{min}} \right)^{\gamma} + w_{min}.$$

Es wird eine nichtlineare Grauwertspreizung auf w_{min} bis w_{max} ausgeführt. Für $\gamma < 1$ werden die helleren Grauwerte gespreizt und die dunkleren Grauwerte gestaucht. Für $\gamma > 1$ ist es umgekehrt. Bei einem überbelichteten Bild würde man daher eine Gamma-Korrektur mit $\gamma > 1$ durchführen, um die dunkleren Grauwerte zu spreizen und im Durchschnitt anzuheben.

C_{global}=1.00 C_{local}=7.84 C_{global}=1.00 C_{local}=9.55

Abbildung 7.2: Die Gamma-Korrektur ist eine nichtlineare Transformation, die indirekt den lokalen Kontrast vergrößern kann.

Wenn die Grauwertverteilung komplizierter ist, weil sie etwa mehr als ein Maximum hat oder weil sowohl kontraststarke als auch kontrastarme Objekte im Bild vorkommen, dann reicht diese einfache Maßnahme nicht aus, da mehrere Bereiche gleichzeitig gespreizt werden müssen. Falls die Abbildung monoton steigend sein soll – damit die Ordnung der Helligkeiten auch nach der Abbildung erhalten bleibt –, müssen andere Bereiche gestaucht werden. Lässt der Bildinhalt eine Stauchung nicht ohne Minderung der Wahrnehmbarkeit der Bildinformation zu, kann eine von zwei Alternativen gewählt werden:

1 Nichtmonotone Abbildung der Grauwerte

2 Abbildung der Grauwerte auf Farbwerte (so genannte Falschfarbdarstellung).

Beide Strategien ermöglichen es, die 256 abzubildenden Grauwerte so zu verändern, dass ein Unterschied zwischen je zwei benachbarten Grauwerten erkennbar ist.

Die nichtmonotone Abbildung erreicht das, indem die Grauwertfolge auf eine Funktion abgebildet wird, die mehrere Maxima hat. Das bekannteste Beispiel dafür ist eine Sägezahnkurve (siehe Abbildung 7.3):

$$g'(g) = \frac{w_{\max}}{K}(g \bmod K).$$

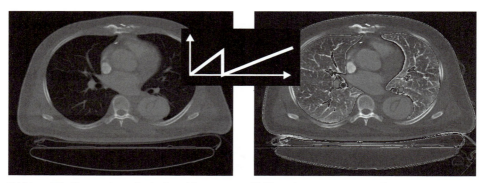

Abbildung 7.3: Kontrast kann durch eine nichtmonotone Abbildung der Grauwerte vergrößert werden. Allerdings kann die Änderung der Ordnung der Grauwerte zu schwer interpretierbaren Bildern führen.

Es erfolgt eine Spreizung mit dem Faktor w_{max}/K, wobei der neue Grauwert nach jedem K-ten Wert von w_{max} nach Null wechselt. So wird zwar der Kontrast im Bild erhöht, doch ist nicht mehr einfach erkennbar, wann ein Pixel ursprünglich einen größeren Grauwert hatte als ein anderes Pixel. Nimmt man recht große Werte für K, so gibt es jedoch wenige Sprünge von w_{max} nach 0 und man kann hoffen – aber nicht vorhersagen! –, dass diese Sprünge gut erkennbare Konturen bilden. Ein Betrachter sollte aus diesen Artefakten die richtigen Schlussfolgerungen über die ursprüngliche Folge der Funktionswerte ziehen. Gerade in sensiblen Bereichen, wie etwa bei der Bildverbesserung von zu diagnostizierenden medizinischen Bildern, ist dies sicher keine geeignete Vorgehensweise.

Alternativ zu nichtmonotonen Abbildungsfunktionen kann auch Farbe genutzt werden, um den Kontrast zu steigern. Dazu wird der Grauwert durch drei unterschiedliche Funktionen auf die Farben rot, grün und blau abgebildet. Aus dem ursprünglich einfarbigen Bild entsteht ein Farbbild, dessen Farben künstlich sind. Da sie mit der auf-

genommenen Bildinformation nichts zu tun haben, spricht man von **Falschfarbdar-**
stellung. Die Darstellung erhöht ohne Zweifel den wahrnehmbaren Kontrast, da wir in
der Lage sind, erheblich mehr Farben als Grauwerte voneinander zu unterscheiden.
Allerdings gibt es keine „natürliche Abfolge" der Farben. Aus zwei farblich unterschiedlich dargestellten Pixeln auf die Ordnung der ursprünglichen Funktionswerte zu
schließen ist daher nicht möglich. Eine Falschfarbdarstellung kann nur in Zusammenhang mit einer Angabe der verwendeten Grauwert-zu-Farben-Transformation interpretiert werden. Meist wird der auf die Falschfarben abgebildete Graukeil mit in das Bild
integriert. Für eine Reihe von gebräuchlichen Falschfarbabbildungen (z.B. die Glüh-
skala, die von schwarz über rot und gelb nach weiß reicht) wird manchmal auf die Darstellung des Farbkeils verzichtet und nur der Name der Farbskala genannt.

Die Falschfarbdarstellung hat einen weiteren Nachteil, dessen man sich bei der Verwendung bewusst sein muss: Es ist nicht gelungen, eine Farbskala zu definieren, bei
der der Abstand zwischen je zwei benachbarten Farben über die gesamte Skala als
gleich empfunden wird. Das ist zwar auch bei der Grauwertskala der Fall, denn im hellen und im dunklen Bereich scheinen die Helligkeiten langsamer zu wechseln als im
mittleren Bereich, doch ist dort der Zusammenhang zwischen Helligkeit und wahrge-
nommener Helligkeitsänderung je Grauwertänderung einfacher. Bei Falschfarbtabellen
kommt es wegen des Wechsels von drei unterschiedlich miteinander korrelierenden
Parametern (Farbton, Sättigung und Helligkeit) zu einer Folge von empfundenen Stau-
chungen und Spreizungen der Helligkeitsänderung entlang des Farbkeils. Abhängig
von der verwendeten Falschfarbskala entstehen so künstliche Kanten, die die Informa-
tionsvermittlung durch das Bild behindern können.

7.1.2 Maximierung der Entropie

Mit Ausnahme der globalen Grauwertspreizung scheinen alle bisher vorgestellten
Methoden zwar oft erfolgreich zu sein, ihr Erfolg ist aber schwer vorhersagbar. Das
liegt auch an dem heuristischen Vorgehen, das es schwer macht, den Zusammenhang
zwischen Histogramm, Kontrastwert und Parametrisierung des Kontrastverbesse-
rungsverfahrens zu definieren. Die genannten Methoden sind dennoch erfolgreich,
weil die Anzahl der zu bestimmenden Parameter klein und eine nur auf den Grauwerten und nicht auf den Pixeln ausgeführte Transformation schnell ist. Man vertraut auf
den Benutzer, der durch Manipulation der Kontrastverstärkungsparameter nicht nur
die optimale Parameterbelegung finden, sondern auch die Artefakte verstehen und in
seine Bildinterpretation mit einzubeziehen lernen soll.

Mit der Entropie steht uns ein Maß zur Verfügung, das die Grauwertverteilung misst
und damit grundsätzlich geeignet ist, die Spreizung oder Stauchung von Grauwerten
in Abhängigkeit von ihrer Häufung zu steuern. Entropie ist also neben globalem und
lokalem Kontrast ein drittes Maß für den Kontrast. Das ist nicht überraschend, denn
wir haben Entropie im letzten Kapitel als Maß für die Information eingeführt. Wenn
also Kontrast etwas über die Wahrnehmbarkeit von Objekten aussagt, dann müssen
Entropie und Kontrast eng verwandt sein.

Bei allen drei Maßen sollte man allerdings im Auge behalten, dass wir sie völlig
unabhängig vom Inhalt eines Bildes definiert haben. Damit können wir zwar alle
Maße ohne vorherige, aufwändige Bildanalyse berechnen, aber die Optimierung eines
oder aller dieser Maße bedeutet nicht automatisch, dass ein abgebildetes Objekt tatsächlich besser wahrnehmbar ist.

In *Abschnitt 6.1.1* haben wir die Entropie $E(H_p)$ eines Bildes mit normiertem Histogramm H_p definiert als

$$E\left(H_p\right) = -\sum_{i=0}^{K-1} H_p(i) \log_2 H_p(i).$$

Unser Ziel war es, ein Bild so weit zu komprimieren, dass die durchschnittliche Anzahl von Bits pro Pixel nahe an der Entropie liegt. Zur Bildverbesserung suchen wir dagegen nach einer Transferfunktion g', durch welche die Grauwerte g so auf neue Grauwerte abgebildet werden, dass die Entropie des Histogramms H_p' der Anzahl der verwendeten Bits pro Pixel (in der Regel also 8) entspricht. Das wird genau dann erreicht, wenn H_p' für alle Grauwerte g' konstant ist.

Diese Abbildung lässt sich einfach errechnen, wenn man zunächst annimmt, dass die Grauwerte kontinuierlich auf einem Bereich von 0 bis 1 definiert sind. Die Gesamtanzahl aller Pixel ist dann das Integral über das Histogramm von 0 bis 1. Für ein normiertes, konstantes Histogramm wäre das Integral von 0 bis zu einem beliebigen Grauwert w gerade w. Für unser Ursprungshistogramm ist das natürlich nicht so, aber man kann eine Abbildung zwischen g und g' definieren, welche die Einhaltung dieser Bedingung erzwingt (siehe Abbildung 7.4):

$$g'(g) = \int_0^g H_p(w)\,dw.$$

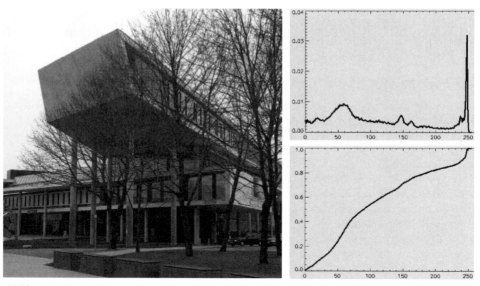

Abbildung 7.4: Um die Entropie zu maximieren, wird das kumulative Histogramm (unten rechts) als Transferfunktion verwendet. (Bild von K. Rink)

Betrachtet man diese Abbildung, dann sieht man, dass eine Spreizung für Grauwerte g stattfindet, die besonders häufig vorkommen, weil das Integral mit steigendem g hier besonders rasch wächst.

Zur Vereinfachung haben wir den Definitionsbereich von H_p auf Grauwerte zwischen 0 und 1 normiert. Um die tatsächlichen Grauwerte zu erhalten, müssen wir diese Normierung noch rückgängig machen, indem wir das Resultat mit $w_{max} = 255$ multiplizieren.

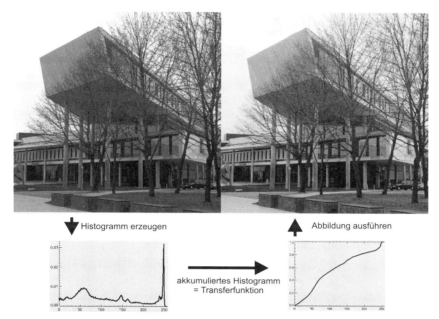

Abbildung 7.5: Durch Histogrammlinearisierung wurde der Kontrast sowohl im mehrheitlich dunklen Bereich in der Bildmitte als auch im hellen Hintergrund angehoben.

Da die Grauwerte zudem nicht kontinuierlich, sondern als ganze Zahlen definiert sind, muss außerdem die Integration über den Grauwertbereich durch eine Summation ersetzt werden und wir erhalten:

$$g'(g) = w_{max} \cdot \sum_{i=0}^{K-1} H_p(i).$$

Diese Operation erzeugt reellwertige Grauwerte g', die auf die nächste ganze Zahl abgebildet werden müssen. Bei einer Stauchung selten vorkommender Grauwerte führt das dazu, dass ursprünglich unterschiedliche Grauwerte nun durch einen einzigen Grauwert repräsentiert werden. Die endgültige Formel lautet also:

$$g'(g) = \left\lceil w_{max} \cdot \sum_{i=0}^{K-1} H_p(i) \right\rceil - 1.$$

Diese Operation heißt **Histogrammlinearisierung** (engl. **Histogram Equalisation**, siehe Abbildung 7.5). Allerdings ist das Ergebnis kein Histogramm mit konstanter Häufigkeitsverteilung, sondern eines, bei dem die einzelnen Funktionswerte umverteilt wurden. Sehr häufig vorkommende Grauwerte liegen im Histogramm weit auseinander und selten vorkommende Grauwerte liegen dichter beieinander. Dass kein konstantes Histogramm erzeugt wurde, liegt daran, dass die Summation die Integration nur annähert.

Im Gegensatz zur integrierenden Methode führt die Histogrammlinearisierung deshalb auch nicht zu einer Verbesserung, sondern zu einer Verschlechterung der Entropie. Daher könnte man meinen, dass eine Histogrammlinearisierung kein geeignetes Mittel der Bildverbesserung sein kann. Wenn man aber eine Linearisierung auf einem Bild durchführt, erkennt man, dass sich der wahrgenommene Kontrast durchaus verbessert.

Das liegt daran, dass Teilsummen

$$T_s = \sum_{i=s\cdot D}^{s\cdot D+D-1} H_p(i)$$

von je D zusammengefassten Grauwerten mit steigendem D immer weniger Abweichungen zeigen würden. Das erzeugte Histogramm ist zwar nicht konstant, doch entwickelt sich bei einer gröberen Quantisierung des linearisierten Bildes schneller ein nahezu konstantes Verhalten, als dies bei einer Quantisierung des Originalbilds der Fall wäre. Das erklärt, warum trotz sinkender Entropie ein histogrammlinearisiertes Bild den Eindruck eines verbesserten Kontrasts vermittelt.

Da die Linearisierung genau wie alle anderen bisher vorgestellten Verfahren nur auf der Auswertung der Grauwerthäufigkeit basiert, können sich in Abhängigkeit vom Bildinhalt dennoch unerwünschte Nebeneffekte einstellen. Die zugrunde liegende Hypothese einer Linearisierung ist, dass häufig vorkommende Grauwerte besonders häufig aneinander grenzen und dass daher ihr Abstand vergrößert werden soll. Das ist zwar der Fall, das gesuchte Objekt kann aber so klein sein, dass dessen Pixel im Histogramm schlecht repräsentiert sind, während die Grauwerte des Hintergrunds das Histogramm dominieren (siehe Abbildung 7.6). Eine Linearisierung würde den Kontrast im Hintergrund zuungunsten der Erkennbarkeit des Vordergrunds verstärken.

Abbildung 7.6: Nachteilig an der Histogrammlinearisierung ist, dass die Kontrastanhebung unabhängig vom Bildinhalt ist. In diesem Fall wurde der Kontrast des Bildhintergrunds zuungunsten des Vordergrunds angehoben.

Durch lokale Berechnung der Transferfunktion einer Histogrammlinearisierung kann dies verhindert werden. Für jedes Pixel wird aus einer vorgegebenen lokalen Nachbarschaft ein lokales Histogramm erzeugt. Dieses wird für die Berechnung einer Transferfunktion für dieses Pixel verwendet. Das Verfahren heißt **Adaptive Histogrammlinearisierung (AHE – Adaptive Histogram Equalisation**, siehe Abbildung 7.7). Da AHE den Hintergrund unabhängig vom Vordergrund behandelt, kann man erwarten, dass in der lokalen Umgebung des Vordergrundobjekts die Häufigkeit der dieses Objekt beschreibenden Pixelgrauwerte das Histogramm dominiert. Der Kontrast wird also auch dort verstärkt. Weil sich die Nachbarschaftsbereiche benachbarter Pixel überlappen, kann man darüber hinaus erwarten, dass die Abbildung von g auf g' zwar lokal unterschiedlich ist, der Wechsel aber so kontinuierlich ist, dass es keine Interpretationsschwierigkeiten gibt.

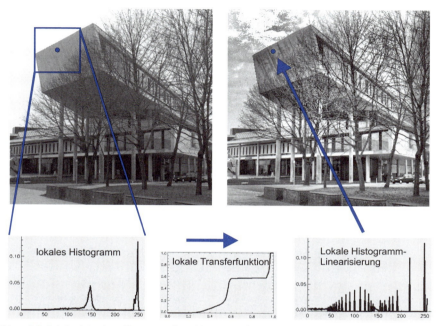

Abbildung 7.7: Bei der Adaptiven Histogrammlinearisierung wird in einer vorgegebenen Umgebung jedes Pixels ein eigenes Histogramm berechnet und die Abbildung nach diesem Histogramm ausgeführt.

Nachteilig ist jedoch die extreme Anhebung des Kontrasts in sehr homogenen Bildbereichen. Da Bilder nie frei von Rauschen sind, werden sich in solchen Bereichen die Amplituden von Signal und Rauschen kaum unterscheiden. Die Rauschamplitude mag sogar größer sein als die des Signals. Um die Überbetonung von Rauschen auch nach Kontrastverbesserung zu vermeiden, kann man den AHE-Operator um einen Parameter ergänzen, der die maximale Kontrastanhebung begrenzt. Diese Variante heißt **Kontrastlimitierte adaptive Histogrammlinearisierung (CLAHE – Contrast Limited Adaptive Histogram Equalisation**, siehe Abbildung 7.8).

Abbildung 7.8: Vergleich zwischen Adaptiver und Kontrastlimitierter adaptiver Histogrammlinearisierung

7.2 Bildverbesserung durch lineare Filterung

Pixelbasierte Bildverbesserung berücksichtigt Zusammenhänge zwischen den Werten benachbarter Pixel nur bedingt, z.B. über die der Histogrammlinearisierung zugrunde liegenden Hypothesen. Damit wird Kontrast unabhängig von der Bedeutung eines Pixels angehoben. Mit der in *Abschnitt 3.2.1* eingeführten Faltung im Ortsraum oder der Multiplikation mit einer korrespondierenden Filterfunktion im Frequenzraum existiert dagegen ein methodischer Ansatz, um Veränderungen eines Pixels in Abhängigkeit von seiner Nachbarschaft vorzunehmen.

Zwei Arten der Bildverbesserung können unter Berücksichtigung der Nachbarschaft die Erkennbarkeit steigern:

1 Durch Rauschunterdrückung kann das Signal gegenüber stochastischen Störungen verstärkt werden.

2 Durch Kantenhervorhebung kann die Grenze zwischen zwei Objekten betont oder extrahiert werden.

Verfahren zur Rauschunterdrückung müssen die Nachbarschaft eines Pixels berücksichtigen, weil Rauschen nur als statistische Eigenschaft einer Menge von Pixeln charakterisiert werden kann. Verfahren zur Kantenanhebung benötigen die Nachbarschaftsinformation, weil Kanten – wie bereits in *Kapitel 5* festgestellt wurde – über die approximierten partiellen Ableitungen der Bildfunktion definiert sind.

7.2.1 Rauschunterdrückung durch lineare Filterung

Rauschen wurde als stochastischer Prozess definiert, welcher der ungestörten Bildfunktion überlagert ist, wobei angenommen wird, dass der Erwartungswert $E\{\eta(m,n)\}$ der Rauschfunktion Null ist. Mit einer steigenden Anzahl der Stichproben des Rauschens η ergibt sich eine immer bessere Schätzung des Erwartungswerts. Das macht man sich bei der Rauschunterdrückung zunutze.

Um ein Verfahren zur Rauschunterdrückung zu entwickeln, können wir davon ausgehen, dass der Erwartungswert der ungestörten Bildfunktion f – da er eine deterministische Größe ist – konstant ist, d.h. $E\{f(m,n)\} = f(m,n)$. Das verrauschte Bild g ist gegeben durch $g(m,n) = f(m,n) + \eta(m,n)$. Wenn es nun gelingt, den Erwartungswert von g zu schätzen, dann haben wir

$$E\{g(m,n)\} = E\{f(m,n)\} + E\{\eta(m,n)\} = E\{f(m,n)\} = f(m,n).$$

Also ist das Problem gelöst, sobald eine gute Schätzung für $E\{g(m,n)\}$ existiert. Wenn eine Bildsequenz $g_0, g_1, \ldots, g_{K-1}$ derselben Szene zur Verfügung steht, dann kann das gemittelte Bild als Schätzer für $E\{g(m,n)\}$ dienen. Betrachtet man die Bildfolge als zusätzliche Achse entlang der Zeit, so kann die Operation als Filterung entlang der Zeitachse mit dem folgenden Faltungskern durchgeführt werden:

$$F = \left(\frac{1}{K} \quad \frac{1}{K} \quad \frac{1}{K} \quad \cdots \quad \frac{1}{K} \right).$$

Die Summe der Elemente des Faltungskerns ist 1. Diese Eigenschaft teilt dieser Kern mit allen anderen Faltungskernen zur Rauschunterdrückung. Sie ist dadurch begründet, dass die Faltung den Erwartungswert von g erzeugen soll. Jede von 1 verschiedene Summe würde zu einer entsprechenden Skalierung der Grauwerte der Bildfunktion führen.

Hat sich die Szene während der Aufnahme der Sequenz nicht verändert, dann muss an jeder Stelle (m,n) die Funktion f für alle Bilder konstant geblieben sein. Jede Veränderung von g ist durch Rauschen h verursacht. Falls aber $f \neq E\{f\}$ ist, führt die Rauschunterdrückung zu Artefakten. Wenn z.B. auf Grund von Bewegung für einen Teil der K Bilder Objekt A mit Helligkeit f_1 und für einen anderen Teil Objekt B mit Helligkeit f_2 an derselben Stelle sichtbar war, dann ist der Erwartungswert ein Wert zwischen f_1 und f_2. Das Resultat sieht unscharf aus.

Die Addition von Einzelbildern zur Rauschunterdrückung wird für digitale Kamerabilder selten ausgeführt. Dort verlängert man die Belichtungszeit, was einer Integration statt einer Summation über die Zeit entspricht und damit einen ähnlichen Effekt hat. Eingesetzt wird die Filterung entlang der Zeitachse dagegen bei manchen Verfahren zur Berechnung von mehrdimensionalen Messwertverteilungen. In der Magnetresonanz-Tomografie werden z.B. wegen des geringen Signals mehrere Messungen addiert, bevor das Bild rekonstruiert wird.

Abbildung 7.9: Durch Mittelwertfilter kann Rauschen unterdrückt werden. Das Original ist oben links, das verrauschte Bild ist oben rechts zu sehen. Das Bild in der Mitte zeigt das Ergebnis nach Filterung mit einem Mittelwertfilter der Größe 3×3. Rechts ist die Differenz zwischen Filterergebnis und verrauschtem Bild zu sehen. Die unterste Zeile zeigt Ergebnisse nach Filterung mit einem 5×5-Filter. Da das Modell für die Rauschunterdrückung an Kanten nicht zutrifft, ist in den Differenzbildern zu sehen, dass ein Teil der Kanteninformation herausgefiltert wurde.

Existiert keine Bildfolge, kann man dennoch versuchen, den Erwartungswert von $g(m,n)$ zu schätzen. Dazu nimmt man an, dass die Funktionswerte der Funktion f in einer gewissen Umgebung um jedes Pixel konstant sind. Statt über eine Bildfolge wird nun über die Nachbarschaft jedes Pixels gemittelt. Der einfachste Faltungskern hierfür ist das so genannte **Mittelwertfilter** (auch **Boxcar-Filter** genannt, siehe Abbildung 7.9). Für eine 3×3-Umgebung sieht es wie folgt aus:

$$
\begin{pmatrix} \dfrac{1}{9} & \dfrac{1}{9} & \dfrac{1}{9} \\[2mm] \dfrac{1}{9} & \dfrac{1}{9} & \dfrac{1}{9} \\[2mm] \dfrac{1}{9} & \dfrac{1}{9} & \dfrac{1}{9} \end{pmatrix} \quad \text{oder, einfacher} \quad \frac{1}{9}\begin{pmatrix} 1 & 1 & 1 \\ 1 & 1 & 1 \\ 1 & 1 & 1 \end{pmatrix}.
$$

Es sei daran erinnert, dass der Faltungskern eine abgekürzte Darstellung der Faltungsfunktion ist, deren Definitionsbereich von $-\infty$ bis ∞ reicht. Der Faltungskern listet nur die von Null verschiedenen Werte dieser Funktion auf. Um das Bild nicht durch die Faltung zu verschieben, gehen wir davon aus, dass der mittlere Wert des Faltungskerns dem Wert der Faltungsfunktion h an der Stelle (0,0) entspricht. Damit ist das Mittelwertfilter punktsymmetrisch zum Koordinatenursprung. Filterkerne mit einer geraden Anzahl von Zeilen oder Spalten sind weniger günstig, weil sie sich nicht symmetrisch über den Koordinatenursprung platzieren lassen. Die meisten Faltungskerne besitzen daher eine ungerade Anzahl von Zeilen und Spalten.

Mit der Anzahl der Werte, über die gemittelt wird, steigt auch die Zuverlässigkeit der Schätzung von $E\{f\}$. Mit einem 5×5-Filter würde z.B. über fast dreimal so viele Werte gemittelt als mit dem oben dargestellten 3×3-Filter. Allerdings setzt das voraus, dass die Werte von f in der gewählten Umgebung tatsächlich konstant sind. Das ist gerade an Kanten nicht der Fall und so werden die Artefakte mit größer werdenden Filterkernen an den Kanten immer größer, das gefilterte Bild wirkt immer unschärfer. Für die Wahl der Filtergröße kommt es deshalb darauf an, in Abhängigkeit von der Charakterisierung des wahrnehmbaren Rauschens den besten Kompromiss zwischen Rauschunterdrückung und Kantenunschärfe zu finden.

Besonders kritisch ist das für eine spezielle Art des Rauschens, die **Impulsrauschen** oder **Salt-and-Pepper-Noise** genannt wird (siehe Abbildung 7.10). Der Erwartungswert dieses Rauschens ist zwar auch Null, doch ist ein Großteil der Pixel (z.B. 95%) überhaupt nicht betroffen. Die verbleibenden Pixel nehmen entweder den dunkelsten Grauwert 0 (negativer Impuls, der „Pfeffer" des Salz-und-Pfeffer-Rauschens) oder den hellsten Grauwert 255 (positiver Impuls, das „Salz") an. Für die Filterung bedeutet das, dass die Umgebungsgröße sehr groß sein muss, damit es wahrscheinlich ist, dass genügend positive und negative Impulse in der Umgebung erfasst sind. Nur dann hebt sich ihr Einfluss bei der Summation auf. Damit ist dieses Rauschen mit den bisher vorgestellten Methoden nicht zu entfernen, ohne dass die Kanten sehr unscharf werden (eine Lösung hierfür folgt in *Abschnitt 7.3.1*).

Um das Verhalten des Mittelwertfilters genauer zu beurteilen, kann man die Filterfunktion in den Frequenzbereich transformieren und untersuchen, wie sich die Amplitude des Bildsignals in Abhängigkeit von der Frequenz verändert. Die fouriertransformierte Funktion B_K eines Rechteckimpulses b_K der Größe $K{\times}K$ mit Zentrum im Ursprung des Koordinatensystems ist wegen der Symmetrie zum Koordinatenursprung reell. Sie lässt sich analytisch bestimmen und ist

$$
B_K(u,v) = \frac{\sin(\pi u K)}{\pi u K}\,\frac{\sin(\pi v K)}{\pi v K}.
$$

Abbildung 7.10: So genanntes Salz-und-Pfeffer-Rauschen kann durch Mittelwertfilterung nur abgeschwächt, aber nicht beseitigt werden, weil die Umgebung zur zuverlässigen Schätzung des Erwartungswerts zu groß wird.

Man sieht, dass das Verhalten im Frequenzraum recht kompliziert ist. Die Amplitude nimmt wegen der Division mit u und v mit zunehmender Frequenz ab. Also erfolgt eine Unterdrückung hoher Frequenzen. Da vornehmlich niedrige Frequenzanteile erhalten bleiben, heißen solche Filter **Tiefpassfilter**. Allerdings ist die Tiefpasscharakteristik des Mittelwertfilters nicht ideal. Die Abschwächung hängt nicht nur von der Höhe der Frequenz, sondern auch von der Periodizität der Sinusfunktionen im Zähler ab. Zudem ist diese Periodizität auch noch richtungsabhängig. Letzteres bedeutet, dass die Filterung eines gedrehten Bildes etwas anderes ergibt als das Resultat einer vor der Drehung ausgeführten Filterung. Dieses Verhalten hätte man im Übrigen bereits bei einer Betrachtung der Konvolution im Ortsbereich erkennen können, denn der Abstand der Werte, über die gemittelt wird, ist entlang der Diagonalen größer als entlang einer der beiden Seiten. Die durch dieses Verhalten verursachten Artefakte lassen sich gut in einem Testbild erkennen, das sich aus Wellen unterschiedlicher Frequenz und Richtung zusammensetzt (siehe Abbildung 7.11).

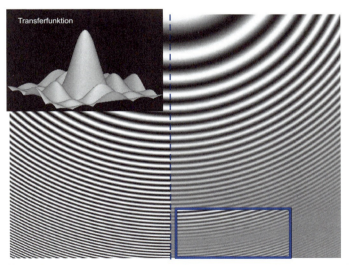

Abbildung 7.11: An der Frequenzraumrepräsentation des Mittelwertfilters lässt sich gut erkennen, dass es bei der Anwendung zu Artefakten kommen muss (unten rechts ist ein kontrastverstärkter Bildausschnitt zu sehen).

Für die Entwicklung eines besseren Filters sollten wir also versuchen, die Filterfunktion gleich im Frequenzraum zu entwickeln. Falls die Filterung im Ortsraum ausgeführt werden soll, kann die Frequenzraumrepräsentation zurücktransformiert werden. Das Modell für das Rauschen im Frequenzraum geht von einer additiven stochastischen Komponente aus. Bereits bei der Entwicklung des Wiener-Filters zur Bildrestauration sind wir davon ausgegangen, dass die Amplitude des Signals mit steigender Frequenz viel schneller sinkt als die des Rauschens. Für niedrigere Frequenzen überwiegt dagegen das Signal gegenüber dem Rauschen. Für ein heuristisch entwickeltes Tiefpassfilter muss diejenige Grenzfrequenz bestimmt werden, für die Signal und Rauschen etwa gleich stark sind. Nur Frequenzen unterhalb dieser Frequenz bleiben erhalten. Das Filter heißt **Ideales Tiefpassfilter** mit Grenzfrequenz F_{max}:

$$H_{F_{max}}(u,v) = \begin{cases} 1 & \text{, falls } u^2 + v^2 \leq F_{max}^2 \\ 0 & \text{, sonst.} \end{cases}$$

Bei einer Rauschunterdrückung durch ein Ideales Tiefpassfilter entstehen jedoch andere, noch deutlichere Artefakte als bei der Mittelwertfilterung. Sie treten vornehmlich an Kanten auf und werden **Ringing-Artefakte** genannt (siehe Abbildung 7.12). Um zu verstehen, wieso diese Artefakte entstehen, transformiert man die ideale Filterfunktion in den Ortsraum zurück. Die analytische Lösung für ein Ideales Tiefpassfilter mit Grenzfrequenz F_{max} bei einem quadratischen Bild mit Bildgröße $N{\times}N$ lautet:

$$h_{F_{max}}(m,n) = \sin\left(\pi\sqrt{m^2 + n^2}\ \frac{N}{F_{max}}\right)$$

Wegen der Punktsymmetrie des Tiefpassfilters ist auch der Konvolutionskern symmetrisch. Problematisch ist das periodische Verhalten von h. Es erklärt das Ringing-Artefakt. An Kanten zwischen hellen und dunklen Bereichen werden die hohen Werte mit abnehmender Amplitude weit in den dunklen Bereich und die niedrigen Werte weit in den hellen Bereich hinein verteilt.

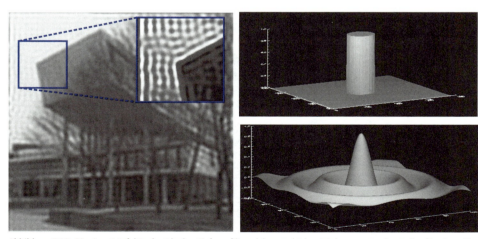

Abbildung 7.12: Ringing-Artefakte des Idealen Tiefpassfilters (oben rechts) entstehen wegen des wellenförmigen Verhaltens im Ortsbereich (unten rechts).

Die beiden bisher entwickelten Filter berücksichtigen unterschiedliche Charakteristika des Rauschens entweder nur im Orts- oder nur im Frequenzbereich. Ein ideales Rauschfilter sollte jedoch beides vereinen. Man kann diese Anforderung ausgehend von einer Filterung im Ortsraum oder einer im Frequenzraum angehen. Beginnt man mit dem Frequenzraumfilter, so sieht man, dass das unerwünschte Verhalten des Idealen Tiefpassfilters durch den unstetigen Wechsel des Funktionswerts an der Grenzfrequenz verursacht wird. Definiert man ein Filter, das die Frequenzen nur abschwächt, sollte dieses Verhalten nicht auftreten. Eine Variation des Tiefpassfilters, das dieser Forderung Rechnung trägt, ist das **Butterworth-Tiefpassfilter** (siehe Abbildung 7.13):

$$H_{F_{max}}(u,v) = \frac{1}{1 + \left(\left(u^2 + v^2 \right) \Big/ F_{max}^2 \right)^k} \cdot$$

Die Ableitung dieser Funktion nach der Frequenz hat ihren größten Wert an der Stelle F_{max}. Die Funktionswerte sind also für niedrige Frequenzen hoch, sinken dann aber immer schneller, je mehr man sich der Grenzfrequenz nähert. Wenn die Grenzfrequenz überschritten wird, nähert sich die Abschwächung langsam der Nulllinie an. Der Exponent k steuert, wie rasch die Funktion an der Grenzfrequenz abnimmt. Für kleine k ist diese Minderung langsam, während sich das Filter für $k \to \infty$ einem Idealen Tiefpassfilter nähert.

Abbildung 7.13: Repräsentation des Butterworth-Tiefpassfilters in Orts- (unten rechts) und Frequenzraum (unten links). Ringing-Artefakte nach Filterung treten erwartungsgemäß nicht mehr auf.

Wenn das Filter in den Ortsraum transformiert wird, dann ist eine Periodizität der Faltungsfunktion nicht mehr erkennbar. Allerdings ist der Faltungskern so groß wie das gesamte Bild. Für die Entwicklung eines geeigneten Filters im Ortsraum geht man daher einen anderen Weg, durch den eine Folge von Filtern mit kontrollierbarer Größe des Faltungskerns definiert werden kann. Die Charakteristik dieser Filter ist ähnlich der des Butterworth-Filters, d.h. anstelle eines abrupten Wechsels des Funktionswerts wird eine diskretisierte Variante einer kontinuierlich abnehmenden Funktion erzeugt. Diese Filter heißen **Binomialfilter**, da ihre Werte sich aus den Binomialkoeffizienten ergeben.

Binomialfilter werden zunächst als eindimensionale Filter entwickelt und dann zweidimensional erweitert. Sie können rekursiv definiert werden. Ein Binomialfilter B^1 der Ordnung 1 ist eine Filterfunktion, deren Faltungskern

$$\frac{1}{2} \cdot \begin{pmatrix} 1 & 1 \end{pmatrix}$$

ist. Ein Binomialfilter B^K der Ordnung K wird durch Konvolution eines Filters der Ordnung $K{-}1$ mit einem Filter der Ordnung B^1 erzeugt, d.h. $B^K = B^{K-1} * B^1$. Es entsteht eine Folge von Faltungskernen, deren Koeffizienten die Binomialkoeffizienten sind:

$$B^1 = \frac{1}{2}\begin{pmatrix} 1 & 1 \end{pmatrix}$$

$$B^2 = \frac{1}{4}\begin{pmatrix} 1 & 2 & 1 \end{pmatrix}$$

$$B^3 = \frac{1}{8}\begin{pmatrix} 1 & 3 & 3 & 1 \end{pmatrix}$$

$$B^4 = \frac{1}{16}\begin{pmatrix} 1 & 4 & 6 & 4 & 1 \end{pmatrix}$$

...

Mit höherer Ordnung ähnelt das Verhalten der Filter immer mehr dem Verhalten des Butterworth-Filters. Transformiert man die Binomialfilter in den Frequenzraum, so erkennt man, dass für Binomialfilter höherer Ordnung die Gewichtung mit steigender Frequenz kontinuierlich abnimmt (siehe Abbildung 7.14).

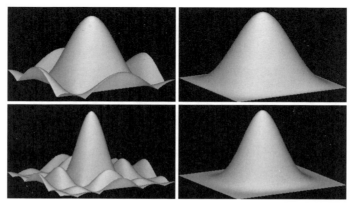

Abbildung 7.14: Vergleich der Frequenzraumrepräsentationen von 3×3- und 5×5-Mittelwertfilter (oben und unten links) und B^2- und B^4-Binomialfilter (oben und unten rechts)

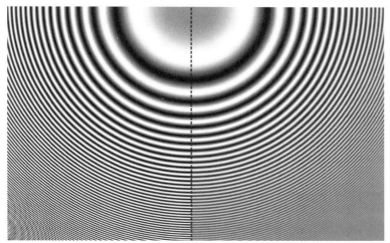

Abbildung 7.15: Die Filterung mit Binomialfilter (B^4-Filter, rechts) führt nicht zu Artefakten.

Für die Filterung sind nur Binomialfilter von gerader Ordnung geeignet, da sie eine ungerade Anzahl von Filterkoeffizienten besitzen. Ein quadratisches, zweidimensionales Binomialfilter wird erzeugt durch Matrixmultiplikation zweier eindimensionaler Filter von gleicher Ordnung

$$B^{K,K} = B^K \times \left(B^K\right)^{\mathrm{T}},$$

wobei $(B^K)^{\mathrm{T}}$ die transponierte Matrix von B^K bezeichnet. Für die Filter der Ordnung 2 und 4 ergeben sich damit die folgenden zweidimensionalen Binomialfilter (Abbildung 7.15 zeigt, dass das Binomialfilter nicht zu Artefakten führt, Abbildung 7.16 zeigt Binomial- und Mittelwertfilter im Vergleich):

$$B^{2,2} = \frac{1}{4}\begin{pmatrix}1\\2\\1\end{pmatrix}\times\frac{1}{4}\begin{pmatrix}1 & 2 & 1\end{pmatrix} = \frac{1}{16}\begin{pmatrix}1 & 2 & 1\\2 & 4 & 2\\1 & 2 & 1\end{pmatrix}$$

und

$$B^{4,4} = \frac{1}{16}\begin{pmatrix}1\\4\\6\\4\\1\end{pmatrix}\times\frac{1}{16}\begin{pmatrix}1 & 4 & 6 & 4 & 1\end{pmatrix} = \frac{1}{256}\begin{pmatrix}1 & 4 & 6 & 4 & 1\\4 & 16 & 24 & 16 & 4\\6 & 24 & 36 & 24 & 6\\4 & 16 & 24 & 16 & 4\\1 & 4 & 6 & 4 & 1\end{pmatrix}.$$

Aus der Definition ergibt sich, dass das Filter separabel ist. Anstatt die Filterung mit dem zweidimensionalen Faltungskern auszuführen, kann man also hintereinander zwei eindimensionale Filterungen durchführen. Die Art der Normierung ist ebenfalls bemerkenswert, denn Normierungsfaktoren für ein Binomialfilter der Ordnung K sind 2^{-K} für eindimensionale und 2^{-2K} für zweidimensionale Filter. Statt einer Abbildung auf Fließkommazahlen, Filterung und anschließender Division kann die Filterung daher vollständig in ganzen Zahlen ausgeführt werden, wobei die Division als Shift-Operation um K bzw. $2K$ Stellen durchgeführt wird.

Mittelwertfilter 5x5   Binomialfilter 5x5

Abbildung 7.16: Vergleich zwischen Mittelwert- und Binomialfilter

Die Binomialfilter nähern ein optimales Rauschfilter aus Sicht einer Operation im Ortsbereich an, während das Butterworth-Filter das Ergebnis einer Suche nach dem optimalen Verhalten im Frequenzbereich ist. Wird dieser Optimierungsprozess konsequent zu Ende geführt, ergibt sich ein neues Filter, das im Orts- und Frequenzbereich ein ähnliches Verhalten aufweist. Dieses Filter ist die Faltung (im Ortsbereich) bzw. die Multiplikation (im Frequenzbereich) mit einer Gauß-Funktion. Wenn die Ordnung der Binomialfilter gegen unendlich geht, so ergibt sich eben diese Funktion:

$$h(x) = \frac{1}{\sigma\sqrt{2\pi}}\exp\left(-\frac{x^2}{2\sigma^2}\right).$$

Durch σ wird die Standardabweichung (also die Breite) der Gauß-Funktion bezeichnet. Durch verschieden große Werte für σ wird unterschiedliches Tiefpassverhalten bewirkt. Die fouriertransformierte Gauß-Funktion ist eine Gauß-Funktion mit der Standardabweichung $1/\sigma$. Je größer σ ist, desto größer ist also die Dämpfung hoher Frequenzen. Die Analyse der Filterfunktion im Ortsraum und im Frequenzraum zeigt ein ideales Verhalten, so dass die Gauß-Funktion in dieser Hinsicht ein optimales Filter für die Rauschunterdrückung ist (siehe Abbildung 7.17). Die zweidimensionale Gauß-Funktion kann durch Matrixmultiplikation zweier eindimensionaler Funktionen erzeugt werden und ergibt

$$h(x,y) = \frac{1}{\sigma\sqrt{2\pi}}\exp\left(-\frac{x^2+y^2}{2\sigma^2}\right).$$

Genau wie die Binomialfunktion ist die Gauß-Funktion separabel, d.h. die Faltung im Ortsraum kann durch zwei Faltungen mit der entsprechenden eindimensionalen Funktion in x- und in y-Richtung erfolgen. Durch die geeignete Wahl des Parameters σ wird die Charakteristik des Rauschens im Frequenzraum berücksichtigt. Beachten muss man, dass die Gauß-Funktion nicht Null wird. Die Größe eines Faltungskerns muss so gewählt werden, dass die Werte der Gauß-Funktion ausreichend gut approximiert werden. Sie wird von der Größe von σ abhängen. Wählt man beispielsweise als Filtergröße $K = 2\cdot\lceil 3\sigma\rceil + 1$, dann beträgt der Funktionswert am Rand des Filterkerns noch etwa 1% des Maximums der Gauß-Funktion. Das Maximum an der Stelle $h(0,0)$ ist $\left(\sigma\sqrt{2\pi}\right)^{-1}$. Die Filtergröße K ist damit angemessen. Da durch die Diskretisierung und den damit verbundenen Quantisierungseffekt die Summe der Funktionswerte im Faltungskern nicht mehr 1 ergibt, muss der Normierungsfaktor der Gauß-Funktion entsprechend angepasst werden.

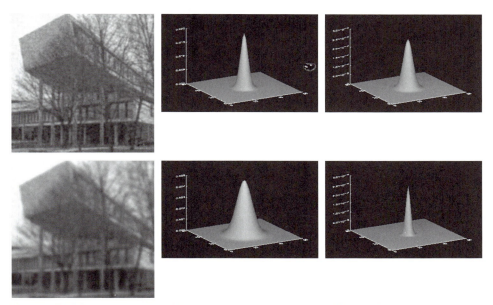

Abbildung 7.17: Filterung mit zwei Gauß-Filtern unterschiedlicher Varianz. Orts- (Mitte) und Frequenzraumrepräsentation (rechts) zeigen, dass die Varianz im Frequenzraum umgekehrt proportional zur Varianz im Ortsraum ist.

7.2.2 Generierung von Kantenmerkmalen durch lineare Filterung

Durch Rauschunterdrückung wird der Kontrast über eine relative Signalanhebung vergrößert. Die Auswertung von Kantenmerkmalen dagegen ermöglicht die bessere Betonung von Grenzen zwischen Objekten. Da Kanten durch die rauschunterdrückenden Maßnahmen am meisten in Mitleidenschaft gezogen wurden, überrascht es wenig, dass sie im Frequenzraum vornehmlich durch hohe Frequenzen repräsentiert werden können. Das am leichtesten zu entwerfende Filter zur Extraktion von Kanteneigenschaften ist daher das **Ideale Hochpassfilter** mit Grenzfrequenz F_{max} im Frequenzraum:

$$H_{F_{max}}(u,v) = \begin{cases} 1 & \text{, falls } u^2 + v^2 \geq F_{max}^2 \\ 0 & \text{, sonst.} \end{cases}$$

Multipliziert man eine Funktion F mit $H_{F_{max}}$ und transformiert das Resultat zurück in den Ortsraum, dann enthält das Resultat fast ausschließlich Kanteninformation. Information über die Helligkeit innerhalb von Objekten ist zum großen Teil verloren gegangen. Genau wie das Ideale Tiefpassfilter führt eine Ideale Hochpassfilterung zu Ringing-Artefakten, die durch Filter wie das Butterworth-Hochpassfilter verhindert werden können (siehe Abbildung 7.18):

$$H_{F_{max}}(u,v) = \frac{1}{1 + \left(F_{max}^2 \middle/ \left(u^2 + v^2 \right) \right)^k}. \tag{7.1}$$

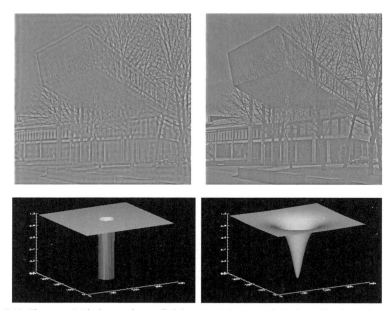

Abbildung 7.18: Filterung mit Idealem Hochpass- (links) sowie mit Butterworth-Hochpassfilter (rechts). In der unteren Zeile sind die jeweiligen Amplitudenbilder der Filter gezeigt.

Wieder ist F_{max} die Grenzfrequenz, an der die Änderung von $H_{F_{max}}$ am größten ist. In der Realisierung muss das Hochpassfilter allerdings den Fall $u = v = 0$ gesondert betrachten. Für $u \to 0$, $v \to 0$ geht der Bruch

$$F_{max}^2 \bigg/ \left(u^2 + v^2\right)$$

gegen unendlich, was für die Gesamtfunktion bedeutet, dass $H(0,0)$ gegen Null geht. Die Werte des Butterworth-Hochpassfilters werden also über eine Fallunterscheidung berechnet. Für $u = v = 0$ wird $H(u,v) = 0$ gesetzt. In allen anderen Fällen wird der Ausdruck aus Gleichung (7.1) verwendet.

Vergegenwärtigt man sich die Darstellung aus dem vorigen Abschnitt, so fallen die Ähnlichkeiten in der Argumentation und in den vorgestellten Filtern auf. Das ist nicht überraschend, denn Kanten scheinen einfach das zu sein, was übrig bleibt, wenn ein Bild geglättet und vom Ursprungsbild subtrahiert wird.

Einen wesentlichen Unterschied gibt es jedoch, der bereits bei der Berechnung der PSF (*Abschnitt 5.3.1*) eine Rolle gespielt hat. Kanten haben nicht nur eine Stärke, sondern auch eine Richtung. Die Ausdehnung einer Kante orthogonal zu ihrer Richtung sollte, da sie zwei Objekte voneinander trennt, Null sein. Für eine ideale Stufenkante ist es sogar so. In der Praxis findet man zwar selten eine ideale Stufenkante, doch auch dann sollte es genau einen Ort geben, an dem die Kantenstärke maximal ist.

Zur Berechnung von Ort und Richtung einer Kante ist es hilfreich, zu einer Betrachtung von Kanten und Kantenmerkmalen im Ortsraum zurückzukehren. Die Stärke einer Kante lässt sich über die Steilheit der Grauwertfunktion, also den Betrag des Gradienten, bestimmen. Die Richtung der Kante verläuft orthogonal zur Gradientenrichtung (siehe Abbildung 7.19). Da die Ableitungen nur angenähert werden können, approximiert man den Gradienten $\nabla f(m,n)$ durch Differenzen der Bildfunktion in m- und n-Richtung. Diese Operation kann man durch Faltung mit zwei verschiedenen Faltungskernen erzeugen:

$$\frac{\partial f(m,n)}{\partial m} \approx f(m,n) * h_m \quad \text{mit} \quad h_m = \begin{pmatrix} 0 & 0 & 0 \\ -1 & 0 & 1 \\ 0 & 0 & 0 \end{pmatrix} \tag{7.2}$$

und

$$\frac{\partial f(m,n)}{\partial n} \approx f(m,n) * h_n \quad \text{mit} \quad h_n = \begin{pmatrix} 0 & -1 & 0 \\ 0 & 0 & 0 \\ 0 & 1 & 0 \end{pmatrix} \tag{7.3}$$

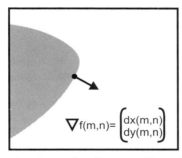

Abbildung 7.19: Der Gradient ist ein Vektor, dessen Länge die Kantenstärke repräsentiert und dessen Richtung orthogonal zur Kantenrichtung verläuft.

Die Faltungskerne bilden die Differenz in den beiden Richtungen durch Subtraktion des Pixelgrauwerts vor dem aktuellen Pixel von dem des Pixels nach dem aktuellen Pixel. Die Summe der Elemente des Faltungskerns ist 0 (für die Frequenzraumrepräsentation bedeutet dies übrigens, dass der Wert von $H(0,0) = 0$ sein muss, was für die beiden zuvor dargestellten Filter im Frequenzraum der Fall ist). Das Ergebnis ist ein Gradient

$$\nabla f(m,n) = \begin{pmatrix} f(m,n) * h_m \\ f(m,n) * h_n \end{pmatrix}.$$

Die Abschätzung des Gradienten kann verbessert werden, indem andere oder mehr Pixel in die Berechnung einbezogen werden. Faltungskerne einiger bekannter Kantenoperatoren sind der **Robert's Gradient** (siehe Abbildung 7.20)

$$\begin{pmatrix} -1 & 0 \\ 0 & 1 \end{pmatrix} \quad \text{und} \quad \begin{pmatrix} 0 & -1 \\ 1 & 0 \end{pmatrix}$$

und der **Sobel-Operator** (siehe Abbildung 7.21)

$$\begin{pmatrix} -1 & 0 & 1 \\ -2 & 0 & 2 \\ -1 & 0 & 1 \end{pmatrix} \text{ und } \begin{pmatrix} -1 & -2 & -1 \\ 0 & 0 & 0 \\ 1 & 2 & 1 \end{pmatrix}.$$

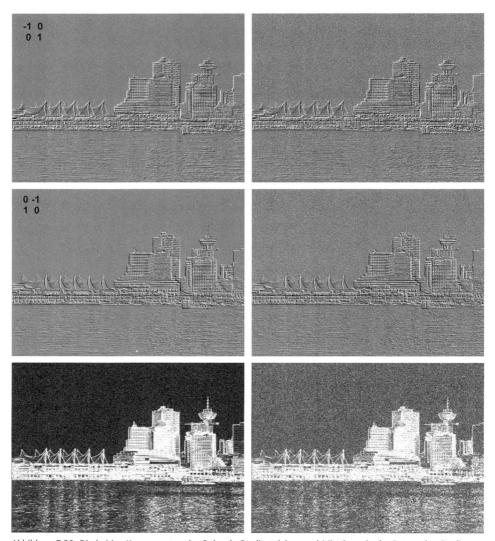

Abbildung 7.20: Die beiden Komponenten des Robert's Gradient (oben und Mitte) sowie der Betrag des Gradienten (unten) auf einem rauscharmen (links) und einem verrauschten (rechts) Bild

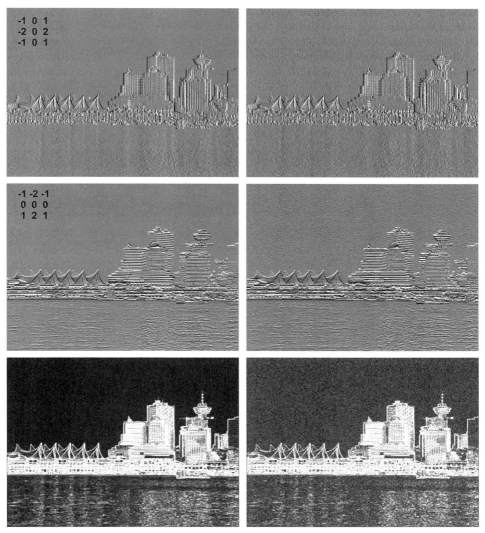

Abbildung 7.21: Die beiden Komponenten des Sobel-Operators (oben und Mitte) sowie der Betrag des Gradienten (unten) auf einem rauscharmen (links) und einem verrauschten (rechts) Bild

Die Differenzen für den Robert's Gradient werden vom aktuellen Pixel zu den Nachfolgerpixeln gebildet, d.h. $h(0,0)$ ist das obere rechte Element des Faltungskerns. Auffällig an diesem Operator ist, dass die Ableitungen nicht in m- oder n-Richtung, sondern entlang der beiden Diagonalen gebildet werden. Damit ist der Abstand etwas höher als bei einfacher Differenz in m- bzw. n-Richtung. Da man üblicherweise den Gradienten aber durch partielle Ableitungen entlang der Koordinatenachsen definiert, muss das Resultat der Filterung auf diese Richtungen projiziert werden.

Der Sobel-Operator hat eine gewisse Ähnlichkeit mit den Binomialfiltern aus dem vorigen Abschnitt und in der Tat ist das durch die Sobel-Filterung berechnete Ergebnis die Differenz von zwei Glättungen, die senkrecht zur Differentiationsrichtung ausgeführt wurden. Vergleicht man das Amplitudenbild der Fourier-Transformation des einfachen Differenzfilters mit dem des Sobel-Filters, dann erkennt man, dass das Sobel-Filter orthogonal zur Differentiationsrichtung wie ein Tiefpassfilter wirkt (siehe Abbildung 7.22). Das hat Vorteile, wenn das verarbeitete Bild Rauschen beinhaltet, weil die einfache Differenzberechnung durch die Unterdrückung von niedrigen Frequenzen zu einer Verstärkung des Rauschens führt.

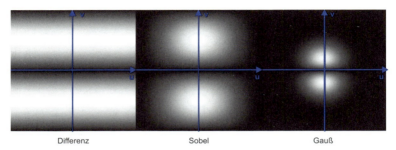

Differenz Sobel Gauß

Abbildung 7.22: Vergleich von einfachem Differenzoperator, Sobel-Operator und partieller Ableitung der Gauß-Funktion im Frequenzraum

Unglücklicherweise sind Kantenmerkmale vornehmlich im hohen Frequenzbereich zu finden. Gerade dies ist der Bereich, in dem Rauschen gegenüber dem Signal überwiegt. Es kommt daher darauf an, den Frequenzbereich des Kantenfilters so einzuschränken, dass ein Frequenzband verstärkt wird, in dem Kantenmerkmale erkennbar sind und das Signal noch stark genug ist. Ähnlich wie bei der Tiefpassfilterung kann dies gesteuert durch eine Gauß-Funktion erfolgen. Die Berechnung der partiellen Ableitung besteht also aus zwei hintereinander ausgeführten Konvolutionen, einer Tiefpassfilterung mit einem Gauß-Filter und der Differenzbildung. Die Konvolutionsoperation ist assoziativ und deshalb kann aus diesen beiden Konvolutionsfunktionen für jede der beiden Richtungen eine gemeinsame Funktion gebildet werden. Da aber die Gauß-Funktion differenzierbar ist, können stattdessen auch die reell definierte, zweidimensionale Gauß-Funktion partiell in x- bzw. y-Richtung abgeleitet und die Filterkerne anschließend durch Diskretisierung berechnet werden. Die ersten Ableitungen der Gauß-Funktion sind:

$$\frac{\partial h(x,y)}{\partial x} = -\frac{x}{\sigma^3\sqrt{2\pi}}\exp\left(-\frac{x^2+y^2}{2\sigma^2}\right) \quad \text{und} \quad \frac{\partial h(x,y)}{\partial y} = -\frac{y}{\sigma^3\sqrt{2\pi}}\exp\left(-\frac{x^2+y^2}{2\sigma^2}\right).$$

Auch hier muss beachtet werden, dass bei der Diskretisierung abhängig vom Wert von σ ein genügend großer Filterkern gewählt wird. Ein Wert von $K = 2\cdot\lceil 3\sigma\rceil + 1$ ist angemessen.

Manchmal ist es nicht der Gradient, aus dem eine Kantenrichtung abgeleitet werden soll, sondern Pixel sollen detektiert werden, durch die Kanten in einer gegebenen Richtung verlaufen. Dazu werden Richtungsoperatoren für unterschiedliche Richtungen auf ein Bild angewendet. Ziel ist nicht unbedingt die Berechnung eines Kantenverlaufs – dazu ist der Gradient völlig ausreichend –, sondern die Gruppierung von Bildpunkten nach Richtungen. Für jeden Bildpunkt wird festgestellt, welche der Richtungen die stärkste Filterantwort geliefert hat.

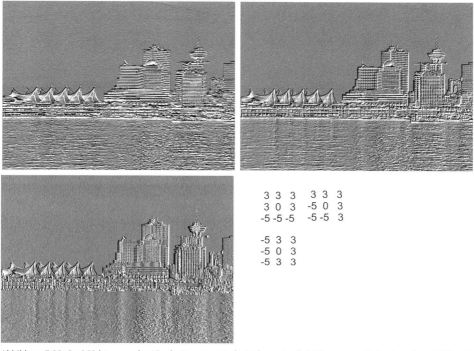

```
3  3  3      3  3  3
3  0  3     -5  0  3
-5 -5 -5    -5 -5  3

-5 3  3
-5 0  3
-5 3  3
```

Abbildung 7.23: Drei Richtungen des Kirsch-Operators. Jeder Teiloperator hebt Kantenanteile in einer der acht Hauptrichtungen des Kompasses hervor.

Der Kirsch-Operator und der Prewitt-Operator liefern eine solche richtungsabhängige Filterantwort. Der **Prewitt-Operator** besteht aus einer Gruppe von acht Faltungskernen für acht unterschiedliche Richtungen. Die ersten drei Filter sehen wie folgt aus:

$$h_1 = \begin{pmatrix} 1 & 1 & 1 \\ 0 & 0 & 0 \\ -1 & -1 & -1 \end{pmatrix}, \quad h_2 = \begin{pmatrix} 0 & 1 & 1 \\ -1 & 0 & 1 \\ -1 & -1 & 0 \end{pmatrix}, \quad h_3 = \begin{pmatrix} -1 & 0 & 1 \\ -1 & 0 & 1 \\ -1 & 0 & 1 \end{pmatrix}.$$

Durch Drehung um Vielfache von $45°$ können die weiteren fünf Operatoren erzeugt werden. Filter dieser Art heißen Kompassfilter, weil sie Richtungsantworten für die acht Hauptrichtungen des Kompasses liefern. Die Faltungskerne werden manchmal auch nach diesen Richtungen benannt. Das Filter h_1 wäre danach das N-Filter, h_2 das NO-Filter und h_3 das O-Filter. Der **Kirsch-Operator** ist ein weiterer Kompassoperator (siehe Abbildung 7.23), dessen erste drei Faltungskerne wie folgt definiert sind:

$$h_1 = \begin{pmatrix} 3 & 3 & 3 \\ 3 & 0 & 3 \\ -5 & -5 & -5 \end{pmatrix}, \quad h_2 = \begin{pmatrix} 3 & 3 & 3 \\ -5 & 0 & 3 \\ -5 & -5 & 3 \end{pmatrix}, \quad h_3 = \begin{pmatrix} -5 & 3 & 3 \\ -5 & 0 & 3 \\ -5 & 3 & 3 \end{pmatrix}.$$

Auch hier ergeben sich die weiteren Richtungen durch inkrementelle Rotation um 45°.

Alle bisher vorgestellten Operatoren im Ortsraum basierten auf der ersten Ableitung der Bildfunktion. Auch die zweite Ableitung dieser Funktion liefert wertvolle Information über Kanten. Genau wie die erste Ableitung besteht die zweite Ableitung einer Funktion mit mehrdimensionalem Definitionsbereich aus einer Menge von partiellen Ableitungen. Für die Ableitung einer Funktion $f(x,y)$ mit zweidimensionalem reellem Definitionsbereich gibt es vier mögliche partielle zweite Ableitungen:

$$\frac{\partial^2 f}{\partial x^2}(x,y), \quad \frac{\partial^2 f}{\partial y^2}(x,y), \quad \frac{\partial^2 f}{\partial x \partial y}(x,y), \quad \frac{\partial^2 f}{\partial y \partial x}(x,y).$$

Dabei bedeutet $\partial^2 f / \partial x^2$, dass die Funktion f zweimal partiell nach x abgeleitet wird, während $\partial^2 f / \partial x \partial y$ heißt, dass die Funktion erst nach x und dann nach y abgeleitet wird. Die zweiten partiellen Ableitungen werden in der so genannten **Hesse-Matrix** notiert:

$$\mathbf{H}(f) = \begin{pmatrix} \partial f / \partial^2 x & \partial f / \partial y \partial x \\ \partial f / \partial x \partial y & \partial f / \partial^2 y \end{pmatrix}.$$

Die Matrix wird manchmal auch Jacobi-Matrix genannt. Eine Jacobi-Matrix besteht aus den ersten Ableitungen eines Funktionals. Werden die ersten Ableitungen als Funktional $F = (\partial f / \partial x \quad \partial f / \partial y)$ aufgefasst, ist die Bezeichnung von $\mathbf{H}(f)$ als Jacobi-Matrix $\mathbf{J}(F)$ berechtigt.

Die Determinante der Hesse-Matrix ist ein Indikator für Eckpunkte in einem Bild (siehe Abbildung 7.24). Je höher der Wert der Determinante ist, desto wahrscheinlicher ist der Ort ein Eckpunkt. Die Determinante einer 2×2-Matrix $\mathbf{A}$ mit Elementen $a_{11}, a_{12}, a_{21}, a_{22}$ ist gegeben durch $det(\mathbf{A}) = a_{11}a_{22} - a_{12}a_{21}$. Ein Eckpunkt ist ein Ort, in dem sich die Richtung des Kantenverlaufs abrupt ändert. Ecken sind signifikante Merkmale eines Objekts, so dass die Berechnung der Hesse-Matrix eine wesentliche Komponente der Vorverarbeitung für eine spätere Bildanalyse ist.

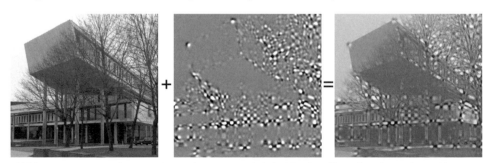

Abbildung 7.24: Der Wert der Determinante der Hesse-Matrix (Mitte) ist ein Indikator für Ecken. Hohe positive Werte stehen für dunkle Ecken vor hellem Hintergrund, hohe negative Werte stehen für helle Ecken vor dunklem Hintergrund.

Durch die Eigenwerte der Hesse-Matrix werden lokale Extrema und Sattelpunkte charakterisiert (siehe Abbildung 7.25). Falls die Matrix keine negativen Eigenwerte besitzt, handelt es sich um ein Maximum. Bei einem negativen Eigenwert ist der betreffende Ort ein Sattelpunkt und bei zwei negativen Eigenwerten ist er ein lokales Minimum. Die beiden Eigenwerte λ_1 und λ_2 einer 2×2-Matrix $\mathbf{A}$ mit Elementen a_{11}, a_{12}, a_{21}, a_{22} sind die Lösungen der quadratischen Gleichung $(a_{11} - \lambda)(a_{22} - \lambda) - a_{12}a_{21} = 0$. Die Ergebnisse sind allerdings sehr empfindlich gegenüber Rauschen, wie die Berechnung in Abbildung 7.26 zeigt, wo selbst nach sehr starker Glättung noch sehr viele Extrema gefunden wurden.

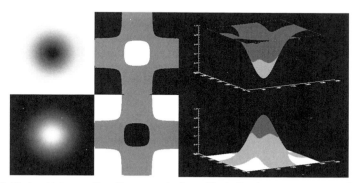

Abbildung 7.25: Die Anzahl der negativen Eigenwerte der Hesse-Matrix (0: schwarz, 1: grau, 2: weiß) gibt an, ob ein Ort Teil eines lokalen Maximums, Sattelpunkts oder Minimums ist.

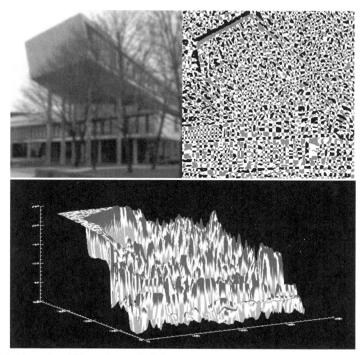

Abbildung 7.26: Die zweite Ableitung ist empfindlich gegenüber Rauschen. Deswegen weisen die Eigenwerte der Hesse-Matrix sehr viele lokale Maxima und Minima auf.

Genau wie die erste Ableitung kann auch die zweite Ableitung durch Differenzen angenähert werden. So lässt sich etwa $\partial^2 f / \partial x^2$ durch zweimalige Anwendung eines Gradientenoperators in x-Richtung und $\partial^2 f / \partial x \partial y$ durch Anwendung eines Gradientenoperators in x-Richtung gefolgt von einem Gradientenoperator in y-Richtung abschätzen.

Wesentlich für Bildverbesserungsmethoden ist auch die Summe der partiellen Ableitungen. Dort, wo der Betrag der ersten Ableitung maximal ist, gibt es einen Vorzeichenwechsel der zweiten Ableitung. Eine Kante verläuft also genau dort, wo dieser Vorzeichenwechsel – ein so genannter **Nulldurchgang** – stattfindet. Die Berechnung der Summen der partiellen, zweiten Ableitungen erfolgt mittels **Laplace-Operator, der** durch das Zeichen ∇^2 bezeichnet wird (siehe Abbildung 7.27). Es gibt zwei Versionen für die Definition des Laplace-Operators, bei denen entweder die beiden Ableitungen der Hauptdiagonalen der Hesse-Matrix oder alle Ableitungen addiert werden:

$$\nabla^2 f(x,y) = \frac{\partial^2 f}{\partial x^2}(x,y) + \frac{\partial^2 f}{\partial y^2}(x,y)$$

oder

$$\nabla^2 f(x,y) = \frac{\partial^2 f}{\partial x^2}(x,y) + \frac{\partial^2 f}{\partial y^2}(x,y) + \frac{\partial^2 f}{\partial x \partial y}(x,y) + \frac{\partial^2 f}{\partial y \partial x}(x,y) \, .$$

Verwendet man die einfachen Differenzoperatoren aus den Gleichungen (7.2) und (7.3), so ergeben sich für die Näherung des Laplace-Operators zwei unterschiedliche Operatoren:

$$L_4 = \begin{pmatrix} 0 & -1 & 0 \\ -1 & 4 & -1 \\ 0 & -1 & 0 \end{pmatrix} \quad \text{oder} \quad L_8 = \begin{pmatrix} -1 & -1 & -1 \\ -1 & 8 & -1 \\ -1 & -1 & -1 \end{pmatrix}$$

Abbildung 7.27: Nulldurchgänge des Laplace-Operators. Dunkle Pixel bezeichnen negative, helle Pixel bezeichnen positive Werte.

Um Kantenorte nach Anwendung des Laplace-Operators zu berechnen, muss man das gefilterte Bild auf Vorzeichenwechsel untersuchen. Am einfachsten geht das, indem man, z.B. nach Anwendung des L_4-Operators, das Bild einmal um ein Pixel nach links und einmal um ein Pixel nach unten verschiebt. Anschließend wird das gefilterte Bild mit den beiden verschobenen Bildern verglichen. Ein Nulldurchgang liegt vor, wenn das Ergebnis des Laplace-Operators an einem Pixel Null ist oder wenn die Vorzeichen an dieser Stelle für das gefilterte Bild und eines der beiden verschobenen Bilder unterschiedlich sind. Die Suche nach Nullstellen nach Anwendung des L_8-Operators erfordert zusätzlich, dass auch in die Richtung der beiden Diagonalen verschoben werden muss.

Der Laplace-Operator ist wegen der zweimaligen Differentiation sehr rauschempfindlich (siehe Abbildung 7.28). Deswegen ist es sinnvoll, die Laplace-Filterung mit einer Glättung zu verbinden. Der bekannteste Operator für diesen Vorgang ist das **Laplacian-of-Gaussian-Filter (LoG-Filter**, siehe Abbildung 7.29). Es entsteht aus der Summe der diskretisierten zweiten Ableitungen einer Gauß-Funktion:

$$LoG(x,y) = -\frac{1}{\pi\sigma^4}\left(1 - \frac{x^2 + y^2}{2\sigma^2}\right)\exp\left(-\frac{x^2 + y^2}{2\sigma^2}\right).$$

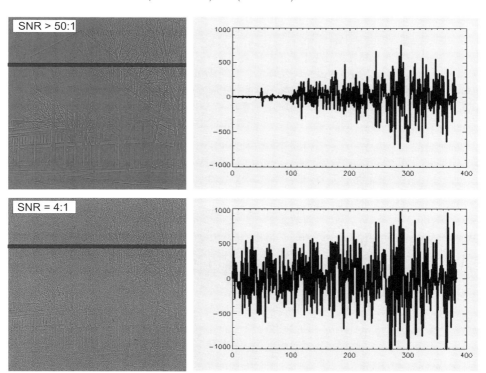

Abbildung 7.28: Die Laplace-Ableitung ist rauschanfällig, wie die Wiedergabe der Werte einer Bildzeile (blau) zeigt.

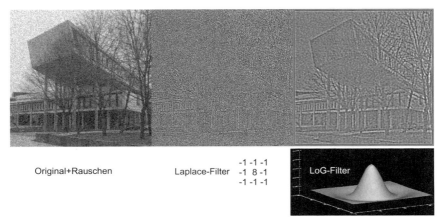

Original+Rauschen   Laplace-Filter

```
-1 -1 -1
-1  8 -1
-1 -1 -1
```

LoG-Filter

Abbildung 7.29: Das LoG-Filter zur Berechnung von Nulldurchgängen ist wegen der integrierten Tiefpassfilterung besser in der Lage, Nulldurchgänge von signifikanten Kanten hervorzuheben, als das Laplace-Filter.

Genau wie bei der Diskretisierung der Gauß-Funktion und ihren partiellen ersten Ableitungen ist auch hier darauf zu achten, dass die Breite K des Faltungskerns nach Diskretisierung dem Wert der Standardabweichung σ (z.B. $K = 2 \cdot \lceil 3\sigma \rceil + 1$) angemessen ist. Auch hier muss die Normierung nach Diskretisierung so adaptiert werden, dass die Summe der Filterwerte Null ergibt.

Das Filter ist auch unter dem Namen **Marr-Hildreth-Filter** bekannt. Der Informatiker David Marr und die Wahrnehmungspsychologin Ellen Hildreth zeigten, dass die Signalverarbeitung einer frühen Stufe der visuellen Wahrnehmung einer LoG-Filterung ähnlich ist. Eine weitere Bezeichnung ist **Mexican-Hat-Filter** – nach dem Aussehen des Filters.

Für die Bestimmung von Nulldurchgängen durch ein LoG-Filter wird oft eine Folge von LoG-Filtern mit unterschiedlichen Standardabweichungen verwendet. Orte, an denen Nulldurchgänge für verschiedene Filterbreiten beobachtet werden können, sind mit höherer Wahrscheinlichkeit Teil eines Kantenzugs als solche, bei denen nur für eine bestimmte Standardabweichung eine Kante detektiert wird. Zusammen mit der integrierten Glättung führt diese Strategie daher zu einer verbesserten Erkennungsrate, falls Bilder durch Rauschen gestört sind.

Ein weiteres Filter, bei dem Glättung mit einer zweiten Ableitung kombiniert wird, ist das **Difference-of-Gaussian-Filter (DoG-Filter)**. Das Bild wird durch zwei Gauß-Filter mit unterschiedlicher Standardabweichung geglättet und diese beiden Bilder werden voneinander subtrahiert:

$$DoG(x,y) = \frac{1}{\sigma_1 \sqrt{2\pi}} \exp\left(-\frac{x^2 + y^2}{2\sigma_1^2}\right) - \frac{1}{\sigma_2 \sqrt{2\pi}} \exp\left(-\frac{x^2 + y^2}{2\sigma_2^2}\right).$$

Da eine Gauß-Funktion mit geringerer Standardabweichung ein höheres Maximum hat und schneller gegen Null geht als eine mit höherer Standardabweichung, ist die Differenz der beiden Funktionen dem LoG-Filter sehr ähnlich.

Auch bei einer Glättung vor der Berechnung des Nulldurchgangs ist der Ort des Null-durchgangs auf Grund von Störeinflüssen möglicherweise nicht genau bestimmbar. Es kann sich daher lohnen, die Kantenbestimmung um ein einfaches Kantenmodell zu ergänzen. Es wird angenommen, dass die abgebildete Kante eine durch Rauschen und Unschärfe gestörte ideale Stufenkante ist. Wenn um den vermuteten Kantenort $\vec{r}_0$ in der Richtung $\vec{r}$ des Gradienten eine gewisse Umgebung $(\vec{r}_1, \vec{r}_2)$ bestimmt werden kann, in der sich keine weitere Kante befindet, dann muss das Integral der ersten Ableitung zwischen $\vec{r}_1$ und $\vec{r}_0$ gleich dem des Integrals von $\vec{r}_0$ nach $\vec{r}_2$ sein. Das ändert sich auch nicht, wenn die Kante unscharf ist. Rauschen mit Erwartungswert 0 hat ebenso wenig Einfluss, solange die Umgebung $(\vec{r}_1, \vec{r}_2)$ groß genug ist, um den Erwartungswert zuver-lässig zu schätzen. Um den Ort des Nulldurchgangs zu bestimmen, geht man daher in drei Schritten vor:

1 Berechnung der Gradienten und Nulldurchgänge, z.B. durch Gauß-Filterung gefolgt von Sobel- und Laplace-Filterung

2 An jedem Nulldurchgang:
   a. Bestimmung einer Umgebung $(\vec{r}_1, \vec{r}_2)$ in Gradientenrichtung $\vec{r}$ um den Null-durchgang
   b. Bestimmung des Schwerpunkts der Gradientenlängen entlang von $\vec{r}$

3 Der Schwerpunkt ist der gesuchte Ort des Nulldurchgangs.

7.3 Nichtlineare Filterung

Kontrastverbesserung durch lineare Filterung wird durch Unterdrückung von Störsig-nalen oder durch Verstärkung oder Extraktion von Kanten erreicht. Leider haben Kan-ten und Rauschen ähnliche Eigenschaften, so dass die Unterdrückung von Rauschen meist auch Kanten unterdrückt. Um die Trennung effizienter zu gestalten, kann man Filter konstruieren, die die Unterschiede zwischen Rauschen und Kanten nicht aus-schließlich im Frequenzraum definieren. Diese Filter werden im Ortsraum konstruiert und sind nichtlinear. Eine Entsprechung im Frequenzraum gibt es daher nicht.

Zwei gebräuchliche Filter sollen nachfolgend vorgestellt werden:

- Das **Medianfilter** gehört zur Gruppe der Rangordnungsfilter. Die unterschiedliche Behandlung von Kanten und Rauschen resultiert aus den unterschiedlichen Eigen-schaften beider Einflüsse, wenn sie als stochastischer Prozess betrachtet werden.

- Das **Diffusionsfilter** simuliert einen Diffusionsprozess zum Ausgleich von Grau-wertunterschieden. Hier wird vorausgesetzt, dass Kanteninformationen schon vor-handen sind. Sie verhindern den Austausch von Grauwertunterschieden über Objektgrenzen hinaus.

Neben diesen beiden Filtern gibt es eine große Anzahl weiterer, nichtlinearer Filter zur kantenerhaltenden Glättung (*edge preserving smoothing*), die zum Teil mit speziellen Kantenmodellen arbeiten oder die, wie beispielsweise die Markov-Felder, die stochasti-sche Verteilung von durch Rauschen verursachten Grauwertvariationen unter Berück-sichtigung von Nachbarschaftsinformationen beschreiben.

7.3.1 Rangordnungsfilter

Durch ein **Rangordnungsfilter** werden die Grauwerte einer vorgegebenen Umgebung um einen zu filternden Punkt sortiert. Aus der sortierten Reihenfolge wird der an einem bestimmten Rang eingeordnete Wert anstelle des Ursprungsgrauwerts eingesetzt. Die Umgebung ist meist quadratisch, ungeradzahlig und um den zu filternden Punkt angeordnet. Da nur Werte aus der Umgebung des zu filternden Pixels selektiert werden, erzeugt ein Rangordnungsfilter keine neuen Werte. Damit unterscheiden sich Rangordnungsfilter von den linearen Filtern.

Genau wie bei linearen Filtern kennt man Filter der Größe 3×3, 5×5, 7×7 usw. Der Berechnungsaufwand für ein Rangordnungsfilter ist größer als der für ein lineares Filter. Ist die Anzahl von Operationen für ein lineares Filter mit $K{\times}K$ Elementen $O(K^2)$, so ist sie für ein Rangordnungsfilter wegen der Sortierung mindestens $O(K^2\log_2 K^2)$. Bei einer im Vergleich zur Anzahl der Pixel kleinen Anzahl von Elementen ist das zwar unerheblich, aber es gibt durchaus Anwendungen für sehr große Filter. Dort kann es zu einem spürbaren Unterschied für die Berechnungszeit zwischen linearen und Rangordnungsfiltern kommen, zumal sich für ein lineares Filter bei großen Filtergrößen der noch effizientere Weg über die FFT anbietet.

Der an mittlerer Position eingeordnete Wert einer sortierten Folge ist der Median. Ein Rangordnungsfilter heißt daher **Medianfilter**, wenn das Filterergebnis der in der Mitte eingeordnete Wert ist. Median und Mittelwert einer Folge von Werten sind zwar nicht gleich, doch nähern sie sich für große Folgen normalverteilter Werte einander an. Der Median kann zur Abschätzung des Mittelwerts dienen. Daraus ergibt sich seine Brauchbarkeit für die Unterdrückung von Rauschen. Falls die ungestörte Bildfunktion in der Umgebung des Filters konstant und der Erwartungswert des Rauschens 0 ist, ist der durch den Median angenäherte Erwartungswert der gesuchte ungestörte Funktionswert. Die Näherung des Erwartungswerts wird – ähnlich wie bei den Mittelwertfiltern – mit steigender Filtergröße besser.

Ein Sonderfall für die Rauschunterdrückung ist das Impulsrauschen. Wie schon im Abschnitt zur linearen Filterung angemerkt, bräuchte man sehr große Bereiche, über die der Mittelwert der Funktion berechnet wird, um den Erwartungswert gut anzunähern. Da aber beim Impulsrauschen der Großteil der Funktionswerte ungestört ist und damit dem Erwartungswert entspricht, führt die Medianfilterung in homogenen Bereichen zur vollständigen Beseitigung von Impulsrauschen (siehe Abbildung 7.30).

Abbildung 7.30: Durch Medianfilterung (rechts) kann Impulsrauschen im Gegensatz zur Mittelwertfilterung (Mitte) beseitigt werden.

Unter bestimmten Umständen ist ein quadratisches Medianfilter darüber hinaus kantenerhaltend. Dem liegt das folgende Modell einer Kante zugrunde:

1 Die Funktionswerte der ungestörten Funktion auf beiden Seiten der Kante sind jeweils konstant.

2 Der Signalabstand, d.h. der Werteunterschied an einer Kante, ist größer als die Rauschamplitude.

3 Die Kante verläuft über die Fläche des Medianfilters gerade.

Für die Diskussion über das Verhalten des Filters an einer Kante nennen wir in der sortierten Folge der Pixelwerte die Menge der Pixel auf der dunkleren Seite der Kante k_D und die auf der helleren Seite k_H. Wäre die Szene nicht von Rauschen gestört und gilt Bedingung 1, so würden alle Werte aus k_D vor allen Werten von k_H einsortiert. Gilt die Bedingung 2, so ändert sich dies auch dann nicht, wenn der Bildfunktion ein Rauschen überlagert ist. Die Bedingung 3 schließlich sagt aus, dass k_D mehr Elemente als k_H hat, wenn das Pixel im Zentrum zu k_D gehört. Falls das mittlere Pixel dagegen zu k_H gehört, so gehört auch die Mehrheit der Elemente zu k_H. Die drei Bedingungen stellen also sicher, dass ein Grauwert immer von derjenigen Seite der Kante gewählt wird, zu der das zu filternde Pixel gehört. Allerdings ist der Median keine gute Näherung an den Mittelwert der Pixel einer homogenen Region mehr, denn er wird über Pixel aus zwei unterschiedlichen Regionen gebildet.

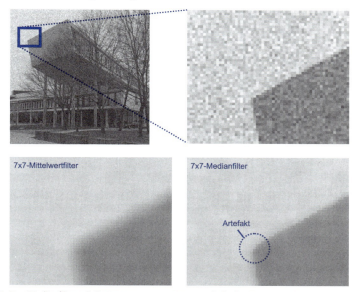

Abbildung 7.31: Das Medianfilter erhält Kanten nur, wenn sie innerhalb der Filterumgebung nahezu gerade verlaufen. Das ist an Ecken nicht der Fall.

Von den drei Bedingungen ist die letzte am schwierigsten einzuhalten. Kantenzüge verlaufen selten über längere Strecken gerade. Wählt man das Medianfilter jedoch klein genug, dann ist diese Bedingung zumindest näherungsweise in den meisten Bereichen des Bildes wahr. Die einzige Ausnahme sind Ecken. So klein eine Umgebung auch gewählt wird, der Kantenverlauf an einem Eckpunkt ist nicht gerade. Daher verursacht die Medianfilterung auch Artefakte an Ecken (siehe Abbildung 7.31).

Das Medianfilter wirkt also in homogenen Bereichen rauschunterdrückend und an Kanten kantenerhaltend. Die Größe eines Medianfilters ist ein Kompromiss zwischen möglichst guter Annäherung an den Erwartungswert der gestörten Funktion durch große Filter und einer Maximierung der Anzahl der Kantenpunkte, die zu lokal gerade verlaufenden Kanten gehören.

7.3.2 Diffusionsfilter

Durch Diffusionsfilter wird der physikalische Diffusionsprozess zum Austausch von Konzentrationsunterschieden simuliert. Man nimmt an, dass durch die Bildfunktion die Konzentration einer Flüssigkeit beschrieben wird. Konzentrationsvariationen werden durch den Diffusionsprozess über die Zeit ausgeglichen. Die Betrachtung eines Bildes als inhomogen verteilte Konzentration eines flüssigen Materials wurde von Perona und Malik [Perona1990] vorgestellt und hat seitdem weite Verbreitung gefunden. Drei verschiedene Diffusionsmodelle werden verwendet (siehe Abbildung 7.32):

1 Bei der isotropen homogenen Diffusion erfolgt ein gleichmäßiger Austausch in alle Richtungen.

2 Bei der isotropen inhomogenen Diffusion hängt das Ausmaß der Diffusion davon ab, ob sich in der Nachbarschaft eine Kante befindet.

3 Bei der anisotropen Diffusion findet auch an Kanten eine Diffusion statt, jedoch nur parallel und nicht über die Kanten hinaus.

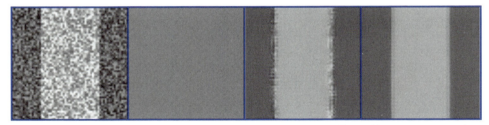

Abbildung 7.32: Homogene, isotrope inhomogene und anisotrope inhomogene Diffusionsfilterung eines verrauschten Bildes (links, SNR_{max} 0,25:1) nach 500 Iterationen. Bei der homogenen Diffusion sind alle Kanten vollständig verschwunden. Bei der isotropen inhomogenen Diffusion bleibt der Unterschied zwischen Vordergrund und Hintergrund erhalten, allerdings bleiben die Kanten verrauscht. Dies ist anders bei der anisotropen inhomogenen Diffusion, bei der auch eine Diffusion parallel zur Kante stattfindet.

Die Austauschrate für die Konzentration ist von einem Diffusionstensor **D** abhängig, durch den die Diffusion in Abhängigkeit von der Richtung eines Konzentrationsgradienten ∇u spezifiziert wird. Wenn durch den Diffusionsprozess Rauschen in Bildern unterdrückt werden soll, ist der Konzentrationsgradient der Grauwertgradient der Bildfunktion f, d.h. es gilt nach dem Fick'schen Gesetz:

$$\vec{j}(x,y) = -\mathbf{D}(x,y) \times \nabla u(x,y) = -\mathbf{D}(x,y) \times \begin{pmatrix} \dfrac{\partial f(x,y)}{\partial x} \\ \dfrac{\partial f(x,y)}{\partial y} \end{pmatrix},$$

wobei **D** eine 2×2-Matrix ist. Der Fluss verändert sich über die Zeit t. Die Konzentrationsveränderung, die durch den Fluss $\vec{j}(x,y)$ an der Stelle (x,y) zum Zeitpunkt t verursacht wird, ist

$$\frac{\partial u(x,y,t)}{\partial t} = -div\,\vec{j}(x,y,t).$$

Durch *div* wird der Divergenzoperator bezeichnet, der wie folgt definiert ist:

$$div\,\vec{j} = \left(\frac{\partial j_x(x,y,t)}{\partial x} + \frac{\partial j_y(x,y,t)}{\partial y}\right).$$

Dabei sind j_x und j_y die beiden Komponenten des Vektors $\vec{j}$. Um den Diffusionsprozess zu simulieren, wird ausgehend von einer Anfangskonzentration $u(x,y,0)$ die Konzentration $u(x,y,t)$ zum Zeitpunkt t berechnet. Die Anfangskonzentration ist dabei das zu bearbeitende Bild $f(x,y) = u(x,y,0)$. Für beliebige Diffusionstensoren ist dieses Problem nicht analytisch lösbar. Man behilft sich mit einer iterativen Schätzung, bei der die Konzentration zum Zeitpunkt t_{i+1} aus der Konzentration zum Zeitpunkt t_i berechnet wird:

$$u(x,y,t_{i+1}) = u(x,y,t_i) + (t_{i+1} - t_i)\frac{\partial u(x,y,t_i)}{\partial t}. \tag{7.4}$$

Die Schätzung geht davon aus, dass die Rate $\partial u/\partial t$ über das Zeitintervall konstant bleibt, dass also das Restglied der Taylor-Reihenentwicklung vernachlässigbar klein ist. Die Konzentration wird darüber hinaus nicht für beliebige Positionen (x,y), sondern nur für Orte (m,n) auf dem Gitter von Pixeln geschätzt.

Die verschiedenen Diffusionsfilter unterscheiden sich nach der Belegung des Diffusionstensors. Für die isotrope homogene Diffusion ist **D** die mit einem Skalar ε_0 multiplizierte Identitätsmatrix. Die Grauwertveränderung $\partial u/\partial t$ ist also $div(\nabla u) = \varepsilon_0(\partial u_x/\partial x + \partial u_y/\partial y)$ und daher nur von der Stärke des Grauwertgradienten abhängig. Für diesen Fall gibt es eine analytische Lösung. Danach ist die Diffusion einer Anfangsverteilung f nach der Zeit t das Ergebnis einer Faltung der Funktion mit einer Gauß-Funktion mit $\sigma = \sqrt{2t}$. Wie nicht anders zu erwarten, führt die isotrope homogene Diffusion dazu, dass sich die Unterschiede in den Grauwerten vollständig ausgleichen. Wird der Diffusionsprozess nach einer gewissen Zeit t gestoppt, dann ist das Resultat ein geglättetes Bild mit unscharfen Kanten.

Da die isotrope Diffusion einer Filterung mit einem Gauß-Filter entspricht, bietet sie auch keine neuen Eigenschaften für die Bildverbesserung. Wenn aber statt einer isotropen homogenen eine isotrope inhomogene Diffusion simuliert wird, bei welcher der Diffusionstensor lokal variiert, dann kann man das Verhalten an Kanten und im Bildinneren voneinander unterscheiden. Idealerweise sollte an den Kanten keine Diffusion stattfinden, während sich durch Störungen verursachte Grauwertunterschiede innerhalb von Objekten ausgleichen sollten.

Da der Verlauf der Kanten nicht bekannt ist (andernfalls wäre eine kantenerhaltende Rauschunterdrückung trivial), sollen diese zu jedem Zeitpunkt t durch den Gradienten von $\nabla u(x,y,t) = (\partial u/\partial x \; \partial u/\partial y)$ geschätzt werden. Je höher die Gradientenlänge ist, desto geringer sollte die Diffusion sein. Dazu muss der Diffusionstensor von der Gradientenlänge abhängig gemacht werden:

$$\mathbf{D} = \begin{pmatrix} \varepsilon\left(\|\nabla u\|^2\right) & 0 \\ 0 & \varepsilon\left(\|\nabla u\|^2\right) \end{pmatrix}.$$

Die Abhängigkeit der Matrixelemente von $\mathbf{D}$ vom Definitionsbereich (x,y) wurde hier wegen der besseren Übersichtlichkeit weggelassen. Die folgende parametrisierbare Variante

$$\varepsilon\left(\|\nabla u\|^2\right) = \varepsilon_0 \frac{\lambda^2}{\|\nabla u\|^2 + \lambda^2} \tag{7.5}$$

wurde von Perona und Malik vorgeschlagen. Der Parameter λ steuert, wie schnell die Diffusion bei steigendem Gradienten zurückgeht. Für große λ nähert sich die inhomogene der homogenen Diffusion an. Für kleinere λ nimmt die Diffusion in Bereichen mit hohen Gradienten dagegen rasch ab. Die inhomogene Diffusion lässt sich nicht mehr analytisch berechnen, so dass mit der iterativen Variante nach Gleichung (7.4) gearbeitet werden muss.

Wendet man die inhomogene Diffusion auf ein Bild mit Kanten an, so erfolgt der Ausgleich der Grauwerte nur innerhalb der Objekte. Wenn die Kanten ausgeprägt genug sind und überall etwa gleich stark, dann sollte innerhalb der Objekte Rauschen unterdrückt werden, während Kanten erhalten bleiben. Ähnlich wie das Medianfilter führt diese Art der Diffusion zur Rauschunterdrückung im Inneren und zur Kantenerhaltung an den Rändern. Allerdings muss die Diffusion an den Kanten meist sehr stark reduziert werden, um eine Glättung über Kanten hinaus zu erschweren. Das führt dazu, dass das Rauschen nahe an den Kanten nicht durch Diffusion ausgeglichen werden kann.

Falls eine Diffusion parallel zur Kantenrichtung zugelassen wird, kann auch an den Kanten eine Rauschunterdrückung stattfinden. Dazu muss ein Diffusionstensor entwickelt werden, der dieses Verhalten unterstützt. Da Diffusionstensoren positiv-definite symmetrische Matrizen sind, haben sie zwei voneinander verschiedene Eigenwerte und können zerlegt werden in:

$$\mathbf{D} = \begin{pmatrix} e_{1,1} & e_{2,1} \\ e_{1,2} & e_{2,2} \end{pmatrix} \begin{pmatrix} \lambda_1 & 0 \\ 0 & \lambda_2 \end{pmatrix} \begin{pmatrix} e_{1,1} & e_{1,2} \\ e_{2,1} & e_{2,2} \end{pmatrix}.$$

Dabei sind λ_1 und λ_2 die beiden Eigenwerte. Die Vektoren $(e_{1,1} \; e_{1,2})$ und $(e_{2,1} \; e_{2,2})$ sind die korrespondierenden Eigenvektoren. Sie geben die Richtung der Diffusion an. Die dazugehörigen Eigenwerte spezifizieren den Umfang des Austauschs durch Diffusion. Will man Diffusion über Kanten verhindern, wählt man einen der beiden Eigenvektoren so, dass er in Richtung des Gradienten zeigt. Der zugehörige Eigenwert muss niedrig sein, wenn der Gradient groß ist. Da der zweite Eigenvektor orthogonal zum ersten ist, verläuft dieser parallel zur Kante. Diffusion parallel zur Kante soll unabhängig von der Kantenstärke erlaubt sein. Daher wählt man als zugehörigen Eigenwert eine Konstante.

Die folgenden Belegungen für Eigenvektoren und Eigenwerte erfüllen diese Bedingung:

$$\begin{pmatrix} e_{1,1} & e_{1,2} \end{pmatrix} = \frac{\nabla u}{\|\nabla u\|}, \quad \lambda_1 = \varepsilon\left(\|\nabla u\|^2\right)$$
$$\begin{pmatrix} e_{2,1} & e_{2,2} \end{pmatrix} = \begin{pmatrix} e_{1,2} & -e_{1,1} \end{pmatrix}, \quad \lambda_2 = 1.$$

Die Funktion $\varepsilon()$ ist in Gleichung (7.5) definiert. Genau wie die isotrope inhomogene Diffusion kann auch die anisotrope Diffusion iterativ nach Gleichung (7.4) berechnet werden. Der Wert von $div(\nabla u(x,y))$ ist auch dann von Null verschieden, wenn sich an (x,y) eine Kante befindet, sofern es auch parallel zur Kante Grauwertunterschiede gibt. Die Grauwertunterschiede in Richtung der Kante beeinflussen das Ergebnis wegen des niedrigen Wertes von $\varepsilon(\|\nabla u\|^2)$ dagegen kaum.

Abbildung 7.33: Verrauschtes Bild (oben links), homogene Diffusion (oben rechts), isotrope inhomogene Diffusion (unten links) und anisotrope Diffusion (unten rechts) nach 20 Iterationen

Abbildung 7.33 zeigt den Vergleich der drei Diffusionsfiltertypen an einem verrauschten Bild. Auch die anisotrope Diffusion wird in der Regel nicht dazu führen, dass Kanten über beliebig viele Iterationen erhalten bleiben, da die auf Grund von Gleichung (7.5) erlaubte Diffusion über Kanten hinaus nie Null sein wird. Man kann das Verhalten etwas verbessern, wenn man die Modelle für Rauschen und Kanten entkoppelt. Das ist zulässig, weil Rauschen und Kanten voneinander unabhängig sein sollten. Eine mögliche Entkopplung wäre die Annahme, dass Kanten in einem mittleren Frequenzband den vorherrschenden Beitrag zum Signal liefern, während Rauschen das in einem hohen Frequenzbereich überwiegende Signal ist. Berücksichtigen kann man dies, indem der Konzentrationsgradient ∇u durch einfache Differenzen abgeschätzt wird, während für den Diffusionstensor anstelle von ∇u in Gleichung (7.5) ein Kantengradient ∇k eingeführt wird, der durch eine Kombination eines Differenzfilters mit einem glättenden Gauß-Filter angenähert wird (siehe Abbildung 7.34).

Abbildung 7.34: Anisotrope Diffusion für unterschiedliche Filtergrößen zur Bestimmung der Kantengradienten. Wegen der vielen Details im Bild lassen sich Kanten und Rauschen nicht gut auf Grund von lokalen Eigenschaften unterscheiden. Die Filterung bewirkt, dass Details, die kleiner als die Filtergröße sind, als Rauschen betrachtet und durch Diffusion aufgelöst werden.

7.4   Vertiefende und weiterführende Literatur

Weitere Informationen zu den mathematischen Grundlagen, die hier vorausgesetzt und meist nur kurz angerissen wurden (partielle Ableitungen, Nabla-Kalkül) findet man in Büchern zur Analysis (z.B. [Kreyszig1999], das zwar als Lehrbuch angeboten wird, aber mit seinen eng gedrängten Informationen auf über 1.000 Seiten eher ein sehr gutes Nachschlagewerk ist; zur Einführung in die Thematik sollte man aus den zahlreich erschienenen Lehrbüchern zur Numerik und Analysis für Ingenieure auswählen, z.B. [Schwetlick1991] und [Jänich2001]). Eine ausführliche Darstellung von linearen und nichtlinearen Filtern findet sich z.B. in [Sonka1998] und [Umbaugh1998]. Histogrammmanipulationen zur Kontrastanhebung sind eine Standardtechnik, die ebenfalls in diesen Büchern behandelt wird. Ein interessanter Beitrag zur Kontrastlimitierten adaptiven Histogrammlinearisierung ist [Zimmerman1988]; ein Überblick zu verschiedenen Techniken ist [Pizer1987a] zu entnehmen. Das Binomialfilter scheint, wie so viele Filter, ursprünglich für die Verarbeitung eindimensionaler Signale entwickelt worden zu sein [Marchand1983]. Die Kanten- und Kompassdetektoren wurden in der Frühzeit der digitalen Bildverarbeitung entwickelt [Roberts1965, Prewitt1970, Sobel1970, Kirsch1971]. Eine weniger pragmatische, sondern grundlegende Betrachtung über Kanten, wie sie in Bildern repräsentiert sind, und darüber, welche Maße man berechnen kann, ist [Marr1980]. Eine Art Kochbuch für die Anwendung von Filtern ist das – im Augenblick leider vergriffene, aber sicher in Bibliotheken verfügbare – Buch von Klette und Zamparoni [Klette1995]. Nichtlineare Filter werden ausführlich in [Dougherty1999] behandelt. Eine interessante Adaption des Medianfilters sind gewichtete Medianfilter [Brownrigg1984], bei denen Rangordnung und Gewichtung kombiniert werden. Das Verhalten dieser Filter wird in dem Tutorial von [Yin1996] ausführlich behandelt. Die Originalpublikation zur anisotropen Diffusion ist [Perona1990]. Ausführlicher und gut verständlich wird das Thema in [Weickert1998] behandelt. Dieses Buch war auch die Grundlage der Ausführungen im diesem Kapitel. Das Verhalten des anisotropen Diffusionsfilters wird von [Yu-Li1996] untersucht. Sie betrachten das Filter als Lösung eines inversen Problems und untersuchen, wann und unter welchen Bedingungen dieses Problem lösbar ist.

ZUSAMMENFASSUNG

Bildverbesserung umfasst Methoden für die Hervorhebung von Objekten bzw. von objektbegrenzenden Kanten. Hauptkriterium ist der Kontrast zwischen Objekt und Hintergrund. Kontrastverstärkung kann durch eine Grauwerttransformation, durch Rauschunterdrückung oder durch Hervorhebung von Kanten erzielt werden.

Durch Grauwertspreizung auf den Grauwerten kann der globale Kontrast zwischen hellstem und dunkelstem Pixel angehoben werden. Gamma-Korrektur sowie Histogrammlinearisierung steigern den lokalen Kontrast zwischen benachbarten Pixeln. Durch nichtlineare Grauwerttransformationen und durch Falschfarbdarstellung kann die Wahrnehmbarkeit von Unterschieden zwischen Pixeln mit ähnlichen Grauwerten gesteigert werden. Alle diese Operationen sind auf dem Histogramm definierbar.

Mit linearen Filtern können das Signal gegenüber Rauschen verbessert oder Kantenpixel verstärkt werden. Lineare Filter können im Ortsbereich (als Faltung) oder im Frequenzbereich (als Multiplikation) angewendet werden.

Lineare Filter zur Rauschunterdrückung sind Tiefpassfilter. Bekannte Filter zur Faltung im Ortsbereich sind Mittelwertfilter, Binomialfilter oder die Filterung mit einer Gauß-Funktion. Filter im Frequenzraum sind das Ideale Tiefpassfilter und das Butterworth-Filter. Bei der Filterung zur Rauschunterdrückung wird vorausgesetzt, dass die gefilterte Region homogen ist. An Kanten führt die Rauschunterdrückung daher zu Artefakten.

Lineare Filter zur Kantenhervorhebung sind Hochpassfilter. Kantenfilter schätzen die partiellen Ableitungen der Bildfunktion durch Differenzen (Sobel-Filter, Robert's Gradient) oder die Summe der zweiten partiellen Ableitungen (Laplace-Filter). Die partiellen ersten Ableitungen ergeben den Gradienten, dessen Richtung orthogonal zur Kantenrichtung ist und dessen Stärke die Steilheit der Kante angibt. Die Berechnung von partiellen Ableitungen in eine der acht Richtungen der Kompassrose ergibt ein Bild der Kantenstärken in diese Richtungen (Kompassfilter, z.B. Prewitt- oder Kirsch-Operator). Das Laplace-Filter erzeugt an Kanten Nulldurchgänge. Auch Hochpassfilter können im Frequenzraum ausgeführt werden (Ideales Hochpassfilter, Butterworth-Filter).

Durch nichtlineare Filter kann eine kantenerhaltende Rauschunterdrückung vorgenommen werden, indem die Zufälligkeit von Rauschen als wesentlicher Unterschied zu den Eigenschaften von Kanten genutzt wird. Das Medianfilter nutzt diese Eigenschaft richtungsunabhängig und über eine vorgegebene Nachbarschaft. Durch Diffusionsfilter kann diese Berechnung richtungssensitiv und über beliebig große Nachbarschaften erfolgen.

ZUSAMMENFASSUNG

Aufgaben

- Was ist globaler Kontrast und durch welche Maßnahmen kann er erhöht werden?

- Wieso eignet sich die Falschfarbdarstellung zur Kontrasterhöhung und was sind die Nachteile dieser Darstellung?

- Wie kann man den Kontrast in einem überbelichteten Bild erhöhen, in dem dennoch jeder Grauwert mindestens einmal vorkommt?

- Wieso erhöht die Histogrammlinearisierung die Entropie nicht und weshalb wird ein Bild mit linearisiertem Histogramm dennoch als informationsreicher wahrgenommen?

- [Projekt] Schreiben Sie eine Methode zur Adaptiven Histogrammlinearisierung und wenden Sie sie auf die Bilder „Bibo" und „CanadaPlace" auf der Companion Website an. Welche Möglichkeiten zur Kontrastbegrenzung bei der Histogrammlinearisierung sehen Sie?

- Was ist ein Mittelwertfilter und was ein Binomialfilter? Was ist der wesentliche Unterschied zwischen beiden?

- Charakterisieren Sie Impulsrauschen. Wie kann man es entfernen? Begründen Sie Ihre Aussage.

- Weshalb entstehen Ringing-Artefakte bei einem Idealen Tiefpassfilter und wie kann man dafür sorgen, dass sie nicht auftreten? Begründen Sie Ihre Aussage.

- Wie groß muss der Faltungskern eines Gauß-Filters sein? Begründen Sie Ihre Aussage.

- Wie kann man die Separabilität des Gauß-Filters für eine schnelle Berechnung nutzen? Schreiben Sie eine Algorithmusskizze zur Gauß-Filterung mit vorgegebener Varianz der Gauß-Funktion.

- Wie sehen die Faltungskerne des Sobel-Filters aus? Welchen Vorteil hat die Filterung mit einem Sobel-Kern gegenüber einer einfachen Differenzbildung?

- Was versteht man unter einem Kompassfilter? Nennen Sie Beispiele für Kompassfilter und geben Sie an, wofür man sie benutzen könnte.

- Wie könnte man eine Kantenfilterung zur Kontrasterhöhung verwenden? Entwickeln Sie ein Programm, das solch eine Kontrasterhöhung vornimmt.

- Was ist die Hesse-Matrix und welche ihrer Eigenschaften sind für die Bildverbesserung interessant?

- [Projekt] Schreiben Sie eine Methode, die im Bild „Swampflower" auf der Companion Website die Nulldurchgänge findet. Bedenken Sie, dass die zweite Ableitung sehr empfindlich gegenüber Rauschen ist.

- Was ist das LoG-Filter und wozu kann es verwendet werden?
- Wieso braucht man nichtlineare Filterung? Was sind die Vorteile gegenüber einem linearen Filter, was die Nachteile?
- Was ist ein Medianfilter? Begründen Sie das unterschiedliche Verhalten des Medianfilters an Kanten und innerhalb von homogenen Gebieten.
- Charakterisieren Sie kurz die Unterschiede zwischen isotroper und anisotroper inhomogener Diffusion.
- Welche Rolle spielt der Diffusionstensor bei der Simulation einer Diffusion?
- [Projekt] Schreiben Sie eine Methode zur anisotropen Diffusion mit dem in den Gleichungen (7.6) und (7.7) entwickelten Diffusionstensor. Experimentieren Sie mit unterschiedlichen Berechnungen der partiellen Ableitungen für Konzentrations- und Kantengradienten. Wenden Sie die Methode auf die Bilder „ZionNoise" und „EnteNoise" auf der Companion Website an.

Literatur

[Brownrigg1984] D. R. K. Brownrigg. The weighted median filter. *Communications of the ACM*, Vol. 27(8), 1984, 807–818.

[Dougherty1999] E. R. Dougherty, J. T. Astola (eds.). *Nonlinear Filters for Image Processing*. SPIE Optical Engineering Press, 1999.

[Jänich2001] K. Jänich. *Analysis für Physiker und Ingenieure*. 4. Auflage, Springer-Verlag, 2001.

[Kirsch1971] R. Kirsch. Computer determination of the constituent structure of biological images. *Computers in Biomedical Research*. Vol. 4, 1971, 315-328.

[Klette1995] R. Klette, P. Zamparoni. *Handbuch für die Operatoren der Bildverarbeitung*. Vieweg-Verlag, 1995.

[Kreyszig1999] E. Kreyszig. *Advanced Engineering Mathematics*. 8. Auflage, Wiley & Sons, 1999.

[Marchand1983] P. Marchand, L. Marmet. Binomial smoothing filter: A way to avoid some pitfalls of least-squares polynomial smoothing. *Review of Scientific Instruments*, Vol. 54(8), 1983, 1034-1041.

[Marr1980] D. Marr, E. Hildreth. Theory of edge detection. *Proceedings of the Royal Society*, Vol. B-200, 1980, 269-294.

[Perona1990] P. Perona, J. Malik. Scale space and edge detection using anisotropic diffusion. *IEEE Transactions on Pattern Analysis and Machine Intelligence*, Vol. 12(7), 1990, 629-639.

[Pizer1987a] S. M. Pizer, E. P. Amburn, J. D. Austin, R. Comartie, A. Geselowitz, T. Greer, B. Ter Haar Romey, J. B. Zimmerman. Adaptive histogram equalization and its variations. *Computer Vision, Graphics and Image Processing*, Vol. 39(3), 1987, 355-368.

[Prewitt1970] J. M. S. Prewitt. Object enhancement and extraction. *Picture Processing and Psychopictorics*, B.S. Lipkin, A. Rosenfeld (Hrsg.), Academic Press, 1970, 75-149.

[Roberts1965] L. G. Roberts. Machine perception of 3-d solids. *Optical and Electro-Optical Information Processing*, J. T. Tippet et al. (Hrsg.). Cambridge University Press, 1965.

[Schwetlick1991] H. Schwetlick, H. Kretschmar. *Numerische Verfahren für Naturwissenschaftler und Ingenieure*. Fachbuchverlag Leipzig, 1991.

[Sobel1970] I. E. Sobel. *Camera Models and Machine Perception*. PhD Thesis, Stanford University, 1970.

[Sonka1998] M. Sonka, V. Hlavac, R. Boyle. *Image Processing, Analysis and Machine Vision*. PWS, 1998.

[Umbaugh1998] S. E. Umbaugh. *Computer Vision and Image Processing: A Practical Approach Using CVIPtools*. Prentice-Hall, 1998.

[Weickert1998] J. Weickert. *Anisotropic Diffusion in Image Processing*. Teubner 1998.

[Yin 1996] L. Yin, R. Yang, M. Gabbouj, Y. Neuvo. Weighted median filters: a tutorial. *IEEE Transactions on Circuits and Systems II: Analog and Digital Signal Processing*, Vol. 43(3), 1996, 157-192.

[Yu-Li1996] Y. Yu-Li, X. Wenyuan, A. Tannenbaum, M. Kaveh. Behavioral analysis of anisotropic diffusion in image processing. *IEEE Transactions on Image Processing*, Vol. 5(11), 1996, 1539-1553.

[Zimmerman1988] J. B. Zimmerman, S. M. Pizer, J. Staab. An evaluation of the effectiveness of adaptive histogram equalisation for contrast enhancement. *IEEE Transactions on Medical Imaging*, Vol 7, 1988, 304-312.

Segmentierung

8

ÜBERBLICK

Fragestellungen, Begriffe und Voraussetzungen

Fragestellungen

Ein einzelnes Pixel sagt wenig über seine Bedeutung aus. Wesentliche Fragestellungen der Segmentierung sind, welche Kriterien für die Gruppierung von Pixeln ohne Kenntnis der Bedeutung der gesuchten Objekte definiert werden können, wie die Gruppierung nach diesen Kriterien effizient durchgeführt werden kann und was geeignete Repräsentationen des Resultats sind.

Eingeführte Begriffe und Konzepte

Schwellenwertsegmentierung ist eine Methode, die über eine Schwelle auf den Grauwerten erfolgt. Die Methode ist erfolgreich, wenn das Histogramm eines Bildes ausgeprägte Maxima aufweist und diese Maxima unterschiedliche Strukturen im Bild kennzeichnen. Zur Nachverarbeitung wird *Region Labelling* vorgestellt, mit dem Segmente markiert werden.

Der *Multiskalenraum* wird als eine Repräsentation vorgestellt, durch die Segmentierungsverfahren parallel auf unterschiedlichen Skalen ausgeführt werden können. Persistenz von Lösungen über mehrere Skalen deutet auf robuste Strukturen im Bild hin. Methoden für die Berechnung von *Gauß-Pyramide* und *Laplace-Pyramide* zur redundanten bzw. redundanzfreien Repräsentation im Multiskalenraum werden vorgestellt.

Region Merging ist ein einfaches, auf Homogenitätskriterien basierendes Segmentierungsverfahren, durch das Regionen so lange zu größeren Regionen zusammengefasst werden, bis es nicht mehr ohne Verletzung des Kriteriums möglich ist. Für die Repräsentation von Segmenten und Relationen wird der *Region Adjacency Graph* beschrieben.

Split-and-Merge ist eine Segmentierung nach einer Top-Down-Strategie, nach der Regionen so lange zerlegt werden, bis die Segmente ein Homogenitätskriterium erfüllen. Zur Repräsentation der Zwischenergebnisse wird der *Quad Tree* als geeignete Datenstruktur eingeführt.

Textur ist ein komplexes Maß für die Beschreibung von Regionencharakteristika. Beispielhaft werden die auf der *Co-Occurrence-Matrix* basierenden *Haralick'schen Texturmaße* und *Texturen im Frequenzraum* vorgestellt. Eine einfache Methode zur *texturbasierten Segmentierung* wird benutzt, um grundsätzliche Probleme der Textursegmentierung zu erläutern.

Für die kantenbasierte Segmentierung wird *Edge Linking* als Methode zur Verknüpfung von Kantenpixeln aus Gradienten präsentiert. Der Canny-Operator wird als optimale Lösung für die Suche nach defokussierten Stufenkanten unter normalverteiltem Rauschen vorgestellt. Alternativ dazu wird eine einfache Methode zur *Nullstellensuche* auf dem Resultat nach Anwendung eines Laplace-Operators diskutiert. Abschließend stellen wir die *Wasserscheidentransformation* als ein parameterfreies Segmentierungsverfahren nach Kantenkriterien vor.

Relaxation Labelling ist eine Methode für die Nachverarbeitung von Segmentierungsresultaten, bei der sich durch einen iterativen Prozess Resultate für benachbarte Pixel verstärken.

Vorausgesetzte Kenntnisse aus vorangegangenen Kapiteln

Nachbarschaften, Pfade, zusammenhängende Gebiete (*Abschnitt 2.2*); Fourier-Transformation (*Abschnitt 4.2*); Wavelet-Transformation (*Abschnitt 4.3.2*); Shading (*Abschnitt 5.3.2*); Histogramm (*Abschnitt 6.1.1*); Binomialfilter, Gauß-Filter (*Abschnitt 7.2.1*); Gradient, Sobel-Filter, Laplace-Filter (*Abschnitt 7.2.2*); Medianfilter (*Abschnitt 7.3.1*)

Alle bisher vorgestellten Methoden dienten dem Zweck, die im Bild enthaltene Information von Störungen zu trennen, zu speichern und an einen Betrachter zu vermitteln. Was aber, wenn beispielsweise ein automatisches, durch Kameraaufnahmen gesteuertes Kontrollsystem installiert werden soll, um für den Zugriff durch einen Roboter die Position von Werkstücken auf einem Fließband festzustellen? Die erste Aufgabe bestünde darin festzustellen, was in der Aufnahme die Werkstücke sind. Diese Entscheidung kann sicher nicht durch Auswertung von störungsfreien, optimal kontrastierten Pixelgrauwerten getroffen werden. Ein Pixel trägt einfach nicht genug Information, um über die Eigenschaft „ist Werkstück" zu entscheiden. Pixel müssen gruppiert werden, um anhand der Eigenschaften dieser Gruppe (z.B. die Größe oder Form der durch die Pixel gebildeten Struktur) die Klassifikation vornehmen zu können. Die Pixelgruppen sind die Symbole eines Bildes, so wie Buchstaben die Symbole eines Textes sind. Der Gruppierungsprozess heißt Segmentierung und wird das Thema der nächsten beiden Kapitel sein.

Eine Zerlegung des Bildes heißt **Segmentierung**, wenn sie vollständig und überdeckungsfrei ist. Segmentierung verbindet die subsymbolische Ebene der Low Level Vision mit der wissensverarbeitenden Ebene der High Level Vision. Durch Methoden der Wissensverarbeitung werden anschließend aus den Symbolbedeutungen Erklärungen für das Bild oder für einzelne Elemente erzeugt. Die Segmentierung zerlegt damit ein Bild in semantische Einheiten.

Bei der überdeckungsfreien Zerlegung eines Bildes einer dreidimensionalen Szene wird vorausgesetzt, dass auch bei der Projektion auf die Fläche die charakteristischen Eigenschaften erhalten bleiben und Segmentmerkmale deshalb für eine spätere Klassifikation ausreichen. Für eine Trennung zwischen Generierung und Analyse von Segmenten müssen Kriterien für die Segmentierung aus den Daten berechenbar sein (datenbasiert, engl. *data driven*).

Die genannten Annahmen und Bedingungen idealisieren den Segmentierungsprozess allerdings, denn nicht immer lässt sich zusichern, dass die Segmentierung die richtigen Symbole an die Klassifikation liefert. Bei der Projektion einer dreidimensionalen Szene auf ein zweidimensionales Bild verloren gegangene Information kann z.B. dazu führen, dass die für eine Klassifikation notwendigen objektintrinsischen Merkmale durch die Projektionsgeometrie und andere extrinsische Einflüsse verändert werden. Bei einer datenbasierten Segmentierung kann das nicht berücksichtigt werden. Ähnliches kann auch bei der Abbildung einer zweidimensionalen Szene geschehen, wenn unkorrigierte Störungen das Signal überlagern. Diese Probleme können natürlich an die folgende Klassifikationsschicht weitergegeben werden, doch kann auch bedeutungsrelevantes Wissen gleich in das Segmentierungsverfahren einfließen. Man muss dann akzeptieren, dass die Grenze zwischen Segmentierung und Klassifikation nicht mehr klar zu ziehen ist.

Im vorliegenden Kapitel werden Segmentierungsverfahren und Segmentierungsstrategien vorgestellt, die auf eine solche Integration von Wissen über erwartete Bildinhalte verzichten. Der Entwickler einer Segmentierungsmethode muss sich dabei bewusst machen, dass die Qualität der Resultate vom Umfang der eingebrachten Information abhängt. Die Ergebnisse eines Segmentierungsverfahrens sind deshalb oft noch weit von der Interpretation entfernt. Es wäre beispielsweise zu viel verlangt, von einer homogenitätsbasierten Segmentierung einer Straßenszene zu erwarten, dass die Segmente sich in solche von PKWs, Straße, Bürgersteig, etc. unterscheiden lassen. Ein Kriterium zur Separierung von PKWs in Bildern muss erheblich mehr umfassen als eine Gruppierung von Pixeln nach Ähnlichkeit des Grauwerts. Keine Nachverarbeitung wird das Ergebnis verbessern, solange nicht diese zusätzlichen und wahrscheinlich schwer zu beschreibenden Kriterien in die Segmentierung einfließen.

Segmentierungsverfahren, die zusätzliche Information über die erwarteten Objekte bei der Generierung der Segmente verwenden, sind in solchen Fällen zielgerichteter, aber auch anwendungsabhängiger. Sie werden im folgenden *Kapitel 9* vorgestellt.

8.1 Histogrammbasierte Segmentierung

Mitunter unterscheiden sich Objekte allein durch ihren Grauwert. Ein gutes Beispiel ist der vorliegende Text. Alle Zeichen sind dunkler als der Hintergrund und zur Trennung reicht diese Information aus. Grauwertvariationen im Objektinneren sind zulässig, solange sie geringer sind als der Kontrast zu anderen Objekten. Wenn darüber hinaus die Grauwertzuordnung eindeutig ist – es also keine anderen Objekte mit gleicher Helligkeit gibt –, dann kann der Grauwert sogar für die Klassifikation genutzt werden. Selbst wenn Objekte mit anderer Klassenzugehörigkeit ähnliche Helligkeiten haben (die Zeichen dieses Textes sind z.B. alle gleich dunkel, obwohl der Buchstabe „a" eine andere Bedeutung hat als der Buchstabe „b"), kann die Helligkeit als Segmentierungsmerkmal verwendet werden, solange diese Objekte nicht aneinander grenzen. Unter Umständen können selbst gleich helle, aneinander grenzende Objekte im Zuge einer Nachverarbeitung getrennt oder „zusammengesetzte Objekte" als zusätzliche Klassen einer späteren Klassifizierung geschaffen werden.

Der Segmentierungsprozess besteht aus drei verschiedenen Komponenten. Im ersten Schritt erfolgt eine Zuordnung von Marken (Labels) zu Pixeln anhand des Pixelgrauwerts. Da diese Entscheidung vom Ort des Pixels unabhängig ist, kann sie auf Grund des Grauwerthistogramms getroffen werden. Anschließend werden Segmente gebildet. Dazu zerlegt man das Bild in zusammenhängende Gebiete mit eigenem Label. Dieser Schritt wird auch **Connected Component Analysis** genannt. Als dritte Stufe folgt meist ein Nachverarbeitungsschritt, bei dem sehr kleine Gebiete ummarkiert werden, so dass sie die Labels ihrer umgebenden größeren Gebiete erhalten. Damit wird berücksichtigt, dass möglicherweise falsche Segmente auf Grund von nicht vollständig unterdrücktem Rauschen entstanden sind.

8.1.1 Schwellenwerte in bimodalen und multimodalen Histogrammen

Wenn sich Objekte durch verschiedene und gut voneinander trennbare Grauwerte unterscheiden, dann muss dass Histogramm ausgeprägte Minima aufweisen. Zwischen je zwei Minima häuft sich dagegen die Anzahl der Pixel aus diesem Grauwertbereich. Je nachdem, ob es nur ein Minimum zwischen zwei Häufungsbereichen oder mehrere Minima gibt, spricht man von **bimodalen** oder **multimodalen Histogrammen**. Weist das Histogramm keine klar erkennbaren lokalen Minima auf, so ist es möglicherweise durch histogrammbasierte Segmentierung nicht sinnvoll zerlegbar.

Überlappen sich die Grauwertbereiche unterschiedlicher Objekte nicht, dann sollte es Bereiche im Histogramm H mit $H(g) = 0$ geben. Wegen einer zu großen deterministischen Variation des Grauwerts einzelner Objektgruppen, wegen Rauschens oder wegen einer ortsabhängigen Variation des Grauwerts (Shading) ist Überlappungsfreiheit aber selten gegeben. Jede trennende Schwelle wird deshalb zu einer Reihe von fehlerhaften Segmentzugehörigkeiten führen, die in einem nachfolgenden Verarbeitungsschritt beseitigt werden müssen (siehe Abbildung 8.1).

Der erste Schritt zur Segmentierung besteht darin, die lokalen Minima im Histogramm zu suchen und für jedes der k Minima einen Schwellenwert T_i, $i = 0,\ldots,k-1$ zu generieren. Die histogrammbasierte Segmentierung heißt deswegen auch **Schwellenwertsegmentierung**. Der einfachste Weg zur Bestimmung der Schwellen ist die interaktive Suche. Neben dem Bild wird das Histogramm ausgegeben und der Benutzer gibt den Schwellenwert grafisch auf dem Histogramm ein. Das Ergebnis kann sofort visualisiert werden.

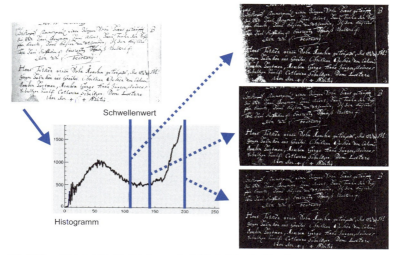

Abbildung 8.1: Bilder mit bimodaler Häufigkeitsverteilung können durch Schwellenwerte segmentiert werden (Daten von M. Feldbach). Da die Trennung zwischen den Segmenten nicht optimal ist, überlappen sich die Grauwerte von Vordergrund- und Hintergrundobjekten. Verschiedene Schwellen führen zu unterschiedlichen Segmentierungsfehlern.

Im Bild werden Pixel mit Grauwert oberhalb der Schwelle mit anderer Farbe oder Helligkeit als diejenigen unterhalb der Schwelle angezeigt. Die darzustellenden Helligkeitswerte können in die Video-Lookup-Tabelle eingetragen werden, so dass das eigentliche Bild während der Suche nach einer Schwelle unverändert bleibt. Das Ergebnis kann schnell genug visualisiert werden, um die optimale Schwelle in Echtzeit zu suchen.

Man kann lokale Minima auch automatisch suchen. Ein lokales Minimum einer Funktion ist dort, wo deren erste Ableitung Null ist und der Nulldurchgang von negativen zu positiven Werten wechselt. Zur Schätzung der ersten Ableitung des Histogramms werden Differenzen zwischen aufeinander folgenden Funktionswerten gebildet. Lokale Minima, die durch Rauschen verursacht werden, können durch eine vorherige oder in die Differenzbildung integrierte Glättung unterdrückt werden.

8.1.2 Störeinflüsse und Schwellenwertbildung

Es gibt aufnahmebedingte Helligkeitsschwankungen, die ein Bild ungeeignet für die Schwellenwertsegmentierung machen. Vor allem Rauschen oder Shading können die Trennbarkeit durch eine Schwelle auf den Grauwerten beeinflussen. Beide Einflüsse sollten möglichst im Zuge der Bildvorverarbeitung beseitigt werden. Zur Unterdrückung von Rauschen sind die in *Kapitel 7* vorgestellten Filter geeignet. Segmentierungsfehler, die durch verbleibendes Rauschen verursacht wurden, werden in der Nachverarbeitung beseitigt.

Zur Korrektur von Shading-Artefakten kann die in *Kapitel 5* vorgeschlagene Aufnahme eines Korrekturbilds genutzt werden, bei der eine homogene Fläche mit bekanntem Grauwert aufgenommen wird. Die Abweichung vom bekannten Grauwert wird durch die Shading-Funktion verursacht und das zu segmentierende Bild kann entsprechend korrigiert werden. Manchmal ist es aber unmöglich, eine solche Aufnahme zu generieren. Dann muss entweder die Shading-Funktion aus dem Bild generiert oder eine lokale Variation der Bildhelligkeit bei der Schwellenwertsetzung berücksichtigt werden.

Ein Shading-Bild kann auf zwei Arten aus dem Bild erzeugt werden. Beide gehen davon aus, dass es unter den Segmenten wenigstens eines gibt, das einen so unterschiedlichen Helligkeitswert besitzt, dass es trotz Shading erkannt werden kann. Dieses Segment sollte darüber hinaus möglichst hell sein, da Shading ein multiplikativer, reellwertiger Faktor ist. Dessen Näherung durch eine ganzzahlige Bildfunktion wird besser, je größer der ungestörte Grauwert ist, mit dem die Shading-Funktion multipliziert wird.

Wenn das identifizierbare Segment S_{sh} der Hintergrund ist und das Bild durch Hintergrundbeleuchtung entstand, dann heben sich – meist kleine – Objekte dunkel vor dem Hintergrund ab. Ein Shading-Bild lässt sich dann durch ein Rangordnungsfilter erzeugen, dessen Filtergröße um mindestens ein Pixel größer ist als das größte abgebildete Objekt. Wird der oberste Rang, also das hellste Pixel, ausgewählt, dann wird der Vordergrund an jedem Ort durch ein nahe liegendes Hintergrundpixel ersetzt. Unter der Annahme, dass die Shading-Funktion nur langsam variiert, ist die Ersetzung durch das Rangordnungsfilter an Vordergrundobjekten eine gute Approximation des Shading-Bilds. Das Filter kann, abhängig von der maximalen Objektgröße, recht groß werden, doch ist der Spezialfall eines maximalen Rangs mit Aufwand $O(n)$ anstelle von $O(n \log n)$ berechenbar. Anstatt eine Division durchzuführen, kann die Shading-Funktion vom gestörten Bild subtrahiert werden, da nicht die Abschwächung durch Shading, sondern das tatsächliche Shading-Bild erzeugt wurde (siehe Abbildung 8.2). Damit wird die mit einer Division einhergehende Verstärkung des Bildrauschens verhindert.

Abbildung 8.2: Die Schwellenwertsegmentierung wird besser, wenn Shading-Artefakte herausgerechnet werden. Das Shading-Bild oben rechts wurde durch Medianfilterung mit einem 31x31-Medianfilter erzeugt. Unten links das Resultat ohne Korrektur, unten rechts das Resultat mit Korrektur.

Falls die Gebiete S_{sh} zu klein sind, kann man das Shading-Bild nicht mehr durch Filterung erzeugen. Solange aber ein Gebiet S_{sh} mit angenommen konstantem Grauwert identifiziert werden kann, ist immer noch die Interpolation einer Shading-Funktion möglich. Dazu wird S_{sh} durch einen Schwellenwert separiert. Aus S_{sh} wird ein Shading-Wert für alle Pixel oberhalb des Schwellenwerts bestimmt. Für alle anderen

Pixel werden Werte aus den nächsten zu ihnen benachbarten Pixeln mit Shading-Wert interpoliert.

Nach der Shading-Korrektur wird ein neues Histogramm erstellt. Es sollte besser ausgeprägte lokale Minima aufweisen als zuvor, so dass eines der im vorherigen Abschnitt genannten Verfahren zur Bestimmung des Schwellenwerts angewendet werden kann.

Wenn kein Gebiet S_{sh} bestimmt werden kann oder das Gebiet zu klein ist, um eine zuverlässige Abschätzung der Shading-Funktion zu ermöglichen, kann man sich zunutze machen, dass sich die Shading-Funktion nur allmählich ändert. Über kleine Teilgebiete des Bildes ist sie nahezu konstant. Für diese Teilgebiete können separate Schwellenwerte bestimmt werden. Beispielsweise würde ein Bild f mit bimodalem, durch Shading gestörtem Histogramm und einer angenommenen Größe von $N{\times}N$ Pixeln in überlappungsfreie Teilbilder f_{ij} der Größen $M{\times}M$ aufgeteilt, wobei N ein ganzzahliges Vielfaches von M ist. Ist das Histogramm eines Teilbilds bimodal, so wird ein Schwellenwert berechnet. Ist das Histogramm unimodal, so enthält das Teilbild nur Vordergrund- oder nur Hintergrundpixel und es wird kein Schwellenwert berechnet (siehe Abbildung 8.3).

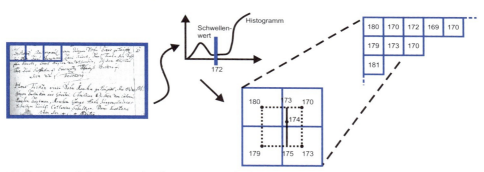

Abbildung 8.3: Lokale Regionenschwellenwerte werden für festgelegte Umgebungen aus einem lokalen Histogramm berechnet. Pixelschwellenwerte werden anschließend aus den Regionenschwellenwerten interpoliert.

Im folgenden Schritt wird zunächst für alle Teilbilder ohne Schwellenwert ein Schwellenwert aus den nächstgelegenen Teilbildern mit bimodalem Histogramm interpoliert. Anschließend erfolgt die lineare Interpolation von Schwellenwerten für jedes Pixel. Dazu wird der Teilbildschwellenwert $S_{i,j}$ dem mittleren Pixel $\bar{p}_{ij}$ zugewiesen. Für ein beliebiges Pixel an Position (m,n) werden die vier am nächsten liegenden Teilbilder bestimmt. Sind die beiden Pixelkoordinaten kleiner als die des Mittelpunkts von $S_{i,j}$, dann wären das $S_{i-1,j}$, $S_{i,j}$, $S_{i-1,j-1}$ und $S_{i,j-1}$. Anschließend werden Distanzen $d_1,..,d_4$ zu den Zentren dieser Teilbilder berechnet. Der Schwellenwert ergibt sich durch bilineare Interpolation:

$$S_{m,n} = \frac{d_1 \cdot S_{i-1,j} + d_2 \cdot S_{i,j} + d_3 \cdot S_{i-1,j-1} + d_4 \cdot S_{i,j-1}}{d_1 + d_2 + d_3 + d_4}.$$

Genau wie die bilineare Interpolation nach Transformation kann diese Operation als Folge zweier linearer Interpolationen in m- und in n-Richtung durchgeführt werden. Mit der Interpolation von Pixelschwellenwerten wird die kontinuierliche Änderung der Shading-Funktion berücksichtigt.

8.1.3 Region Labelling

Nach der Schwellenwertsegmentierung haben Regionen in Abhängigkeit von ihrem Grauwert ein Label erhalten. Allerdings können zwei nicht zusammenhängende Regionen dasselbe Label haben. Im nächsten Schritt werden daher zusammenhängende Gebiete mit gleichem Label gesucht. Jedes Gebiet erhält ein neues, eigenes Label (siehe Abbildung 8.4). Das Verfahren heißt Region Labelling. Es lässt sich durch den Algorithmus in Listing 8.1 durchführen.

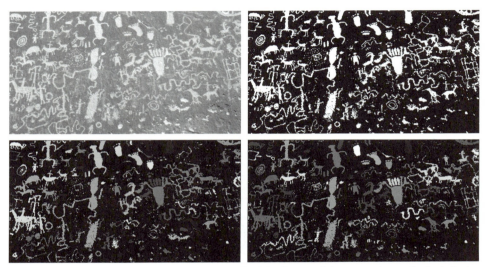

Abbildung 8.4: Nach Schwellenwertsetzung (oben rechts) erfolgt die eigentliche Segmentierung durch ein Region Labelling. Die Bilder unten zeigen zwei Visualisierungen, bei denen die ca. 6.000 Regionen unterschiedlich auf 256 Grauwerte abgebildet wurden.

Durch die Funktion **flood_fill** wird ein zusammenhängendes Gebiet gefunden, zu dem das Pixel an der Position (i,j) gehört. Die Zusammenhangsbedingung ist in unserem Fall dadurch gegeben, dass das Pixel das gleiche Schwellenwert-Label hat wie das Startpixel.

```
function region.initialise()      // Region der Größe M,N erzeugen,
label=1                           // mit Null initialisieren, Start-Label=1
for (i,j) = 0, (M,N) do           // Doppelschleife über i und j
  if region.labels(i,j) = 0 then  // noch nicht Teil einer Region?
    label = label+1               // neues Label vergeben
    region.flood_fill(i,j,label)  // zusammenhängendes Gebiet
  endif                           // um (i,j) mit Label füllen
endfor
return
end
function flood_fill(i,j,label)    // Variablen zur Auswertung der
                                  // Zusammenhangsbedingung sind global
if f(i,j) erfüllt Zusammenhangsbedingung then
  region(i,j) = label             // Region an (i,j) mit Label versehen
  flood_fill(i-1,j,label)         // Nachbarpixel untersuchen
  flood_fill(i,j-1,label)
```

```
  flood_fill(i+1,j,label)
  flood_fill(i,j+1,label)
endif
return
end
```

Listing 8.1: Region-Labelling- und Flood-Fill-Algorithmus

8.1.4 Nachverarbeitung

Schwellenwertsetzung und Region Labelling werden unter Umständen Segmente produzieren, die durch Rauschen verursacht wurden. Das kann zu kleinen, isolierten Gebieten mit falschem Label führen. Wenn zusätzlich Kantenunschärfe (durch die Aufnahme oder die Rauschunterdrückung während der Vorverarbeitung) zu Überlappungen der Grauwertbereiche unterschiedlicher Segmente geführt hat, werden die falschen Markierungen vornehmlich an den Rändern zwischen zwei Gebieten und nur vereinzelt innerhalb von Gebieten auftauchen.

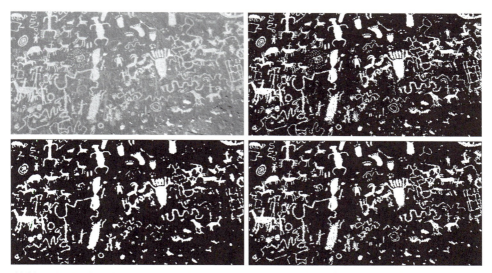

Abbildung 8.5: Durch Nachverarbeitung der Segmentierung oben rechts können Störungen beseitigt werden. Das Bild unten links zeigt das Resultat nach Medianfilterung auf den Labels. Störungen wurden beseitigt, aber feinere Strukturen werden aufgelöst. Im Bild unten rechts wurden alle Segmente mit weniger als zehn Pixeln entfernt. Auch hier werden Störungen gelöscht, doch bleibt die Form größerer Segmente unverändert.

Man kann versuchen, diese fehlerhaften Segmente durch Nachverarbeitung zu beseitigen (siehe Abbildung 8.5). Wenn in einer kleinen Umgebung die Anzahl der fehlerhaften Segmentmarkierungen gering ist, so wie das im Inneren größerer Segmente der Fall sein wird, ist die Medianfilterung auf den Labels ein einfaches Mittel. Allerdings wirkt, wie in *Kapitel 7* dargelegt, das Medianfilter an Kanten in erster Linie kantenerhaltend und nicht unbedingt rauschunterdrückend. Um vor allem an Kanten Fehlsegmentierungen zu beseitigen, ist ein iteratives Verfahren günstiger, bei dem zunächst klare Fehlsegmentierungen, z.B. im Inneren großer Segmente, beseitigt werden. Anschließend wird die nun verbesserte Information verwendet, um auch an Kanten eine Entscheidung über mögliche Fehlsegmentierungen zu treffen. Ein Verfahren dieser Art ist das Relaxation Labelling. Es ist in seiner Anwendung nicht auf diese Nachverarbeitung beschränkt und wird wegen der allgemeinen Bedeutung für Segmentierungsmethoden am Schluss dieses Kapitels behandelt.

8.2   Multiskalenstrategien

Histogrammbasierte Segmentierungsmethoden berücksichtigen Kontextinformation nur im Nachhinein. Der weitaus größte Teil der Segmentierungsverfahren betrachtet dagegen benachbarte Pixel und entscheidet nach Ähnlichkeit innerhalb eines Segments oder nach Unterschieden zwischen Segmenten. Die optimale Größe der Nachbarschaft eines Pixels bezüglich der zu berechnenden Ähnlichkeits- bzw. Diskrepanzeigenschaften ist jedoch nicht einfach zu bestimmen. Homogenitätseigenschaften manifestieren sich anwendungsabhängig auf unterschiedlichen Skalierungsebenen des Bildes. Oft würde die Bestimmung einer solchen Eigenschaft die Bestimmung der sie charakterisierenden Region voraussetzen. Daraus folgt, dass die Skala für die optimale Bestimmung dieses Merkmals sogar innerhalb eines Bildes wechseln kann. Um diesem Umstand Rechnung zu tragen, kann man eine **Multiskalenstrategie** verfolgen. Ausgehend von der Annahme, dass in jedem Teil des Bildes eine unbekannte Skalierung existiert, auf der die für die Segmentierung notwendigen Eigenschaften berechnet werden können, werden Eigenschaften auf vielen Skalen berechnet. Zur Segmentierung werden Eigenschaften herangezogen, wenn sie eine möglichst gute Trennung der Segmente ermöglichen. Das könnte z.B. bedeuten, dass auf Grund von Eigenschaften auf einer groben Auflösungsstufe Entscheidungen getroffen werden, die durch Informationen aus feineren Auflösungsstufen bestätigt oder verworfen werden. Auch bei der Bestimmung von Unterschieden an Segmentgrenzen kann man von einer solchen Strategie profitieren. So könnten Kanten von Rauschen danach unterschieden werden, ob sich ein mit hoher Auflösung detektiertes Kantenpixel auch bei einer Detektion mit geringerer Auflösung an ähnlicher Position wiederfindet (siehe Abbildung 8.6).

 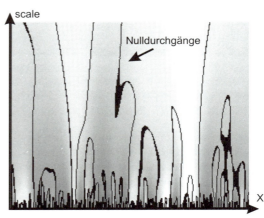

Abbildung 8.6: Nulldurchgänge von Kanten in einer Bildzeile auf unterschiedlichen Skalierungsstufen. Je länger Nulldurchgänge existieren, ohne mit anderen Kanten zu verschmelzen, desto wahrscheinlicher sind die Kanten nicht durch Rauschen verursacht, sondern grenzen Segmente voneinander ab.

Multiskalenstrategien können entweder direkt in das Segmentierungsverfahren integriert werden (so wie das im nachfolgend noch vorzustellenden Split-and-Merge-Verfahren der Fall ist) oder die Segmentierung kann statt auf dem Bild in originaler Skalierung auf einer Repräsentation aller Skalen durchgeführt werden. Für Letzteres muss eine Abbildung in einen Multiskalenraum erfolgen. Die Idee des Multiskalenraums ist durch die Erkenntnis motiviert, dass die menschliche visuelle Wahrnehmung offenbar Informationen in Detailhierarchien verwertet. Allerdings ist dieser Begriff komplexer als derjenige, der für die Segmentierung genutzt werden kann. Das liegt daran, dass Ebenen unterschiedlicher Detailgenauigkeit oft über Modellwissen definiert sind. Dieses Wissen steht für eine Segmentierung nicht zur Verfügung. Verfahren der Computer Vision, die auf informationsreicheren Symbolen operieren und über Modellwissen verfügen, bedienen sich für die Klassifikationsaufgaben auch modellbasiert definierter perzeptueller Skalenräume.

Ein Multiskalenraum kann ohne Modellinformation über Frequenzbänder definiert werden. Mit der in *Kapitel 4* vorgestellten Wavelet-Repräsentation existiert eine Repräsentation, bei der Bilder in Details unterschiedlicher Frequenz zerlegt werden, ohne dass die Ortsinformation verloren geht. Problematisch an der Wavelet-Transformation kann aber ihre Redundanzfreiheit sein. Es kann günstiger sein, auf jeder Skalierungsstufe die Information aller folgenden Skalierungsstufen zu behalten. Auf der höchsten Stufe bestünde die Repräsentation aus dem gesamten Bild. Jede Folgestufe würde das Bild um bestimmte Frequenzen reduzieren. Der Multiskalenraum besteht dann aus einer Sequenz gefilterter Bilder. Ein Bild der Skala k entsteht durch Tiefpassfilterung des Bildes der Skala $k-1$. Die Tiefpassfilterung schwächt Amplituden höherer Frequenzen ab. Das Bild kann deshalb anschließend mit einer geringeren Abtastrate abgetastet werden. Filterung und Unterabtastung zusammen werden als Reduktionsoperator $reduce(f_{k-1}) = f_k$ bezeichnet. Homogenitätseigenschaften, die in erster Linie durch niedrige Frequenzen repräsentiert werden, würden so auf jeder Skalierungsstufe erhalten bleiben.

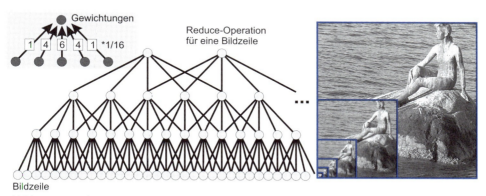

Abbildung 8.7: Ergebnis einer Reduce-Operation auf einem Bild (rechts). In der grafischen Darstellung links ist die Reduktion der Auflösung für eine eindimensionale Funktion (Bildzeile) gezeigt.

Bei einer **Gauß-Pyramide** wird durch jede *reduce*-Operation die Anzahl von Pixeln in jeder Spalte und Zeile halbiert (siehe Abbildung 8.7). Damit Aliasing-Effekte durch Unterabtastung vermieden werden, sollte die Tiefpassfilterung das Amplitudenspektrum für Frequenzen oberhalb der Shannon-Frequenz erheblich abschwächen. Eine

Ideale Tiefpassfilterung ist jedoch wegen der Ringing-Artefakte nicht gut geeignet. Die Filterung mit einer Gauß-Funktion, deren Standardabweichung im Ortsraum $\sigma = 1$ ist, ist ein guter Kompromiss. Amplituden oberhalb der Grenzfrequenz nach dem Shannon-Theorem werden durch dieses Filter mit einem Faktor unter 0,3 gewichtet. Der eindimensionale Filterkern für den Wertebereich $[-2,2]$, der 99% des Integrals der Gauß-Funktion enthält, ist

$$\frac{1}{16}\begin{pmatrix} 0,87 & 3,91 & 6,44 & 3,91 & 0,87 \end{pmatrix}$$

oder als Näherung durch ein entsprechendes Binomialfilter

$$\frac{1}{16}\begin{pmatrix} 1 & 4 & 6 & 4 & 1 \end{pmatrix}.$$

Da zweidimensionale Gauß-Filter bzw. Binomialfilter separabel sind, erfolgt die Filterung des Bildes durch zwei hintereinander ausgeführte eindimensionale Filterungen. Anschließend wird jedes zweite Pixel jeder Zeile und Spalte entfernt.

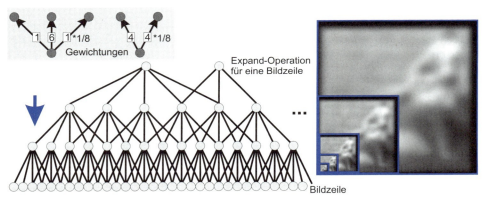

Abbildung 8.8: Ergebnisse einer wiederholt angewandten Expand-Operation auf ein reduziertes Bild

Um Berechnungsergebnisse zwischen zwei Skalen vergleichen zu können, muss jedes Bild einer Stufe k auf eine beliebige Stufe $l < k$ expandiert werden können. Auch die Expansion ist als iterativer Prozess zwischen je zwei Stufen definiert. Durch $expand(f_k) = f^*_{k-1}$ wird ein Bild der Größe der Stufe $k-1$ durch Interpolation erzeugt (siehe Abbildung 8.8). Die Funktion f^* ist nicht identisch mit f, da reduzierte Information nicht zurückgewonnen wird. Die Interpolationsfunktion sollte berücksichtigen, dass es einen Unterschied zwischen ungeradzahligen und geradzahligen Indizes von Pixeln auf der Ebene $k-1$ gibt. Die geradzahligen Pixel wurden bei der *reduce*-Operation im Gegensatz zu den ungeradzahligen ausgewählt. Eine Interpolationsfunktion für einen fünf-elementigen Reduktionskern würde daher für Pixel mit geradem Index die entsprechend skalierten Werte an den Stellen 1, 3 und 5 enthalten, also

$$\frac{1}{8,18}\begin{pmatrix} 0,87 & 6,44 & 0,87 \end{pmatrix} \text{ für den Gauß-Kern und } \frac{1}{8}\begin{pmatrix} 1 & 6 & 1 \end{pmatrix} \text{ für den Binomialkern,}$$

während für Pixel mit ungeradem Index die Werte an den Stellen 2 und 4 enthalten wären, also

$$\frac{1}{7,82}(3,91 \quad 3,91) \text{ für den Gauß-Kern und } \frac{1}{8}(4 \quad 4) \text{ für den Binomialkern.}$$

Eine nahezu redundanzfreie Repräsentation erhält man, wenn man auf jeder Stufe nicht das reduzierte Bild G_k, sondern die Differenz zwischen dem expandierten Bild G^*_k und G_k speichert. Das Differenzbild $L_k = G_k - G^*_k$ ist Teil der **Laplace-Pyramide**, die wie folgt definiert ist (siehe auch Abbildung 8.9):

$$L_0 = G_0,$$

$$L_k = G_k - expand(G_{k-1})$$

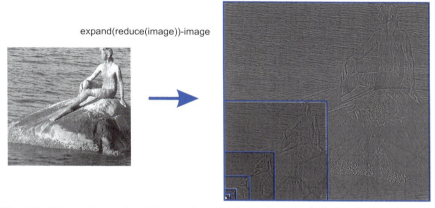

expand(reduce(image))-image

Abbildung 8.9: Bilder der Laplace-Pyramide entstehen auf jeder Skalierungsstufe durch Subtraktion zwischen dem Bild auf dieser Stufe und dem einmal reduzierten und wieder expandierten Bild.

Die Repräsentation ist zwar nicht vollständig redundanzfrei – was man daran erkennt, dass zur Speicherung der Laplace-Pyramide doppelt so viele Werte notwendig sind wie für das ursprüngliche Bild –, dennoch ist die Zuordnung von Werten der Laplace-Pyramide zu Orten im Originalbild konzeptionell etwas einfacher, als dies bei der Wavelet-Transformation der Fall ist.

8.3 Segmentierung nach Homogenitätskriterien

Die Segmentierung durch Schwellenwerte bedient sich einfacher und leicht zu beherrschender Konzepte. Das ist besonders attraktiv, wenn das Einbringen von Information – etwa die Höhe des Schwellenwerts – zur interaktiven Steuerung der Segmentierung geplant ist. Die Konzepte sind auch einem Benutzer vermittelbar, der zwar Experte für die Dateninhalte, nicht aber für Bildverarbeitung ist. Allerdings wird der räumliche Zusammenhang zwischen Pixeln eines Segments erst im Nachhinein beim Region Labelling genutzt. Dass die erste Entscheidung ein überall im Bild geltendes Kriterium auf den Grauwerten sein muss, führt bereits bei der Betrachtung von Shading-Artefakten zu Schwierigkeiten. Alternativ dazu kann ein allgemeines Homogenitätskriterium für alle Segmente definiert werden, welches die Zusammengehörigkeit relativ zu den Merkmalen in einer Region beschreibt.

Idealerweise ist das Kriterium für jedes einzelne Pixel berechenbar. So kann für jedes Pixel unabhängig von allen anderen Pixeln geprüft werden, ob es zu einem Segment gehört. Die Ausdruckskraft eines Homogenitätskriteriums steigt allerdings, wenn es über einige oder alle Pixel einer Region definiert ist. Während durch Kriterien der ersten Gruppe Pixel zusammengefasst werden können, weil sie ähnliche Grauwerte haben, lassen sich über eine Gruppe von Pixeln auch Kriterien wie Rauigkeit oder bestimmte Muster formulieren. In der Definition steckt jedoch ein Zirkelschluss: Um das Kriterium zu berechnen, wird das definierende Segment benötigt. Um dieses Problem befriedigend zu lösen, muss zu jedem Zeitpunkt eines iterativen Segmentierungsprozesses etwas über das Kriterium und dessen Berechenbarkeit ausgesagt werden können. Aus einem derartigen Modell wird ein gegen das Resultat konvergierender Veränderungsprozess definiert. Das Verfahren nach dieser Strategie heißt **Textursegmentierung**, da das zu bestimmende Kriterium die **Textur** des Segments ist.

Die Segmentierung von Texturen ist ein immer noch offenes Problem. Eine vollständige Diskussion würde die Möglichkeiten dieses Buches übersteigen. Wir werden uns daher im Folgenden vornehmlich mit der pixelbasierten Segmentierung auseinander setzen. Das Thema der Textursegmentierung werden wir gegen Ende dieses Abschnitts behandeln und anhand eines einfachen Verfahrens wesentliche Fragestellungen hierzu erläutern.

8.3.1 Region Merging

Die einfachste Methode einer regionenbasierten Segmentierung ist Region Merging. Dabei wird die folgende Strategie verfolgt:

- Zu Beginn wird jedes Pixel zu einem Segment erklärt.
- Zwei benachbarte Regionen werden zusammengefasst, wenn sie auch gemeinsam das Homogenitätskriterium erfüllen.
- Die Segmentierung ist beendet, wenn keine zwei Regionen mehr existieren, die zusammengefasst werden können.

Das Homogenitätskriterium muss für einzelne Pixel genau wie für Regionen berechnet werden können. Die Varianz einer Region oder der Abstand zwischen maximalem und minimalem Grauwert der Region sind mögliche Homogenitätsfunktionen, auf denen eine Schwelle als Kriterium angewendet werden kann. Wichtig ist, dass das Kriterium für ein einzelnes Pixel erfüllt ist, damit die Anfangssegmentierung gültig ist. Ein absolutes Kriterium, z.B. dass ein bestimmter Grauwert überschritten sein muss, ist daher nicht geeignet.

Falls das zu segmentierende Bild mehrere Funktionswerte je Pixel hat (z.B. die Kanäle eines RGB-Bilds), kann eine Teilhomogenität zunächst für jeden Funktionswert separat berechnet werden. Die Gesamthomogenität ergibt sich dann als (möglicherweise gewichtetes) Mittel der Teilhomogenitäten.

Der Segmentierungsprozess wird durch einen **Regionenadjazenzgraphen** (**Region Adjacency Graph – RAG,** siehe Abbildung 8.10) dokumentiert. Die Knoten des RAGs repräsentieren Regionen. Zwei aneinander grenzende Regionen werden durch eine Kante des Graphen beschrieben, die die entsprechenden Knoten verbindet. Knotenwerte sind die für die Berechnung des Homogenitätskriteriums notwendigen Informationen. Die Kantenwerte geben den Homogenitätswert einer Region wieder, die sich aus der Zusammenlegung der beiden benachbarten Regionen ergäbe. Das Region Merging fügt so lange diejenigen beiden Regionen mit bester Kantenbewertung zusammen, bis keine Kante mehr existiert, deren Bewertung das Homogenitätskriterium erfüllt (das Resultat einer Anwendung ist in Abbildung 8.11 zu sehen).

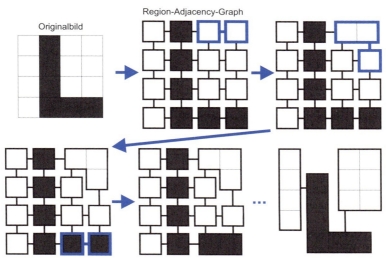

Abbildung 8.10: Beim Region Merging wird das Bild zunächst auf einen Region Adjacency Graph (RAG) abgebildet. Im RAG werden so lange Regionen verschmolzen, bis keine zwei benachbarten Regionen existieren, die einander genügend ähnlich sind.

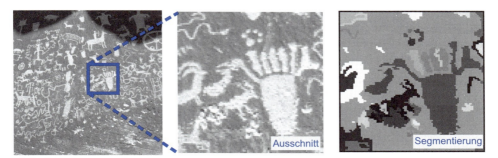

Abbildung 8.11: Resultat der Anwendung eines Region Merging-Algorithmus. Unterschiedlich markierte Regionen haben unterschiedliche Helligkeiten erhalten.

Die oben genannten Kriterien sind heuristisch. Man kann Region Merging auch auf einer besser abgesicherten Basis ausführen. Dafür nimmt man an, dass die Grauwerte einer Region Stichproben für die Schätzung der Parameter einer angenommenen Verteilungsfunktion für die Grauwertverteilung in dieser Region sind. Fügt man zwei Regionen zusammen, kann man die Wahrscheinlichkeit schätzen, dass beide Stichproben von derselben Verteilung stammen. Die Zuverlässigkeit dieser Schätzung hängt von der Anzahl der Stichproben, also der Anzahl der Pixel einer Region ab. Man kann das Verfahren daher nur anwenden, wenn die anfängliche Segmentierung bereits aus Regionen mit mehreren Pixeln besteht.

Wenn auf Grund von Kenntnissen aus der Bildaufnahme bereits Information über die Art der Verteilung bekannt ist, so erhöht dies die Genauigkeit dieser Strategie. Weiß man z.B., dass jede Region einen konstanten Grauwert haben sollte und die Störungen nur durch gaußverteiltes Rauschen verursacht sind, dann müssen Erwartungswert und Varianz der Gauß-Verteilung für jede Region geschätzt werden. Zwei Regionen haben umso wahrscheinlicher die gleiche Verteilung, je mehr sich diese beiden Parameter gleichen.

Die beiden Knoten mit der besten Kantenbewertung zusammenzufassen ist nicht optimal in dem Sinn, dass es die geringstmögliche Anzahl von Segmenten unter der Homogenitätsbedingung erzeugt. Jede Zusammenfassung verändert die Homogenitätswerte. Dadurch kann die Kombination von zwei wenig ähnlichen, aber immer noch die Homogenitätsbedingung erfüllenden Regionen zu einer neuen Region führen, in die wiederum eine dritte Region aufgenommen werden kann, die bei Zusammenführung der beiden ähnlichsten Regionen nicht hätte eingebracht werden können. Sichergestellt ist allerdings, dass nach Abschluss der Segmentierung alle Regionen die Homogenitätsbedingung erfüllen.

Region Merging kann mit einer Multiskalenstrategie kombiniert werden. Dazu erfolgt eine erste Segmentierung auf einer geringeren Auflösungsstufe. Für jedes der Pixel auf dieser Auflösungsstufe kann eine Grauwertverteilungsfunktion aus den dem Pixel zugeordneten Pixeln auf den höheren Auflösungsstufen geschätzt werden. Die Segmentierung wird anschließend auf der nächsthöheren Auflösungsstufe verfeinert. Segmente werden durch die Expand-Operation auf die nächste Ebene übertragen. Pixel an den Grenzen benachbarter Segmente werden daraufhin überprüft, welchem Segment sie auf Grund der ihnen zugeordneten Verteilungsfunktion am ehesten zuzuordnen sind. Dieser Prozess wird fortgesetzt, bis die höchste Auflösungsstufe erreicht ist.

8.3.2   Split-and-Merge

Beim Split-and-Merge-Verfahren wird eine Multiskalenstrategie in die Methode integriert. Dem Region Merging wird ein Schritt vorangestellt, der eine Initialisierung mit dem gesamten Bild ermöglicht. Diese Segmentierung ist wie folgt definiert:

- Zu Beginn wird das gesamte Bild als ein Segment betrachtet.
- Ein Segment wird entlang der m- und der n-Achse wiederholt in vier gleich große Segmente zerlegt, falls es einer vorgegebenen Homogenitätsbedingung nicht genügt.
- Die Zerlegung endet, wenn alle Segmente homogen sind.
- Benachbarte Segmente werden zusammengefasst, wenn sie auch zusammengenommen homogen sind.
- Die Zusammenfassung endet, wenn keine zwei Gebiete mehr existieren, die benachbart sind und zusammen die Homogenitätsbedingung erfüllen.

Split-and-Merge erscheint zunächst wie eine überflüssige Erweiterung des Region Merging. Allerdings hat es zwei Vorteile. Der erste Vorteil liegt darin, dass jedes Segment von Beginn an aus einer Gruppe von Pixeln besteht. Das Homogenitätskriterium kann auf ähnliche Weise wie beim Region Merging ausgewertet werden. Möchte man aber nun für den Homogenitätswert die Wahrscheinlichkeit berechnen, dass eine Region durch eine einzige Verteilung beschrieben wird, so ist dies bei einem Split-and-Merge-Ansatz leichter umzusetzen. Zu Beginn bestehen die Regionen aus sehr vielen Pixeln und die Schätzungen für die Parameter der Verteilungen sind zuverlässiger.

Ein zweiter Vorteil liegt darin, dass Regionen selten bis auf ein einziges Pixel zerlegt werden. Die Anzahl der Regionen für den anschließenden Merge-Schritt ist daher meist viel kleiner als beim Region Merging. Das hat erheblichen Einfluss auf die Rechenzeit. Der Rechenaufwand für jeden Merge-Schritt von n Regionen ist $O(n)$. Im schlechtesten Fall bestünde das Segment aus dem gesamten Bild, so dass n Schritte erforderlich sind, um von n auf eine Region zu kommen. Der Gesamtaufwand steigt also quadratisch mit der Anzahl der Regionen, so dass die Anzahl der Regionen vor dem ersten Merge-Schritt einen großen Unterschied für den Rechenaufwand ausmacht.

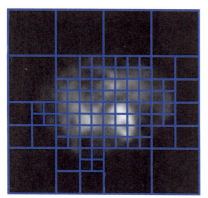 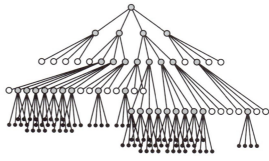

Abbildung 8.12: Das Resultat des Split-Schritts eines Split-and-Merge-Algorithmus wird durch einen Quad Tree repräsentiert. Dessen Blätter stellen homogene Regionen dar.

Um den Split-Schritt zu dokumentieren, erzeugt man eine Baumstruktur (siehe Abbildung 8.12). Jeder Knoten repräsentiert eine Region. Falls eine Region zerlegt wird, entstehen zu dem betreffenden Knoten vier Kindknoten. Die Wurzel des Baums beschreibt das gesamte Bild. Die Blätter sind Segmente, die die Homogenitätsbedingung erfüllen. Da jeder Knoten entweder keine oder vier Kindknoten hat, heißt dieser Baum **Quad Tree**. Für den Merge-Schritt kann durch Traversierung des Quad Tree ein RAG erstellt werden. Die Zusammenfassung von Regionen erfolgt im RAG.

Da das Split-and-Merge-Verfahren am Prinzip des Region Merging nichts ändert, ist auch hier nicht garantiert, dass das Ergebnis die kleinstmögliche Anzahl von Segmenten ist, die die Homogenitätsbedingung erfüllen.

8.3.3 Textur als Homogenitätsmerkmal

Unter der Textur einer Region versteht man eine gemeinsame Eigenschaft der Grauwertverteilung dieser Region, die auf eine Bildungsregel zurückzuführen ist. Verschiedene Regionen unterscheiden sich in der Parametrisierung oder Wahl der Regel.

Dies ist eine Beschreibung, aber leider keine Definition von Textur. Der Mangel an einer solchen Definition ist die größte Schwierigkeit bei einer Segmentierung nach Texturen. Die Definition fehlt, weil eine Textur kein absolutes Konzept ist, sondern anwendungsabhängig verschieden interpretiert wird. Betrachtet man die digitale Kamera-Aufnahme als bildgebendes System, so wird Textur durch die objektspezifische Variation der Geometrie und durch die Reflexionseigenschaften der abgebildeten Oberfläche verursacht. Diese Variation kann bei unterschiedlichen Objekten die gleiche Ursache haben (etwa bei der Abbildung zweier Holzoberflächen des gleichen Holzes) oder völlig unabhängig voneinander sein (wenn etwa Holz neben Stein abgebildet wird). Ob man die unterschiedliche Textur der abgebildeten Objekte durch unterschiedliche Parametrisierung derselben Regel oder durch unterschiedliche Regeln beschreiben kann und welche Regeln die Textur repräsentieren, hängt vollständig vom Wissen über die abgebildeten Objekte ab. Zudem können Texturen in voneinander unabhängigen Hierarchien organisiert und interpretiert werden. Die Abbildung einer Gardine ist z.B. für die Unterscheidung von einer Wand eine Textur, während für die Erkennung von Webfehlern die gewebten Fäden Texturmerkmale aufweisen und die Gardine selbst ein zu segmentierendes Objekt ist.

Eine allgemeine Definition von Textur und daraus abgeleitete Maße zur Berechnung von Texturwerten dürfen daher nicht erwartet werden. Damit Textur als Eigenschaft überhaupt ausgewertet werden kann, hat man allgemeine Texturbegriffe entwickelt und daraus Maße abgeleitet. Viele Texturen lassen sich nach diesen Maßen voneinander unterscheiden, doch kann nicht garantiert werden, dass die Unterscheidung optimal ist oder dass sie in jedem Fall gelingt. Die Wahl eines Texturmaßes für die Segmentierung und mehr noch für die Klassifikation verlangt daher vom Entwickler, dass er sie begründen kann.

Texturen können durch verschiedene Mechanismen beschrieben werden:

- Eine strukturelle Texturdefinition erklärt die Textur als Zusammensetzung aus Texturelementen (engl. texture elements – **texels**).

- Eine stochastische Texturdefinition erklärt die Textur als Resultat eines parametrisierten, stochastischen Prozesses.

- Eine spektrale Texturdefinition definiert die Textur durch Eigenschaften einer Frequenzraumrepräsentation.

Abbildung 8.13: Durch lokale Varianz der Grauwerte kann Textur unterschieden werden. Im links gezeigten Beispiel wurde die Varianz in einer 8x8-Umgebung geschätzt und ermöglicht eine gute Unterscheidung der Segmente. Nicht immer ist jedoch Varianz das unterscheidende Kriterium (so im Beispiel rechts).

Aus diesen Beschreibungen können einzelne Texturmaße motiviert werden. Ein einfaches, stochastisches Texturmaß beschreibt z.B. die Rauigkeit in der Umgebung eines Pixels p an der Stelle (m,n) als ungerichteten, stochastischen Prozess über die Varianz in seiner Nachbarschaft $Nbs(m,n)$ (siehe Abbildung 8.13):

$$\sigma^2(m,n) = \frac{1}{K-1} \sum_{(m_k,n_k) \in Nbs(m,n)} \left(f(m_k,n_k) - \overline{f}(m,n) \right)^2.$$

Durch $\overline{f}$ wird der Durchschnittswert von f in der Umgebung von (m,n) bezeichnet, (m_k,n_k) sind die Koordinaten der K Pixel in dieser Umgebung.

Hier wird ein weiteres Problem der Textursegmentierung deutlich: Die Varianz der das Pixel umgebenden Textur lässt sich nur korrekt schätzen, wenn alle Pixel in der Umgebung $Nbs(m,n)$ zum selben Textursegment gehören. Andernfalls spiegelt die Varianz den Unterschied zwischen zwei aneinander grenzenden Texturen wider.

Die Schätzung ist dann eine Kombination zwischen der Variation innerhalb beider Texturen und der Variation der durchschnittlichen Grauwerte $\bar{f}$ zwischen beiden Texturen. Da Letzteres in der Regel die überwiegende Größe ist, ist das berechnete Kriterium für die Separation zwischen den beiden Texturen wenig geeignet.

Die Entwicklung anderer Texturmaße stammt aus den 70er und 80er Jahren des vergangenen Jahrhunderts. Ihr Ziel war es, die vagen Beschreibungen von Textur in berechenbare Größen umzusetzen. Die wohl am weitesten verbreiteten Texturmaße sind die aus der Co-Occurrence-Matrix abgeleiteten Haralick'schen Maße. Eine Co-Occurrence-Matrix $P_{\alpha,\Delta}(g_1,g_2)$ beschreibt das gemeinsame Vorkommen von Grauwerten zwischen Pixeln mit Abstand Δ und Winkel α zur horizontalen Achse des Koordinatensystems (siehe Abbildung 8.14). Für die K Pixel $\vec{x}$ einer Texturregion R lautet die Co-Occurrence-Matrix:

$$P_{\alpha,\Delta}(g_1,g_2) = \frac{1}{K} \sum_{\vec{x} \in R} \delta_D\big(f(\vec{x}) - g_1\big) \cdot \delta_D\big(f(\vec{x}+\vec{d}) - g_2\big) \quad \text{mit} \quad \vec{d} = \Delta \cdot (\sin\alpha \quad \cos\alpha).$$

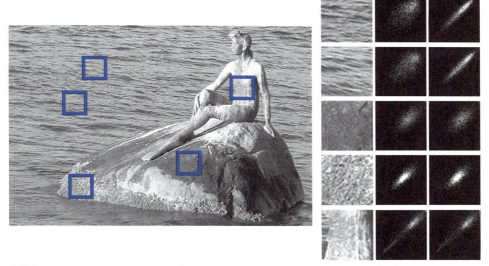

Abbildung 8.14: Co-Occurrence-Matrizen für $\Delta = 1$ und $\alpha = 0°$ bzw. $\alpha = 90°$ für unterschiedliche Regionen. Man erkennt, dass die Matrizen für die verschiedenen Texturen unterschiedlich sind.

Die diskrete Variante δ_D der Dirac-Funktion ist 1 für $\delta_D(0)$ und sonst 0. Die Co-Occurrence-Matrix gibt für jedes Paar von Grauwerten g_1 und g_2 die Wahrscheinlichkeit an, dass diese zwei Grauwerte in Pixeln im Abstand Δ in Richtung α vorkommen. Da man in der Regel davon ausgehen kann, dass es ein hohes Maß an Korrelation zwischen den Grauwerten nah benachbarter Pixel gibt, geben die Co-Occurrence-Matrizen für kurze Distanzen wertvolle Informationen über die Art dieser Korrelation.

Zur texturbasierten Segmentierung und Klassifikation ist die Berechnung von Co-Occurrence-Matrizen über den Abstand von einem Pixel in die vier unabhängigen Richtungen der 8-Nachbarschaft üblich. Es ergeben sich bei $\Delta = 1$ und $\alpha = 0°$, $45°$, $90°$ und $135°$ vier verschiedene Co-Occurrence-Matrizen. Aus diesen werden Merkmale für die Texturcharakterisierung berechnet. Von den Haralick'schen Maßen werden jene in Tabelle 8.1 oft verwendet.

Tabelle 8.1

Einige der Haralick'schen Texturmaße aus der Co-Occurrence-Matrix

Texturmaß	Berechnung aus der Co-Occurrence-Matrix
Energie (Second Angular Moment)	$\sum_{g_1=0}^{K-1} \sum_{g_2=0}^{K-1} P_{\Delta,\alpha}^2(g_1,g_2)$
Kontrast	$\sum_{g_1=0}^{K-1} \sum_{g_2=0}^{K-1} (g_1 - g_2)^2 \cdot P_{\Delta,\alpha}(g_1,g_2)$
Entropie	$\sum_{g_1=0}^{K-1} \sum_{g_2=0}^{K-1} P_{\Delta,\alpha}(g_1,g_2) \cdot \log\left[P_{\Delta,\alpha}(g_1,g_2)\right]$
Homogenität	$\sum_{g_1=0}^{K-1} \sum_{g_2=0}^{K-1} \dfrac{P_{\Delta,\alpha}(g_1,g_2)}{1+\lvert g_1 - g_2 \rvert}$
Korrelation	$\sum_{g_1=0}^{K-1} \sum_{g_2=0}^{K-1} kl \dfrac{P_{\Delta,\alpha}(g_1,g_2) - \mu_1\mu_2}{\sigma_1^2\sigma_2^2}$, $\quad \mu_1 = \dfrac{1}{K}\sum_{g_1=0}^{K-1} g_1 \sum_{g_2=0}^{K-1} P_{\Delta,\alpha}(g_1,g_2)$, $\quad \mu_2 = \dfrac{1}{K}\sum_{g_2=0}^{K-1} g_2 \sum_{g_1=0}^{K-1} P_{\Delta,\alpha}(g_1,g_2)$ $\quad \sigma_1^2 = \sum_{g_1=0}^{K-1} (g_1 - \mu_1)^2 \sum_{g_2=0}^{K-1} P_{\Delta,\alpha}(g_1,g_2)$, $\quad \sigma_2^2 = \sum_{g_2=0}^{K-1} (g_2 - \mu_2)^2 \sum_{g_1=0}^{K-1} P_{\Delta,\alpha}(g_1,g_2)$
Inverse Difference Moment	$\sum_{g_1=0}^{K-1} \sum_{g_2=0}^{K-1} \dfrac{P_{\Delta,\alpha}^2(g_1,g_2)}{1+(g_1 - g_2)^2}$

Aus den Texturmaßen wird ein Merkmalsvektor $\vec{m} = (m_1 \quad m_2 \quad \ldots)$ konstruiert, der die Textureigenschaften des Pixels an der Stelle (m,n) beschreibt.

Neben den Haralick'schen Texturmaßen existiert eine Reihe anderer Texturmaße, die auf ähnliche Weise anisotrope stochastische Merkmale schätzen. Zwei bekannte Methoden sind die Summen- und Differenzhistogramme von Unser, bei denen Merkmale aus den Histogrammen der Differenz bzw. Summe von gegeneinander verschobenen Versionen des Originalbilds gewonnen werden (siehe Abbildung 8.15), sowie die Maße aus Histogrammen einer Lauflängencodierung auf Bit-Ebenen. In allen Fällen wird versucht, Rauigkeit und Anisotropien von Grauwertverteilungen in der Umgebung jedes Pixels zu berechnen.

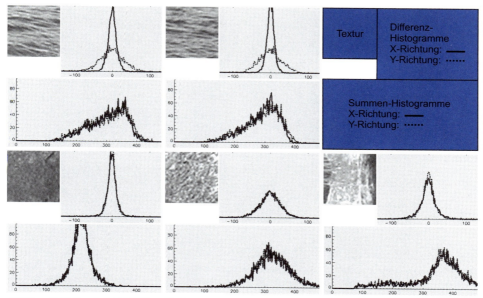

Abbildung 8.15: Summen- und Differenzhistogramme sind Histogramme von gegeneinander verschobenen und dann zueinander addierten bzw.voneinander subtrahierten Regionen. Die Verschiebung erfolgte in allen Beispielen um ein Pixel in X- bzw. Y-Richtung. Wie bei den Co-Occurrence-Histogrammen unterscheiden sich die Summen- und Differenzhistogramme für verschiedene Texturen voneinander.

Bei der Erstellung der Histogramme ist zu beachten, dass die Anzahl der Pixel in der Umgebung, für die das Texturmaß berechnet wird, oft sehr klein ist. Die Quantisierung des Definitionsbereichs (das so genannte **Binning**) muss gegebenenfalls verringert werden, damit die wenigen Stichproben für eine zuverlässige Schätzung des Histogramms des Texturtyps ausreichen.

Texturmerkmale können auch im Frequenzraum berechnet werden. Dazu wird ein Teilbild, von dem ein Texturmaß berechnet werden soll, fouriertransformiert. Merkmale sind die durchschnittlichen Amplitudenwerte in Teilregionen des Frequenzraums (siehe Abbildung 8.16). Die Teilgebiete entstehen, indem z.B. zwei benachbarte Quadranten des Frequenzraums in Richtungssektoren zerlegt und diese Sektoren nochmals in Frequenzbänder unterteilt werden. Wegen der Punktsymmetrie der Amplitudenwerte zum Koordinatenursprung benötigt man die Information aus den anderen beiden Quadranten nicht. Durch die Zerlegung nach Frequenzbändern werden Texturen nach Rauigkeit unterschieden, während durch die Zerlegung in Richtungssektoren Richtungspräferenzen repräsentiert werden können.

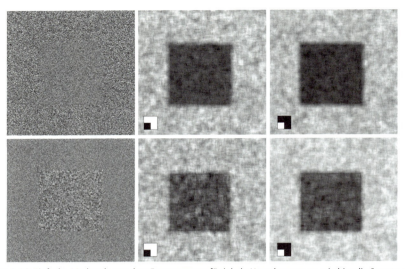

Abbildung 8.16: Einfache Merkmale aus dem Frequenzraum für lokale Umgebungen, so wie hier die Summe der niedrigen Amplitudenwerte (Bildmitte) und der hohen Amplitudenwerte (rechts), können zur Unterscheidung von Texturen gut geeignet sein.

8.3.4 Texturbasierte Segmentierung

Um die Probleme eines auf Texturen basierten Segmentierungsverfahrens zu verdeutlichen, soll eine einfache Methode auf der Basis der in den vorangegangenen Abschnitten entwickelten Segmentierungstechniken vorgestellt werden. Zunächst nehmen wir an, dass wir das geeignete Texturmaß kennen, nach dem Segmente unterschieden werden sollen. Außerdem sei uns bekannt, mit welcher Auflösung die Textur definiert ist. Damit ist bekannt, wie groß die $R{\times}R$-Blöcke sein müssen, um das Maß mit ausreichender Zuverlässigkeit zu berechnen. Texturen werden für Blöcke dieser Größe berechnet. Für die Blockgröße $R{\times}R$ lassen sich in einem Bild der Größe $M{\times}N$ insgesamt $(M{-}R)(N{-}R)$ überlappende Blöcke $B_{m,n}$ mit oberem linkem Pixel an der Stelle (m,n) mit $m = 0,M{-}R{-}1$ und $n = 0,N{-}R{-}1$ erzeugen.

Nehmen wir an, dass die Grundfrequenz einer Textur acht Pixel sei. Dann ließen sich Merkmale in einer Umgebung von 8×8 Pixeln berechnen. Ist das Texturmaß die Varianz, dann kann für jeden Block $B_{m,n}$ ein Erwartungswert $E_{m,n}$ und daraus die Varianz $\sigma^2_{m,n}$ geschätzt werden. Für Frequenzmerkmale würde dagegen jeder Block in den Frequenzraum transformiert. Aus den 64 Amplitudenwerten könnten beispielsweise für zwei Frequenzbänder je vier Richtungssektoren unterschieden werden, so dass ein 8-elementiger Merkmalsvektor für jeden Block erzeugt wird.

Die Merkmalsvektoren sind Homogenitätsmerkmale in einem neuen Texturbild der Größe $(M{-}R)(N{-}R)$. Das Texturbild wird nach Homogenitätsmerkmalen, z.B. durch das Split-and-Merge-Verfahren, segmentiert. Eine Region ist homogen, wenn die Norm der Differenz von Merkmalsvektoren $\vec{m}$ zwischen allen Pixeln $\vec{p}$ einer Region ein vorgegebenes Minimum d_{min} unterschreitet:

$$\left\| \vec{m}\left(\vec{p}_i\right) - \vec{m}\left(\vec{p}_j\right) \right\| < d_{\min} \text{ für alle Pixel } \vec{p}_i \text{ und } \vec{p}_j \text{ eines Segments.}$$

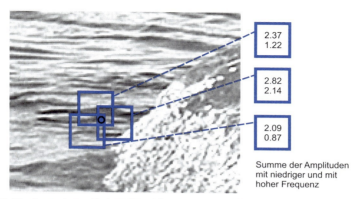

2.37
1.22

2.82
2.14

2.09
0.87

Summe der Amplituden
mit niedriger und mit
hoher Frequenz

Abbildung 8.17: Für ein gegebenes Pixel ergeben sich unterschiedliche Werte aus verschiedenen, dieses Pixel über-deckenden Regionen zur Texturberechnung. Im abgebildeten Beispiel wurden zwei Frequenzraummerkmale berechnet, indem jeweils die Summen der Amplituden der hohen und der niedrigen Frequenzen gebildet wurden.

Anschließend wird ein Label-Feld l_{Block} der Größe $(M{-}R)(N{-}R)$ erzeugt, in das die Labels der korrespondierenden Segmente eingetragen werden. Diese Labels werden in ein Label-Feld l von der Größe des Originalbildes übertragen. Für jedes Pixel (m,n) von l wird festgestellt, welche Blöcke von l_{Block} das Pixel überdecken. Dies sind die Blöcke mit den Koordinaten

$$(k,l), \quad k = \max(0, m-7), \min(m, M-8) \quad l = \max(0, n-7), \min(n, N-8)$$

Im Inneren des Bildes wird jedes Pixel durch jeweils 64 Blöcke überdeckt. Jeder der Blöcke gibt eine Stimme für ein Label ab (siehe Abbildung 8.17). Normiert man die Anzahl der Stimmen je Label mit der Gesamtanzahl der für ein Pixel abgegebenen Stimmen (d.h. der Anzahl der das Pixel überdeckenden Blöcke), so kann das Resultat als Label-Wahrscheinlichkeit interpretiert werden. Falls für alle das Pixel überdecken-den Blöcke ein hinreichend ähnlicher Merkmalsvektor berechnet wurde, so wurden diese Blöcke demselben Segment zugeordnet. Nur ein Label im Label-Feld l hat daher Stimmen erhalten und die Label-Wahrscheinlichkeit dieses Labels ist 1.

Falls das Pixel dagegen am Rand von zwei oder mehreren Texturen liegt, so werden die das Pixel überdeckenden Blöcke diese Texturen in unterschiedlicher Weise über-decken. Für jeden dieser Blöcke wurde ein Merkmalsvektor berechnet, dessen Merk-male sowohl von den beiden Texturen als auch vom Unterschied zwischen ihnen beeinflusst wurde. Damit werden auch Labels für scheinbare, d.h. im Bild nicht vor-handene Texturen generiert, die durch die Berechnung des Texturmaßes über einen inhomogenen Block entstehen. Einem Pixel kann eine Vielzahl von unterschiedlichen Labels zugeordnet sein, da jede Verschiebung des Blocks die Zusammensetzung der vom Block überdeckten Texturen verändert.

Für ein Pixel, das nah an einer Texturgrenze liegt, ergeben sich also für mehrere Labels von Null verschiedene Label-Wahrscheinlichkeiten. Einige dieser Labels reprä-sentieren scheinbare Texturen und einige wahre Texturen. Da sich allerdings die Cha-rakteristik von scheinbaren Texturen mit der Verschiebung eines Blocks schnell ändert, werden an Texturgrenzen viele Segmente mit Labels von unterschiedlichen schein-baren Texturen generiert. Man kann daher erwarten, dass für alle Pixel, die weit genug vom Rand zwischen zwei oder mehreren Texturen entfernt liegen, die Mehrheit der Stimmen immer für ein Label einer wahren Textur abgegeben wird.

Damit ist auch das weitere Vorgehen zur Bestimmung von Labels für jedes Pixel klar. Im nächsten Schritt wird für jedes Pixel dasjenige Label mit höchster Label-Wahrscheinlichkeit bestimmt. Am Rand zwischen Texturen wird es eine gewisse Anzahl von fehlerhaften Zuordnungen zu scheinbaren Texturen geben (siehe Abbildung 8.18). Die Anzahl der Fehlzuordnungen kann z.B. in einer Nachverarbeitungsphase durch Medianfilterung auf den Labels verringert werden. Eine noch effizientere Nachbearbeitung kann durch das am Ende dieses Kapitels beschriebene Region Labelling erfolgen.

Abbildung 8.18: Zwei Beispiele einer Textsegmentierung: Die Textur und zwei Merkmale aus dem Frequenzraum sind in der oberen Zeile gezeigt. Jeweils unten links ist das Ergebnis nach der Segmentierung gezeigt. Daneben kann man das Ergebnis einer Nachverarbeitung durch Medianfilterung auf den Labels mit verschieden großen Filtern (5×5 und 11×11) sehen.

Diese Methode zur Textursegmentierung weist einige Komponenten gängiger Verfahren in einer heuristischen Variante auf, doch es ist wichtig, auf die vielen Annahmen einzugehen, die implizit getroffen wurden und die das Verhalten des Verfahrens beeinflussen. Zunächst einmal ist meist weder bekannt, auf welcher Auflösungsstufe (also mit welcher Grundfrequenz) eine Textur definiert ist, noch welches das geeignete Texturmaß ist. Letzteres ist ein offenes Problem, das häufig eher pragmatisch gelöst wird. Maße werden anhand von Berechenbarkeit und Anforderungen durch das Segmentierungsverfahren gewählt. Die Suche nach einer Grundfrequenz wird weiterhin dadurch erschwert, dass Texturen oft als Hierarchien von Teiltexturen mit unterschiedlicher Grundfrequenz definiert sind. Zur Segmentierung können Multiskalenansätze, wie z.B. die in *Kapitel 4* vorgestellte Wavelet-Transformation oder die in *Abschnitt 8.2* vorgestellten Gauß- und Laplace-Pyramiden, gewählt werden. Texturparameter lassen sich so auf unterschiedlichen Auflösungsstufen berechnen.

Die Technik der mehrfachen und vorläufigen Label-Zuordnung findet sich in vielen Verfahren wieder, allerdings ist die oben genannte Stimmabgabe anhand von Segment-Labels allein schon deshalb anfällig, weil sie auch Scheintexturen mit einschließt. Robuster sind Ansätze, durch die zunächst mögliche Texturmerkmale von vorkommenden Texturen bestimmt werden und bei denen bei der Label-Zuordnung nur noch festgelegt wird, welche dieser Texturen für diesen Block am wahrscheinlichsten ist. Die Texturen können entweder vorgegeben sein oder automatisch aus dem Merkmalsraum durch ein Clustering ermittelt werden (Clustering-Methoden werden in *Kapitel 11* diskutiert).

Das bereits genannte und in *Abschnitt 8.5* noch zu behandelnde Relaxationsverfahren schließlich ist zwar ein vielseitig anwendbares Verfahren zur Korrektur von Entscheidungen durch Berücksichtigung einer Nachbarschaftsbeziehung zwischen Pixeln. Doch es ist heuristisch und seine Konvergenz ist nicht garantiert. Textursegmentierung verwendet meist eine besser abgesicherte Variante der Relaxation, bei der die Nachbarschaftsbeziehungen zwischen Pixeln über ein Markov-Feld beschrieben werden. Ein Markov-Feld beschreibt Abhängigkeiten zwischen benachbarten Pixeln durch bedingte Wahrscheinlichkeiten über beliebig spezifizierbare, aber begrenzte Nachbarschaftsbeziehungen.

8.4 Segmentierung nach Diskontinuitätskriterien

Segmentierung über ein Homogenitätskriterium erfordert ein Kriterium, welches über das gesamte Segment definierbar ist. Bei Variationen der Regionencharakteristik werden Segmente manchmal fälschlicherweise in mehrere Segmente zerlegt. **Kantenbasierte Segmentierungsverfahren** zerlegen ein Bild dagegen nach Diskontinuitätskriterien an den Segmenträndern und sind daher weniger anfällig gegenüber solchen Variationen. Die Kanteneigenschaften müssen während der Vorverarbeitung hervorgehoben werden (z.B. durch Anwendung des Sobel- bzw. Laplace-Operators). Kantenpixel als lokale Maxima in Gradientenrichtung bzw. Nulldurchgänge der zweiten Ableitung werden detektiert. Segmente sind entweder die zu Kantenzügen zusammengefassten Kantenpixel selbst oder die von ihnen eingeschlossenen Regionen. Letztere können durch eine Variante des Region-Labelling-Prozesses aus *Abschnitt 8.1.3* detektiert werden, bei der die Zusammenhangsbedingung für die Flood-Fill-Methode dadurch definiert ist, dass noch kein Rand gefunden wurde.

Kantenoperatoren liefern in der Regel wegen des nicht völlig zu beseitigenden Rauschens an fast jedem Pixel eine Operatorantwort. Diese Effekte werden etwas vermindert, wenn statt eines einfachen Sobel- oder Laplace-Filters die partiellen Ableitungen der Gauß-Funktion bzw. das LoG-Filter mit geeigneter Standardabweichung σ verwendet werden.

8.4.1 Edge Linking

Für die Unterscheidung zwischen Kanten und Rauschen können Eigenschaften von Kantenzügen genutzt werden:

1 Die Länge des Gradienten gibt die Stärke der Kante an. Ist die Gradientenlänge klein, so kann die Grauwertänderung an dieser Stelle auch durch Rauschen verursacht worden sein.

2 Aus der Gradientenrichtung kann auf die Richtung des Kantenzugs geschlossen werden. Falls ein Pixel Teil eines Kantenzugs ist, sollten sich orthogonal zur Gradientenrichtung weitere Kantenpixel finden.

3 Kantenzüge sollten kontinuierlich sein. In der Umgebung eines Kantenpixels sollten sich weitere Kantenpixel mit ähnlichen Eigenschaften finden.

Nach Abschluss der Vorverarbeitung verbleibende Einflüsse durch Rauschen können gemindert werden, wenn die erste Regel angewendet wird und nur diejenigen Pixel zu Kantenpixeln erklärt werden, deren Gradientenlänge eine vorgegebene Schwelle überschreitet. Allerdings sind Kantenpixel dann nicht mehr notwendigerweise miteinander verbunden. Ein nachfolgendes Region Labelling würde nicht mehr alle Regionen finden. Durch **Edge Linking** werden Kantenpixel daher gegebenenfalls über Lücken hinaus miteinander verbunden. Kantenfolgen werden durch die nachstehende Anweisungsfolge erzeugt (siehe auch Abbildung 8.19):

1 Suche das nächste Kantenpixel, welches noch nicht bereits als „untersucht" markiert wurde, und erkläre es zum Startpixel eines Kantenzugs.

2 Falls sich in der Umgebung des Kantenpixels in einer der beiden Richtungen orthogonal zur Kantenrichtung unmarkierte Kantenpixel befinden, die eine ähnliche Gradientenrichtung und -stärke aufweisen:

   a. Markiere die Pixel als zum Kantenzug zugehörig.

   b. Erkläre diese Pixel zu neuen Startpixeln.

   c. Gehe zu 2.

3 Falls sich in der Umgebung markierte Pixel befinden, die den obigen Bedingungen genügen, dann wurde eine Verzweigung von Kanten gefunden.

4 Falls ein Kantenpixel gefunden wurde, gehe zurück zu Schritt 1.

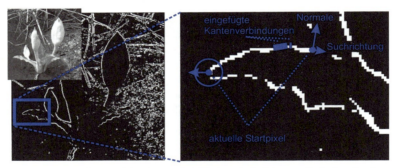

Abbildung 8.19: Beim Edge Linking sind die aktiven Pixel (die Startpixel) diejenigen Pixel, die selbst Kantenkandidatenpixel sind, bereits zu einer Kante gehören und von denen aus noch keine Pixel gesucht wurden.

Das Verfahren endet, wenn alle Kantenpixel mindestens einmal untersucht worden sind. Pixel, die danach keinem Kantenzug angehören, werden anschließend als Störungen entfernt. Die Kriterien für die Größe der Umgebung und die erlaubten Abweichungen in Gradientenlänge und -richtung müssen der Qualität der aktuellen Szene sorgfältig angepasst werden. Das Ergebnis kann verbessert werden, wenn durch das am Schluss dieses Kapitels behandelte Relaxation Labelling das Signal von Rauschen gegenüber dem von Kanten abgeschwächt wird.

Kantenzüge, die nach dieser Methode gefunden werden, können breiter als ein Pixel werden, da in Gradientenrichtung aneinander grenzende Pixel entweder wegen eines grob gefassten Richtungskriteriums mit in den Kantenzug einbezogen oder als Verzweigungen des Kantenzugs zusammengefasst werden. Durch Nachverarbeitung mit den in *Kapitel 10* behandelten morphologischen Operatoren kann dies korrigiert werden.

8.4.2 Der Canny Edge Operator

Canny hat 1986 einen Operator vorgestellt [Canny1986], mit dem unter bestimmten Rahmenbedingungen Kanten optimal gefunden werden. Für die Kanten wird angenommen, dass es sich um ideale Stufenkanten handelt, die durch ein System aufgenommen wurden, dessen Störeinfluss aus Rauschen mit Erwartungswert 0 und einer Defokussierung besteht. Ziele des **Canny-Operators** sind:

- möglichst viele Kanten fehlerfrei vom Hintergrund unterscheiden zu können (niedrige Rate von Fehldetektionen),
- (unverzweigte) Kanten genau zu lokalisieren,
- für jede Kante genau eine Detektorantwort zu liefern.

Unter diesen Annahmen entwickelte Canny einen mehrstufigen Algorithmus zur optimalen Auffindung von Kanten. In der ersten Stufe erfolgt eine Kantenverstärkung. Für das gegebene Modell werden Kanten ideal verstärkt, wenn sie mit der Ableitung einer eindimensionalen Gauß-Funktion gefaltet werden, die orthogonal zur Kantenrichtung rotiert wird. Da die Kantenrichtung nicht bekannt ist, müsste eine Faltung in viele verschiedene Richtungen erfolgen, von denen diejenige selektiert wird, die die beste Operatorantwort produziert. Ein geringfügig schlechteres Resultat wird aber schon erreicht, wenn das Bild durch ein Gauß-Filter geglättet und anschließend der Ort von Kantenpunkten durch Anwendung eines einfachen Gradientenoperators bestimmt wird, der die Länge des Gradienten für jedes Pixel berechnet.

Anschließend werden Kantenpunkte zu einem Kantenverlauf zusammengefügt. Dazu wird ausgehend von einem Startpunkt entlang der Kantenrichtung – die sich aus der Gradientenrichtung ergibt – nach dem Pixel mit der jeweils höchsten Gradientenlänge gesucht. Pixel können Startpunkte sein, wenn ihre Gradientenlänge ein lokales Maximum in Gradientenrichtung und die Länge größer als eine Schwelle T_1 ist. Durch diese Schwelle wird sichergestellt, dass Kanten nur dort gefunden werden, wo das Signal erheblich größer ist als die möglicherweise durch Rauschen verursachten Effekte. Die Kantenverfolgung wird unterbrochen, wenn die Gradientenlänge des gefundenen Punkts unterhalb einer Schwelle T_2 liegt. T_2 ist kleiner als T_1, da die Kantenverfolgung bereits durch die vorher gefundenen Kantenpunkte gestützt wird. Ein Absinken unter die Signifikanzschwelle T_1 ist akzeptabel, da die vorher gefundenen Kantenpunkte dem Ort zusätzliche Signifikanz verleihen.

Das Verhalten des Canny-Operators hängt von der Wahl der Standardabweichung für das Gauß-Filter und von den beiden Signifikanzschwellen ab. Hohe Standardabweichungen führen zu größerer Robustheit gegenüber Rauschen, unterdrücken aber kleine, schwach erkennbare oder dicht aneinander liegende Kanten. Hohe Werte für T_1 verhindern die Erkennung schwach ausgeprägter Kanten und hohe Werte für T_2 führen zu häufigen Unterbrechungen des Kantenzugs. Wird gegen die Annahme verstoßen, dass es keine Abzweigungen (so genannte T-Verbindungen) an der Kante geben darf, dann führt dies dazu, dass eine der drei an einer T-Verbindung inzidenten Kanten unterbrochen wird.

8.4.3 Suche nach Nulldurchgängen

Edge Linking und der Canny-Operator erzeugen nicht automatisch geschlossene Kantenzüge. Diese sind leichter über die Nulldurchgänge (engl. *zero crossing*) der zweiten Ableitung zu bestimmen. Wenn davon auszugehen ist, dass sich Segmente immer durch eine Kante unterscheiden und eine Kante dort ist, wo die Gradientenlänge in Richtung des Gradienten ein lokales Maximum hat, dann bilden die Nulldurchgänge der zweiten Ableitung einer kontinuierlichen Funktion geschlossene Kurven. Dieser Sachverhalt gilt auch dann, wenn die Funktion mit einer Gauß-Funktion durch Konvolution geglättet wurde, so dass die Einflüsse von Rauschen durch Filterung unterdrückt werden können. Die Segmentierung besteht also aus der Wahl einer geeigneten Glättung, der Berechnung der Nulldurchgänge und dem bereits genannten Region Labelling (Abbildung 8.20 zeigt Nulldurchgänge, die nach zwei unterschiedlichen Glättungen erzeugt wurden).

Abbildung 8.20: Nulldurchgänge nach Anwendung eines LoG-Filters mit verschiedenen Standardabweichungen (Mitte: $\sigma = 2{,}0$, rechts: $\sigma = 4{,}0$)

Für diskretisierte Funktionen ist die Eigenschaft von geschlossenen Konturen näherungsweise gegeben. Nulldurchgänge können bis auf ein Pixel genau bestimmt werden, falls sie von anderen Nullstellen wenigstens durch ein Pixel getrennt sind. Dazu wird der Laplace-Operator auf das Bild $f(m,n)$ angewendet. Das Ergebnis ist ein gefiltertes Bild $g(m,n)$. Für jedes Pixel (m,n) wird untersucht, ob $g(m,n) = 0$ ist oder ob $g(m,n)$ ein anderes Vorzeichen als ein Nachbarpixel von (m,n) hat.

In beiden Fällen muss in der Umgebung von (m,n) ein Nulldurchgang existieren. Damit der Nulldurchgang für den zweiten Fall nicht mehrfach gefunden wird, wird die Nachbarschaft so definiert, dass bei der Bearbeitung des Bildes keine Kombination von zwei Pixeln mehrfach betrachtet wird. Bei einer 4-Nachbarschaft bedeutet dies, dass $N_{4r}(m,n) = \{(m+1,n),(m,n+1)\}$ ist. Für eine 8-Nachbarschaft ist $N_{8r}(m,n) = \{(m,n+1),(m+1,n+1),(m+1,n),(m+1,n-1)\}$.

Es wird ein Nulldurchgangsbild $g_0(m,n)$ erzeugt, dessen Nullstellen in der anschließenden Segmentierung als Abbruchbedingung für den Flood-Fill-Algorithmus (*Abschnitt 8.1.3*) betrachtet werden. Labels an den Nulldurchgängen werden mehrfach vergeben, da der Flood-Fill-Algorithmus diese Stellen von jeder Region aus findet, die an die betreffende Kante angrenzt. Es bleibt dem Entwickler überlassen, welche Entscheidung dort endgültig getroffen wird. Eine mögliche Lösung bestünde darin, die Richtung zu berücksichtigen, die durch die Art der Nachbarschaftsmengen N_{4r} bzw. N_{8r} vorgegeben ist. Folgt man dieser Festlegung, dann werden die Orte der Nulldurchgänge nach links bzw. nach unten verschoben. Nulldurchgangspixel sollten daher den von links bzw. von unten angrenzenden Segmenten zugeordnet werden.

8.4.4 Wasserscheidentransformation

Die **Wasserscheidentransformation (WST)** basiert auf der Gradienteninformation und findet automatisch die von Kanten eingeschlossenen Segmente. Eine Wasserscheide im geografischen Sinn trennt Gebiete, die in unterschiedliche Senken entwässert werden. Wasserscheiden verlaufen daher entlang von Bergkämmen. So verläuft beispielsweise ein Teil der Wasserscheide zwischen Nordsee und Mittelmeer entlang des Kamms der Berner Alpen.

Damit Wasserscheiden für die Segmentierung eingesetzt werden können, müssen diese Gebirgslandschaften in einem Bild so simuliert werden, dass Gebirgskämme gerade da verlaufen, wo zwei Segmente voneinander unterschieden werden sollen. Es ist meist nicht sinnvoll, den Grauwert eines Bildes als Höhe zu interpretieren. In diesem Fall würden die Wasserscheiden den lokalen Intensitätsmaxima des Bildes folgen. Angemessener ist es, Gradientenlängen als Höheninformation zu interpretieren. Da deren lokales Maximum in Gradientenrichtung gerade den Ort trennender Kanten kennzeichnet, liefert die Identifikation aller Wasserscheiden die gewünschte Segmentierung.

Für die Wasserscheidentransformation wird ein Bild der Gradientenlängen $g(m,n) = \|\nabla f(m,n)\|$ aus dem Ursprungsbild $f(m,n)$ berechnet. Zur Rauschunterdrückung kann die Berechnung mit einer geeigneten Glättung kombiniert werden. Anschließend erfolgt die Berechnung von Wasserscheiden. Die Senken werden dabei alle lokalen Minima von g sein.

Wasserscheiden können durch simulierte Beregnung oder Flutung gefunden werden. Bei einer Beregnung wird für jedes Pixel berechnet, in welchem lokalen Minimum ein dort fallender Regentropfen enden würde. Dazu nimmt man an, dass sich dieser Regentropfen vom Ort (m_0, n_0) immer in Richtung des steilsten Abstiegs und damit gegen die Richtung des Gradienten der Funktion g – also der Ableitungen der Gradientenlänge von f – bewegt, bis er ein lokales Minimum erreicht. Das lokale Minimum ist der Ort, an dem dieser Gradient Null ist.

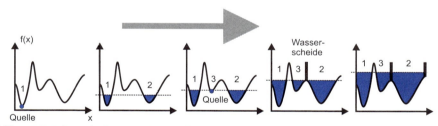

Abbildung 8.21: Schema der Wasserscheidentransformation durch Flutung

Der Flutungsalgorithmus ist etwas leichter zu berechnen als der Beregnungsalgorithmus und geht davon aus, dass die Szene von den lokalen Minima aus geflutet wird (siehe Abbildung 8.21). Die Minima werden während der Flutung automatisch gefunden. Die Flutungshöhe $h_{aktuell}$ ist anfangs Null und wird inkrementiert, bis die maximale Flutungshöhe $g_{max} = \max_{m,n}(g(m,n))$ erreicht ist. Bei jedem Schritt wird geprüft, ob neue Pixel überflutet wurden. Für jedes neu überflutete Pixel (m_f, n_f) wird geprüft, ob

1 es isoliert ist, d.h. nicht zu anderen überfluteten Pixeln der Höhen $h < h_{aktuell}$ benachbart ist. Isolierte Pixel und auch isolierte Pixelgruppen von benachbarten, überfluteten Pixeln der Höhe $h_{aktuell}$ sind neu gefundene lokale Minima und damit Kerne von neuen Segmenten. Für isolierte Pixel wird ein neues Label vergeben.

2   es eine Überflutungsregion erweitert, d.h. zu anderen überfluteten Pixeln der Höhen $h < h_{aktuell}$ benachbart ist, die alle das gleiche Label tragen. Dann wird das Pixel dem Segment mit diesem Label zugeordnet.

3   es eine Wasserscheide ist, d.h. zu überfluteten Pixeln von mindestens zwei Regionen benachbart ist. Dann wird diesem Pixel das spezielle Label „Wasserscheide" zugeordnet.

Wenn die Höhe $h_{aktuell} = g_{max}$ erreicht ist, haben alle Pixel ein Label erhalten. Dies ist entweder ein Segment-Label oder das spezielle Label „Wasserscheide". Letzteres kann in einem Nachverarbeitungsschritt einer der angrenzenden Regionen zugeordnet werden.

Abbildung 8.22: Das Ergebnis der Wasserscheidentransformation (WST) auf Gradientenlängen ist oft eine Übersegmentierung.

Die Wasserscheidentransformation erzeugt in Abhängigkeit von der gewählten Glättung bei der Berechnung der Gradientenlängen eine mehr oder weniger große Übersegmentierung (siehe Abbildung 8.22). Manchmal ist es daher günstig, auch hier nach einer Multiskalenstrategie vorzugehen. Dazu wird die Wasserscheidentransformation auf den segmentierten Bildern mehrfach hintereinander ausgeführt. Das hat den Vorteil, dass kontrastreiche, aber schmale und dicht aneinander grenzende Strukturen in einem Bild erhalten bleiben.

Diese Variante heißt **Hierarchische Wasserscheidentransformation**. Zu ihrer Berechnung muss ein Gradient auf Segmenten definiert werden. Dazu wird das Segmentierungsresultat durch einen Region Adjacency Graph (RAG) repräsentiert. Dem durch einen Knoten des RAGs repräsentierten Segment S wird sein durchschnittlicher Grauwert $f_{avg}(S)$ als Funktionswert zugewiesen. Anschließend werden alle an S grenzenden Segmente S_k, $k = 0,\ldots,K\text{-}1$ bestimmt. Die Gradientenlänge $g(S)$ ergibt sich aus den Differenzen der durchschnittlichen Grauwerte von S und seinen Nachbarn S_k (siehe Abbildung 8.23):

$$g(S) = \frac{1}{K} \sum_{k=0}^{K-1} \left| f_{avg}(S) - f_{avg}(S_k) \right|.$$

Diese Werte können noch mit der Fläche $A(S_k)$ der Segmente gewichtet werden und man erhält:

$$g(S) = \frac{1}{\sum_{k=0}^{K-1} A(S_k)} \sum_{k=0}^{K-1} A(S_k) \left| f_{avg}(S) - f_{avg}(S_k) \right|.$$

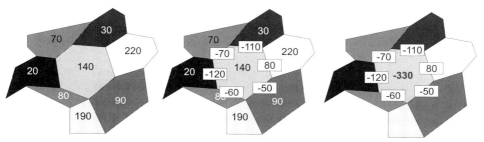

Abbildung 8.23: Bei der Hierarchischen Wasserscheidentransformation wird die WST auf dem Ergebnis der WST erneut ausgeführt. Die dazu benötigten Gradienten für jede Region werden aus den Grauwertunterschieden zu den benachbarten Regionen geschätzt.

Falls die Richtung des Gradienten benötigt wird, so kann diese aus den Richtungen zwischen dem Schwerpunkt von S zu den Schwerpunkten der angrenzenden Segmente S_k, möglicherweise gewichtet mit den Flächeninhalten der S_k, generiert werden.

Die Wasserscheidentransformation kann nun erneut ausgeführt werden und erzeugt neue, größere Segmente. Der Schritt kann so lange wiederholt werden, bis die Größe der Segmente den Erwartungen entspricht.

Nachteilig an der Hierarchischen Wasserscheidentransformation sind vor allem zwei Umstände: Zum einen werden die Wasserscheiden immer breiter und zum anderen kann es geschehen, dass sich die optimalen Segmente in Hinblick auf die Bedeutung, die sie tragen, in unterschiedlichen Bildanteilen auf unterschiedlichen Hierarchiestufen finden.

Das erste Problem wird dadurch verursacht, dass die lokalen Maxima, genau wie die Nullstellen übrigens, die Ausdehnung Null haben sollten. Schon die Pixel sind nicht die geeigneten Träger dieser Information. Definiert man die Wasserscheiden als Eigenschaft der Kanten zwischen Pixeln bzw. Segmenten, treten diese Probleme nicht auf. Dazu müssen bereits die Pixel des Ursprungsbilds auf einen RAG abgebildet werden. Gradienten sind für die Kanten des RAGs definiert und der Flutungsprozess muss entsprechend adaptiert werden. Segment-Labels werden an Knoten im RAG und das Wasserscheiden-Label wird an Kanten vergeben.

Das zweite Problem lässt sich ohne zusätzliche Information über Objekte nicht lösen, da es eine inhaltsabhängige Definition von Wasserscheiden erfordert. Eine Methode hierzu wird im nachfolgenden Kapitel in *Abschnitt 9.1.4* behandelt.

8.5   Relaxation Labelling

Das Resultat einer Segmentierung ist oft gestört durch Rauschen und andere Artefakte. Eine wesentliche Eigenschaft von Rauschen und manchen Artefakten ist die Zufälligkeit der Störung. Es existiert nur wenig Korrelation zwischen den von Störungen verursachten Effekten in benachbarten Pixeln. Dagegen besitzt das Signal eine hohe räumliche Korrelation. Durch **Relaxation Labelling** wird diese Korrelation genutzt, um den Einfluss des Signals zu verstärken und den des Rauschens zu mindern.

Relaxation Labelling (manchmal auch Nichtlineare Relaxation genannt) ist eine allgemeine Technik, die unter anderem für die Nachverarbeitung eines Segmentierungsresultats geeignet ist. Sie basiert auf der Annahme, dass in einer Menge von Elementen die Entscheidung über die Markierung eines Elements von den Markierungen aller anderen Elemente abhängt.

Diese Elemente sind in unserem Fall die Pixel, denen Labels l_k aus einer bekannten Menge von Labels l_k, $k = 0, \ldots, K-1$ zugeordnet worden sind. Zur einfacheren Diskussion sortieren wir alle Pixel eines Bildes in eine Liste um, so dass ein Pixel $p_{m,n}$ den Index $i = m \cdot N + n$ als p_i, $i = 0, \ldots, MN-1$ in der Liste erhält. Für jedes Pixel p_i und jedes Label l_k gibt $P(p_i, l_k)$ an, wie wahrscheinlich Pixel p_i das Label l_k trägt. Die Kenntnis von anfänglichen Wahrscheinlichkeiten $P^0(p_i, l_k)$ wird vorausgesetzt. Diese dürfen nicht 1 oder 0 sein, weil dies andernfalls Gewissheit bedeuten würde, die auch durch Relaxation Labelling nicht verändert werden würde.

Falls die $P^0(p_i, l_k)$ durch ein Segmentierungsverfahren erzeugt wurden, bei dem jedem Pixel ein Label $l(p_i)$ zugeordnet wurde, dann könnte zum Beispiel die folgende Belegung gewählt werden:

$$P^0\left(p_i, l_k\right) = \begin{cases} 0{,}8 & \text{, falls } l_k = l(p_i) \\ 0{,}2 & \text{, sonst} \end{cases}$$

Verfügt das Segmentierungsverfahren über zusätzliche Information, so können einem Pixel auch mehrere Labels mit einer von Null verschiedenen Wahrscheinlichkeit zugeordnet sein. Das wäre z.B. bei der in *Abschnitt 8.3.4* vorgestellten Methode zur texturbasierten Segmentierung der Fall. Dort könnten die für die einzelnen Labels abgegebenen Stimmen zur Berechnung der Label-Wahrscheinlichkeiten genutzt werden. Die Gesamtwahrscheinlichkeit über alle Labels muss

$$\sum_{k=0}^{K-1} P^0\left(p_i, l_k\right) = 1$$

sein.

Jedes Pixel übt über einen Kompatibilitätskoeffizienten

$$r\left(\left(p_i, l_k\right), \left(p_j, l_l\right)\right)$$

Einfluss auf alle anderen Pixel aus. Durch r wird angegeben, wie kompatibel Label l_l von Pixel p_j mit Label l_k von Pixel p_i ist. Diese Koeffizienten beeinflussen die Label-Wahrscheinlichkeit von l_k. Idealerweise wäre r die bedingte Wahrscheinlichkeit $P(p_i, l_k \mid p_j, l_l)$, dass Pixel p_i das Label l_k unter der Bedingung hat, dass das Pixel p_j das Label l_l trägt. In der Praxis wird diese Wahrscheinlichkeit meist durch eine sinnvolle, aber heuristisch bestimmte Funktion ersetzt.

Wenn Relaxation Labelling zur Nachverarbeitung einer flächenbasierten Segmentierung eingesetzt wird, dann kann man, wenn kein weiteres Wissen über die Daten vorliegt, annehmen, dass nur gleiche Labels miteinander kompatibel sind:

$$r\big((p_i,l_k),(p_j,l_l)\big) = r\big(l_k,l_l\big) = \begin{cases} 1 & \text{, falls } l_k = l_l \\ 0 & \text{, sonst.} \end{cases} \tag{8.1}$$

Ist mehr über die segmentierte Szene bekannt, so kann der Kompatibilitätskoeffizient für verschiedene Labels unterschiedliche Werte annehmen. Insbesondere kann die Kompatibilität auch von den Positionen von p_i und p_j abhängig gemacht werden und beispielsweise für nah beieinander liegende Positionen Label-Wechsel unterdrücken, über größere Entfernungen aber zulassen.

Da sich alle Pixel gegenseitig beeinflussen, kann die Berechnung des Einflusses zwischen Pixeln nur iterativ gelöst werden. Ausgehend von der anfänglichen Wahrscheinlichkeit P^0 einer Zuordnung aller Labels zu allen Pixeln wird der wechselseitige Einfluss auf alle Pixel berechnet. Daraus ergeben sich neue Label-Wahrscheinlichkeiten. Diese verändern den wechselseitigen Einfluss, so dass das Verfahren wiederholt werden muss, bis die Änderung unter ein vorgegebenes Minimum fällt. Anschließend wird jedem Pixel dasjenige Label zugeordnet, für das die Label-Wahrscheinlichkeit für dieses Pixel maximal ist.

Die Unterstützung, die das Label l_k des Pixels p_i durch das Pixel p_j in der Iteration n erfährt, ist die mit den Label-Wahrscheinlichkeiten zur Iteration n gewichtete Summe der Unterstützungen von allen Labels l_l von p_j:

$$q_j^{(n)}\big(p_i,l_k\big) = \sum_{l=0}^{K-1} P^{(n)}\big(p_j,l_l\big) \cdot r\big((p_i,l_k),(p_j,l_l)\big).$$

Werden die Unterstützungen aller Pixel p_j aufsummiert, so erhält man die Gesamtunterstützung für Label l_k von p_i:

$$Q^{(n)}\big(p_i,l_k\big) = \sum_{j=0}^{NM-1} c_{ij} q_j^{(n)}\big(p_i,l_k\big).$$

Durch den Einflussparameter c_{ij} kann ein vom Kompatibilitätskoeffizienten unabhängiger Einfluss der relativen Lage von p_i zu p_j berücksichtigt werden. Sind keine zusätzlichen Informationen bekannt, so kann man in der Regel davon ausgehen, dass dieser Einfluss mit der Entfernung abnimmt. Für ein Relaxation Labelling auf segmentierten Regionen lautete eine geeignete Funktion:

$$c_{ij} = \begin{cases} \frac{1}{8} & \text{, falls } p_j \in N_8\big(p_i\big) \\ 0 & \text{, sonst.} \end{cases}$$

Durch $N_8(p_i)$ wird hier die 8-Nachbarschaft von p_i bezeichnet. Natürlich sind auch größere Nachbarschaften denkbar, nur sollte man in diesem Fall bedenken, dass eine so simple Kompatibilitätsbedingung, wie die in (8.1) nicht mehr angemessen ist. Über größere Entfernungen ist es durchaus nicht so, dass gleiche Labels miteinander kompatibel sein müssen.

Mit der Gesamtunterstützung und den Label-Wahrscheinlichkeiten der Iteration n können nun die Label-Wahrscheinlichkeiten der Iteration $n+1$ berechnet werden:

$$P^{(n+1)}\big(p_i,l_k\big) = \frac{P^{(n)}\big(p_i,l_k\big)\big[1+Q^{(n)}\big(p_i,l_k\big)\big]}{\sum_{l=1}^{K-1} P^{(n)}\big(p_i,l_l\big)\big[1+Q^{(n)}\big(p_i,l_l\big)\big]}. \tag{8.2}$$

Die Division durch die gewichtete Unterstützung normiert das Resultat auf den Werte-bereich von 0 bis 1. Das Ergebnis einer Anwendung auf ein Segmentierungsresultat zeigt Abbildung 8.24. Die Korrektur einer Textursegmentierung zeigt Abbildung 8.25.

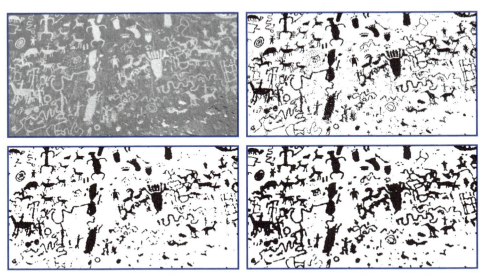

Abbildung 8.24: Relaxation Labelling auf dem Segmentierungsergebnis oben rechts. Links unten das Resultat nach zwei Iterationen, rechts das Resultat nach zehn Iterationen. Das Resultat hat sich stabilisiert, d.h. weitere Iterationen ändern das Ergebnis kaum noch.

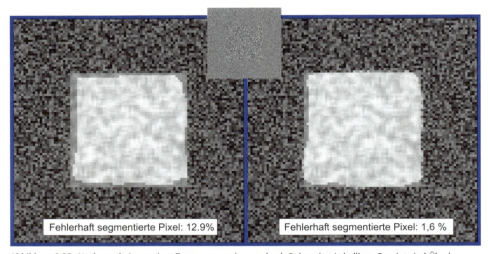

Abbildung 8.25: Nachverarbeitung einer Textursegmentierung durch Relaxation Labelling. Gezeigt sind Überlagerungen zwischen Originalbild und Segmentierung. Links das Ergebnis nach Textursegmentierung, rechts das Resultat nach 20 Iterationen. Weitere Iterationen verbesserten das Ergebnis nicht weiter.

Das Verfahren kann auch für die Verstärkung von Kanten verwendet werden, wenn die Werte für die Anfangswahrscheinlichkeiten, das Kompatibilitätsmaß und den Ein-flussparameter geeignet gewählt werden.

In diesem Fall gibt es nur die zwei Labels $l_1 = \text{„Kante"}$ und $l_0 = \text{„keine Kante"}$. Die Label-Wahrscheinlichkeit kann von der Gradientenstärke $|\nabla f(p_i)|$ und der maximalen Gradientenstärke ∇_{max} abhängig gemacht werden:

$$P^0(p_i, l_1) = \frac{|\nabla P_I|}{\nabla_{max}} \quad \text{und} \quad P^0(p_i, l_0) = 1 - \frac{|\nabla P_I|}{\nabla_{max}}.$$

Ein geeignetes Kompatibilitätsmaß zwischen zwei Pixeln p_i und p_j wäre der Richtungsunterschied zwischen den aus Gradienten berechneten Kantenrichtungen θ_i und θ_j:

$$r(p_i, l_k, p_j, l_l) = \begin{cases} \left| 1 - \dfrac{|\theta_i - \theta_j|}{\pi} \right| & \text{, falls } l_k = l_l = l_1 \\ 0 & \text{, sonst.} \end{cases}$$

Der Einflussparameter c_{ij} kann genauso wie bei der Nachverarbeitung von Regionen gewählt werden. Pixel beeinflussen sich also nur selbst oder falls sie 8-benachbart sind.

Wird die iterative Berechnung gestartet, so verstärken sich die Label-Wahrscheinlichkeiten für das Label „Kante" von benachbarten Pixeln mit gleicher Gradientenrichtung umso mehr, je größer ihr Gradient ist. Die Kantenwahrscheinlichkeit von durch Rauschen verursachten höheren Gradienten wird dagegen abgeschwächt, da sie wahrscheinlich nicht zu Pixeln mit ähnlicher Gradientenrichtung benachbart sind. Zudem haben sie auch einen geringen Einfluss auf benachbarte Kanten, weil ihre Richtungen wahrscheinlich differieren.

In der Anwendung des Relaxation Labelling wurde beobachtet, dass oft nach einer Phase der Verbesserung des Resultats die Lösungen schlechter werden. Kriterien, wann die Iteration abzubrechen ist, sind daher besonders wichtig. Ein mögliches Kriterium hierzu besteht aus dem Vergleich zwischen Gesamtunterstützung im Bild und der Summe der Label-Wahrscheinlichkeiten. Da mit jedem Iterationsschritt die Label-Wahrscheinlichkeiten um diese Unterstützung korrigiert werden, ist keine Verbesserung mehr zu erwarten, wenn sich diese beiden Summen angeglichen haben, d.h., falls

$$\sum_{i=0}^{MN-1} \sum_{k=0}^{K-1} P^{(n)}(p_i, l_k) = \sum_{i=0}^{MN-1} \sum_{k=0}^{K-1} Q^{(n)}(p_i, l_k).$$

Eine andere Möglichkeit besteht darin, die Veränderungen der Label-Wahrscheinlichkeiten zu messen und das Verfahren abzubrechen, wenn diese unter ein bestimmtes Minimum fallen oder sich nicht mehr verbessern. Dazu wird die Gleichung (8.2) umgeschrieben und um einen Schrittweitenparameter α erweitert:

$$P^{(n+1)}(p_i, l_k) = P^{(n)}(p_i, l_k) \cdot \alpha \frac{\left[1 + Q^{(n)}(p_i, l_k) \right]}{\sum_{l=1}^{K-1} P^{(n)}(p_i, l_l) \left[1 + Q^{(n)}(p_i, l_l) \right]}.$$

Mit $\alpha = 1$ ergibt sich Gleichung (8.2). Der Term

$$\frac{\left[1 + Q^{(n)}(p_i, l_k) \right]}{\sum_{l=1}^{K-1} P^{(n)}(p_i, l_l) \left[1 + Q^{(n)}(p_i, l_l) \right]}$$

ist der Korrekturterm für jedes Paar (p_i, l_k). Falls die Norm über alle Paare gegen Null geht, wird der Iterationsprozess abgebrochen. Mit dem Parameter α wird die Geschwindigkeit der Anpassung gesteuert. Im Beispiel in Abbildung 8.26 kann man sehen, dass die durchschnittliche Verbesserung im Verlauf der Verarbeitung abnimmt. Das ist an einer Confidence Map zu erkennen, in der Pixel hervorgehoben sind, für die eine Verbesserung der Label-Wahrscheinlichkeiten möglich ist.

Das Verhalten des Verfahrens wird durch diese Maßnahmen kontrollierbarer. Mit sorgfältig ausgesuchten Zusatzkriterien über die Gesamtanzahl der Iterationen und die problemabhängige Qualität der Zwischenergebnisse lässt sich ein robustes und einfach zu realisierendes Verfahren zur Berücksichtigung von Nachbarschaftsinformationen umsetzen. Konvergenz ist allerdings auch in diesen Fällen nicht garantiert.

Eine Alternative zur Nichtlinearen Relaxation ist die Stochastische Relaxation, die unter Einhaltung ihrer Rahmenbedingungen zu einem optimalen Ergebnis konvergiert. Dieses unter dem Namen Simulated Annealing bekannte Verfahren simuliert den Abkühlungsprozess von Metallen (daher der Name). Wenn die Abkühlung langsam genug vor sich geht, ist garantiert, dass die Metallatome eine Energie-minimale Gitterformation einnehmen. Abhängig von der Temperatur erlaubt die Methode eine zwischenzeitliche Verschlechterung der Gesamtenergie und vermeidet es so, in einem lokalen Minimum zu terminieren.

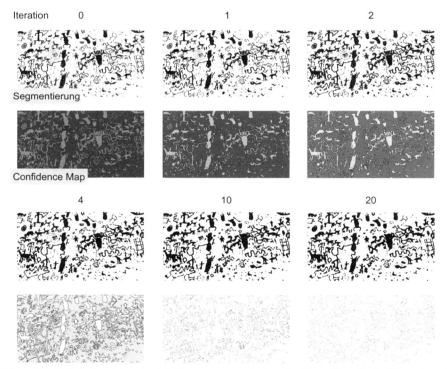

Abbildung 8.26: Verlauf eines Relaxation Labelling zusammen mit einer Confidence Map. Die Confidence Map gibt das Verhältnis zwischen Label-Wahrscheinlichkeit des aktuell gewählten Labels zur nächstniedrigeren Label-Wahrscheinlichkeit an (dunkle Werte geben ein geringes Vertrauen in die Lösung an). Man sieht, dass nach zehn Iterationen kaum noch Bereiche existieren, bei denen eine Änderung zu erwarten ist.

Die vollständige Darstellung der Simulated-Annealing-Methode würde den Rahmen eines Grundlagentextes sprengen, doch soll zumindest die grundsätzliche Vorgehensweise skizziert werden. Für die Umsetzung dieses Prozesses müssen Entsprechungen für die Begriffe Energie und Temperatur gefunden werden. Als Energie wird die Kompatibilität gewählt, die jedoch geeignet formuliert werden muss, damit sie den Bedingungen des Simulated Annealing genügt. Label-Wahrscheinlichkeiten werden zwar wie bei der Nichtlinearen Relaxation mit dem Ziel der maximalen Kompatibilität geändert, doch wird beim Simulated Annealing mit einer temperaturabhängigen Wahrscheinlichkeit eine Verschlechterung der Konfiguration zugelassen. Anfangs werden bei hohen Temperaturen mit großer Wahrscheinlichkeit auch Verschlechterungen akzeptiert. Für ein optimales Ergebnis darf die Temperatur nicht zu schnell gesenkt werden. Simulated Annealing braucht damit sehr viel Zeit für die Berechnung der Lösung, wobei sich die Konfiguration asymptotisch dem optimalen Ergebnis nähert. In der Praxis wird meist eine heuristische Variante gewählt, bei der die Temperatur rascher abgesenkt wird (manchmal Simulated Quenching genannt). Man akzeptiert, dass das Verfahren in einem nicht optimalen Zustand terminiert und profitiert dennoch in einem frühen Stadium des Verfahrens von der Fähigkeit, lokale Minima zu vermeiden. Ist die Anfangssituation nicht zu weit vom optimalen Endzustand entfernt, ist die Methode immer noch sehr robust. Die gängige Methode zur Berechnung des neuen Zustands der Label-Wahrscheinlichkeiten heißt Iterative Conditional Modes (ICM) und ist im Ablauf dem Relaxation Labelling sehr ähnlich, wobei allerdings die Veränderungen der Label-Wahrscheinlichkeiten von Temperatur und den Energietermen abhängen.

8.6 Vertiefende und weiterführende Literatur

Segmentierung ist ein Gebiet von enormer Breite und bei weitem nicht abgeschlossen. Bücher zur Bildverarbeitung behandeln das Thema in unterschiedlichem Umfang und setzen sehr verschiedene Schwerpunkte. Das Lehrbuch von Sonka et al. [Sonka1998] stellt sehr viele Segmentierungsmethoden vor. Auch in [Davies2004] sind Segmentierungsmethoden zusammen mit praktischen Anwendungen recht breit angelegt besprochen. Vor allem seine Darstellungen zur Schwellenwertsegmentierung und die Diskussion von Texturmaßen sind in Zusammenhang mit diesem Kapitel eine Vertiefung. Vergleichende Analysen von Schwellenwertverfahren sind in [Sahoo1988] und [Lee1990] zu finden. In [Haralick1985] findet sich ein sehr guter Überblick über Methoden und Strategien in der Bildsegmentierung. Ein neuerer Überblicksartikel [Freixenet2002] vergleicht Segmentierungsverfahren, bei denen Kanten- und Regionenmerkmale gleichzeitig ausgewertet werden.

Die Haralick'schen Texturmaße wurden in [Haralick1973] vorgestellt, die in der Wirkung ähnlichen Summen- und Differenzhistogramme sind aus [Unser1986]. Texturmaße im Frequenzraum wurden unter anderem von [Chen1982] präsentiert. Texturmaße auf der Basis von Lauflänge sind [Galloway1975] zu entnehmen. Weitere Texturmaße werden in [Davis2004] vorgestellt. Ein Überblicksartikel zur Textursegmentierung ist in [Reed1993] zu finden. Der Artikel [Derin1986] präsentiert ein Beispiel für die Textursegmentierung auf der Basis eines Markov-Felds.

Die der kantenbasierten Segmentierung zugrunde liegende Berechnung von Nulldurch-gängen basiert auf den Ausführungen von [Marr1983]. Verfahren zum Edge Linking werden in den meisten Büchern zur Bildverarbeitung behandelt. Die Originalreferenz des Canny Edge Detector ist [Canny1986]. In [Cook1995] wurde das Edge Linking mit einer Multiskalenstrategie verknüpft. Die Wasserscheidentransformation ist ein häufig untersuchtes Verfahren (erste Publikationen erschienen schon in den 70er Jahren, z.B. [Digabel1978]). Ein effizientes Verfahren zur Wasserscheidentransformation wird in [Vincent1991] vorgestellt. Die Hierarchische Wasserscheidentransformation ist unter anderem Gegenstand der Darstellungen in [Najman1996] und [Wegner1997].

Relaxation Labelling als Nachverarbeitungsprozess ist ein lange bekanntes Verfahren. In [Kittler1986] ist ein Überblick dazu zu finden und [Richards1981] untersucht die Genauigkeit solcher Verfahren. Die grundlegenden Publikationen zur Stochastischen Relaxation sind die Beiträge [Kirkpatrick1983] und [Geman1984], ein effizientes Berechnungsverfahren (ICM – Iterated Conditional Modes) dazu wurde kurz danach von Besag [Besag1986] publiziert.

Betrachtungen des Segmentierungsproblems im Multiskalenraum erfolgen unter anderem durch die bereits erwähnte hierarchische Wasserscheidentransformation und beim Edge Linking. Die in *Kapitel 4* vorgestellte Wavelet-Transformation bietet eine ausgezeichnete Basis zur Betrachtung von Bildeigenschaften im Multiskalenraum. Weitere Ausführungen hierzu finden sich z.B. in [Mallat1999] oder [Starck1998]. In [Mallat1992] wird eine Anwendung der Wavelet-Transformation zur Kantendetektion präsentiert. Die Gauß-Pyramide wurde aus der Übertragung des Skalenraums (Scale Space) von kontinuierlichen auf diskrete Signale abgeleitet. Die Laplace-Pyramide wurde von Burt und Adelson [Burt1983] zur Codierung von Bildern entwickelt. Eine Einführung in die Anwendungen des Multiskalenraums in der Computer Vision findet sich z.B. in [Lindeberg1994]. Ein interessantes Beispiel für die Anwendung einer Gauß-Pyramide stammt aus der Gruppe von Pizer [Pizer1989].

ZUSAMMENFASSUNG

Segmentierung ist eine Zerlegung des Bildes in semantische Einheiten, welche die Merkmalsträger einer möglicherweise nachfolgenden Klassifikation sind. Kriterien einer Segmentierung gelten modellunabhängig für das gesamte Bild.

Segmentierung kann ortsunabhängig durch ein oder mehrere Schwellenwerte auf den Grauwerten gefolgt von einer Suche nach zusammenhängenden Gebieten mit gleichem Label erfolgen. In diesem Fall muss das Histogramm zwei oder mehrere ausgeprägte Maxima aufweisen, zwischen denen die Schwellenwerte zu setzen sind. Probleme entstehen bei Shading-Artefakten, die zu einer ortsabhängigen Variation des Grauwerts führen.

Eine ortsabhängige Segmentierung basiert auf Homogenitätskriterien innerhalb der Segmente (regionenbasierte Segmentierung) oder auf Diskontinuitätskriterien zwischen Segmenten (kantenbasierte Segmentierung). Das Resultat kann durch einen Region-Adjacency-Graphen repräsentiert werden, dessen Knoten Segmente sind und dessen Kanten die Nachbarschaft zwischen zwei Segmenten repräsentieren.

Die Repräsentation im Multiskalenraum durch Gauß- oder Laplace-Pyramide oder nach Transformation auf eine Wavelet-Basis ermöglicht die Kombination von Segmentierungsresultaten einer ortsabhängigen Segmentierung auf verschiedenen Auflösungsstufen.

Homogenitätskriterien für die regionenbasierte Segmentierung sind Kriterien über die zulässige Grauwertvariation innerhalb eines Segments. Region Merging und Split-and-Merge sind grundlegende Methoden, um ein Bild nach diesen Kriterien zu segmentieren. Ein komplexeres Homogenitätsmaß ist Textur, durch die ein gewisses Regelmaß innerhalb einer Region beschrieben wird. Es existiert keine Definition für Textur und so gibt es eine große Anzahl von Texturmaßen. Da das Maß nur für ein gegebenes Segment bestimmt werden kann, sind texturbasierte Segmentierungsmaße meist iterative Methoden, durch die das Texturmaß und das Segment, für das es berechnet werden soll, gleichzeitig bestimmt werden.

Kriterien der kantenbasierten Segmentierung sind Richtung, Stärke und Änderung der Stärke von Kanten, die durch Approximation der partiellen ersten und zweiten Ableitung durch Faltungsoperatoren berechnet werden können. Die Segmente einer kantenbasierten Segmentierung können die Kanten selbst oder die von ihnen eingeschlossenen Regionen sein. Für Ersteres ist Edge Linking ein geeignetes Verfahren. Von geschlossenen Kantenzügen begrenzte Segmente können dagegen durch Suchen der Nulldurchgänge der zweiten Ableitung oder durch die Wasserscheidentransformation auf Gradientenbildern erzeugt werden.

Fehler in der Segmentierung können während der Nachverarbeitung beseitigt werden. Medianfilterung auf den Labels oder Relaxation Labelling sind zwei Methoden, mit denen fehlerhaft markierte Regionen beseitigt werden können. Das zuletzt genannte Verfahren ist auch geeignet, um Fehler von segmentierten Kanten zu entfernen.

ZUSAMMENFASSUNG

Übung 8.1   Aufgaben

- Was sind die Voraussetzungen, damit eine Schwellenwertsegmentierung erfolgreich sein kann?
- Welche Einflüsse können eine Schwellenwertsegmentierung erschweren? Wie kann man damit umgehen?
- [Projekt] Entwickeln und schreiben Sie eine Methode, mit der das Bild „Schrift" auf der Companion Website mittels Schwellenwertsegmentierung segmentiert wird. Überlegen Sie, wie Sie die Schwellenwertsuche automatisieren könnten. Wenden Sie das Verfahren auf das Bild „NewspaperRock" an.
- Was ist eine Gauß-Pyramide, was eine Laplace-Pyramide?
- [Projekt] Schreiben Sie eine Methode, bei der die Nulldurchgänge durch eine Gauß-Pyramide im Skalenraum verfolgt werden können (ähnlich wie in der Bildzeile in Abbildung 8.6) und bei der Kanten nur selektiert werden, wenn sie über eine vorgegebene Anzahl von Skalen voneinander unabhängig sind (Sie müssen dazu eine Art Labelling unabhängiger Kanten auf einer Skalierungsebene durchführen und in die nächste Skalierungsebene verfolgen).
- Wie unterscheidet sich der Skalenraum durch Zerlegung einer Gauß-Pyramide von dem einer Wavelet-Transformation?
- Was ist ein Regionenadjazenzgraph (RAG) und welche Rolle spielt er bei der Segmentierung?
- Benennen Sie geeignete Homogenitätskriterien für die Region-Merging- und die Split-and-Merge-Segmentierung.
- Was ist ein Quad Tree und wozu wird er bei der Split-and-Merge-Segmentierung verwendet?
- Was ist eine Co-Occurrence-Matrix und wie kann sie berechnet werden?
- Was ist Textur?
- [Projekt] Berechnen Sie die in angegebenen Texturmaße für die Texturen „texture1" und „texture2".
- Wieso ist eine texturbasierte Segmentierung schwieriger als eine, die auf dem einzelnen Grauwert beruht?
- Welche Eigenschaften einer Textur können durch Maße erfasst werden, die im Frequenzraum berechnet werden?
- Wie kann man Nulldurchgänge berechnen? Wie kann diese Information zur Segmentierung eingesetzt werden?
- Benennen und erklären Sie die einzelnen Schritte einer Wasserscheidentransformation (WST). Wie werden Wasserscheiden durch Flutung gefunden?
- Warum würde man eine hierarchische WST anwenden und was sind die Nachteile?
- Wozu kann man ein Relaxation Labelling anwenden? Was wäre ein gutes Kompatibilitätsmaß zwischen Regionen?

Literatur

[Besag1986] J. Besag. On the statistical analysis of dirty pictures. *Journal of the Royal Statistical Society*, B-48(3), 1986, 259-302.

[Burt1983] P. J. Burt, E. H. Adelson. The Laplacian pyramid as a compact image code. *IEEE Transactions on Communications*, Vol. 31, 1983, 532-540.

[Canny1986] J. Canny. A computational approach for edge detection. *IEEE Transactions on Pattern Analysis and Machine Intelligence*, Vol. 8(6), 1986, 679-698.

[Chen1982] C. H. Chen. A study of texture classification using spectral features. *Proceedings of the International Conference on Pattern Recognition ICPR*, 1982, 1074-1077.

[Cook1995] G. W. Cook, E. J. Delp. Multiresolution sequential edge linking. *IEEE International Conference on Image Processing ICIP*, Vol. 1, 1995, 41-44.

[Davis2004] E. R. Davis. *Machine Vision - Theory, Algorithms, Practicalities*. Academic Press, 3. Auflage, 2004.

[Derin1986] H. Derin, W. S. Cole. Segmentation of textured images using Gibbs random fields. *Computer Vision, Graphics, and Image Processing*. Vol. 35(1), 1986, 72-98.

[Digabel1978] H. Digabel, C Lantuéjoul. Iterative algorithms. *Proc. 2nd European Symposium of Quantitative Analysis of Microstructure in Material Science, Biology and Medicine*. J.L.Chermant (Hrsg.), 1978, 85-99.

[Freixenet2002] J. Freixenet, X. Muñoz, D. Raba, J. Martí, X. Cufí. Yet another survey on image segmentation: region and boundary information integration. *Lecture Notes in Computer Science*, Vol. 2352 (Proc. ECCV 2002), Springer-Verlag, 2002, 408-422.

[Galloway1975] M. M. Galloway, Texture analysis using gray level run lengths. *Computer Graphics and Image Processing*, Vol. 4, 1975, 172-179.

[Geman1984] D. Geman, S. Geman. Stochastic relaxation, Gibbs distribution, and the Bayesian restoration of images. *IEEE Transactions on Pattern Analysis and Machine Intelligence*, Vol. 6, Nov. 1984, 721-741.

[Haralick1973] R. M. Haralick, R. Shanmugan, I. Dinstein. Textural features for image classification. *IEEE Transactions on Systems, Man, and Cybernetics*, Vol. 3(6), 1973, 610-621.

[Haralick1985] R. M. Haralick, L.G. Shapiro. Survey: image segmentation techniques. *Computer Vision, Graphics, and Image Processing*, Vol. 29, 1985, 100-132.

[Kirkpatrick1983] S. Kirkpatrick, C. D. Gelatt, M. P. Vecchi. Optimization by simulated annealing. *Science*, Vol. 220, 1983, 671-680.

[Kittler1986] J. Kittler, J. Ilingworth. Relaxation labelling algorithms – a review. *Image and Vision Computing*, Vol. 3(4), 1986, 206-216.

[Lee1990] S. U. Lee, Y. N. Sun, C. H. Chen. A comparative performance study of several global thresholding techniques for segmentation. *Computer Vision Graphics and Image Processing*, Vol. 52(2), 1990, 171-190.

[Lindeberg1994] T. Lindeberg. *Scale-Space Theory in Computer Vision*. Kluwer Academic Publishers. 1994.

[Luchese2001] L. Luchese, S. K. Mitra. Colour image segmentation: a state-of-the-art survey. *Proceedings of the Indian National Science Academy (INSA-A)*, New Delhi, India, Vol. 67, A, No. 2, March 2001, 207-221.

[Mallat1992] S. Mallat, S. Zhong. Characterization of signals from multiscale edges. *IEEE Transactions on Pattern Analysis and Machine Intelligence*, Vol. 14(7), 1992, 710-732.

[Mallat1999] S. Mallat. *A Wavelet Tour of Signal Processing*. Academic Press, 2. Auflage, 1999.

[Marr1983] D. Marr. *Vision*. Henry Holt & Company, 1983.

[Najman1996] L. Najman, M. Schmitt. Geodesic saliency of watershed contours and hierarchical segmentation. *IEEE Transactions on Pattern Analysis and Machine Intelligence*, Vol. 18(12), 1996, 1163-1173.

[Pizer1989] S. M. Pizer, J. M. Gauch, J. M.Coggins. Multiscale geometric image descriptions for interactive object definition. *Mustererkennung 1989*, H. Burkhard, K. H. Höhne, B. Neumann (Hrsg.), Informatik-Fachberichte 219, Springer, 1989, 229-239.

[Reed1993] T. R. Reed, J. M. H. du Buf. A review of recent texture segmentation and feature extraction techniques, *CVGIP: Image Understanding*, Vol. 57(3), 1993, 359-372.

[Richards1981] J. A. Richards, D. A. Landgrebe, P. H. Swain. On the accuracy of pixel relaxation labeling. *IEEE Transactions on Systems, Man, and Cybernetics*, Vol. 11(4), Apr. 1981, 303-309.

[Sahoo1988] P. K. Sahoo, S. Soltani, A. K. C. Wong, Y. C. Chan. A survey of thresholding techniques. *Computer Vision, Graphics and Image Processing*, Vol. 41, 1988, 233-260.

[Sonka1998] M. Sonka, V. Hlavac, R. Boyle. *Image Processing, Analysis and Machine Vision*. PWS Publishers, 1998.

[Starck1998] J. L. Starck, F. Murtagh, A. Bijaoui. *Image Processing and Data Analysis: The Multiscale Approach*. Cambridge University Press, 1998.

[Unser1986] M. Unser. Sum and difference histograms for texture classification. *IEEE Transactions on Pattern Analysis and Machine Intelligence*, Vol. 8(1), 1986, 118-125.

[Vincent1991] L. Vincent, P. Soille. Watersheds in digital spaces: An efficient algorithm based on immersion simulation. *IEEE Transactions on Pattern Analysis and Machine Intelligence*, Vol. 13(6), 1991, 583-598.

[Wegner1997] S. Wegner, H. Oswald, E. Fleck. Segmentierung von Computertomographie-Bildern mittels der 3-d Wasserscheidentransformation auf Graphen. *Mustererkennung 1997*, 19. DAGM Symposium, E. Paulus, F.M. Wahl (Hrsg.), Informatik aktuell, Springer, 1997, 578-585.

Modellbasierte Segmentierung

9

ÜBERBLICK

Fragestellungen, Begriffe und Voraussetzungen

Fragestellungen

Segmentierung nimmt an, dass sich ohne Modellinformation über die erwarteten Objekte semantische Gruppierungen von Pixeln generieren lassen. Fragestellungen einer Top-Down-Segmentierung sind, welche Modelle für die gezielte Suche direkt auf die Pixeldaten angewendet werden können und wie diese Modellinformation in den Segmentierungsprozess eingebracht werden kann.

Eingeführte Begriffe und Konzepte

Region Growing ist ein schnelles, flexibles und leicht zu implementierendes Verfahren, bei dem der Benutzer die benötigte Modellinformation interaktiv einbringt.

Kantenverfolgung und *optimale Kantenzüge* arbeiten gleichfalls nutzergesteuert, allerdings auf Kanten eines Segments. Bei der Berechnung optimaler Kantenzüge wird die Suche auf ein Wegeproblem in einem Graphen zurückgeführt.

Die *markerbasierte Wasserscheidentransformation* kombiniert ein kantenbasiertes Segmentierungsverfahren mit interaktiv eingebrachter Information über Regionen. Anstatt die zu suchende Kante direkt zu bezeichnen, markiert der Benutzer jede zu segmentierende Region einmal.

Template Matching erfordert die Definition eines Musters des gesuchten Segments und die Angabe einer Ähnlichkeitsbedingung, nach der der Grad der Übereinstimmung zwischen Muster und Bild berechnet wird. Die Methode findet alle Instanzen des gesuchten Musters und sie ist schnell, wenn sie im Frequenzraum durchgeführt werden kann. Das ist möglich, wenn sich Muster und gesuchtes Segment hauptsächlich durch eine Verschiebung unterscheiden.

Die *Hough-Transformation* sucht nach Instanzen von vorgegebenen Kurven in einem Bild. In der ursprünglichen Version müssen die gesuchten Kurven Geraden sein, doch kann die Transformation auf beliebige Kurven erweitert werden. Die Hough-Transformation für Geraden sowie eine Erweiterung auf Kreise (*Circular Hough Transform*) werden vorgestellt.

Deformable Templates sind Muster, deren Grad der Verformung durch die Parametrisierung eines Modells vorgegeben wird. Dies kann vorab durch den Benutzer geschehen oder anhand von Beispielen gelernt werden. Als Beispiel für ein Modell der ersten Art wird ein *Active Contour Model* vorgestellt. Es zählt zu den dynamischen Modellen, bei denen die Verformung durch ein physikalisches Modell beschränkt wird. Als Beispiel für trainierbare Modelle diskutieren wir das *Active Shape Model* (*ASM*), bei dem das Training über die Schätzung der Variation eines Punktmodells des Objektrands erfolgt.

Vorausgesetzte Kenntnisse aus vorangegangenen Kapiteln

4- und 8-Nachbarschaft (*Abschnitt 2.2*); Fourier-Transformation (*Abschnitt 4.2*); Korrelation und Kovarianz (*Abschnitt 4.2.6*); Gradient, Sobel-Filter, Hesse-Matrix, Laplace-Filter (*Abschnitt 7.2.2*); Segmentierung (*Kapitel 8*), insbesondere: Flood-Fill-Algorithmus (*Abschnitt 8.1.3*), Wasserscheidentransformation (*Abschnitt 8.4.4*); Relaxation Labelling (*Abschnitt 8.5*)

Die im vorherigen Kapitel diskutierten Methoden folgen dem Paradigma, dass eine Segmentierung die Symbole für eine spätere Analyse des Bildes erzeugt. Lokale Kriterien wurden entworfen, nach denen das gesamte Bild in Segmente zerlegt wurde. Stellen Sie sich nun vor, Sie müssten in der Aufnahme eines Gesichts die Iris finden (z.B. für eine Personenidentifizierung). Wenn Sie nach den Prinzipien der Segmentierung vorgehen würden, müsste das gesamte Bild in Segmente zerlegt werden, um später zu entscheiden, welches dieser Segmente zu den Haaren, zur Nase, zum Auge oder zu irgendeinem anderen sichtbaren Objekt gehört. Das hat zwei Nachteile. Zum einen wenden Sie Zeit auf, um Objekte zu segmentieren, an deren Klassifikation Sie nicht interessiert sind. Zum anderen kann es schwierig sein, ein Segmentierungskriterium zu finden, welches das gesamte Bild so zerlegt, dass die gesuchte Iris durch eines oder mehrere Segmente beschrieben wird. Kriterien darüber, was ein gut geeignetes Segment als Symbol für eine Weiterverarbeitung ist, können von eben dieser Weiterverarbeitung abhängen.

Die zwei wesentlichen Merkmale modellbasierter Segmentierungsverfahren sind:

1 Eine auf die Bilddaten anwendbare **Repräsentation des Modells** muss das gesuchte Objekt beschreiben.

2 Es existiert eine **Suchstrategie**, nach der die Modellrepräsentation mit den Bilddaten verglichen wird.

Das Bild wird demnach in Vordergrundsegmente, die dem vorgegebenen Modell entsprechen, und Hintergrundsegmente zerlegt. Damit unterscheidet sich die modellbasierte Segmentierung von den im vorigen Kapitel vorgestellten Methoden. Dort erfolgte mangels Modell bei der Segmentierung keine solche Bedeutungszuordnung. Die im Folgenden präsentierten Verfahren können nach ihrer Suchstrategie unterschieden werden:

1 **Interaktive Suche**: Der Benutzer gibt Positionen an, in deren Nähe sich die gesuchten Segmente befinden sollen. In der räumlichen Umgebung dieser Positionen wird das beste, den Modellbedingungen entsprechende Segment gesucht. Zu diesen Methoden gehören das *Region Growing*, die *interaktive Kantenverfolgung*, die Suche nach *optimalen Kantenzügen* und die *markerbasierte Wasserscheidentransformation*.

2 **Vollständige Suche**: Vorgegeben ist ein Modell von geometrischen Eigenschaften des gesuchten Objekts mit wenigen Parametern. Die Parameter repräsentieren mindestens die Position des gesuchten Objekts. Der Parameterraum wird diskretisiert und vollständig abgesucht. Es werden diejenigen Parameter detektiert, die eine Instanz des Modells beschreiben. Zu diesen Methoden gehören *Template Matching* und die *Hough-Transformation*.

3 **Iterative Suche**: Vorgegeben ist ein Modell über die erwartete Segmentform, das jedoch Variationen zulässt. Da damit die Anzahl der Modellparameter erheblich ansteigt, kann der Suchraum nicht mehr vollständig abgesucht werden. Das Suchverfahren ist iterativ und für eine gegebene Initialparametrisierung wird genau eine Instanz des Modells gefunden. Zu diesen Methoden zählen die *dynamischen* und *statistischen Punktmodelle*.

9.1 Interaktive Suche

Die interaktive Suche nach Segmenten verlangt vom Benutzer, dass er das gesuchte Segment im Bild durch wenige Positionsangaben lokalisiert und die Segmentcharakteristik spezifiziert. Das Segmentierungsverfahren wird dann diejenigen Pixel zu einem Segment gruppieren, die diesen Angaben entsprechen. Die Algorithmen sind einfach und die Anforderungen an den Benutzer sind auch durch Personen zu erfüllen, die zwar über Wissen zur Bedeutung der Daten verfügen, nicht aber Experten in der Bildverarbeitung sind. Ein wesentlicher Teil des Modellwissens besteht aus der interaktiv eingebrachten Positionierung. Die Verfahren können daher leicht an unterschiedliche Segmentcharakteristika angepasst werden. Interaktiv gesteuerte Segmentierungsverfahren sind demzufolge verbreitet und beliebt. Grenzen haben die Methoden da, wo sich die Segmentcharakteristik nicht formulieren lässt, wo die Positionierung nicht möglich ist oder wo der Interaktionsaufwand zu groß wird.

9.1.1 Region Growing

Region Growing (Regionenwachstum) ist ein Flood-Fill-Algorithmus, bei dem der Startpunkt und das Entscheidungskriterium durch den Benutzer vorgegeben werden (siehe Abbildung 9.1). Durch Region Growing wird genau ein zusammenhängendes Gebiet in einem zweidimensionalen Bild gefunden. Als Startpunkt ist jeder Punkt innerhalb der gesuchten Struktur geeignet. Als Homogenitätskriterium eignet sich eine vorzugebende Grauwerttoleranz um den Grauwert des Startpunkts. Damit ergibt sich der Algorithmus in Listing 9.1.

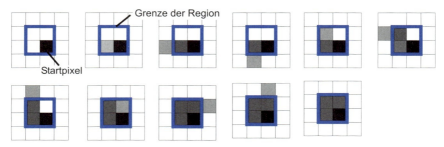

Abbildung 9.1: Region Growing beginnt ausgehend von einem Startpixel die Nachbarpixel zu untersuchen und fügt von den untersuchten diejenigen Pixel zur Region hinzu, die die Homogenitätsbedingung erfüllen (hier: innerhalb des blauen Quadrats liegen).

```
Function region_grow(i,j,g_min,g_max)
                            // (i,j): Pixelort; g_min, g_max sind
                            // minimaler und maximaler Grauwert
                            // die Felder f und labeled sind global
if (f(i,j)>g_min and f(i,j)<g_max) and not labeled(i,j) then
  labeled(i,j) = true       // (i,j) mit Label versehen
  region_grow(i-1,j,g_min,g_max)  // Nachbarpixel untersuchen
  region_grow(i,j-1,g_min,g_max)
  region_grow(i+1,j,g_min,g_max)
  region_grow(i,j+1,g_min,g_max)
endif
return
end
```

Listing 9.1: Region Growing

Die Bildfunktion f und das Label-Feld sind globale Variablen. Das Label-Feld ist anfangs auf *false* gesetzt. Die Funktion wird mit einer initialen Position innerhalb der gesuchten Region (auch Saatpunkt, engl. *seed point*, genannt) gestartet. Nach Beendigung sind im Feld *labeled()* diejenigen Positionen von f auf *true* gesetzt, die zur Region gehören.

Region Growing wird häufig angewendet, weil es einfach, leicht verständlich und flexibel ist. Einzig die Definition des Homogenitätskriteriums $[g_{min}, g_{max}]$ ist manchmal schwierig, weil es dem Datensatz nicht leicht anzusehen ist, um wie viel ein Grauwert innerhalb der spezifizierten Region schwankt. Ähnlich wie bei der Schwellenwertsegmentierung (ein weiteres beliebtes, weil flexibles und einfaches Verfahren) kann man dem Benutzer Hilfestellung geben, indem man beispielsweise das Grauwertprofil entlang einer Linie durch den Saatpunkt ausgibt und dem Benutzer so einen Eindruck über die Grauwertschwankungen innerhalb der Struktur und den Kontrast zum Hintergrund vermittelt.

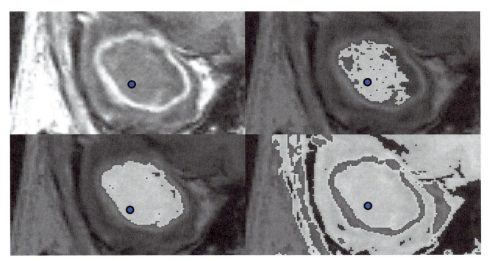

Abbildung 9.2: Das Ergebnis eines Region Growing hängt sehr von der Homogenitätsbedingung ab. Ausgehend vom blau eingezeichneten Startpixel wurden für die Struktur im Bild oben links (nekrotisches Tumorgewebe in einem Magnetresonanzbild) unterschiedlich große, zulässige Grauwertvariationen als Homogenitätsbedingung angegeben. Bei zu eng gefasstem Kriterium (±20 Grauwerte, oben rechts) wird die Region nicht vollständig gefunden, bei genau richtig gesetztem Kriterium (±35 Grauwerte, unten links) wird die gesuchte Region gefunden und bei einer zu großen zulässigen Grauwertschwankung (±50 Grauwerte, unten rechts) läuft die Region aus.

Das Verfahren versagt, wenn sich die Region anhand des Homogenitätskriteriums nicht ausreichend vom Hintergrund unterscheidet. Da in diesem Fall keine geeignete Bedingung für das Segment gefunden werden kann, wird bei einem zu eng gefassten Kriterium eine zu kleine Region gefunden, während bei schwächer gefassten Kriterien Teile des Hintergrunds zur Region erklärt werden („die Region läuft aus", siehe Abbildung 9.2). Um das Auslaufen zu verhindern, kann man vor dem Start der Segmentierung interaktiv im Bild Kurven eingeben, die das gesuchte Segment an schwach erkennbaren Grenzen zwischen Objekt und Hintergrund begrenzen. Die Homogenitätsbedingung des Region-Growing-Algorithmus muss entsprechend erweitert werden. Man kann aber auch mit einem vorsätzlich zu eng gefassten Kriterium das gesuchte Segment als Vereinigung mehrerer Regionen finden, die von unterschiedlichen Startpunkten aus und mit unterschiedlichen Homogenitätskriterien gefunden wurden. Die zuletzt genannte Strategie ist besonders geeignet, wenn sich das Segment zwar gut vom Hintergrund abhebt, die Helligkeit innerhalb des Segments aber variiert (siehe Abbildung 9.3).

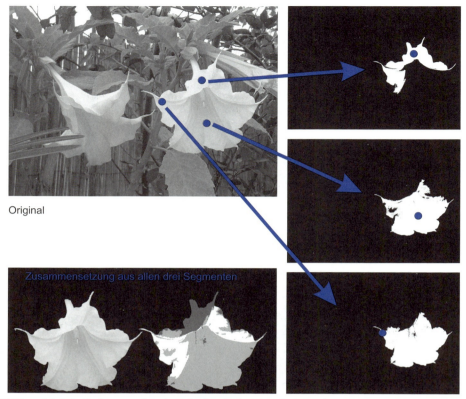

Original

Zusammensetzung aus allen drei Segmenten

Abbildung 9.3: Falls die Grauwertschwankung in einer Region zu groß ist, um das Segment zuverlässig gegen den Hintergrund abzugrenzen, kann man ein Segment auch als Kombination von mehreren, sich möglicherweise überlappenden Regionen erzeugen.

9.1.2 Interaktive Kantenverfolgung

Anstelle von Regionen können auch Kantensegmente von offenen oder geschlossenen Kantenzügen interaktiv gesucht werden. Wesentliche Kanteneigenschaften eines Pixels können durch Operatoren zur Schätzung der ersten Ableitung (z.B. durch den Sobel-Operator) oder zur Schätzung des Laplace-Operators ermittelt werden. Im Gegensatz zu der Generierung oder impliziten Verwendung aller Kantenzüge (wie in *Abschnitt 8.3*) sollen durch eine Kantenverfolgung Kantenpunkte von einem oder mehreren, durch den Benutzer spezifizierten Kantenzügen gefunden und verknüpft werden. Ein Kantenzug ist ein Pfad, d.h. eine Folge von benachbarten Pixeln.

Um die Auswahl der für den gesuchten Kantenzug infrage kommenden Pixel möglichst gering zu halten, gehen der Kantenverfolgung oft ein oder mehrere Vorverarbeitungsschritte voran, bei denen Rauschen und Kanteneigenschaften voneinander getrennt werden (z.B. eine Glättung durch lineare oder nichtlineare Filter oder ein Relaxation Labelling auf Gradienten). Im Anschluss hieran können Kantenpunkte entfernt werden, die auf Grund ihrer Stärke oder ihrer Richtung nicht infrage kommen. Bei einer Kantenverfolgung können daher Lücken zwischen Kanten genauso auftreten wie Kantenpixel, die nicht zum gesuchten Kantenzug gehören.

Welcher Kantenzug gemeint ist, wird durch ein interaktiv gesetztes Startpixel auf dem Kantenzug entschieden. Anschließend kann das im vorherigen Kapitel eingeführte Edge Linking für die interaktive Suche adaptiert werden. Ausgehend vom Startpixel endet das Edge-Linking-Verfahren, sobald keine neuen Kantenpixel gefunden werden (siehe Abbildung 9.4).

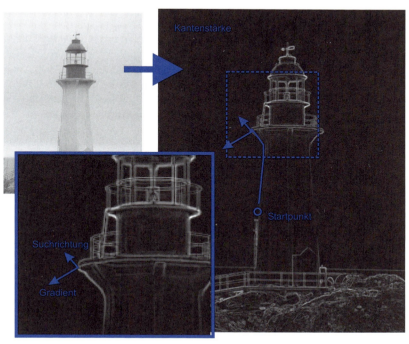

Abbildung 9.4: Bei der interaktiven Kantenverfolgung wird ausgehend von einem Startpunkt in einer Richtung orthogonal zur Gradientenrichtung nach neuen Kantenpunkten gesucht. Die Kantenverfolgung ist anfällig gegenüber Rauschen oder abrupten Richtungsänderungen des Kantenzugs (so wie im Ausschnitt unten links gezeigt).

Bei einer benutzergeführten Kantenverfolgung sollte darauf geachtet werden, dass eine möglicherweise ungenaue Positionierung des Startpixels korrigiert wird, bevor die Kantenverfolgung beginnt. In einer kleinen Umgebung der spezifizierten Position wird dazu nach einem lokalen Maximum des Gradienten gesucht und das Startpixel nötigenfalls in den Ort des Maximums verschoben.

Die Kantenverfolgung ist anfällig gegenüber Rauschen, Artefakten und lokalen Variationen der Kantenstärke. Das kann zu häufigen Unterbrechungen führen, weil der jeweils nächste Kantenpunkt nicht gefunden wird. Auch kann es sein, dass ein gefundener Kantenzug nicht den Erwartungen des Benutzers entspricht. Das geschieht besonders leicht, wenn mehrere Kanten dicht aneinander grenzen. Die Richtungs-, Entfernungs- und Homogenitätskriterien des Edge Linking können zwar interaktiv angepasst werden, doch ist deren Einfluss auf das Resultat indirekt und nicht immer durch den Benutzer abzuschätzen. Wichtiger ist die direkte Korrektur durch Bezeichnung desjenigen Ortes, ab dem der Kantenzug nicht mehr der gesuchten Kante gefolgt ist, sowie eine Eingabe der gewünschten Fortsetzung. Nichts ist irritierender als ein nicht unmittelbares oder nicht nachvollziehbares Verhalten auf eine Korrekturaktion.

9.1.3 Optimale Kantenzüge

Oft ist bei der interaktiven Spezifikation von Kantenzügen sowohl Anfangspixel als auch Endpixel bekannt. Diese zusätzliche Information kann man nutzen, um zwischen beiden Orten einen optimalen Kantenzug als Lösung eines Wegeproblems in einem Graphen zu suchen. Dazu wird ein Bild f mit $M{\times}N$ Pixeln auf einen Graphen mit $M{\times}N$ Knoten abgebildet. Jedem Knoten werden Kosten zugeordnet, die von den Eigenschaften des gesuchten Kantenzugs abhängen.

Zwischen zwei Knoten existiert eine Kante, wenn die entsprechenden Pixel benachbart sind. Unter 4-Nachbarschaft bedeutet das, dass jedes Pixel, das nicht am Rand des Bildes liegt, durch einen Knoten mit vier Kanten zu den vier Nachbarknoten repräsentiert wird. Unter 8-Nachbarschaft hat jeder innere Knoten acht Kanten. Ziel der Verarbeitung ist es, zwischen Anfangs- und Endpixel einen Pfad mit minimalen Kosten zu finden. Die von den Knoten dieses Pfades repräsentierten Pixel sind der gesuchte Kantenzug (siehe Abbildung 9.5).

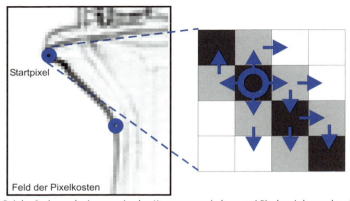

Startpixel

Feld der Pixelkosten

Abbildung 9.5: Bei der Suche nach einem optimalen Kantenzug zwischen zwei Pixeln wird ausgehend vom Startpixel eine Suche nach einem Pfad mit minimalen Kosten durchgeführt. Der Pfad wird auf einem Graphen gesucht, dessen Knoten die Pixel des Bildes sind. Die Knotenkosten sind die Abweichung der Gradientenlänge eines Pixels von einer Modellgradientenlänge (die z.B. die Länge des Gradienten des Startpixels sein kann).

Während der Vorverarbeitung können Kanten zwischen inkompatiblen Knoten entfernt werden. Inkompatibel wären etwa zwei benachbarte Pixel, deren Gradientenrichtungen zu sehr differieren. Bei der Entfernung von Kanten ist jedoch nicht mehr sichergestellt, dass der Graph zusammenhängend ist. Es mag also Anfangs- und Endpunkte geben, zwischen denen kein Pfad existiert.

Als Kostenfunktion $c(k)$ eines Knotens k eignet sich eine auf dem Gradienten $\vec{g}(k)$ definierte Funktion. Die Gradientenstärke selbst ist nicht geeignet, weil ihre Summe maximiert werden müsste. Der Pfad mit maximalen Kosten besteht immer aus allen Pixeln. Zudem ist der gesuchte Kantenzug nicht immer der stärkste Kantenzug im Bild. Besser geeignet ist die Abweichung der Gradientenlänge von einer Modelllänge. Die Länge des Modellgradienten kann im Zuge einer Trainingsphase an Bildern mit ähnlichen Objekten gelernt oder als Eingabe vom Benutzer angefordert werden.

Wählt man die mittlere Gradientenlänge der bereits spezifizierten Anfangs- und Endpixel, dann ist das Verfahren frei von zusätzlichen Parametern. Für eine Modelllänge $g_{mod} = |\vec{g}_{mod}|$ eines Modellgradienten $\vec{g}_{mod}$ ergeben sich die Kosten an einem Knoten k aus der Abweichung seiner Gradientenlänge $g(k)$ von g_{mod}:

$$c(k) = |g(k) - g_{mod}|.$$

Da der Graph zusammenhängend ist und alle Knotenkosten positiv sind, kann die Pfadsuche vom Anfangspixel a zum Endpixel e nach dem **Dijkstra-Algorithmus** durchgeführt werden (siehe Listing 9.2). Jedem Knoten k werden neben seinen Knotenkosten $c(k)$ auch Pfadkosten $p(k)$ eines Pfades vom Anfangsknoten a zu diesem Knoten k zugeordnet. Die Pfadkosten für a selbst sind seine Knotenkosten. Alle anderen Knoten erhalten die Pfadkosten $p(k) = max\_cost = \sum_k c(k) + 1$. Diese Kosten sind höher als die höchsten Kosten, die entstehen können, um k von a aus zu erreichen. Eine Liste *active_nodes* wird generiert, die anfangs nur den Startknoten enthält.

Der Algorithmus wählt nun aus dieser Liste denjenigen Knoten k_min mit den geringsten Pfadkosten aus. Der Knoten wird aus der Liste entfernt und die Pfadkosten zu allen seinen Nachbarn werden bestimmt. Sind diese geringer als die dort eingetragenen Kosten, so werden die Pfadkosten aktualisiert und der betreffende Knoten in die Liste der aktuellen Knoten aufgenommen.

Die Suche endet, wenn das Endpixel e des Kantenzugs aus *active_nodes* ausgewählt wird. Da alle Knotenkosten positiv sind und jeweils derjenige Knoten aus *active_nodes* mit bisher geringsten Pfadkosten gewählt wurde, können die Kosten jedes weiteren Pfades zum Endpixel nur höher werden. Um den Kantenzug zu finden, wird anschließend der Kantenzug vom Endpixel zum Anfangspixel zurückverfolgt.

```
function Dijkstra (a,e)
active_nodes = {a}
p(a) = c(a)
for all nodes v¼vs do p(v) = max_cost
while v_min ≠e do
  v_min = select_min_cost(active_nodes)
  active_nodes= active_nodes \ {v_min}
  nbs = get_neighbours(v)
  for all i ∈ nbs do
    if v.path_cost+i.cost < i.path_cost then
      i.path_cost=v.path_cost+i.cost
    endif
    active_nodes = active_nodes ∪{i}
  endfor
endwhile
return
end
```

Listing 9.2: Dijkstra-Algorithmus für die Suche nach einem kürzesten Pfad von einem Anfangspixel a zu einem Endpixel e

Die Rückwärtsverfolgung (*backtracking*) des gefundenen Pfades findet die Vorgängerknoten durch Vergleich der Pfadkosten mit den Pfadkosten an den Vorgängerknoten und den Knotenkosten. Vorgängerknoten v zu einem Knoten k kann nur derjenige Knoten sein, dessen Pfadkosten zusammen mit den Knotenkosten c von k die Pfadkosten an k ergeben, d.h. $p(v) + c(k) = p(k)$ (siehe Listing 9.3).

```
function backtrack(a,e)
k=e
nodelist = {e}
while k≠s do
  nbs=get_neighbours(k)
```

```
    for all v ∈ nbs do
      if p(v)+c(k) = p(k) then new_node = v
    endfor
    k = new_node
    nodelist = nodelist ∪{k}
  endwhile
  return nodelist
  end
```

Listing 9.3: Zurückverfolgung des kostengünstigsten Pfads von *e* nach *a*

Der Aufwand zur Berechnung des kürzesten Pfades steigt mit der Anzahl der Knoten im Graphen, doch der Aufwand zur Zurückverfolgung des Pfades wächst nur linear mit der Anzahl der Pixel im Pfad. Letzteres ist daher schnell genug, um in Echtzeit berechnet zu werden. Das nutzt man für eine Variante, die unter dem Namen **Live Wire** bekannt geworden ist (siehe Abbildung 9.6; *live wire* ist ein unter Strom stehendes Kabel; wenn man das Verfahren anwendet, fühlt man sich unwillkürlich an ein unter Strom stehendes, gerissenes Hochspannungskabel erinnert, das auf dem Boden tanzt).

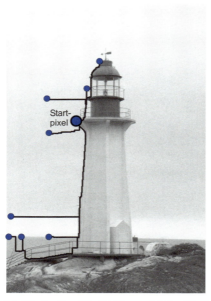

Abbildung 9.6: Für das Live-Wire-Verfahren wird der Dijkstra-Algorithmus für einen gegebenen Startknoten (das Startpixel) ausgeführt. Optimale Pfade zu einem beliebigen Endknoten können durch Backtracking von diesem Endknoten zum Startknoten in Echtzeit berechnet und ausgegeben werden. Inwieweit der Pfad zwischen Start- und Endknoten tatsächlich dem gesuchten Kantenzug entspricht, hängt von der Wahl des Endknotens ab, wie in den beiden Beispielen gut zu erkennen ist.

Für das Live-Wire-Verfahren wird die Abbruchbedingung für die Suche nach dem kürzesten Pfad geändert. Das Verfahren terminiert, wenn die Liste der aktiven Knoten leer ist. Damit wurden kostenminimale Pfade vom Anfangspixel zu allen Pixeln im Bild berechnet (das ist die Originalversion des Dijkstra-Algorithmus). Für eine interaktive Kantensuche können damit kostenminimale Pfade vom Anfangspixel zu beliebigen Endpixeln sehr schnell gefunden werden. Die Suche nach einem geeigneten Endpixel ist notwendig, weil sich in der Regel der gewünschte Kantenzug nicht nur durch Angabe von nur zwei Pixeln generieren lässt. Für geschlossene Kantenzüge geht das schon allein deshalb nicht, weil bei $a = e$ der kostengünstigste Pfad nur aus dem Pixel a bestehen würde. Auch bei offenen Kantenzügen kann es Probleme geben. Ab einer gewissen Länge ist der kürzeste Pfad zwischen zwei Pixeln selbst dann die kostengünstigste Verbindung, wenn die Kosten pro Pixel größer sind als entlang des gesuchten und auch für den Benutzer sichtbaren Kantenzugs. Bei der Segmentierung kommt es also darauf an, das Endpixel gerade so weit vom Anfangspixel entfernt zu setzen, dass der kostengünstigste Pfad immer noch entlang der Kante verläuft.

Die Segmentierung besteht also aus den folgenden Schritten:

1 Berechne die Knotenkosten für alle Pixel des zu segmentierenden Bildes.

2 Solange das gewünschte Endpixel noch nicht erreicht wurde:
   a. Wähle das gegenwärtige Endpixel (am Anfang ist das das Startpixel) zum neuen Startpixel und berechne alle kürzesten Pfade von diesem Pixel aus.
   b. Wähle ein neues Endpixel auf dem zu segmentierenden Bild so, dass es möglichst weit vom Startpixel entfernt ist, aber der kostengünstigste Pfad noch dem intendierten Kantenverlauf folgt.

3 Die einzelnen Kantenstücke ergeben zusammen genommen den gewünschten Kantenzug.

Das Live-Wire-Verfahren ist ein einfaches und schnelles Verfahren zur interaktiven Kantensuche. Es hat seine Grenzen dort, wo sich die Kante nicht ausreichend von Rauschen unterscheiden lässt. In solchen Fällen – beispielsweise wenn zwei gleich aussehende Objekte aneinander grenzen – zeigt die Methode ein manchmal für den Benutzer überraschendes Verhalten. In Abwesenheit von weiterer Information würde er erwarten, dass sich eine Gerade als kürzeste Verbindung zwischen zwei Pixeln als Kantenzug ergibt. Das ist aber nicht unbedingt so, denn die durch Rauschen entstehenden Gradienten sind in diesem Bereich die überwiegende Information. Wegen des zufällig verteilten Rauschens kann sich auch bei einer geringen Veränderung der Position des Endpixels eine wesentliche Veränderung des optimalen Kantenzugs ergeben. Das wirkt irritierend, weil es wenig kontrollierbar ist. Für solche Fälle sollte die Pfadsuche in Bereichen mit niedriger Gradientenlänge automatisch oder manuell abschaltbar sein und durch eine Näherung des Kantenverlaufs durch eine Gerade ersetzt werden. In der Regel akzeptiert ein Benutzer in Abwesenheit von Bildmerkmalen eine sichtbar grobe Approximation eher als das erratische Verhalten des Live Wire.

9.1.4 Markerbasierte Wasserscheidentransformation

In *Abschnitt 8.3.3* wurde die Wasserscheidentransformation eingeführt und es wurde angemerkt, dass sie meist zur Übersegmentierung führt. Das hat damit zu tun, dass jedes lokale Minimum zu einem eigenen Segment gehört. Die meisten der Minima sind aber durch Rauschen verursacht. Die hierarchische Wasserscheidentransformation vermindert zwar die Übersegmentierung, doch ist sie nur erfolgreich, wenn die durch Rauschen verursachten lokalen Minima in jedem Fall höher sind als die gesuchten, das Segment definierenden Minima. Es ist aber oft so, dass in einem Teil des Bildes der Kontrast der gesuchten Segmente zum Hintergrund (und damit die „Höhe" des trennenden Gebirgszugs) geringer ist als der Einfluss des Rauschens in einem anderen Teil.

Um diese Information zu verwerten, muss sie in den Segmentierungsprozess einge-bracht werden. Bei der **Markerbasierten Wasserscheidentransformation** erfolgt das interaktiv. Die Transformation muss nach dem Flutungsalgorithmus aus *Abschnitt 8.4.4* ausgeführt werden. Jedoch erfolgt die Vergabe von Labels nur von Markierungen aus (siehe Abbildung 9.7). Diese Markierungen müssen vorher – entweder interaktiv oder in einem Vorverarbeitungsprozess – gesetzt werden und erhalten ihre Labels vor Beginn des Flutungsprozesses.

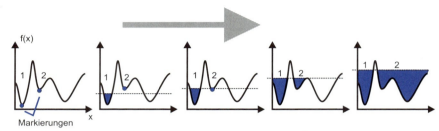

Abbildung 9.7: Bei der markerbasierten Wasserscheidentransformation (mWST) erzeugt jede Markierung eine neue Region. Lokale Minima ohne Markierung bleiben beim Flutungsprozess zunächst ohne Label. Sie erhalten das Label einer benachbarten Region, sobald Wasser während der Flutung von einer markierten in die unmarkierte Region fließt.

Für eine gegebene Flutungshöhe $h_{aktuell}$ müssen die Bedingungen des Flutungsalgo-rithmus in *Abschnitt 8.4.4* wie folgt abgeändert werden: Für jedes neu überflutete Pixel (m_f, n_f) wird geprüft,

- ob es isoliert ist, d.h. nicht zu anderen überfluteten Pixeln der Höhen $h < h_{aktuell}$ benachbart ist. Isolierte Pixel und auch isolierte Pixelgruppen von benachbarten, überfluteten Pixeln der Höhe $h_{aktuell}$ erhalten das vorläufige Label „unbekannt".

- ob es eine Überflutungsregion erweitert, d.h. zu anderen überfluteten Pixeln der Höhen $h < h_{aktuell}$ benachbart ist, die alle das gleiche Label tragen (das kann auch das Label „unbekannt" sein). Dann wird dieses Pixel dem Segment mit diesem Label zugeordnet.

- ob es zu überfluteten Pixeln von mehr als einer Region benachbart ist, von denen genau eine Region ein endgültiges Label enthält. Dann erhalten alle mit „unbe-kannt" markierten Pixel dieses Label.

- ob es eine Wasserscheide ist, d.h. zu überfluteten Pixeln von mindestens zwei Regionen benachbart ist, die beide nicht das Label „unbekannt" tragen. Dann wird diesem Pixel das spezielle Label „Wasserscheide" zugeordnet.

Sollten nach Abschluss des Verfahrens noch Pixel mit dem Label „unbekannt" existie-ren, so werden diese als Wasserscheide deklariert. Dies kann geschehen, wenn ein Plateau gleicher Höhe innerhalb des Bildes existiert.

9.2 Vollständige Suche

Segmentierungsmethoden mit einer interaktiven Suche erfordern, dass die Positionie-rung durch den Benutzer ausreicht, um unter wenigen Zusatzbedingungen eine große Anzahl von verschiedenen Segmentformen zu finden. Falls diese wegen fehlender oder verfälschter Information nicht ausreichen, scheitert die Suche. Lassen sich die Segmente durch Parameter beschreiben, kann man die Suche auch als Optimierungs-problem im Parameterraum definieren. Parameter beschreiben Position, Orientierung und Form der gesuchten Objekte. Ist die Anzahl der Parameter gering und ihr Definitionsbereich darüber hinaus diskret und begrenzt, dann lässt sich das Optimierungsproblem lösen, indem ein Qualitätskriterium für die Übereinstimmung zwischen Modell und Bild für jede mögliche Parameterkombination definiert und berechnet wird. Diese Verfahren suchen den Parameterraum vollständig ab und benötigen keine zusätzliche Interaktion für die Suche. Lokale Extrema (je nach Kriterium sind das lokale Maxima oder lokale Minima) der Qualitätsfunktion kennzeichnen Orte, an denen Modell und Bild besonders gut übereinstimmen.

9.2.1 Template Matching

Durch **Template Matching** werden die Form und Orientierung, nicht aber die Position eines gesuchten Segments durch ein Muster (engl. *template*) vorgegeben. Ein Muster ist ein zweidimensionales Feld $t(p,q)$ mit $p = 0, P-1$ und $q = 0, Q-1$, das die gesuchte Struktur zusammen mit dem Hintergrund in der unmittelbaren Nachbarschaft enthält. Für dieses Muster werden Parameter (m_k, n_k) gesucht, für die der Bildausschnitt $f(m,n)$ mit $m = m_k, ..., m_k+P-1$ und $n = n_k, ..., n_k+Q-1$ mit dem Muster t übereinstimmt.

Das Qualitätskriterium für die Suche ist das Übereinstimmungsmaß. Ein einfaches Maß für diese Übereinstimmung ist der durchschnittliche quadratische Abstand (*mean square distance – msd*):

$$msd(m_k, n_k) = \sum_{p=0}^{P-1} \sum_{q=0}^{Q-1} \big(f(m_k + p, n_k + q) - t(p,q) \big)^2.$$

Das Maß hat besonders niedrige Werte für diejenigen Positionen, bei denen die Übereinstimmung zwischen Bild und Muster besonders groß ist. Ähnlich verhält sich auch der durchschnittliche Abstand der Beträge (*mean absolute distance – mad*):

$$mad(m_k, n_k) = \sum_{p=0}^{P-1} \sum_{q=0}^{Q-1} \big| f(m_k + p, n_k + q) - t(p,q) \big|.$$

Template Matching mit diesen Maßen ist robust gegenüber Rauschen, doch werden die Ergebnisse rasch schlechter, wenn sich die durchschnittlichen Helligkeiten von Muster und Bild unterscheiden. Das Resultat wird ebenfalls schlechter, wenn sich der Kontrast zwischen Vordergrund und Hintergrund in Bild und Muster unterscheidet. Damit muss das Muster sehr genau an das Bild angepasst werden, um sinnvoll genutzt werden zu können (siehe Abbildung 9.8).

Ein besseres Verhalten gegenüber Skalierung und Verschiebung der Grauwertskala ergibt sich, wenn statt eines Abstands zwischen Grauwerten der in *Abschnitt 4.2.6* definierte Korrelationskoeffizient berechnet wird (siehe Abbildung 9.9). Wie dort angegeben, ist der Korrelationskoeffizient cc zwischen zwei Verteilungen f und g über die Kovarianz $\sigma_{f,g}$ und die Varianzen σ^2_f und σ^2_g als $cc_{f,g} = \sigma_{f,g} / \big(\sigma^2_f \cdot \sigma^2_g \big)$ gegeben. Der Korrelationskoeffizient ist eine auf den Bereich $[-1,1]$ normierte Größe. Er ist maximal, falls es einen Skalar d und einen positiven Skalar s gibt, so dass $g = s \cdot f + d$ ist. Er ist minimal, falls es einen negativen Skalar s gibt mit $g = s \cdot f + d$. Falls f das Bild und g das Template ist, dann kann der Korrelationskoeffizient als Maßzahl für die Suche nach geeigneten Mustern genutzt werden. Da das Resultat unabhängig von s und d ist, ändert sich der Wert des Korrelationskoeffizienten nicht, wenn das Muster anders skaliert oder in der Helligkeit verschoben ist als das in f gesuchte Objekt.

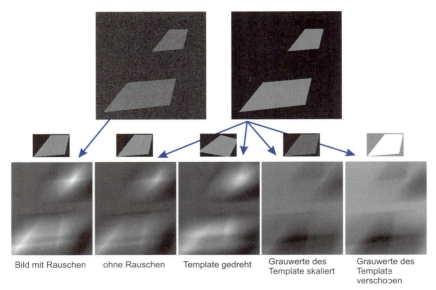

Abbildung 9.8: Die durchschnittliche Grauwertdifferenz zwischen Muster und Bildausschnitt ist als Maß für ein Template Matching besonders anfällig gegenüber Skalierung oder Verschiebung der Grauwerte (die beiden Bilder unten rechts). Rauschen dagegen beeinflusst wegen der Integration der Werte über die Fläche des Musters das Resultat kaum. Die Rotation des Musters gegenüber der im Bild gesuchten Struktur führt zu einer vom Rotationswinkel abhängigen Verschlechterung des Resultats.

Der Benutzer muss entscheiden, ob negative Korrelation – das Muster ist dort hell, wo die Funktion dunkel ist, und umgekehrt – akzeptabel ist oder nicht. Im erstgenannten Fall bildet man den Betrag des Korrelationskoeffizienten, um die Orte mit bester Übereinstimmung zwischen Template und Bild zu finden.

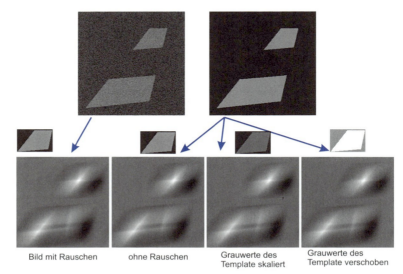

Abbildung 9.9: Template Matching durch Kreuzkorrelation ist unempfindlich gegenüber Skalierung oder Verschiebung der Intensitätswerte zwischen Muster und Bild.

Genau wie bei den vorher genannten Maßen wird der Korrelationskoeffizient nur über ein Teilbild von f gebildet. Dieses Teilbild muss etwas größer als das gesuchte Muster sein, damit durch den Kontrast des Musters zum Hintergrund die Form des Musters in die Suche einfließt. Diese Umgebung sollte jedoch nicht zu groß sein. Sonst müsste man die im Hintergrund des Bildes vorhandenen Strukturen mit gleicher Skalierung der Grauwerte in das Template mit aufnehmen, um optimale Korrelation zu erhalten. Über dieses Wissen verfügt man in der Regel nicht. Der Fehler durch falsch eingeschätzte Hintergrundinformation wird minimiert, wenn der Anteil der Hintergrundpixel im Template gerade groß genug ist, um die Form des gesuchten Musters eindeutig zu definieren.

Zu beachten ist bei der Berechnung, dass es nicht ausgeschlossen ist – obwohl es wegen des Rauschens nicht wahrscheinlich ist – dass die Varianz des durch das Template überdeckten Teils von f Null ist. In diesem Fall wird der Nenner des Korrelationskoeffizienten Null. Da es in diesem Fall keinen Skalar $s \neq 0$ gibt, durch den das Template in den überdeckten Teil von f überführt werden kann, sollte $cc_{f,g} = 0$ gesetzt werden.

Die Berechnung des Korrelationskoeffizienten ist aufwändig, weil für jede neue Position (m_k, n_k) Kovarianzen und Varianzen neu berechnet werden müssen. Daher ist die in *Abschnitt 4.2.6* vorgeschlagene Variante attraktiv, den Korrelationskoeffizienten über eine Transformation in den Frequenzraum zu berechnen. Zur Erinnerung: Die Kreuzkorrelation zwischen zwei Funktionen f und g mit gleichem Definitionsbereich ist im Orts- und Frequenzraum definiert durch

$$[f \circ g](m,n) = \sum_{i=0}^{M-1} \sum_{j=0}^{N-1} f(i+m, j+n) g(i,j) = \mathbf{FT}^{-1}\left(F(u,v) \cdot G^*(u,v)\right).$$

Dabei ist $\mathbf{FT}^{-1}$ die Inverse Fourier-Transformation und mit G^* wird die Komplexkonjugierte von G bezeichnet. Falls der Erwartungswert des Template g gleich Null ist, dann gibt diese Funktion an einer Stelle (m,n) die Kovarianz von f mit einer um (m,n) verschobenen Funktion g unter der Voraussetzung wieder, dass beide Funktionen periodisch mit M und N sind. Da die Varianz des Template g konstant ist und wegen der Periodizität der von g überdeckte Teil von f ebenfalls immer dieselbe Varianz hat, unterscheidet sich die Kovarianz an einer Position (m,n) nur um den konstanten Faktor $1/\left(\sigma_f^2 \cdot \sigma_g^2\right)$ von der Korrelation.

Problematisch ist allerdings, dass das Template g genauso groß wie das Bild f ist und damit auch der Hintergrund von f in die Bewertung einfließt. Falls dieser nicht bekannt und das gesuchte Muster im Vergleich zur Bildgröße klein ist, kann man das Problem durch eine Vorverarbeitungsstufe lösen. Wenn das Template den Erwartungswert Null hat, hat der Erwartungswert der Funktion f keinen Einfluss auf das Korrelationsergebnis. Entscheidend für das Korrelationsergebnis ist also, inwieweit sich f durch eine um (m,n) verschobene Version von $s \cdot g$ darstellen lässt. Wenn die Werte von g außerhalb einer bestimmten Umgebung um das eigentliche Muster herum unerheblich sein sollen, dann muss das Template so gestaltet werden, dass alle diese Werte Null sind. Die Korrelation wird nicht mehr maximal werden können, denn für beliebige Skalare s kann nicht erreicht werden, dass die skalierten Werte von g außerhalb dieser Umgebung mit f übereinstimmen. Allerdings werden diese Werte den Korrelationswert auch nicht mehr beeinflussen.

Template Matching durch Korrelation im Frequenzraum ist ein schnelles und effizientes Werkzeug, um Positionen von Strukturen zu finden, deren Form und Orientierung man kennt. Auch kleine Änderungen der Form werden toleriert, da jedes einzelne Pixel des Musters mit gleichem Gewicht in die Berechnung des Qualitätsmaßes einfließt. Solange die große Mehrheit der Pixel im Bild dem Template entspricht, wird das an den entsprechenden Positionen zu lokalen Extrema der Ergebnisfunktion führen (siehe Abbildung 9.10).

Abbildung 9.10: Die Bilder oben zeigen die Überlagerung eines Template Matching mit dem Originalbild. Obwohl das Muster links (der gesamte Leuchtturm) detaillierter ist als das in der rechten Bildhälfte genutzte Muster (nur die Spitze des Leuchtturms), ist das Resultat rechts besser, was besonders gut an den dreidimensionalen Darstellungen der Matching-Funktion unten zu erkennen ist. Das liegt daran, dass die Kreuzkorrelation zwar unempfindlich gegenüber Skalierungen der Intensitätswerte ist, die Relation zwischen den Intensitätswerten der einzelnen Komponenten (hier der Turm, die Spitze und der Hintergrund) aber korrekt sein muss. Das ist für das Muster im Bild links nicht der Fall.

Falls die Helligkeitswerte innerhalb der gesuchten Struktur in unbekannter Weise variieren und damit ein Template der Helligkeiten nicht definiert werden kann, kann das Template Matching auch auf Gradientenlängen ausgeführt werden, wobei das Muster nun die Silhouette des gesuchten Objekts ist. Die erhöhte Flexibilität des Matching geht allerdings auf Kosten der Stabilität des Verfahrens. Da die Form nur noch über den Rand des Musters definiert ist, können bereits geringe Abweichungen zwischen Muster und abgebildetem Objekt zu großen Variationen im berechneten Korrelationskoeffizienten führen.

Template Matching ist empfindlich gegenüber Größen- und Rotationsunterschieden zwischen Muster und gesuchter Struktur. Man kann deshalb den Parameterraum um zwei Dimensionen für eine Skalierung S und einen Rotationswinkel α erweitern. Die Suche wird aufwändiger, da die Qualitätsfunktion statt in einem zweidimensionalen in einem vierdimensionalen Raum (m_k, n_k, S, α) bestimmt werden muss.

9.2.2 Hough-Transformation

Die **Hough-Transformation** ist in der Funktionsweise dem Template Matching ähnlich, indem sie nach einer vorgegebenen, in diesem Fall aber durch Kanten repräsentierten Struktur sucht. Durch die Hough-Transformation wird berechnet, welche Kantenpixel Teile von Geraden sein können. Die Methode arbeitet nach einem Abstimmungsprinzip (*voting system*). Jedes Pixel, das Teil einer Kante ist, votiert für diejenigen Geraden, die dieses Pixel enthalten können. Dazu müssen Geraden durch Parameter eindeutig bestimmt werden. Anschließend wird für jedes Pixel an einer Stelle (m,n) berechnet, welche Parameterkombinationen zulässig sind, damit es auf der so parametrisierten Geraden liegt.

Geraden im zweidimensionalen Raum mit reellem Definitionsbereich können durch die folgende Geradengleichung beschrieben werden:

$$ax + by + c = 0.$$

Die Gerade wird durch die Parameter a, b, c eindeutig bestimmt. Nur Punkte (x,y), für welche die Gleichung gilt, liegen auf der Geraden. Der Vektor $(a\ b)$ steht senkrecht auf der Geraden. Diese Darstellung ist der impliziten Darstellung $y = ax + b$ vorzuziehen, weil durch Letztere Geraden parallel zur y-Achse nicht repräsentierbar sind. Die Werte a,b,c sind nicht unabhängig voneinander. Alle Parameter $(s \cdot a, s \cdot b, s \cdot c)$ mit $s \neq 0$ bezeichnen dieselbe Gerade (wer sich hier an homogene Koordinaten erinnert fühlt, liegt richtig). Normiert man die Werte für a und b, so erhält man

$$\frac{a}{\sqrt{a^2 + b^2}} x + \frac{b}{\sqrt{a^2 + b^2}} y + \frac{c}{\sqrt{a^2 + b^2}} = 0$$

Da $(a\ b)$ senkrecht auf der Geraden steht und wegen $d = -c / \sqrt{a^2 + b^2}$ ist dies

$$\cos(\alpha) x + \sin(\alpha) y - d = 0.$$

Hierbei ist α der Winkel zur x-Achse und d der Abstand der Geraden zum Ursprung des Koordinatensystems. Um für einen gegebenen Punkt x_0, y_0 festzustellen, für welche Parameterkombinationen Geraden durch x_0, y_0 laufen, wird die Gleichung umgestellt. Man betrachtet d als Funktion von α und erhält mit

$$d(\alpha) = x_0 \cos(\alpha) + y_0 \sin(\alpha)$$

eine Kurve im Parameterraum (d,α). Der Parameterraum heißt **Hough-Raum** und die Transformation in diesen Raum ist die Hough-Transformation (abgekürzt HT).

Gibt es einen zweiten Punkt x_1, y_1, so wird durch ihn eine weitere Kurve im Hough-Raum generiert. Dort, wo sich die beiden Kurven schneiden, finden sich die Parameter derjenigen Geraden, die die beiden Punkte x_0, y_0 und x_1, y_1 verbindet (siehe Abbildung 9.11).

Zwei Kantenpunkte sind natürlich kein Anzeichen dafür, dass diese Punkte Teil einer Geraden sind. Sollten aber noch mehr Kantenpunkte auf derselben Geraden existieren, so müssten sich die entsprechenden Kurven im Hough-Raum bei derselben Parameterkombination (d,α) schneiden. Nach Abbildung aller Kantenpunkte in den Hough-Raum können diese Schnittpunkte gesucht werden. Jeder Schnittpunkt steht für eine Parameterkombination einer Geraden.

Geraden in digitalen Bildern haben jedoch einen diskreten Definitionsbereich. Es existieren keine Kantenpunkte, sondern Kantenpixel mit ganzzahligen Koordinaten (m,n).

Zudem ist schon wegen Rechen- und Diskretisierungsungenauigkeiten nicht damit zu rechnen, dass sich die Kurven im Hough-Raum in exakt einem Punkt schneiden. Deswegen wird die Hough-Transformation für diskrete Funktionen etwas abgewandelt.

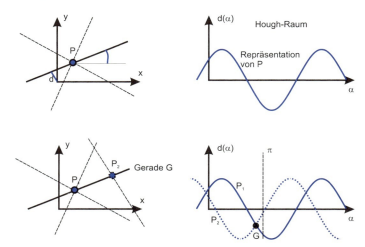

Abbildung 9.11: Schematische Darstellung der Hough-Transformation für Geraden. Jeder Punkt wird im Hough-Raum als Funktion von Parametern derjenigen Geraden repräsentiert, die durch diesen Punkt verlaufen. Für zwei Punkte kreuzen sich die beiden repräsentierenden Kurven im Hough-Raum bei einer Parameterkombination, die der Geraden durch diese beiden Punkte entspricht.

Kantenpixel sind solche Pixel, deren Gradientenlänge ein gewisses Maximum überschreitet. Weiterhin erzeugt jedes Kantenpixel mit Koordinaten (m,n) eine Kurve im Hough-Raum. Der Hough-Raum wird diskretisiert. Die einzelnen Zellen des Hough-Raums werden **Akkumulatorzellen** genannt. Die Kurve wird mit der Auflösung des Hough-Raums abgetastet. Jedes Mal, wenn die Kurve eines Pixels mit Koordinaten (m,n) eine Akkumulatorzelle überdeckt, erhält diese Zelle eine Stimme (siehe Abbildung 9.12). Nach Abschluss der Abbildung aller Kantenpunkte werden die lokalen Maxima im Hough-Raum ermittelt. Diese entsprechen den Parametern der gesuchten Geraden im Bild.

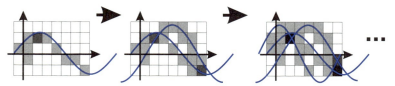

Abbildung 9.12: Der diskretisierte Hough-Raum besteht aus so genannten Akkumulatorzellen. Jedes Mal, wenn die Parameterdarstellung eines Punkts durch eine Akkumulatorzelle verläuft, wird der Inhalt der Zelle inkrementiert.

Genau wie Template Matching hat die Hough-Transformation den Vorteil, dass dort, wo keine Dateninformation vorliegt, das Modell die Daten ergänzt. Dafür hat das Verfahren den Nachteil, dass nur die modellierten Objekte (in diesem Fall also Geraden) gefunden werden. Geraden sind allerdings eine gute Basis für komplexere Kantenzüge. Ein beliebiger Kantenzug kann durch eine Folge von Linien angenähert werden. Wenn die Stimmen im Akkumulator auf die Orte im Bild verweisen, von denen sie abgegeben wurden, kann das Resultat der Hough-Transformation verwendet werden, um Linien zu generieren, die in einem Nachverarbeitungsschritt zu Kantenzügen zusammengefasst werden können.

Die Hough-Transformation wird robuster gegenüber Rauschen, wenn nicht jedes Kantenpixel dieselbe Anzahl Stimmen abgibt, sondern deren Anzahl von der Gradientenstärke abhängt. Solange die Signalstärke die Rauschstärke wesentlich überwiegt, werden auch bei hohem Rauschen Geraden zuverlässig gefunden (siehe den Vergleich für Bilder mit und ohne Rauschen in Abbildung 9.13).

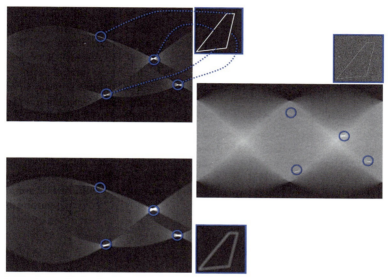

Abbildung 9.13: Die Hough-Transformation für ein einfaches, von vier Linien begrenztes Objekt erzeugt vier klar erkennbare lokale Maxima im Hough-Raum. Falls die Anzahl der abgegebenen Stimmen eines Kantenpunkts von dessen Gradientenlänge abhängig gemacht wird, ist die Transformation relativ unempfindlich gegenüber Rauschen. Unscharfe Kanten (Bild unten) führen zu einer Verbreiterung der lokalen Maxima.

Die Hough-Transformation ist im Übrigen grundsätzlich gut für den Einsatz in einem asynchronen Echtzeitsystem geeignet. In einem solchen System wird von einem Modul erwartet, dass es auf einen asynchronen Impuls ein Ergebnis liefert. Ein Beispiel hierfür wäre die Verfolgung eines Objekts in einer Bildfolge. Spätestens wenn das nächste Bild von der Kamera geliefert wird, fordert der verwertende Prozess das Ergebnis aus der Segmentierung des vorherigen Bilds an. Die Rückfallposition ist in solchen Fällen, dass das zuletzt vollständig berechnete Ergebnis – das unter Umständen etliche Bilder alt ist – zurückgegeben wird. Da die Hough-Transformation aber mit Votierungen arbeitet, kann man stattdessen auch das bisherige Zwischenergebnis aus den möglicherweise nur teilweise abgegebenen Stimmen als Resultat zurückgeben. Das ist den Hochrechnungen nach einer Wahl nicht unähnlich (bei denen der asynchrone Impuls durch den ungeduldigen Politiker abgegeben wird), und dort angewendete Techniken zur Steigerung der Qualität der Zwischenergebnisse (Auswahl einer möglichst repräsentativen Untermenge von Stimmen, Vergleich mit früheren Ergebnissen) können auch hier zur Anwendung kommen.

9.2.3 Hough-Transformation für Kreise

Die Hough-Transformation kann für andere parametrisierbare Formen erweitert werden. Die Dimensionalität des Hough-Raums und damit der Berechnungsaufwand steigt jedoch mit der Anzahl der Parameter. Kreise sind ein gutes Beispiel für eine mit wenigen Parametern zu beschreibende Struktur. Ein Kreis mit Zentrum (x_0, y_0) und Radius r ist durch die Kreisgleichung definiert:

$$\left(x - x_0\right)^2 + \left(y - y_0\right)^2 - r^2 = 0.$$

Der Hough-Raum für die Hough-Transformation für Kreise (CHT für **Circular Hough Transform**) hat damit drei Dimensionen, von denen zwei (x_0 und y_0) in den gleichen Koordinaten definiert sind wie Kantenpixel. Genau wie bei der Hough-Transformation für Geraden wird für diskrete Bilder eine Variante der CHT gewählt, bei der auch der Hough-Raum über eine Zerlegung in Akkumulatorzellen diskretisiert und begrenzt wird.

Die Hough-Transformation für Kreise wird besonders einfach, wenn man zunächst einmal davon ausgeht, dass der Radius r bekannt ist und nur die Werte für Kreiszentren (m_k, n_k) gesucht sind. Der Hough-Raum ist dann der Raum, in dem das Bild selbst definiert ist. Jedes Pixel ist eine Akkumulatorzelle. Ein Kantenpixel (m, n) votiert dann für diejenigen Orte (m_k, n_k) als mögliche Kreiszentren, die den Abstand r zur Position (m, n) haben. Kreiszentren für Kreise vom Radius r finden sich anschließend dort, wo ein lokales Maximum im Hough-Raum existiert (eine Beispielanwendung ist in Abbildung 9.14 zu sehen).

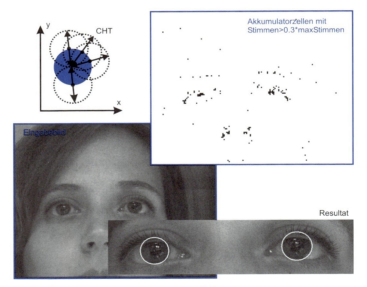

Abbildung 9.14: Bei der Hough-Transformation für Kreise (CHT) – hier eingesetzt, um die Iris zu finden – sind Bildraum und Hough-Raum gleich. Für einen vorgegebenen Radius r gibt jeder Kantenpunkt Stimmen für alle Orte im Abstand r zu diesem Kantenpunkt ab. Das Verfahren kann beschleunigt werden, wenn die Stimmabgabe nur in und entgegen der Richtung des Gradienten erfolgt (aus [Toennies2002]).

Falls r nicht genau bekannt ist, muss r auf einen Bereich (r_{min},r_{max}) beschränkt werden, um den Definitionsbereich des nun dreidimensionalen Hough-Raums (m,n,r) eingrenzen zu können. Der Unterschied zur CHT mit bekanntem Radius besteht darin, dass für jedes Kantenpixel (m,n) für jeden zulässigen Radius $r_{min} \leq r \leq r_{max}$ eine eigene Hough-Transformation mit festem Radius ausgeführt wird. Die lokalen Maxima werden anschließend im dreidimensionalen Hough-Raum gesucht.

Das Verfahren kann erheblich beschleunigt werden, wenn die Gradientenrichtung eines Kantenpixels bei der Votierung berücksichtigt wird. Da die Richtung des Gradienten bei einem Kreis entweder zum Kreismittelpunkt zeigt (wenn der Kreis sich dunkel vom Hintergrund abhebt) oder genau von ihm weg zeigt (wenn der Kreis heller als der Hintergrund ist), kann die Votierung auf Punkte im Abstand r in oder entgegen der Richtung des Gradienten beschränkt werden. Wegen der Rauschanfälligkeit der Gradientenberechnung sollte man diese Bedingung jedoch etwas entschärfen und die Stimmabgabe auf Richtungen beschränken, die um nicht mehr als einen vorgegebenen Winkel von der Gradientenrichtung abweichen.

9.3　Veränderbare Templates

Muster, die durch wenige diskretisierbare und in ihrem Wertebereich beschränkte Parameter beschrieben werden können, haben den Vorteil, dass sie robust gegenüber kleinen Abweichungen zwischen Modell und Daten sind und dass eine vollständige Suche im Parameterraum möglich ist. Ihr Nachteil ist, dass erlaubte und nicht erlaubte Variationen des Modells nur durch Vergleich zwischen der Anzahl von das Modell stützenden Pixeln und dem Modell widersprechenden Pixeln unterschieden werden können. Genauer wird die Suche, wenn erlaubte Formvariationen in das Modell integriert werden. Für solch ein Muster existieren eine Durchschnittsform und Variationsparameter. Das Qualitätsmaß ergibt sich aus der Abweichung des Bildinhalts von der Durchschnittsform in Abhängigkeit von der erlaubten Variation.

Mit der Zunahme der Parameter ist die Berechnung des Qualitätsmaßes für alle Wertekombinationen von Parametern nicht mehr praktikabel. Für die Suche nach optimalen Parameterkombinationen werden daher heuristische, meist iterative Verfahren gewählt. Diese suchen, ausgehend von initialen Parametern, ein Extremum durch schrittweise Veränderung der Parameterwerte. Es kann im Allgemeinen nicht garantiert werden, dass ein bestimmtes lokales Extremum gefunden wird, und auch nicht, dass das globale Extremum ermittelt wird.

Es gibt eine Vielzahl von veränderbaren Modellen (Deformable Templates, Active Contour Model, Active Shape Model usw.) und wir werden nicht alle hier vorstellen können, sondern uns auf die durch Graphen repräsentierbaren Punktmodelle beschränken. Die gesuchte Form wird durch Punkte repräsentiert, die über die Zuweisung von Koordinaten bestimmten Orten im Bild zugeordnet sind. Eine Menge von Punkten erhält ihre Form, indem zwischen je zwei Punkten Relationen definiert werden, über die zulässige Abstände zwischen diesen Punkten spezifiziert werden können (siehe Abbildung 9.15). Ein Punktmodell für ein Quadrat bestimmter Größe könnte beispielsweise aus vier Punkten {$p_1,...p_4$} und Relationen {(p_1,p_2),(p_2,p_3),(p_3,p_4),(p_4,p_1)} bestehen. Wenn durch die Qualitätsfunktion dafür gesorgt wird, dass die Lage optimal ist, falls jeder der vier Punkte auf einem Eckpunkt in einem Bild liegt und die

Abstände für jede Relation gleich sind, dann kann man das Modell für die Suche nach Quadraten einsetzen. Man sieht, dass die Relationen für die Form des Modells und die Punkte für die Anpassung an die Dateninformation im Bild zuständig sind. Das ist bei allen Punktmodellen der Fall.

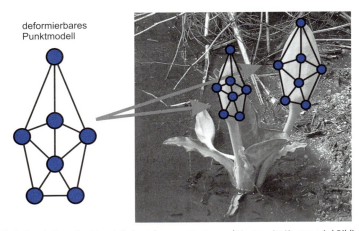

deformierbares
Punktmodell

Abbildung 9.15: Deformierbare Punktmodelle bestehen aus Knoten und Kanten. An Knoten wird Bildinformation ausgewertet, während Kanten die Formvariation des Modells beschränken. Die Segmentierung besteht aus einer Anpassung der Knoten des Punktmodells an die Bildinformation unter der durch die Kanten vorgegebenen Beschränkung der Formvariation.

Die Punkte eines Punktmodells können durch Knoten und die Relationen durch Kanten in einem Graphen repräsentiert werden. Durch ein Punktmodell kann man sowohl Kantenzüge (als Sequenz von miteinander in Relation stehenden Punkten) als auch Regionen (im einfachsten Fall durch eine Sequenz, deren letzter Punkt mit dem ersten Punkt in Relation steht) modellieren. Bei der Modellgenerierung muss beachtet werden, dass Punkte und Relationen nur eine stichprobenartige Repräsentation der eigentlichen Form sind. Bedenkt man das nicht, erlebt man zum Teil unangenehme Überraschungen. So könnte unser Ecken suchendes Quadratmodell durchaus vier Ecken von vier unterschiedlichen Segmenten finden, solange diese Ecken nur die Entfernungsbedingung der Relationen erfüllen. Eine sorgfältige Spezifikation des Modells sollte also auf jeden Fall der erste Schritt eines Algorithmus zur Segmentierung mit veränderlichen Modellen sein.

Erlaubte Modellvariationen können auf vielerlei Wegen in das Modell eingebracht werden. Wir werden uns dabei auf zwei Strategien – spezifizierte und erlernte Variation – beschränken und für jede der Strategien eine Methode vorstellen. Es sind dies die **physikalisch basierten Modelle** und die auf einer statistisch beschriebenen Variation basierenden **statistischen Punktmodelle**.

Bevor die Methoden selbst erläutert werden, müssen wir uns aber zunächst mit einem geeigneten Optimierungsverfahren auseinander setzen. Auch hier gibt es eine Vielzahl von Methoden, von denen wir das gut untersuchte Gradientenabstiegsverfahren behandeln werden.

9.3.1 Optimierung durch Gradientenabstieg

Für die Berechnung der Parameterwerte von K Parametern eines Modells nehmen wir an, dass wir eine Qualitätsfunktion $Q(p_0,...,p_{K-1})$ definiert haben, die minimal ist, wenn Parameter gefunden wurden, so dass Modell und Bild optimal übereinstimmen. Die Parameter beschreiben Ort, Orientierung, Größe und Form des gesuchten Objekts. Wären die Objekte z.B. Kreise unterschiedlicher Form, so müsste die Qualitätsfunktion $Q(x_0,x_0,r)$ auf den Mittelpunkten x_0, y_0 und Radien r definiert werden. Eine mögliche Qualitätsfunktion wäre der mittlere quadratische Abstand zwischen Modellgradienten-länge und den Gradientenlängen entlang des Kreisrands.

Das Gradientenabstiegsverfahren benötigt eine initiale Parameterschätzung $\left(p_0^{(0)} \quad p_1^{(0)} \quad ... \quad p_{K-1}^{(0)} \right)$ und berechnet die Qualität $Q^{(0)}$ dieser Schätzung. Ausgehend von der Schätzung zur Iteration n werden neue Parameter der Iteration $n+1$ gesucht, für die sich $Q^{(n+1)}$ gegenüber $Q^{(n)}$ verbessert. Der Prozess wird so lange fortgeführt, bis sich keine wesentlichen Verbesserungen mehr ergeben (siehe Abbildung 9.16). Mit jedem Schritt soll die Verbesserung von Q maximal sein. Eine maximale Verbesserung ergibt sich, wenn man sich ein Stück entgegen der Richtung der maximalen Steigung der K-dimensionalen Funktion Q bewegt. Also ist

$$\begin{pmatrix} p_0^{(n+1)} \\ p_1^{(n+1)} \\ ... \\ p_{K-1}^{(n+1)} \end{pmatrix} = \begin{pmatrix} p_0^{(n)} \\ p_1^{(n)} \\ ... \\ p_{K-1}^{(n)} \end{pmatrix} - \lambda \cdot \nabla Q\left(p_0^{(n)}, p_1^{(n)}, ..., p_{K-1}^{(n)} \right).$$

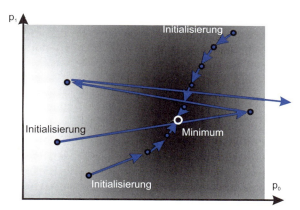

Abbildung 9.16: Gradientenabstieg in einem zweidimensionalen Parameterraum. Das Resultat hängt nicht nur von der Anfangsbedingung (der Initialisierung), sondern auch von der gewählten Schrittweite ab, mit der die Parameter in Richtung des Gradienten verändert werden.

Ähnlich wie der Grauwertgradient ist der Gradient ∇Q ein Vektor der partiellen Ablei-tungen (in diesem Fall nach den Parametern p_k). Da man ∇Q im Allgemeinen nicht analytisch bestimmen kann, werden die partiellen Ableitungen durch Differenzen der Qualitätsfunktion abgeschätzt. Für den k-ten Eintrag von ∇Q ergibt sich

$$\frac{\partial}{\partial p_k} Q\left(p_0^{(n)}, p_1^{(n)}, ..., p_{K-1}^{(n)} \right) \approx Q\left(p_0^{(n)}, p_1^{(n)}, ... p_k^{(n)}, ..., p_{K-1}^{(n)} \right) - Q\left(p_0^{(n)}, p_1^{(n)}, ... p_k^{(n)} - 1, ..., p_{K-1}^{(n)} \right)$$

Durch den Parameter λ wird die Schrittweite vorgegeben. Für $\lambda \to 0$ wird das Verfahren in dem zur initialen Position am nächsten liegenden lokalen Minimum terminieren. Für große Schrittweiten kann es dagegen durchaus geschehen, dass ein anderes lokales Minimum gefunden wird oder dass das Verfahren um ein Minimum oszilliert. Bei einer zu geringen Schrittweite kann das Verfahren am Anfang in einem Sattelpunkt terminieren.

Wir werden später sehen, dass die Qualitätsfunktion weite Bereiche hat, in denen ihr Gradient Null ist, obwohl es sich nicht um ein lokales Minimum, sondern um einen Sattel handelt. Daher verwendet man oft variable Schrittweiten, die für die ersten Iterationen groß sind und später, unter Umständen in Abhängigkeit von der erzielten Verbesserung einer Iteration, kleiner werden.

Ob das durch Gradientenabstieg gefundene lokale Minimum tatsächlich die gesuchte Parametrisierung von Q ist, hängt von der Anfangsbedingung ab. Schon bei den einfachen Verfahren, wie Template Matching oder der Hough-Transformation, bezeichnet nicht jedes lokale Extremum ein gesuchtes Segment. Da aber im Gegensatz zur vollständigen Suche nur ein gefundenes Minimum bekannt ist, kann dessen Relevanz für die Suche nicht am Vergleich mit anderen lokalen Minima gemessen werden. Beim Gradientenabstiegsverfahren wird daher erwartet, dass die initiale Parametrisierung bereits eine gute Schätzung für die gesuchten Parameterwerte ist.

Wenn eine solche Schätzung nicht bekannt ist, kann man das Verfahren um eine stochastische Komponente ergänzen. Statt mit einer Initialisierung wird mit mehreren Initialisierungen gearbeitet. Jede liefert einen Parametersatz und den Wert von Q dieses Parametersatzes. Selektiert wird derjenige Endzustand, dessen Qualitätsmaß minimal ist. So ist zwar immer noch kein optimales Verhalten erreicht, aber man hat mit einfachen Mitteln die Abhängigkeit der Methode von einer guten Initialisierung gemindert. Falls alle lokalen Minima von Q gefunden werden sollen oder garantiert werden soll, dass das globale Minimum gefunden wird, müssen fortgeschrittene Ansätze zur Optimierung (z.B. Adaptionen der genetischen Optimierung oder Optimierung durch Simulated Annealing) verfolgt werden.

9.3.2 Physikalisch basierte Punktmodelle

Physikalisch basierte Punktmodelle beschreiben die erlaubte Variation der Abstände zwischen Punkten des Modells durch lokale Glattheitsbedingungen, die durch physikalische Eigenschaften auf dem Modell spezifiziert werden. Dem liegt die implizite Annahme zugrunde, dass sich alle erlaubten Formen als kontinuierliche Variation einer Grundform beschreiben lassen. Umgekehrt bedeutet dies, dass, wenn zwei Zustände des Gittermodells erlaubte Variationen sind, auch alle Zwischenzustände erlaubt sind.

Grundsätzlich sind beliebige Glattheitsbedingungen möglich, doch sind physikalisch basierte Modelle sehr verbreitet. Auch wenn dieses Modell in der Regel nichts mit der modellierten Variation zu tun hat, ist die Verhaltensweise eines so beschränkten dynamischen Modells für den Benutzer nachvollziehbar und darüber hinaus leicht beschreibbar. Das ist vor allem deshalb wichtig, weil eine Modellspezifikation und eventuell auch eine Korrektur des Suchergebnisses durch den Benutzer erfolgen muss. Wohl die älteste Variante eines auf einem physikalischen Modell basierenden dynamischen Template sind **Snakes**. Eine Snake gehört zu den **Aktiven Konturen (Active Contour Model)** und ist eine offene oder geschlossene Kontur. Die Kontur kann als elastisches Band definiert werden, oder, falls sie durch ein Punktmodell repräsentiert wird, als eine Folge von Massepunkten, die durch Federn miteinander verbunden sind. Für beide Repräsentationen gibt es Lösungen, von denen wir uns auf die Lösung in einem Feder-Masse-Modell beschränken werden.

Für das Feder-Masse-Modell sind die Relationen des Punktmodells Federn. Punkte sind Massepunkte. Das Verhalten einer Feder ist durch Ruhelänge und Federkonstanten definiert. Durch die Ruhelängen ist die Idealform des Modells vorgegeben. Ohne Einfluss äußerer Kräfte verändert sich diese Form nicht. Die äußeren Kräfte werden durch Merkmale des Bildes auf die Massepunkte ausgeübt. Dazu stellt man sich die Punkte des Modells als Sensoren vor, welche die durch das Bild an einer bestimmten Position ausgeübten Kräfte wahrnehmen (ein Beispiel zeigt Abbildung 9.17). Die Qualitätsfunktion für die Berechnung der optimalen Modellparameter ist damit eine Energiefunktion aus den Federenergien r_k und den durch äußere Kräfte einwirkenden potentiellen Energien p_l:

$$E\left(r_0, r_1, ..., r_{K-1}, p_0, p_1, ..., p_{L-1}\right) = \sum_{k=0}^{K-1} w_k E_k^{\text{int}}\left(r_k\right) + \sum_{l=0}^{L-1} v_l E_l^{\text{ext}}\left(p_l\right) \tag{9.1}$$

Die inneren Energien können aus dem Modell einer elastischen Feder übernommen werden. Das kann z.B. der Betrag der Federkräfte f_f zwischen zwei Knoten $\vec{k}_i$ und $\vec{k}_j$ in Abhängigkeit der Federkonstante c_{ij} und der Ruhelänge r_{ij} sein:

$$\vec{f}_f\left(\vec{k}_i, \vec{k}_j\right) = -c_{ij}\left[\left(\left\|\vec{k}_i - \vec{k}_j\right\| - r_{ij}\right) \bullet \frac{\vec{k}_i - \vec{k}_j}{\left\|\vec{k}_i - \vec{k}_j\right\|}\right]$$

Dämpfungs- und Verwindungskräfte können gegebenenfalls in das Modell integriert werden.

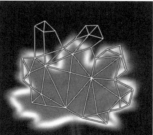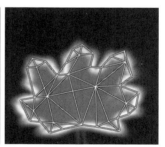

Abbildung 9.17: Arbeitsweise der Anwendung eines dynamischen Modells (Daten und Beispiel von S. Bergner). Ein dynamisches Modell (Federn sind die weißen Linien des Gittermodells, Massepunkte die Endpunkte der Linien) passt sich der Bildform an. Die äußeren Kräfte sind für Kantenpunkte die Gradientenlänge (weiß hervorgehoben) und für innere Punkte die Helligkeit des Objekts.

Die geeignete Eingabe für die Sensoren hängt vom erwarteten Bildinhalt ab. So wird die Gradientenlänge sicher ein geeignetes Merkmal für Punkte sein, die den Rand der gesuchten Struktur beschreiben. Wenn die gesuchte Struktur ausgeprägte Ecken hat, also Orte, an denen sich die Richtung rasch ändert, dann kann auch die in *Abschnitt 7.2.2* definierte Hesse-Matrix der zweiten partiellen Ableitungen genutzt werden. Deren Determinante ist ein guter Eckensensor. Es können auch Sensoren für das Innere von Objekten definiert werden. Das bereits genannte Problem, dass ein nur über die Eckpunkte definiertes Quadratmodell sich zwischen Quadraten anlagert, könnte z.B. entschärft werden, wenn man einen fünften Punkt in der Mitte des Punktmodells einfügt, der zu allen anderen Punkten in Relation steht und der für die erwartete Farbe, Helligkeit oder Textur im Innern des Quadrats empfänglich ist.

Bei der Modellgenerierung ist nicht nur die Bestimmung von Punkten und Relationen zwischen ihnen schwierig, sondern auch die Angabe der Gewichtungen w_k und v_l. Die Wertebereiche und die Relevanz der durch die einzelnen Komponenten eingebrachten Energien sind unterschiedlich und die Kunst des Entwicklers besteht unter anderem darin, dies adäquat zu berücksichtigen.

Es ist klar, dass selbst bei dem einfachen Punktmodell für das Quadrat die Anzahl der Parameter für eine vollständige Suche in einem diskretisierten Parameterraum viel zu hoch ist. Heuristische Verfahren, wie das Gradientenabstiegsverfahren, werden daher für die Optimierung von E eingesetzt. Weil aber der Erfolg solcher Verfahren von der Anfangsbedingung abhängig ist, lohnt es sich zu untersuchen, wann gute Anfangsbedingungen für die Federkräfte r_k zwischen Punkten und äußeren Kräfte p_l an diesen Punkten gefunden wurden. Die Energie, die durch die an einem Punkt wirkende Kraft zugeführt wird, hängt von der Position dieses Punkts im Bild ab. Diese Position eines Punkts p_l ist durch die Angabe der Koordinaten (m_l,n_l) spezifiziert. Die Energie einer Relation hängt von der relativen Lage der beiden in Relation stehenden Punkte ab. Dies können nur Punkte des Punktmodells sein. Also ist $r_k = (m_{k1},n_{k1},m_{k2},n_{k2})_k$, wobei die Koordinaten zwei Punkte des Modells beschreiben, die durch die Feder verbunden sind. Also ist die Energiefunktion von den Koordinaten der Punkte des Punktmodells abhängig und wir können die Gleichung *(9.1)* umschreiben zu

$$E\left(m_0, m_1, \ldots, m_{L-1}, n_0, n_1, \ldots, n_{L-1}\right) =$$
$$\sum_{k=0}^{K-1} w_k E_k^{\text{int}}\left(\left(m_{k1}, n_{k1}, m_{k2}, n_{k2}\right)_k\right) + \sum_{l=0}^{L-1} v_l E_l^{ext}\left(m_l, n_l\right).$$

Die Anfangsbedingung ist gut gewählt, wenn die (m_l,n_l) nah an ihren optimalen Positionen liegen. Das kann z.B. erreicht werden, wenn sie interaktiv dort platziert werden. Auch kann man das im vorherigen Abschnitt erläuterte Verfahren zur stochastischen Wahl der Anfangsbedingung wählen.

Ein weiteres Problem ist das mit zunehmendem Abstand schnelle Nachlassen der Kräfte durch äußere Einflüsse. Wählt man beispielsweise als Sensoreingabe die Gradientenstärke, so führt bereits eine kleine Verlagerung eines Sensors dazu, dass diese Kraft von Kräften anderer, näherer Bildelemente überlagert wird. Die Punkte des Modells müssten so nah an die optimale Position herangebracht werden, dass das Verfahren nicht mehr praktikabel ist.

Es gibt verschiedene Strategien, mit diesem Problem umzugehen. Man kann beispielsweise die Wirkung der Kräfte über große räumliche Entfernungen vergrößern. Falls die Kraft durch die Gradientenstärke ausgeübt wird, kann das durch eine Glättung vor der Gradientenberechnung erreicht werden. Man kann auch bei der Initialisierung die Punkte so platzieren, dass die Federkräfte groß sind, und so dafür sorgen, dass sich das Modell durch Minimierung der Federkräfte selbst dann verändert, wenn keine äußeren Kräfte wirksam sind. Das wäre z.B. der Fall, wenn alle Massepunkte anfangs zu einem Punkt reduziert würden. Die enormen Federkräfte würden dazu führen, dass sich die Struktur ausdehnt. Werden dabei Bereiche berührt, an denen äußere Kräfte wirken, dann kann sich das Modell dort verankern. Wenn man die Umwandlung von potentieller Energie in kinetische Energie zusammen mit einer Dämpfung in das Modell einbringt, dann kann man sogar erreichen, dass sich das Modell über die Ruhelängen ausdehnt und somit in einem noch größeren Bereich auf externe Massen reagieren kann.

Die Optimierung wird im Idealfall dafür sorgen, dass für gegebene äußere Bedingungen diejenige Position des Modells gefunden wird, bei der sich innere und äußere Kräfte ausgleichen. Betrachtet man das Modellverhalten während der Optimierung, dann wirkt das System aber nicht realistisch. Für ein realistisches Verhalten muss das Problem als dynamisches System modelliert werden, dessen Veränderung sich aus den zu jedem Zeitpunkt einwirkenden Kräften ergibt. Das entstehende Differentialgleichungssystem kann iterativ gelöst werden, indem zu jedem Zeitpunkt t_i für jeden Massepunkt Richtung und Umfang von interner und externer Krafteinwirkung bestimmt werden und das Modell entsprechend angepasst wird.

9.3.3 Statistische Punktmodelle

Dynamische Punktmodelle müssen vollständig durch den Entwickler oder den Benutzer spezifiziert sein und können erst dann verwendet werden. Wegen der Vielzahl der Parameter ist dies ein schwieriges Unterfangen, welches zudem noch für jede neue Form und auch für jede neue Bildklasse wiederholt werden muss. Statistische Punktmodelle ersetzen diese Entwicklung durch die Schätzung von Wahrscheinlichkeitsverteilungen in einer Trainingsphase. Ihr großer Vorteil liegt darin, dass das Modell nicht parametrisiert werden muss. Ihr Nachteil besteht darin, dass das Modell in der Trainingsphase einer unter Umständen sehr großen Menge von Trainingsdaten interaktiv angepasst werden muss. Das erste statistische Punktmodell war das **Active Shape Model** (ASM) von Cootes [Cootes1995], das in diesem Abschnitt diskutiert werden soll. Die meisten anderen Modelle sind Variationen des ASM, welche die grundlegenden Eigenschaften mit dem ASM teilen.

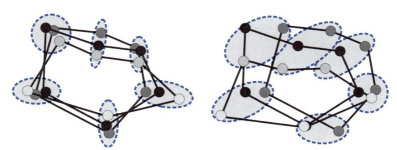

Abbildung 9.18: Punktverteilungsmodelle beschreiben die durchschnittliche Abweichung einer Objektform durch die Abweichungen korrespondierender Punkte. Falls die Punktmodelle nicht gut in Übereinstimmung gebracht wurden (so wie im Bild rechts), dann repräsentiert die Verteilung auch den Platzierungsfehler.

Für ein statistisches Punktmodell wird angenommen, dass für jeden der K Punkte die Verteilungsfunktion in der Fläche bekannt ist (siehe Abbildung 9.18). Für jeden Punkt p_k mit Koordinaten (x_k, y_k) in einem modelleigenen Koordinatensystem des Punktmodells gibt es also Wahrscheinlichkeitsverteilungen $P(x_k = x)$ und $P(y_k = y)$, die angeben, wie wahrscheinlich es ist, dass die Punktkoordinaten von p_k gerade x und y sind. Die Verteilungsfunktionen für zwei verschiedene Punkte des Modells werden zunächst als voneinander unabhängig betrachtet. Diese Modelle heißen **Punktverteilungs-modelle (Point Distribution Model – PDM)**. Ziel eines ASM ist es, das Modell so in das Bild zu platzieren, dass die Gesamtwahrscheinlichkeit der Konfiguration maximal ist.

Für das Training eines PDM sind daher mehrere Schritte notwendig:

1 Definition eines Punktmodells mit Punkten $P = \{p_1,...,p_{K-1}\}$. Das Modell sollte so definiert werden, dass die Orte markante Positionen in dem gesuchten Objekt sind, da die Wahrscheinlichkeitsverteilungen später aus der Verteilung in der Trainingsdatenmenge geschätzt werden. Dabei muss ein Punkt p_k des Modells in jedem Trainingsdatensatz an eine Position mit derselben Semantik gesetzt werden.

2 Platzierung des Punktmodells in jeder Stichprobe der Trainingsdatenmenge. Diese Aufgabe wird meist interaktiv ausgeführt, weil es sehr schwierig ist, auf Grund von lokalen Kriterien zu entscheiden, was in einem Trainingsdatensatz die semantisch äquivalenten Positionen für die Punkte des Modells im Vergleich zu allen anderen Trainingsdaten sind.

3 Berechnung der Punktkoordinaten in einem objekteigenen Koordinatensystem. In der Regel ist die Position des Punktes in einem Bildkoordinatensystem nicht interessant, weil durch das PDM die Variation der Form, nicht aber die der Orientierung und Lage beschrieben werden soll.

4 Schätzung von Parametern der Wahrscheinlichkeitsverteilungen. Da es Abhängigkeiten zwischen den Verteilungen der Punkte gibt, wird bei diesem Schritt eine Dekorrelation vorgenommen, durch die die Anzahl der Parameter reduziert wird.

Jedes Element eines Trainingsdatensatzes enthält eine segmentierte Stichprobe des zu modellierenden Objekts. Das objekteigene Koordinatensystem kann zwar beliebig definiert werden, aber es ist der Einfachheit halber günstiger, wenn man ein System wählt, für das später die Transformation jedes Trainingsdatensatzes aus dem Trainingssatz selbst berechnet werden kann. Wir werden noch darauf zurückkommen, aber für den Augenblick nehmen wir an, dass nach Ausführung der Schritte 1 bis 3 eine Menge von L Stichproben für das Punktmodell existiert. Für jeden Punkt p_k des Modells haben wir damit eine Menge von Punkten $p_{k,l}$ mit $l = 0,...,L-1$ von Stichproben aus den Trainingsdaten. Natürlich könnte man daraus für jeden Punkt zwei Verteilungsfunktionen für die x- und die y-Koordinate schätzen, doch berücksichtigt man so nicht die hohe Kohärenz zwischen den Punkten.

Im nächsten Schritt folgt daher die Dekorrelation der Daten. Zur Vereinfachung der folgenden Ausführungen benennen wir die Variablen der Punkte um. Für die Koordinaten der Punkte $p_{k,l}$ einer Stichprobe l ersetzen wir

$$\begin{pmatrix} x_{0,l} & x_{1,l} & ... & x_{K-1,l} & y_{0,l} & ... & y_{K-1,l} \end{pmatrix} \text{ durch } \begin{pmatrix} z_{0,l} & z_{1,l} & ... & z_{K-1,l} & z_{K,l} & ... & z_{2K-1,l} \end{pmatrix}.$$

Die L Stichproben schätzen die Verteilungsfunktion für jedes der Merkmale. Zwei Verteilungen f und g sind linear dekorreliert, wenn die Kovarianz zwischen ihren Merkmalen Null ist. Wir wissen bereits aus *Kapitel 4*, dass es dann keine Skalare $s \neq 0$ und d mit $g = sf + d$ gibt. In unserem Punktmodell haben wir insgesamt $2K$ Verteilungsfunktionen. Damit ergeben sich $4K^2$ Kovarianzen zwischen diesen Verteilungen.

Diese werden durch die Kovarianzmatrix des Merkmalsvektors $\vec{z}$ repräsentiert

$$C(\vec{z}) = \begin{pmatrix} \sigma_0^2 & \sigma_0\sigma_1 & \cdots & \sigma_0\sigma_{2K-1} \\ \sigma_1\sigma_0 & \sigma_1^2 & & \\ \cdots & & \cdots & \\ \sigma_{2K-1}\sigma_0 & & & \sigma_{2K-1}^2 \end{pmatrix},$$

deren Diagonale die Varianzen der einzelnen Merkmale enthält und in der $\sigma_i\sigma_j$ die Kovarianz zwischen Merkmal z_i und Merkmal z_j ist

$$\sigma_i\sigma_j = \sum_{l=0}^{L-1}\left(z_{i,l} - \overline{z}_i\right)\left(z_{j,l} - \overline{z}_j\right) \text{ mit } \overline{z}_k = \frac{1}{L}\sum_{l=0}^{L-1} z_{k,l}.$$

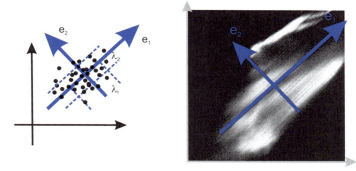

Abbildung 9.19: Darstellung der Hauptachsentransformation für zwei zweidimensionale Parameterverteilungen. Im rechten Bild gibt die Helligkeit die Häufigkeit einer Parameterkombination an. Die Hauptachsen e_1 und e_2 sind die Eigenvektoren der Kovarianzmatrix. Die erste Hauptachse verläuft entlang der Richtung der größten Varianz der Verteilung. Die Varianzen sind die zu den Eigenvektoren gehörenden Eigenwerte.

Für die lineare Dekorrelation gibt es eine analytisch berechenbare Lösung, welche die korrelierten Merkmale z_l in neue Merkmale w_l überführt, die linear voneinander unabhängig sind, d.h. deren Kovarianzmatrix außerhalb der Diagonale nur Nullen enthält. Diese Transformation heißt **Hauptachsentransformation** (auch **Karhunen-Loeve-Transformation** genannt, siehe Abbildung 9.19). Das Verfahren heißt **Hauptkomponentenanalyse** (**Principal Component Analysis – PCA**).

Um die Daten zu dekorrelieren, ist eine Transformation

$$\begin{pmatrix} z_{0,l} & z_{1,l} & \cdots & z_{2K-1,l} \end{pmatrix} \begin{pmatrix} e_{0,0} & e_{1,0} & \cdots & e_{2K-1,0} \\ e_{0,1} & & & \\ \cdots & & \cdots & \\ e_{0,2K-1} & & & e_{2K-1,2K-1} \end{pmatrix} = \begin{pmatrix} w_{0,l} \\ w_{1,l} \\ \cdots \\ w_{2K-1,l} \end{pmatrix}$$

gesucht, so dass die Kovarianzmatrix der neuen Merkmale w_k die folgende Form hat:

$$C(\vec{w}) = \begin{pmatrix} \lambda_0 & 0 & \cdots & 0 \\ 0 & \lambda_1 & & \\ \cdots & & \cdots & \\ 0 & & & \lambda_{2K-1} \end{pmatrix}.$$

Diese Transformationsmatrix setzt sich aus den Eigenvektoren der Kovarianzmatrix $C(\vec{z})$ zusammen. Die Varianzen der Kovarianzmatrix $C(\vec{w})$ sind die zugehörigen Eigenwerte. Für Eigenvektoren $\vec{e}_k$ und Eigenwerte λ_k einer quadratischen Matrix $\mathbf{M}$ gilt:

$$\mathbf{M} \times \vec{e}_k = \lambda_k \vec{e}_k.$$

Da die Matrix $\mathbf{E}$ der Eigenvektoren orthonormal ist, ist deren inverse Matrix $\mathbf{E}^{-1}$ die transponierte Matrix $\mathbf{E}^{\mathrm{T}}$. Der ursprüngliche Merkmalsvektor lässt sich aus den Merkmalen w_k durch $\vec{z} = \vec{\mathbf{z}} + \vec{w} \times \mathbf{E}^{T}$ generieren, wobei $\vec{\mathbf{z}}$ der Vektor der Erwartungswerte von allen Vektoren $\vec{z}$ ist. Da es aber ein hohes Maß an Kohärenz zwischen den Ursprungsmerkmalen gibt, werden die Varianzen von vielen der neuen Merkmale w_k so gering sein, dass eine gute Näherung auch durch

$$\vec{z}_l \approx \vec{\mathbf{z}} + \begin{pmatrix} w_{0,l} & \cdots & w_{M-1,l} \end{pmatrix} \begin{pmatrix} e_{0,0} & e_{0,1} & e_{0,2} & \cdots & e_{0,2K-1} \\ \cdots & & & \cdots & \\ e_{M-1,0} & & & & e_{M-1,2K-1} \end{pmatrix}$$

gegeben ist. M ist die Anzahl derjenigen Merkmale in $\vec{w}$ mit ausreichend großen Eigenwerten. Diese M Komponenten nennt man auch die Variationsmodi (engl. *modes of variation*, siehe *Abbildung 9.20*). Die Schwelle für die Anzahl der zu berücksichtigenden Elemente $\vec{w}_M$ des Vektors $\vec{w}$ setzt man meist in Abhängigkeit der durch diese M Merkmale repräsentierten Varianz in den Daten. Es ist gut möglich, dass für ein Punktmodell mit 100 Punkten, also 200 Merkmalen, nur zehn bis fünfzehn der transformierten Merkmale 95% der Variation in den Daten erklären, d.h.

$$\sum_{k=0}^{M-1} \lambda_k > 0.95 \sum_{k=0}^{2K-1} \lambda_k.$$

Nur für diese M Merkmale muss eine Verteilungsfunktion ermittelt werden. Sie kann entweder als beliebige Funktion von dem aus den Trainingsdaten gewonnenen Histogramm der Merkmale approximiert oder als parametrisierbare Verteilungsfunktion (z.B. Gauß-Verteilung) angenommen werden, deren Parameter zu bestimmen sind.

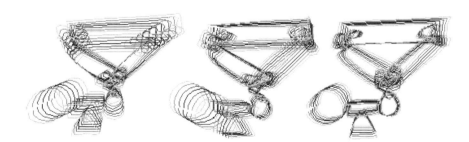

Abbildung 9.20: Die ersten drei Variationsmodi eines einfachen ASM (Daten und Beispiel von S. Al-Zubi)

Bevor wir zur Anwendung des nun trainierten Modells kommen, müssen wir noch einmal zur Festlegung eines objektbezogenen Koordinatensystems zurückkehren. Dieses lässt sich durch die Hauptachsentransformation berechnen, wenn wir sie auf die Verteilung der Punkte des Modells im zweidimensionalen Koordinatensystem anwenden. Der Durchschnittswert für die beiden Koordinaten ist der Ursprung des Koordinatensystems. Die beiden Hauptachsen dieser zweidimensionalen Verteilung sind die Koordinatenachsen. Zur Bestimmung des Koordinatensystems kann man auch anstelle der Punkte des angepassten Modells alle Punkte der segmentierten Form benutzen, in die das Modell angepasst wurde. Solange sich die Formen der verschiedenen Trainingsdatensätze nicht wesentlich unterscheiden, werden Durchschnittswerte und Hauptachsen ein nahezu perfektes, objektbezogenes Koordinatensystem ergeben.

Damit sind alle Aspekte des Trainings des ASM abgeschlossen und es steht uns ein trainiertes Modell für die Suche in Bildern zur Verfügung. Das Qualitätskriterium für die Suche ist die Gesamtwahrscheinlichkeit eines verformten und auf die Bilddaten angepassten Modells und der an den Punkten eingebrachten Dateninformationen:

$$Q\left(z_0, ..., z_{2K-1}\right) = \sum_{k=0}^{K-1} s\left(m_k, n_k\right) + \alpha \sum_{l=0}^{M-1} P\left(w_l\right).$$

Wieder agieren die Punkte hier als Sensoren s, die z.B. die Gradienteninformation verwerten. Durch den Parameter α wird der Einfluss der Dateninformation gegenüber dem Modell gesteuert. Wie bei dynamischen Modellen kann die Optimierung durch ein iteratives Verfahren ausgehend von einer Initialisierungsparametrisierung erfolgen. Für eine gute Initialisierung kann man die bereits in *Abschnitt 9.3.1* skizzierte stochastische Suche verwenden. Man kann aber auch Methoden der Registrierung starrer Körper nehmen, indem man für die aktuell verformte Struktur ohne weitere Verformung im Bild nach einer Positionierung sucht, bei der der Sensoreinfluss maximal wird.

Die Hauptgründe für das Versagen eines ASM liegen darin, dass die für das Training genutzten Datensätze nicht repräsentativ für das gesuchte Objekt waren. Schwierigkeiten kann es auch geben, wenn die Punkte des Punktmodells in den Trainingsdaten nicht tatsächlich semantisch gleiche Orte bezeichnen und daher die Verteilung auch die Fehler dieser Ortsbestimmung beinhaltet. Ein ähnlicher Effekt ergibt sich, wenn das objektbezogene Koordinatensystem auf Grund von zu großer Formvariation für unterschiedliche Trainingsdatensätze unterschiedlich bestimmt wurde.

Im Vergleich zu dynamischen Modellen haben statistische Modelle den unbestreitbaren Vorteil, dass das Modell nicht heuristisch bestimmt wird, sondern sich aus der Schätzung der Wahrscheinlichkeitsverteilung der Variation der Objektform ergibt. Damit wird der Sachverhalt einer Variation der Objektform genauer modelliert.

9.4 Vertiefende und weiterführende Literatur

Region Growing ist ein beliebtes Verfahren, zu dem sich häufig Informationen in der wissenschaftlichen Literatur finden. Beispiele für Methoden, die sich mit einer Automatisierung vor allem des schwer zu bestimmenden Homogenitätskriteriums auseinander setzen, sind [Adams1994], [Chang1994], [Pohle2001]. Die interaktiv geführte Kantensuche auf einem Graphen ist [Sonka1998] entlehnt. Das Live-Wire-Verfahren wurde von [Mortensen1992] vorgestellt. Eine grundsätzliche Betrachtung zu diesem und ähnlichen Verfahren findet sich in [Falcao1998]. Vom gleichen Autor stammt mit der Foresting Transform auch eine Methode, bei der eine ähnliche Strategie für eine flächenbasierte Segmentierung erfolgt [Falcao2004]. Vergleichbar hiermit sind auch Graph-Cut-Verfahren [Kolmogorov2002]. Die Wasserscheidentransformation mit Markern wird unter anderem von [Beucher1993] behandelt, ist aber auch eine der Anwendungen der Foresting Transform aus [Falcao2004].

Template Matching ist ebenfalls eine recht alte Strategie (auch als Matched Filter bekannt). Die Ähnlichkeit zwischen Template Matching und der Hough-Transformation wird in [Stockman1977] behandelt. Eine frühe Publikation zum Template Matching unter einer Multiskalenstrategie ist [Tanimoto1981]. Die Hough-Transformation wurde patentiert [Hough1962]. Ihr Einsatz zur Suche nach Geraden in Bildern wurde von [Duda1972] und ihre Erweiterung für Kreise von [Kimme1975] präsentiert. Eine Erweiterung auf beliebige Strukturen beschreibt [Ballard1982]. Ein Überblick über die Hough-Transformation und ihre Anwendungen findet sich in [Illingworth1988]. Im Lehrbuch von Davis [Davis2004] wird die Hough-Transformation sehr ausführlich behandelt. Davis war und ist an vielen Entwicklungen zur Anwendung der Hough-Transformation bei der industriellen Bildanalyse beteiligt und berichtet in seinem Buch davon.

Deformierbare Muster wurden schon früh in der Segmentierung eingesetzt [Bajcy1983]. In [Bajcy1989] ist eine Kombination von elastischen Strukturen und einer Multiskalenstrategie beschrieben. Snakes stammen aus der Gruppe von Terzopoulos [Kass1988], die sich auch mit anderen Varianten physikalisch basierter Modelle auseinander gesetzt hat [Terzopoulos1987], [Harmaneh2001]. Die zuletzt genannte Publikation entwickelt die Idee eines Steuerelements (eines „Gehirns") zur Steuerung der Verformung. Diese Idee wurde von [Bergner2004] für die Suche nach strukturell veränderbaren Formen eingesetzt. Die statistisch gesteuerte Modellverformung wurde von [Cootes1995] präsentiert. Auch hiervon gibt es etliche Varianten, von denen die Active Appearance Models [Cootes1998] mit ihrer Erweiterung zur Berücksichtigung von Texturen und die Active Structural Shape Models [AlZubi2003] mit ihrer in die Wahrscheinlichkeitsberechnung integrierten Berücksichtigung struktureller Variationen genannt werden sollen. Einen guten Überblick über verformbare Modelle bietet das Buch von Blake [Blake1998].

ZUSAMMENFASSUNG

Die modellbasierte Segmentierung bringt objektcharakterisierendes Modellwissen in den Segmentierungsprozess ein. Segmente sind demnach entweder Vordergrundsegmente, also Pixelgruppen, die dem Modell entsprechen, oder gehören zum Hintergrund. Neben dem Modell wird für die Segmentierung ein Suchalgorithmus benötigt, durch den alle Instanzen eines Segmenttyps gefunden werden.

Bei der interaktiv gesteuerten Suche gibt der Benutzer Ort und Charakteristik der gesuchten Objekte ein. Die Segmentcharakteristik muss leicht definierbar sein. Region Growing, Kantenverfolgung, die Suche nach optimalen Kantenzügen und die markerbasierte Wasserscheidentransformation sind wichtige Vertreter dieser Gruppe von Segmentierungsverfahren. In allen Fällen werden ein oder mehrere Orte auf dem gesuchten Segment angegeben. Das segmentcharakterisierende Kriterium ist ein einfaches Homogenitäts- oder Diskontinuitätskriterium.

Automatische Methoden erfordern die Modellierung des gesuchten Segmenttyps und die Angabe eines Qualitätskriteriums, nach dem entschieden werden kann, ob eine Instanz des Segments gefunden wurde. Einfache Modelle mit wenigen Parametern werden beim Template Matching und bei der Hough-Transformation verwendet. Wegen der geringen Anzahl von Parametern kann der gesamte Parameterraum nach Segmentinstanzen abgesucht werden. Das Qualitätskriterium ist für Template Matching ein Ähnlichkeitsmaß und für die Hough-Transformation die Anzahl der Pixel, die durch die gesuchte Form überdeckt werden.

Der Suchprozess für Modelle mit vielen Parametern ist dagegen ein iteratives Verfahren, durch das nur ein lokales Extremum der Zielfunktion gefunden wird (z.B. das Gradientenabstiegsverfahren). Zu diesen Modellen zählen die Deformable Templates, bei denen das Modell eine Grundform und Regeln zur Verformung beinhaltet. Die Verformungsregeln sind entweder vorgegeben, so wie bei dynamischen, physikalisch basierten Modellen, oder angelernt, wie bei Punktverteilungsmodellen, deren Verteilungsfunktionen aus einer Trainingsdatenmenge geschätzt werden. In beiden Fällen ist die Zielfunktion eine Kombination von Verformungsaufwand und Anpassung an die Bilddaten.

ZUSAMMENFASSUNG

Übung 9.1 ## Aufgaben

- Welche Angaben müssen für ein Region Growing bekannt sein?
- Welche Probleme können bei der Anwendung eines Region-Growing-Verfahrens auftreten und wie kann man damit umgehen?
- [Projekt] Implementieren Sie eine Region-Growing-Methode und wenden Sie sie auf die Bilder „Engelstrompete" und „NewspaperRock" auf der Companion Website an. Überlegen Sie, wie Sie den Benutzer bei der Bestimmung des Homogenitätskriteriums unterstützen können.
- Was sind die Voraussetzungen dafür, dass eine interaktive Kantenverfolgung erfolgreich ist?
- Was wären geeignete Knotenkosten für das Live-Wire-Verfahren?

- Was ist der aufwändigste Schritt im Live-Wire-Verfahren?

- [Projekt] Implementieren Sie das Live-Wire-Verfahren und wenden Sie es auf die Bilder „Engelstrompete" und „Lighthouse" an.

- Wie muss der Flutungsalgorithmus der Wasserscheidentransformation (WST) abgewandelt werden, damit er zur markerbasierten WST verwendet werden kann?

- Wie kann die Übereinstimmung zwischen Muster und Bild bei einem Template Matching berechnet werden?

- [Projekt] Schreiben Sie eine Methode, bei der durch Benutzereingabe ein Template eines Zeichens aus der gedruckten Textseite „Text" auf der Companion Website erzeugt wird und bei der mit diesem Template alle Wiederholungen dieses Zeichens auf dieser Seite gesucht werden. Wie müsste die Methode abgewandelt werden, wenn sie auch auf „TextRotate" angewendet werden soll, ohne dass dort ein neues Template selektiert werden muss?

- Wie werden Geraden, wie werden Kreise im Hough-Raum repräsentiert? Wieso ist die Hough-Transformation für Echtzeit-Anwendungen geeignet?

- In Abbildung 9.11 wird die Hough-Transformation für Geraden demonstriert. Die Parameter einer Geraden, die durch genau zwei Punkte im Ortsraum repräsentiert wird, sollten sich in genau einem Kreuzungspunkt im Hough-Raum finden. Warum sieht man in der Abbildung mehrere Kreuzungspunkte?

- Was versteht man bei der Hough-Transformation unter einer Akkumulatorzelle?

- In Abbildung 9.13 sieht man im Ergebnis des verrauschten Bildes (rechts) neben den vier gekennzeichneten lokalen Maxima für die vier Kanten noch weitere Maxima. Woher stammen diese? Und warum treten sie bei den unverrauschten Bildern nicht auf?

- Was sind die Vor- und Nachteile deformierbarer Modelle gegenüber starren Modellen?

- Was ist der Unterschied zwischen physikalisch basierten und statistischen Modellen?

- Was repräsentieren bei der Anwendung eines Feder-Masse-Modells zur Segmentierung die Massepunkte und was die Federn?

- Wieso ist es bei einem Active Shape Model (ASM) so wichtig, dass die Eckpunkte des Punktmodells in allen Stichproben semantisch gleiche Orte beschreiben und dass Lage und Orientierung aller Stichproben gleich sind?

- Was ist der Zusammenhang zwischen Kovarianzmatrix und Hauptachsentransformation?

- Bei welcher Objektform ist das Resultat der Hauptachsentransformation auf den Eckpunktkoordinaten unzuverlässig, falls damit die Orientierung des Objekts festgestellt werden soll?

Literatur

[Adams1994] R. Adams, L. Bishop. Seeded region growing. *IEEE Transactions on Pattern Recognition and Machine Intelligence*, Vol. 16(6), 1994, 641-647.

[AlZubi2003] S. Al-Zubi, K. D. Toennies. Generalizing the active shape model by integrating structural knowledge to recognize hand drawn sketches. *Proceedings of the CAIP 2003, Lecture Notes on Computer Science*, Vol. 2756, Springer, 2003, 320-328.

[Bajcy1983] R. Bajcy, R. Lieberson, M. Reivich. A computerized system for elastic matching of deformed radiographic images to idealized atlas images. *Journal of Computer Assisted Tomography*, Vol. 7, 1983, 618-625.

[Bajcy1989] R. Bajcy, S. Kovacic. Multiresolution elastic matching. *Computer Vision, Graphics and Image Processing*, Vol. 46, 1989, 165-188.

[Ballard1982] D. H. Ballard. Generalizing the Hough transform to detect arbitrary shapes. *Pattern Recognition*, Vol. 13, 1981, 111-122.

[Bergner2004] S. Bergner, S. Al-Zubi, K. D. Toennies. Deformable structural models. *Proceedings of the IEEE International Conference on Image Processing ICIP*, 2004, 1875-1878.

[Beucher1993] S. Beucher, F. Meyer. The morphological approach to segmentation: The watershed transformation. *Mathematical Morphology in Image Processing*, E. R. Dougherty (Hrsg.), Marcel Dekker Inc., 1993, 433-481.

[Blake1998] A. Blake. *Active Contours: The Application of Techniques from Graphics, Vision, Control Theory and Statistics to Visual Tracking of Shapes in Motion.* Springer, 1998.

[Chang1994] Y. L. Chang, X. Li. Adaptive image region growing. *IEEE Transactions on Image Processing*, Vol. 3(6), 1994, 868-872.

[Cootes1995] T. F. Cootes, C. J. Taylor, D. H. Cooper, J. Graham. Active shape models – their training and application. *Computer Vision and Image Understanding*, Vol. 61(1), 1995, 38-59.

[Cootes1998] T. F. Cootes, G. J. Edwards, C. J. Taylor. Active appearance models. *5th European Conference on Computer Vision – ECCV1998. Lecture Notes in Computer Science*, Vol. 1407, H. Burkhardt, B. Neumann (Hrsg.), Springer, 1998, 484-498.

[Davis2004] E. R. Davis. *Machine Vision – Theory, Algorithms, Practicalities.* Academic Press, 3. Auflage, 2004.

[Duda1972] R. O. Duda, P. E. Hart. Use of the Hough transform to detect lines and curves. *Communications of the ACM*, Vol. 15, 1972, 11-15.

[Falcao1998] A. X. Falcao, J. K. Udupa, S. Samarasekera, S. Sharma, B. E. Hirsch, R. D. A. Lotufo. User-steered image segmentation paradigms: Live wire and live lane. *Graphical Models and Image Processing*, Vol. 60(4), 233-260.

[Falcao2004] A. X. Falcao, J. Stolfi, R. de Alencar Lotufo. The image foresting transform: theory, algorithms, and applications. *IEEE Transactions on Pattern Analysis and Machine Intelligence*, Vol. 26(1), 2004, 19-29.

[Harmaneh2001] G. Harmaneh, T. McInerney, D. Terzopoulos. Deformable organisms for automatic medical image analysis. *MICCAI 2001, Lecture Notes on Computer Science*, Vol. 2208, Springer, 2001, 66-76.

[Hough1962] P. V. C. Hough. *Methods and means for recognising complex patterns.* US patent 3069654.

[Illingworth1988] J. Illingworth, J. Kittler. A survey of the Hough transform. *Computer Vision, Graphics, and Image Processing*, Vol. 44(1), 1988, 87-116.

[Kass1988] M. Kass, A. Witkin, D. Terzopoulos. Snakes: active contour models. *International Journal of Computer Vision*, Vol. 1(4), 1988, 321-331.

[Kimme1975] C. Kimme, D. Ballard, J. Slansky. Finding circles by an array of accumulators. *Communication of the ACM*, Vol. 18, 1975, 120-122.

[Kolmogorov2002] V. Kolmogorov, R. Zabih. What energy functions can be minimized via graph cuts? *7th European Conference on Computer Vision – ECCV2002, Lecture Notes on Computer Science*, Vol. 2352, A. Heyden et al. (Hrsg.), Springer, 2002, 65-81.

[Mortensen1992] E. Mortensen, B. Morse, W. Barrett, J. K. Udupa. Adaptive boundary detection using 'live-wire' two-dimensional dynamic programming. *Proceedings Computers in Cardiology 1992.* 1992, 635-638.

[Pohle2001] R. Pohle, K. D. Toennies. Self-learning model-based segmentation of medical images. *Image Processing and Communications*, Vol. 7(3-4), 2001, 97-113.

[Sonka1998] M. Sonka, V. Hlavac, R. Boyle. *Image Processing, Analysis and Machine Vision*. PWS Publishers, 1998.

[Stockman1977] G. C. Stockman, A. K. Agrawala. Equivalence of Hough curve detection to template matching. *Communications of the ACM*, Vol. 20(11), 1977, 820–822.

[Tanimoto1981] S. L. Tanimoto. Template matching in pyramids. *Computer Graphics and Image Processing*, Vol. 16, 1981, 356-369.

[Terzopoulos1987] D. Terzopoulos, J. Platt, A. Barr, K. Fleischer. Elastically deformable models. *Computer Graphics*, Vol. 21(4), 1987, 205-214.

[Toennies2002] K. D. Toennies, F. Behrens, M. Aurnhammer. Feasibility of Hough-transform-based iris localisation for real-time-application. *16th International Conference on Pattern Recognition ICPR*, Vol. II, 2002, 1053-1056.

Morphologische Operationen

10

ÜBERBLICK

Fragestellungen, Begriffe und Voraussetzungen

Fragestellungen

Segmentierte Bilder separieren Vordergrund von Hintergrund. Wesentliche Fragestellung von morphologischen Operationen ist, wie Störungen der segmentierten Objektform unterdrückt und wie formbasierte Eigenschaften und Repräsentationen berechnet werden können.

Eingeführte Begriffe und Konzepte

Dilatation und *Erosion* sind die Basis von allen anderen morphologischen Operationen. Die Erosion führt zu einer Verkleinerung eines Segments, die Dilatation vergrößert ein Segment. Beide Operationen sind Verknüpfungen zwischen einem Bild und einem *Strukturelement*. Der Begriff des Strukturelements wird definiert. Dilatation und Erosion auf binären und nichtbinären Bildern werden erläutert.

Opening und Closing kombinieren Erosions- und Dilatationsoperation. Sie dienen der Beseitigung von Störungen in der Segmentform, ohne die Form selbst wesentlich zu ändern.

Der *Rand* eines Segments in einem Binärbild kann durch die Kombination von morphologischen Operationen bestimmt werden. Iterierte Randberechnung ergibt eine *Distanztransformation*, die für jedes Pixel innerhalb eines Objekts seinen Abstand zum Rand ermittelt.

Der *Hit-or-Miss-Operator* ist geeignet, um in einem Binärbild nach Segmenten mit bekannter Form zu suchen. Zusammen mit der Distanztransformation kann er auch verwendet werden, um eine Objektrepräsentation aus Mittellinien, das so genannte *Skelett*, zu erzeugen.

Vorausgesetzte Kenntnisse aus vorangegangenen Kapiteln

Nachbarschaft, Abstand und Rand in digitalen Bildern (*Abschnitt 2.2*), Faltung (*Abschnitt 3.2.1*)

Im Idealfall liefert die Segmentierung eine Liste von Regionen, die nach ihren Eigenschaften klassifiziert werden können. Schon mit dem in *Abschnitt 8.5* vorgestellten Relaxation Labelling haben wir aber eine Methode kennen gelernt, die mit den Unzulänglichkeiten einer Segmentierung umgehen soll. Morphologische Informationen lassen sich in ähnlicher Weise verwenden. Unter der Morphologie (griech., „die Gestalt betreffend") eines Segments werden Eigenschaften wie Ausgedehntheit, Konkavitäten oder Anzahl der Löcher zusammengefasst.

Durch morphologische Operationen

- kann Form verändert werden,
- können Merkmale von Form berechnet werden,
- kann nach bestimmten Formen gesucht werden.

Eine morphologische Operation hat die Form $g = f_s \diamond s$. Der Operator „$\diamond$" ist eine der Mengenoperationen Schnitt, Vereinigung oder Differenz. Sie wird auf der Menge der Segmentpixel f_s und einer Menge von strukturierenden Pixeln (dem so genannten **Strukturelement**) ausgeführt. Das Ergebnis g wird berechnet, indem diese Operation für alle möglichen, verschobenen Versionen von s ausgeführt und die Vereinigung aller Resultate gebildet wird. Das Resultat wird an einen vorgegebenen Ort relativ zum Strukturelement (den Ankerpunkt) geschrieben.

10.1 Morphologische Basisoperationen

Nach einer Segmentierung können die Segmente oft nach Vordergrund und Hintergrund unterschieden werden. Vordergrundsegmente sollen einer weiteren Bearbeitung zugeführt werden. Sie sind es daher, auf die morphologische Operationen angewendet werden. Man kann annehmen, dass alle Pixel von Vordergrundsegmenten durch eine „1" und alle anderen Pixel durch eine „0" gekennzeichnet sind. Im entstandenen Binärbild b ist die Menge aller Pixel von f_s durch diejenigen Pixel von b gegeben, deren Wert 1 ist. Das Strukturelement s ist über die Menge von Orten (m_k, n_k) seiner K Pixel im Bildkoordinatensystem definiert.

Die morphologische Operation kann pixelweise als Bool'sche Operation zwischen dem Binärbild und dem Strukturelement ausgeführt werden. Eine Erweiterung auf nichtbinäre Bilder ist möglich, wenn sinnvolle Äquivalente für die Mengenoperation angegeben werden.

10.1.1 Erosion und Dilatation

Erosion und Dilatation sind die zwei Operationen, aus denen sich alle anderen morphologischen Operationen zusammensetzen. Die **Dilatation** eines Bildes $f(m,n)$ mit einem Strukturelement s (siehe Abbildung 10.1) ist definiert als

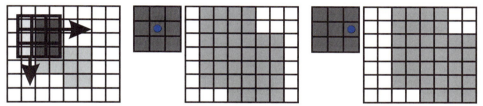

Abbildung 10.1: Die Dilatation ist eine morphologische Operation, bei der eine Pixelposition eines Binärbildes auf „1" gesetzt wird, falls das Strukturelement (im Bild dunkel gezeigt) mindestens ein Pixel des Bildes überdeckt, das den Wert „1" hat. Der Ankerpunkt ist in blau angezeigt. Eine Translation des Ankerpunkts führt zu einer entsprechenden Translation des Resultats.

$$g(m,n) = \bigvee_{(m_k, n_k) \in s} b(m + m_k, n + n_k).$$ (10.1)

Die Dilatationsoperation wird durch das Zeichen „$\oplus$" abgekürzt, also $g = f \oplus s$. Das Pixel an der Stelle (m,n) wird gesetzt, wenn eines der durch s überdeckten Pixel von f zum Segment gehört. Die Koordinaten des Strukturelements können zwar beliebig sein, doch ist die Form des Strukturelements oft symmetrisch um den Ursprung angeordnet. Ein Strukturelement der Form

```
1  1  1
1  1  1
1  1  1
```

hätte also die Koordinaten

$$s = \{(-1,-1),(-1,0),(-1,1),(0,-1),(0,0),(0,1),(1,-1),(1,0),(1,1)\}.$$

Auch ein unregelmäßig geformtes Strukturelement würde man um den Koordinaten-ursprung zentrieren. So würde durch die morphologische Operation zwar die Objekt-form, nicht aber die Lage von Segmenten verändert. Die Koordinaten eines L-förmigen Strukturelements könnten z.B. $s_L = \{(-1,-1),\ (-1,0),\ (-1,1),\ (0,1),\ (1,1)\}$ sein. Unregel-mäßige Strukturelemente werden manchmal zu einem regelmäßigen Element ergänzt, indem man die nicht zum Element gehörigen Stellen mit Nullen auffüllt. Das Struktur-element s kann dann als ein von $-R$ bis R definierter Strukturkern definiert werden. Für das L-förmige Strukturelement ergäbe sich eine zwischen $[-1,1]$ definierte, zwei-dimensionale Funktion:

$$s_L = \begin{pmatrix} 1 & 0 & 0 \\ 1 & 0 & 0 \\ 1 & 1 & 1 \end{pmatrix}$$

Die Dilatation lässt sich auch als eine Art binäre Faltung erzeugen:

$$g(m,n) = \vee_{k=-R,R} \vee_{l=-R,R} b(m+k,n+l) \wedge s(k,l)$$

Wegen der Ähnlichkeit der Operation mit einer Faltungsoperation vermittelt diese Art der Berechnung die Verhaltensweise einer Dilatation vielleicht etwas deutlicher. Es sei jedoch gleich an dieser Stelle angemerkt, dass die anschließend vorgestellte Erosion auf diese Weise nicht ausführbar ist, falls Pixel des Strukturelements mit „0" besetzt sind. Die Darstellung in Gleichung (10.1) ist also vorzuziehen.

Die Dilatation führt dazu, dass Löcher in Vordergrundsegmenten geschlossen, nah beieinander liegende Segmente vereinigt und Segmente größer werden.

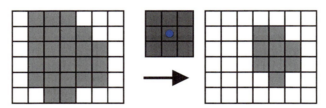

Abbildung 10.2: Bei einer Erosion werden alle Pixel des Binärbildes auf „0" gesetzt, für die das Strukturelement min-destens ein Pixel überdeckt, das den Wert „0" hat.

Mit der **Erosion** wird genau das Gegenteil erreicht (siehe Abbildung 10.2). Für ein Binärbild b und ein Strukturelement s ist sie definiert als

$$g(m,n) = \wedge_{(m_k,n_k)\in s} b(m+m_k,n+n_k).$$

Die Erosion wird durch das Zeichen „$\ominus$" abgekürzt. Der Unterschied zwischen Erosion und Dilatation besteht also darin, dass statt eines Bool'schen „oder" ein Bool'sches „und" ausgeführt wird. Das Ergebnis ist also nur „1", falls alle durch das Strukturele-ment überdeckten Pixel von b zu den Vordergrundpixeln gehören. Damit vergrößern sich Löcher in einer Struktur und Vordergrundsegmente werden kleiner. Ist ein Seg-ment kleiner als das Strukturelement, so wird es vollständig gelöscht (einen Vergleich zwischen Dilatation und Erosion zeigt Abbildung 10.3). Auch für die Erosion kann eine an die Faltung erinnernde Form gefunden werden. Sie lautet:

$$g(m,n) = \wedge_{k=-R,R} \wedge_{l=-R,R} b(m+k,n+l) \wedge s(k,l).$$

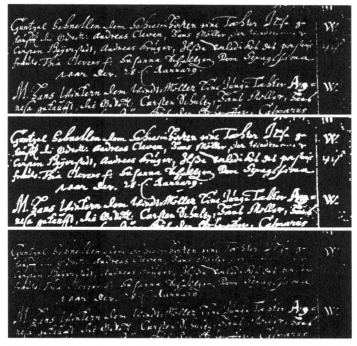

Abbildung 10.3: Vergleich zwischen Dilatation (Bildmitte) und Erosion (unten) eines Binärbildes. Die Dilatation verbreitert Vordergrundobjekte, während durch die Erosion diese Objekte kleiner werden. (Daten von M. Feldbach)

Wie bereits angemerkt, ist das aber *nur* möglich, wenn alle Elemente von *s* mit „1" besetzt sind. Für unregelmäßig geformte Strukturelemente kann die Erosion so nicht ausgeführt werden.

Erosion und Dilatation können auf Grauwertbilder erweitert werden (siehe Abbildung 10.4). Die Definition für die Dilatation wird dazu wie folgt geändert:

$$g(m,n) = \max_{(m_k, n_k) \in s} \left(b(m + m_k, n + n_k) \right).$$

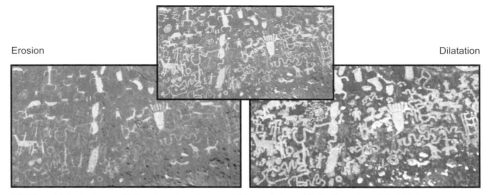

Abbildung 10.4: Erosion und Dilatation eines Grauwertbildes verhalten sich ähnlich wie auf Binärbildern, wenn man helle Strukturen als Vordergrund und dunkle Strukturen als Hintergrund betrachtet.

Da das Maximum aller von s überdeckten Werte ausgewählt wird, wird ein ähnlicher Effekt wie bei der Dilatation von binären Bildern erreicht, wenn helle Strukturen als Vordergrund interpretiert werden. Diese werden durch die Dilatation verbreitert.

Analog zur Dilatation kann die Erosion als Minimum über den überdeckten Bereich definiert werden:

$$g(m,n) = \min_{(m_k,n_k) \in s}\left(f\left(m + m_k, n + n_k\right)\right).$$

Auch hier ist das Verhalten einer Erosion von Binärbildern ähnlich, falls helle Bereiche als Vordergrund interpretiert werden.

10.1.2   Opening und Closing

Erosion und Dilatation führen zu Formveränderungen, die im Zusammenhang mit einer Nachverarbeitung eines Segmentierungsverfahrens sinnvoll erscheinen. Durch die Dilatation werden Löcher in den Segmenten geschlossen, welche durch Rauschen entstanden sein können. Der Segmentrand wird geglättet. Konkavitäten, die kleiner als das Strukturelement sind, werden aufgefüllt. Die Erosion ist dagegen in der Lage, kleine Segmente, die auf Grund von Störungen entstanden sind, zu löschen und Segmente, die sich berühren, voneinander zu trennen. Jedoch verändern beide Operationen die Größe der Vordergrundsegmente. Das ist allgemein unerwünscht, weil die Fläche eines Segments oft Zweck oder zumindest wichtiges Merkmal einer Segmentanalyse ist.

Durch die Kombination von Erosion und Dilatation mit demselben Strukturelement kann ein Teil der positiven Effekte der Einzeloperationen herbeigeführt werden. Gleichzeitig wird dafür gesorgt, dass es zu keinen wesentlichen Veränderungen der Fläche der Segmente kommt (siehe Abbildung 10.5). Wenn eine Erosion von einer Dilatation mit einem am Ankerpunkt punktgespiegelten Strukturelement gefolgt wird, spricht man von einer **Opening**-Operation (morphologisches Öffnen). Die Opening-Operation wird durch das Zeichen „$\circ$" abgekürzt, also $g = b \circ s$.

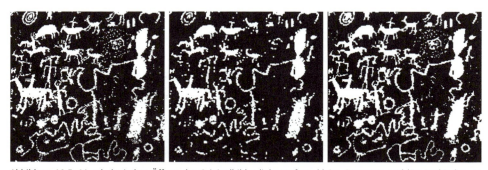

Abbildung 10.5: Morphologisches Öffnen des Originalbildes links entfernt kleine Segmente und löst Verbindungen zwischen Segmenten auf (Bildmitte). Morphologisches Schließen (rechts) füllt Löcher in den Segmenten und verbindet Segmente.

Opening einer Funktion b mit s führt dazu, dass zunächst alle Regionen gelöscht werden, die kleiner als das Strukturelement sind. Außerdem werden Löcher in den Segmenten um die Größe des Strukturelements vergrößert und ein Rand von der Größe des Strukturelements entfernt. Durch die anschließende Dilatation werden die zuletzt genannten beiden Effekte größtenteils rückgängig gemacht. Regionen, die vollständig gelöscht wurden, werden aber nicht wiederhergestellt. Die Opening-Operation kann also für die Entfernung von kleinen, durch Rauschen oder andere Artefakte verursachten Segmenten verwendet werden.

Analog zur Opening-Operation existiert die durch eine Dilatation gefolgt von einer Erosion mit einem am Ankerpunkt punktgespiegelten Strukturelement definierte **Closing**-Operation (morphologisches Schließen). Sie wird durch $g = b \bullet s$ abgekürzt. Bei der Closing-Operation werden durch die Dilatation Segmente vergrößert und Löcher in den Segmenten geschlossen (daher der Name). Durch die nachfolgende Erosion wird die Vergrößerung rückgängig gemacht, während geschlossene Löcher nicht wieder neu entstehen. Damit ist die Closing-Operation geeignet, Segmentierungsfehler zu korrigieren, die z.B. durch ein zu eng gefasstes Homogenitätskriterium entstanden sind.

Opening und Closing können miteinander kombiniert werden, um zunächst falsche Vordergrundsegmente im Hintergrund und anschließend falsche Hintergrundsegmente im Vordergrund zu entfernen. Größe und Form des Strukturelements sollten in Abhängigkeit von den erwarteten Fehlern gewählt werden. Allerdings werden nicht nur Löcher aufgefüllt bzw. durch Rauschen verursachte Segmente entfernt, sondern es kommt entlang des Segmentrandes auch zu Veränderungen, die von der Gestalt des Strukturelements abhängen. Die Dilatation führt z.B. zum Auffüllen konkaver Regionen des Objektrands, falls sie kleiner als das Strukturelement sind. Diese konkaven Bereiche werden nicht durch die anschließende Erosion einer Closing-Operation wiederhergestellt. Damit kann es bei zu großen Strukturelementen zum Verlust von das Objekt charakterisierenden Merkmalen kommen.

10.2 Operationen zur Bestimmung von Formmerkmalen

Morphologische Operationen sind nicht nur für die Nachverarbeitung von Segmentierungen geeignet. Man kann sie auch benutzen, um charakterisierende Merkmale eines Segments zu bestimmen. Zwei einfache Operationen auf der Basis von Erosion und Dilatation sind die Bestimmung des Objektrands und die Distanztransformation.

10.2.1 Berechnung des Randes

Der Rand von Segmenten ist ein wichtiger Träger von Objekt beschreibender Information. So kann man z.B. ein kreisförmiges von einem sternförmigen Objekt durch die Krümmungsänderungen entlang des Randes unterscheiden. Für einen diskreten Definitionsbereich kann die Randdefinition von Objekten nur angenähert werden. Danach sind Randpixel diejenigen Pixel, die selbst Teil des Objekts sind und in deren Nachbarschaft sich mindestens ein Pixel des Hintergrunds befindet.

Für unterschiedliche Nachbarschaftsdefinitionen ergeben sich damit für dasselbe Objekt unterschiedliche Ränder. Ein Rand unter 4-Nachbarschaft ist ein geschlossener Pfad unter 8-Nachbarschaft. Ein Rand unter 8-Nachbarschaft ist dagegen ein geschlossener Pfad unter 4-Nachbarschaft.

Der Rand eines Segments unter 4- oder 8-Nachbarschaft kann mit Hilfe eines entsprechenden Strukturelements generiert werden. Für den Rand unter 4-Nachbarschaft erodiert man das Bild mit dem folgenden Strukturelement s_4:

```
    1
1   1   1
    1
```

Durch die Erosion werden diejenigen Pixel entfernt, in deren 4-Nachbarschaft sich mindestens ein Hintergrundpixel befindet. Randpixel werden berechnet, indem man das erodierte Bild vom Originalbild subtrahiert: $R_4(m,n) = b(m,n) - [b(m,n) \ominus s_4(m,n)]$ (siehe Abbildung 10.6).

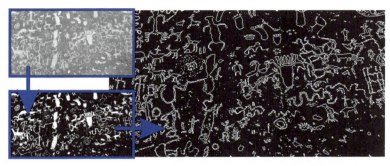

Abbildung 10.6: Durch Subtraktion eines erodierten Binärbilds von diesem Binärbild erhält man die Randpunkte der Segmente. Das Strukturelement muss gemäß der Nachbarschaftsdefinition zwischen Pixeln gewählt werden.

Der Rand unter 8-Nachbarschaft wird gefunden, wenn das Strukturelement zu einer 8-Nachbarschaft erweitert und die gleiche Operation ausgeführt wird.

10.2.2 Distanztransformation

Die Suche nach dem Rand eines Objekts kann leicht zu einer Operation erweitert werden, bei der für jedes Pixel des Segments der kürzeste Abstand zum Rand berechnet wird (siehe Abbildung 10.7). Der kürzeste Abstand zwischen zwei Pixeln p_A und p_B ist die Anzahl Pixel $K+1$ des kürzesten Pfades p_A, p_1, p_2, ..., p_K, p_B unter einer gegebenen Nachbarschaftsdefinition. Die Operation wird **Distanz- oder Abstandstransformation** genannt. Für verschiedene Nachbarschaftsdefinitionen ergeben sich unterschiedliche Ergebnisse der Abstandstransformation.

Für die Berechnung der Distanztransformation wird der Rand iterativ auf einer Folge von erodierten Bildern bestimmt. Begonnen wird das Verfahren mit der Initialisierung $b_0 = b$. Die Erosion eines Bildes b_k der Iterationsstufe k ist $b_k = b_{k-1} \ominus s_N$. Der Rand R_k der Iteration k ist $R_k = b_{k-1} - b_k$. Der Abstand aller Pixel aus R_k zum Rand des Eingabebildes ist k. Das Verfahren terminiert, wenn nach einer Iterationsstufe k_{max} das Erosionsresultat keine von Null verschiedenen Pixel mehr enthält. Der Wert k_{max} ist der größte vorkommende Abstand. Die berechneten Abstände werden in ein Distanzbild A eingetragen.

Die Distanztransformation kann z.B. für ein Morphing zwischen zwei Segmenten genutzt werden (siehe Abbildung 10.8). Sie muss dazu zu einer vorzeichenbehafteten Distanztransformation (engl. *signed distance transform*) erweitert werden.

Abbildung 10.7: Wiederholte Anwendung des Randoperators erzeugt ein Distanzbild aus einem Binärbild.

Der Abstand eines Pixels zum Rand eines Segments ist positiv, wenn das Pixel innerhalb des Segments liegt, und negativ, wenn es außerhalb des Objekts liegt. Die positiven Abstände werden durch die oben vorgestellte Distanztransformation erzeugt. Für die Berechnung der negativen Abstände wird das Eingangsbild b negiert – also $b_\neg = 1 - b$ – und die Distanztransformation wird auf $b_\neg$ durchgeführt.

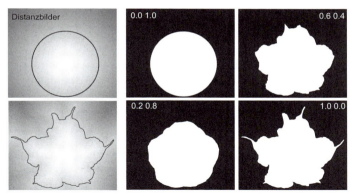

Abbildung 10.8: Die vorzeichenbehaftete Distanztransformation erzeugt positive Distanzwerte innerhalb eines Segments und negative Werte für Pixel außerhalb des Objekts. Lineare Interpolation zwischen den Distanzwerten von zwei Segmenten kann für ein Morphing zwischen beiden Segmenten genutzt werden.

Für das Morphing zwischen zwei Binärbildern b_A und b_B wird für beide Bilder die vorzeichenbehaftete Distanztransformation ausgeführt. Es entstehen zwei Distanzbilder A_A und A_B. Anschließend werden durch lineare Interpolation beliebig viele Zwischenstufen A_i zwischen beiden Distanzbildern erzeugt. Für $i = 0,L$ mit $A_A = A_0$ und $A_B = A_L$ ergibt sich das i-te Distanzbild zu

$$A_i = \frac{i \cdot A_B + (L - i) \cdot A_A}{L} \ .$$

Die interpolierten Binärbilder können anschließend aus den A_i erzeugt werden, indem alle negativen Werte von A_i auf Null und die verbleibenden Werte auf Eins abgebildet werden.

10.2.3 Der Hit-or-Miss-Operator

Durch morphologische Operationen können auch gestaltbasiert definierte Aspekte eines Segments separiert werden. Kernstück ist der **Hit-or-Miss-Operator**. Durch ihn kann eine Form explizit definiert werden und es können diejenigen Orte im Bild gesucht werden, an denen Instanzen dieser Form vorkommen (siehe Abbildung 10.9).

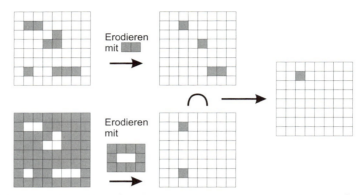

Abbildung 10.9: Der Hit-or-Miss-Operator besteht aus zwei Komponenten, um einerseits potentielle Kandidaten für eine gesuchte Struktur und andererseits Kandidaten für den erwarteten Hintergrund zu finden. Die Kombination beider Ergebnisse ist das gewünschte Resultat.

Schon bei der Benutzung der Erosion im Opening-Operator haben wir festgestellt, dass durch die Erosion alle Segmente gelöscht werden, die kleiner als das Strukturelement sind. Diese Eigenschaft kann für die Suche nach Mustern genutzt werden, deren Form bekannt ist. Die Operation besteht aus zwei Schritten: Im ersten Schritt werden diejenigen Orte detektiert, an denen Instanzen des gesuchten Musters vorhanden sein können (Hit-Schritt). Im zweiten Schritt werden Orte detektiert, an denen sich das Muster nicht befinden kann (Miss-Schritt). Durch die Zusammenführung beider Ergebnisse findet man schließlich alle Instanzen des gesuchten Musters.

Der Hit-Operator ist eine Erosion mit dem gesuchten Muster als Strukturelement s_M. Würden beispielsweise Muster aus zwei hintereinander liegenden Pixeln gesucht, so wäre $s_M = \{(0,0),(0,1)\}$.

Wird diese Operation ausgeführt, dann werden alle Segmente gelöscht, die kleiner als das Muster sind. Übrig bleiben die gesuchten Muster und diejenigen Strukturen, die größer als das gesuchte Muster sind. Für Letzteres wird ein Miss-Operator konstruiert. Er besteht aus einem Strukturelement $s_{\neg M}$, dessen Pixel gerade das gesuchte Muster umschließen. Für das obige Beispiel wäre $s_{\neg M} = \{(-1,-1),\ (-1,0),\ (-1,1),\ (-1,2),\ (0,-1),\ (0,2),\ (1,-1),\ (1,0),\ (1,1),\ (1,2)\}$. Mit diesem Operator wird das negierte Bild $b_\neg = 1-b$ erodiert. Das Ergebnis zeigt dort eine 1, wo zwei nebeneinander liegende Pixel im Bild b durch eine Reihe von Nullen umschlossen sind. Es sind also diejenigen Orte, wo gerade Platz für einen Rand um das gesuchte Muster wäre. Da das in den Bereichen nicht der Fall wäre, wo das gesuchte Muster nur eine Teilmenge des Segments ist, ergibt der Schnitt zwischen Hit und Miss gerade die Orte, an denen sich das Muster umgeben von Hintergrundpixeln befindet.

Die Hit-or-Miss-Operation wird durch das Symbol „$\otimes$" gekennzeichnet und ist definiert durch die folgende Operation:

$$b \otimes (s_M, s_{\neg M}) = (b \ominus s_M) \cap (b_\neg \ominus s_{\neg M})$$

Die beiden Strukturelemente des Hit-or-Miss-Operators werden oft in einem Operator zusammengefasst, bei dem die Elemente des Hit-Operators durch 1 und die des Miss-Operators durch 0 bezeichnet werden. Für den Operator in unserem Beispiel würde diese abgekürzte Schreibweise bedeuten:

$$\begin{pmatrix} 0 & 0 & 0 & 0 \\ 0 & 1 & 1 & 0 \\ 0 & 0 & 0 & 0 \end{pmatrix}.$$

Beide Strukturelemente des Operators müssen sich nicht unbedingt perfekt ergänzen. Wenn z.B. das Miss-Element größer gewählt wird, kann das gesuchte Muster auch größer sein als s_M, solange es in das durch das Miss-Element begrenzte Gebiet hineinpasst. In der abgekürzten Schreibweise werden die variablen, weder durch den Hit- noch durch den Miss-Operator spezifizierten Positionen durch „x" gekennzeichnet. Ein Operator, der waagerechte Linien von drei, vier oder fünf Pixeln Länge sucht, würde daher durch den folgenden Operator spezifiziert:

$$\begin{pmatrix} 0 & 0 & 0 & 0 & 0 & 0 & 0 \\ 0 & x & 1 & 1 & 1 & x & 0 \\ 0 & 0 & 0 & 0 & 0 & 0 & 0 \end{pmatrix}.$$

Auf diese Art kann eine gewisse Variation der gesuchten Muster in die Suche integriert werden. Würde man beispielsweise Kreise mit einem Radius zwischen fünf und sieben Pixeln suchen, könnte man einen Hit-Operator mit Radius fünf und einen Miss-Operator mit Radius acht definieren. Kreise mit Radius fünf, sechs oder sieben wurden detektiert (siehe Abbildung 10.10). Genauso würden allerdings unregelmäßige Formen gefunden, solange ihr Radius in jeder Richtung zwischen fünf und sieben Pixeln liegt.

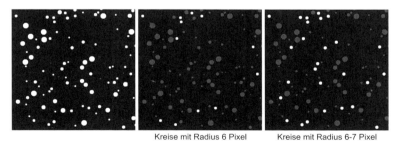

Kreise mit Radius 6 Pixel   Kreise mit Radius 6-7 Pixel

Abbildung 10.10: Durch den Hit-or-Miss-Operator können sowohl Strukturen mit exakt vorgegebener Form (Mitte) als auch Variationen zwischen zwei Formen (rechts) gefunden werden. Das Ergebnis rechts kann allerdings auch Strukturen enthalten, bei denen der Radius vom Mittelpunkt zwischen 6 und 7 variiert (keine echten Kreise also).

Der Hit-or-Miss-Operator kann auch benutzt werden, um einzelne Komponenten eines Segments zu suchen. So würde z.B. der Operator

$$\begin{pmatrix} 0 & 0 & 0 \\ 1 & 1 & 0 \\ x & 1 & 0 \end{pmatrix}$$

alle oberen rechten Ecken eines Segments finden.

10.2.4 Skelettierung durch morphologische Operationen

Unter dem Skelett eines Segments versteht man diejenigen Orte, die Zentren von maximalen eingeschriebenen Kreisen sind (im Englischen auch **medial axis** genannt, siehe Abbildung 10.11). Für Segmente, die auf einem reellen Wertebereich definiert sind, kann man nachweisen, dass das Skelett eine verzweigte, zusammenhängende Kurve ist. Die ursprüngliche Form des Segments lässt sich zurückgewinnen, wenn für jeden Ort auf dem Skelett der Radius des korrespondierenden Kreises bekannt ist. Das Segment ergibt sich aus der Vereinigung aller dieser Kreise.

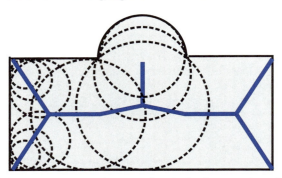

Abbildung 10.11: Das Skelett eines Segments ist die Menge aller Mittelpunkte von Kreisen mit maximalem Radius, die vollständig innerhalb des Segments liegen.

Das Skelett eines Segments trägt wichtige Eigenschaften für die Klassifizierung. Am deutlichsten wird dies vielleicht, wenn man Segmente betrachtet, die aus der Segmentierung eines durch einen Flachbettscanner abgetasteten, gedruckten Textes entstanden sind. Ziel einer Bildanalyse wäre eine optische Zeichenerkennung (*Optical Character Recognition* – OCR). Falls die Segmentierung erfolgreich war, ist jedes einzelne Zeichen ein Segment und alle Zeichen können gut vom Segment „Hintergrund" getrennt werden. Die wichtigste Bedeutung eines Vordergrundsegments wäre nun die Zuordnung zu einem der alphanumerischen Zeichen. Diese Eigenschaft wird wesentlich durch die Mittellinien und deren Verzweigungen bestimmt. Zwar ist nicht jeder Teil des Skeletts auch Teil der gesuchten Mittellinien, aber die Skelettierung ist ein erster Schritt, die durch den Verlauf der Mittellinien gegebene Bedeutung von anderen Aspekten (z.B. der Dicke der Linien, die für den benutzten Font, nicht aber für den Buchstaben relevant ist) zu trennen.

Das Skelett eines Segments ist aber nicht nur für eine OCR-Anwendung interessant. Oft ist nicht der Grad der Verformung eines Objekts, sondern seine Zusammensetzung aus Teilformen für eine Klassenzuordnung ausschlaggebend. Durch die Geonentheorie wird die Ansicht vertreten, dass die Zusammensetzung aus Grundformen (den Geonen) ursächlich für die Klassifikation eines Segments ist. Eine Skelettierung kann über die Analyse von Verzweigungen und Radiusänderungen entlang des Skeletts erste Hinweise auf eine Zerlegung in Struktureinheiten liefern.

Die Skelettierung für diskrete Segmente erfordert digitale Entsprechungen für die Begriffe Kreis, Skelettpunkt, Radius und Rand. Ein Skelettpunkt ist danach der Ort eines Pixels, der Radius wird nach D_8- oder D_4-Abstandsmaß gemessen und durch die korrespondierende Randdefinition ergänzt. Ein digitaler Kreisrand besteht aus den

Pixeln, die von einem gegebenen Punkt aus alle denselben Abstand haben. Unter diesen Annahmen kann die Skelettierung durch morphologische Operationen erfolgen. Zwei Bedingungen müssen bei der Suche nach dem Skelett eingehalten werden:

1 Der digitale Kreis um das Skelettpixel muss vollständig innerhalb des Segments liegen.

2 Für ein von einem Kreis berührtes Randpixel darf es keinen Kreis mit größerem Radius geben, der die Bedingung 1 erfüllt, damit der Mittelpunkt ein Skelettpixel ist.

Als Nebenbedingung (die für einen reellen Definitionsbereich automatisch gegeben ist) soll noch gefordert sein, dass das Skelett zusammenhängend ist.

Die erste Bedingung kann aus der Distanztransformation abgeleitet werden. Wenn diese für das Segment ausgeführt wird, so kann um jedes Pixel ein Kreis mit der in diesem Pixel eingetragenen Distanz definiert werden. Dieser Kreis wird vollständig innerhalb des Segments liegen und den Segmentrand mindestens einmal berühren. Allerdings kann es Kreise mit größerem Radius geben, die den Rand an derselben Stelle auch berühren. Diejenigen Pixel allerdings, für welche die Distanztransformation ein lokales Maximum ergibt, sind maximale Kreise. Pixel, die auf dem durch diese Kreise berührten Segmentrand liegen, werden von keinem größeren Kreis berührt.

Die Auswertung der Distanztransformation muss berücksichtigen, dass es eine Reihe von Skelettpixeln gibt, die keine lokalen Maxima der Distanztransformation sind. Ein Kreis ist auch dann maximal, wenn die Distanz einer Richtung ein lokales Maximum ist. Wenn man die Distanzen als Gebirge auffasst, dann sind also die Kämme dieses Gebirges gesucht. Das lässt sich einfach durch Kombination einer Distanzfunktion mit einem Hit-or-Miss-Operator realisieren. Der Hit-or-Miss-Operator sorgt dafür, dass nacheinander Pixel entfernt werden können, die nicht Teil eines Gebirgskamms sind. Da Gebirgskämme digitale Linien sind, müssen das diejenigen Pixel sein, die man nicht entfernen kann, ohne eine Linie zu unterbrechen.

Mit dem Hit-or-Miss-Operator wird die Distanzberechnung zur Bestimmung der Kreisradien kombiniert. Der Operator besteht aus insgesamt acht Teiloperatoren. Vier davon sind für die vier Richtungen links (l), rechts (r), oben (o), unten (u):

$$s_l = \begin{pmatrix} 0 & x & 1 \\ 0 & 1 & 1 \\ 0 & x & 1 \end{pmatrix} \quad s_r = \begin{pmatrix} 1 & x & 0 \\ 1 & 1 & 0 \\ 1 & x & 0 \end{pmatrix} \quad s_o = \begin{pmatrix} 0 & 0 & 0 \\ x & 1 & x \\ 1 & 1 & 1 \end{pmatrix} \quad s_u = \begin{pmatrix} 1 & 1 & 1 \\ x & 1 & x \\ 0 & 0 & 0 \end{pmatrix}$$

Die anderen vier sorgen für eine Skelettierung aus den Diagonalenrichtungen:

$$s_{l,u} = \begin{pmatrix} 0 & 0 & x \\ 0 & 1 & 1 \\ x & 1 & 1 \end{pmatrix} \quad s_{l,o} = \begin{pmatrix} x & 1 & 1 \\ 0 & 1 & 1 \\ 0 & 0 & x \end{pmatrix} \quad s_{r,u} = \begin{pmatrix} x & 0 & 0 \\ 1 & 1 & 0 \\ 1 & 1 & x \end{pmatrix} \quad s_{r,o} = \begin{pmatrix} 1 & 1 & x \\ 1 & 1 & 0 \\ x & 0 & 0 \end{pmatrix}$$

Jeder Operator bestimmt für eine gegebene Richtung die Randpixel, die entfernt werden können, ohne dass eine Kammlinie unterbrochen wird. Das Skelett wird iterativ berechnet. Zunächst wird für das zu skelettierende Segment eine Distanztransformation ausgeführt und die Ergebnisse werden gespeichert. Anschließend werden zu jedem Iterationsschritt nacheinander alle acht Operatoren angewendet. Alle Pixel, die durch einen der Operatoren gefunden werden, werden im nächsten Schritt gelöscht.

Der Prozess endet, wenn nach einer Iteration keine Pixel gelöscht wurden. Die verbleibenden Pixel sind das gesuchte Skelett (siehe Abbildung 10.12). Sie erhalten als Attribut das Resultat der Distanztransformation an dieser Stelle. Es entspricht dem Radius des größten eingeschriebenen Kreises an dieser Stelle.

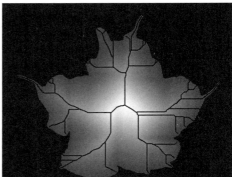

Abbildung 10.12: Ergebnis der Skelettierung durch Kombination von Hit-or-Miss-Operatoren. Das Bild links zeigt das Resultat einer Distanztransformation. Man sieht, dass das Skelett auf den Kämmen der distanztransformierten Bildfunktion liegt.

Wie zu Beginn des Abschnitts erwähnt, ist die Berechnung des Skeletts eine wichtige Maßnahme für die Merkmalsberechnung von Segmenten. Allerdings existieren auch einige Probleme, die zum Abschluss hier kurz erläutert werden sollen. Kleinere Schwierigkeiten ergeben sich daraus, dass die diskreten Entsprechungen für Distanz und Nachbarschaft nur eine Approximation der Gegenstücke auf einem reellen Definitionsbereich sind. Das führt dazu, dass es eine Reihe von Skelettierungsmethoden gibt, die auf unterschiedlichen Approximationen dieser Begriffe beruhen. Die vorgestellte Methode ist nur eine von mehreren Lösungen.

Ein größerer Nachteil der Skelettierung ist die Empfindlichkeit gegenüber kleinen Artefakten. Man stelle sich dazu einen perfekten Kreis vor, dessen Rand an einer Stelle eine kleine Delle hat. Der perfekte Kreis würde durch ein Skelett aus einem einzigen Punkt repräsentiert, während der Kreis mit Delle ein wesentlich komplexeres Skelett besitzt, bei dem Teile bis in die Delle hinein reichen. Für eine Klassifikation auf der Basis des Skeletts ist es störend, dass zwei so ähnliche Strukturen so unterschiedliche Repräsentationen besitzen. Der Grund liegt darin, dass die Vereinigung der Kreisscheiben nicht berücksichtigt, wie häufig ein innerer Punkt durch eine Kreisscheibe überdeckt wird. Da man die Definition der Skelettierung nicht ändern will, geht man mit diesem Problem anders um. Man wählt eine Multiskalenrepräsentation des Objekts, bei der durch Tiefpassfilterung Versionen mit unterschiedlichem Detaillierungsgrad geschaffen werden (z.B. durch eine Gauß-Pyramide). Diese werden segmentiert und jedes Segment wird skelettiert. Auch hier kann man nachweisen, dass bei einer kontinuierlichen Repräsentation im Skalenraum die Skelette in Skalenrichtung zusammenhängend sind. Merkmale werden nun aus den dreidimensionalen Skeletten gewonnen, wobei Persistenz von Skelettdetails über mehrere Skalen bei der Einschätzung der Merkmalsrelevanz genutzt werden kann.

10.3 Vertiefende und weiterführende Literatur

Morphologische Operationen auf Bildern wurden aus der Theorie der Mengenlehre abgeleitet. Bildverarbeitung durch morphologische Operationen beschreibt [Serra1982]. Morphologische Operationen auf Grauwertbildern wurden bereits in den 80er Jahren präsentiert [Sternberg1986]. Ein Überblick über frühe Verfahren ist in [Maragos1987] zu finden. Ein gutes Buch zum Thema morphologische Bildverarbeitung ist das auch ins Deutsche übersetzte Buch von Soillé [Soillé1998]. Andere Texte zu diesem Thema sind z.B. [Dougherty1992] und [Heijmans1994]. Das Prinzip der Randerkennung kann zu einem robusten Kantendetektor entwickelt werden [Lee1987]. Anwendungsbeispiele sind in [Krishnamurthy1994] und [Fathy1995] zu finden.

Das Skelett (*medial axis*) als Repräsentation der Form eines Objekts wurde 1967 von H. Blum [Blum1967] vorgestellt. Einen Algorithmus zur Skelettierung präsentiert [Pavlidis1980]. Eine Betrachtung der mathematischen Basis findet sich in [Choi1997]. Skelettierung als morphologische Operation wurde von Maragos und Schafer präsentiert [Maragos1986]. Die Gruppe von Pizer hat Erweiterungen des Konzepts unter einer Multiskalenstrategie präsentiert [Nackman1985], [Pizer1987b] und sich damit mit dem Problem der adäquaten Repräsentation von Formdetails durch das Skelett auseinander gesetzt. Algorithmen zur Berechnung des Skeletts durch morphologische Operationen wurden in [Jang1990] verglichen. Alternativ zur Erzeugung des Skeletts können auch andere Thinning-Algorithmen verwendet werden, die eine skelettartige, zusammenhängende Mittellinie generieren. Ein Überblick hierzu ist in [Lam1992] zu finden.

ZUSAMMENFASSUNG

Morphologische Operationen sind Boole'sche Operationen zwischen Segmentpixeln und den Pixeln eines strukturierenden Elements, die für jeden Ort im Bild ausgeführt werden.

Die Dilatation an einem Pixel eines Binärbilds ergibt den Wert 1, wenn mindestens ein durch das Strukturelement überdecktes Pixel den Wert 1 hat. Die Erosion an dieser Stelle ist 1, wenn alle vom Strukturelement überdeckten Pixel den Wert 1 haben. Bei der Erweiterung von Erosion und Dilatation auf Grauwertbilder wird die Bool'sche Operation durch die Maximumsfunktion ersetzt.

Opening- und Closing-Operationen werden nach einer Segmentierung zur Beseitigung von Störungen eingesetzt. Bei der Opening-Operation wird die Erosion vor der Dilatation ausgeführt und sie entfernt kleine Störungen. Bei der Closing-Operation wird die Dilatation vor der Erosion ausgeführt und diese Operation schließt kleine Löcher in den Segmenten. Opening und Closing können kombiniert werden, um beide Ziele gleichzeitig zu erreichen. Die Form und Fläche der bearbeiteten Segmente bleibt dann im Wesentlichen erhalten.

Wichtige morphologische Operationen zur Weiterverarbeitung von Formen sind die Distanztransformation und der Hit-or-Miss-Operator. Die Distanztransformation erzeugt für jedes Pixel seinen Abstand zum nächstgelegenen Segmentrand. Bei der vorzeichenbehafteten Distanztransformation ist diese Distanz innerhalb eines Segments positiv und außerhalb eines Segments negativ. Sie ist z.B. für die Interpolation zwischen Formen geeignet. Der Hit-or-Miss-Operator ist eine Kombination von zwei Erosionen auf dem Binärbild und dem negierten Binärbild und eignet sich dazu, vorgegebene Formen zu suchen. Zusammen mit der Distanztransformation kann mit dem Hit-or-Miss-Operator ein Skelettierungsoperator konstruiert werden.

ZUSAMMENFASSUNG

Aufgaben

- Was sind Strukturelemente und wozu dienen sie bei Erosion und Dilatation?
- Was versteht man unter einem Ankerpunkt und welche Rolle spielt er bei morphologischen Operationen?
- Wozu verwendet man Opening und Closing und wie sind diese beiden Operationen definiert?
- [Projekt] Schreiben Sie eine Methode, mit der Sie durch morphologische Operationen die Störungen im Bild „NewspaperRockBinary" auf der Companion Website beseitigen können.
- Wie lassen sich Erosion und Dilatation für Grauwertbilder definieren?
- Wie kann man morphologische Operationen kombinieren, so dass das Resultat eine Distanztransformation unter Cityblock-Distanz ist?
- Wie könnte man morphologische Operationen so kombinieren, dass Kanten in Grauwertbildern detektiert werden?
- [Projekt] Schreiben Sie eine Methode, mit der Sie ein Morphing zwischen zwei Binärbildern berechnen können. Wenden Sie es auf die zwei Bilder „KreisBinary" und „EngelstrompeteBinary" auf der Companion Website an. Überlegen Sie, wie Sie diese Methode für beliebige Binärbilder generalisieren können. Beachten Sie dabei, dass unter Umständen mehr als ein Segment existiert. Es kann gewünscht sein, die ineinander zu überführenden Segmente vor dem Morphing auszurichten.
- Geben Sie Operationen und die Reihenfolge ihrer Ausführung für den Hit-or-Miss-Operator an.
- Wie kann der Hit-or-Miss-Operator eingesetzt werden, um variable Formen zu suchen? Was ist der Nachteil?
- Was ist das Skelett eines Segments? Wie kann es durch morphologische Operationen berechnet werden?

Literatur

[Blum1967] H. Blum. A transformation for extracting new descriptors of shape. *Proceedings of the Symposion on Models for the Perception of Speech and Visual Form*, W. W. Dunn (Hrsg.), MIT Press, 1967, 362-380.

[Choi1997] H. I. Choi, S. W. Choi, H. P. Moon. Mathematical theory of medial axis transform. *Pacific Journal of Mathematics*, Vol. 181(1), 1997, 57-88.

[Dougherty1992] E. R. Dougherty, J. Astola. *An Introduction to Morphological Image Processing.* SPIE Optical Engineering Press, Bellingham, 1992.

[Fathy1995] M. Fathy, M. Y. Siyal. An image detection technique based on morphological edge detection and background differencing for real-time traffic analysis. *Pattern Recognition Letters*, Vol. 16(12), 1995, 1321-1330.

[Heijmans1994] H. J. A. M. Heijmans. *Morphological Image Operators.* Academic Press, 1994.

[Jang1990] B. K. Jang, R. T. Chin. Analysis of thinning algorithms using mathematical morphology. *IEEE Transactions on Pattern Analysis and Machine Intelligence*, Vol. 12(6), 1990, 541-551.

[Krishnamurthy1994] S. Krishnamurthy, S. S. Iyengar, R. J. Holyer, M. Lybanon. Histogram-based morphological edge detector. *IEEE Transactions on Geoscience and Remote Sensing*, Vol. 32(4), 1994, 759-767.

[Lam1992] L. Lam, S. W. Lee, C. Y. Suen. Thinning methodologies – A comprehensive survey. *IEEE Transactions on Pattern Analysis and Machine Intelligence*, Vol. 14(9), 1992, 869-885.

[Lee1987] J. S. J. Lee, R. M. Haralick, L. G. Shapiro. Morphological edge detection. *IEEE Transactions on Robotics and Automation*, Vol. 3(2), 1987, 142-156.

[Maragos1986] P. Maragos, R. Schafer. Morphological skeleton representation and coding of binary images. *IEEE Transactions on Acoustics, Speech, and Signal Processing*, Vol. 34(5), 1986, 1228-1244.

[Maragos1987] P. Maragos. Tutorial on advances in morphological image processing and analysis. *Optical Engineering*, Vol. 26, 1987, 623-632.

[Nackman1985] L. R. Nackman, S. M. Pizer. Three-dimensional shape description using the symmetric axis transform. *IEEE Transactions on Pattern Analysis and Machine Intelligence*, Vol. 7(2), 1985, 187-201.

[Pavlidis1980] T. Pavlidis. A thinning algorithm for discrete images. *Computer Graphics and Image Processing*, Vol. 13, 1980, 142-157.

[Pizer1987b] S. M. Pizer, W. R. Oliver, S. H. Bloomberg. Hierarchical shape description via the multiresolution symmetric axis transforms. *IEEE Transactions on Pattern Analysis and Machine Intelligence*, Vol. 9(4), 1987, 505-511.

[Serra1982] J. Serra. *Image Analysis and Mathematical Morphology.* Academic Press, 1982.

[Soillé1998] P. Soillé. *Morphologische Bildverarbeitung: Grundlagen, Methoden, Anwendungen.* Springer, 1998.

[Sternberg1986] S. R. Sternberg. Grayscale morphology. *Computer Vision, Graphics, and Image Processing.* Vol. 35(3), 1986, 333-355.

Einführung in die Klassifikation

11

ÜBERBLICK

Fragestellungen, Begriffe und Voraussetzungen

Fragestellungen

Segmentierte Bilder liefern der Bildanalyse die Symbole, denen Bedeutung zugeordnet werden kann. Wesentliche Fragestellungen einer Klassifikation sind, welche Eigenschaften dieser Symbole für die Interpretation geeignet sind, wie diese Eigenschaften berechnet und repräsentiert werden können und wie der Entscheidungsprozess so formalisiert werden kann, dass die Bedeutung anhand von Datenrepräsentation und Modellvorstellung berechnet werden kann.

Eingeführte Begriffe und Konzepte

Ausgehend von einer Segmentierung wird erläutert, wie Segmenten und Segmentgruppen *Merkmale* zugeordnet werden können. Die im Segmentierungskapitel eingeführten Texturmerkmale werden für die merkmalsbasierte Klassifikation diskutiert. *Formmerkmale* werden als zweite große Gruppe von Merkmalen vorgestellt. Der Begriff eines *Merkmalsraums* wird eingeführt und ein Qualitätsmaß für die Selektion von Merkmalen in Hinblick auf die Zuordnung von Bedeutung wird definiert.

Die merkmalsbasierte *Klassifikation* von Segmenten wird am Beispiel gängiger Klassifikationsverfahren erläutert. Die Diskussion wird anhand der Bestimmung der *A-Posteriori-Wahrscheinlichkeit* geführt, dass ein Segment mit gegebenen Merkmalen einer bestimmten Klasse angehört. Der *Satz von Bayes* zur Bestimmung dieser Wahrscheinlichkeit aus klassenspezifischen Merkmalsverteilungen wird eingeführt. Methoden für die Schätzung der Merkmalsverteilungen werden erläutert. Für die direkte Schätzung der A-Posteriori-Wahrscheinlichkeit werden die *Nearest-Neighbourhood-Verfahren* vorgestellt. Als einfache Methode für die Schätzung von Entscheidungsgrenzen im Merkmalsraum wird ein Algorithmus zur Bestimmung einer *linearen Entscheidungsfunktion* präsentiert.

Clustering wird als Strategie zur Analyse des Merkmalsraums eingeführt. Hierarchisches und partitionierendes Clustering werden diskutiert. Für jede der beiden Strategien wird ein Verfahren (*Agglomeratives Clustering* bzw. *k-means-Clustering*) beschrieben.

Vorausgesetzte Kenntnisse aus vorangegangenen Kapiteln

Histogramme (*Abschnitt 6.1.1*); Region Adjacency Graph (*Abschnitt 8.3.1*); Texturen, Co-Occurrence-Matrix (*Abschnitt 8.3.3*); Hauptachsentransformation (*Abschnitt 9.3.3*)

Das Ergebnis einer Segmentierung kann als Segmentationsgraph G_S repräsentiert werden, dessen Knoten Segmente über ihre Eigenschaften beschreiben und dessen Kanten Beziehungen zwischen Segmenten repräsentieren. Falls während der Segmentierung keine weitere Unterscheidung zwischen Segmenten vorgenommen wurde, kann das z.B. ein Region Adjacency Graph sein. Wurde etwa schon zwischen Vordergrund und Hintergrund unterschieden, dann wird G_S eher Relationen zwischen Vordergrundsegmenten widerspiegeln (siehe Abbildung 11.1). Durch Klassifikation wird einem Subgraphen von G_S eine Klasse zugewiesen. Dafür muss eine Beschreibung – das Modell – existieren, durch die einer Klasse angehörende Objekte von anderen Objekten unterschieden werden können.

Beispielsweise könnte bei einer Zeichenerkennung das Modell der Eigenschaften des Buchstabens „B" daraus bestehen, dass diese Buchstaben als zusammenhängende Segmente mit zwei Löchern bezeichnet werden. Bei der Klassifizierung würden Knoten von G_S nach diesem Merkmal untersucht.

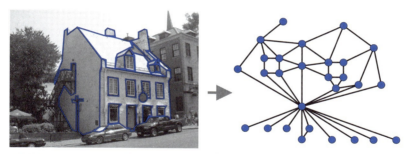

Abbildung 11.1: Der Vordergrund des Bildes wurde segmentiert und in den rechts stehenden Segmentationsgraphen überführt. Durch die Klassifikation kann einzelnen Segmenten (also den Knoten des Graphen) oder Segmentgruppen (einem Subgraphen aus Knoten und Kanten) eine Bedeutung zugeordnet werden. Die Suche nach Knoten der Klasse „Fenster" wäre ein Beispiel für den ersten Fall, während die Bedeutung „Hausfront" sich erst aus einer Gruppe von zueinander in Beziehung stehenden Segmenten ergibt.

Nicht alle Zeichen sind so leicht zu beschreiben wie der Buchstabe „B". Zudem können Merkmale durch Störungen im Bild verändert worden sein. Man kann das Modell robuster machen, indem die Klassifikation eines Segments von der seiner Nachbarsegmente abhängig gemacht wird. Ein Segment einer Zeichenkette hat z.B. wahrscheinlicher die Bedeutung „B", wenn es sich am Wortanfang befindet. Es mag auch sein, dass die Konfiguration von Segmenten selbst ausschlaggebend für die Klassenzuordnung ist. Ein Modell für die Klasse „Person" ließe sich beispielsweise dadurch repräsentieren, dass Personen aus einer bestimmten Anzahl von Teilstrukturen (Kopf, Rumpf, Arme, Beine) bestehen, die in genau spezifizierter Weise angeordnet sind. Im Beispiel in Abbildung 11.1 wären Segmente nur dann als Fenster klassifizierbar, wenn sie Teil eines als Hauswand klassifizierten Segments sind. In beiden Fällen wird ein Subgraph in G_S gesucht, dessen Kanten- und Knotenmerkmale mit diesen Annahmen übereinstimmen. Bei der Klassifikation haben wir also zwischen drei Fällen zu unterscheiden:

1 Die Modellinformation lässt sich durch Segmentmerkmale unabhängig von anderen Segmenten repräsentieren. Diese Merkmale sind zu bestimmen. Das Modell enthält für jede Klasse charakteristische Merkmalswerte. Die Klassifikation bestimmt für ein gegebenes Segment, zu welchen Modellmerkmalen die Segmentmerkmale am ähnlichsten sind.

2 Die Modellinformation lässt sich über Abhängigkeiten zwischen Knotenklassen repräsentieren. Sie besteht aus Segmentmerkmalen und Informationen über Abhängigkeiten zwischen Klassifikationen benachbarter Segmente. Die Nachbarschaftsdefinition ist vorab bekannt und überall gleich. Die Klassifikationsverfahren sind oft iterativ, da auch die Klassenzugehörigkeiten der benachbarten Segmente über Relationen von Klassenzugehörigkeiten anderer Segmente abhängen.

3 Das Modell besteht aus Segmentmerkmalen und Relationen zwischen Struktureinheiten, welche aus Segmenten bestehen. Die Relationen können nach Segmentzugehörigkeit variieren. Das Modell für eine Klasse ist ein Graph aus Struktureinheiten und Relationen zwischen ihnen. Klassen unterscheiden sich nach Topologie und Bewertung des Graphen. Die Klassifikationsaufgabe vergleicht den Segmentgraphen G_S mit dem Modellgraphen.

Man kann sich sicher vorstellen, dass die zuerst genannte Auswertung von Segment-merkmalen unabhängig von Relationen zu anderen Segmenten am einfachsten zu definieren und umzusetzen ist. Da man aus diesem Grund eine Klassifikationsaufgabe häufig auf Ähnlichkeitsmaße im Merkmalsraum zu reduzieren sucht, werden wir uns auf dieses Thema beschränken. Ein Buch für die weitergehende Auseinandersetzung mit diesem Thema ist *Pattern Classification* von Duda et al. [Duda2000], das zu den Standardwerken der Mustererkennung zählt. Ebenfalls geeignet ist das Buch von S. Theodoridis, *Pattern Recognition* [Theodoridis2003].

11.1 Merkmale

Ein einzelnes Segment s kann durch Merkmale des Segmentinneren und durch die des Segmentrandes beschrieben werden. Ein Merkmal ist ein Skalar, durch den ein bestimmter Aspekt der Objektbedeutung beschrieben wird. Die Klassifikation wertet die Merkmale aus. Wenn die Merkmale für eine Klassenzuordnung ausreichend sind, kann die Abbildung auf Merkmale auch als Datenkompression bezüglich der Frage-stellung betrachtet werden, die mit der Klassifikationsaufgabe verbunden ist. Wenn z.B. Bilder von Gesichtern bestimmten Personen zugeordnet werden sollen und dafür aus diesen Bildern identifizierende Merkmale gewonnen wurden, dann reicht es, diese Merkmale als Modellinformation zu speichern. Für eine spätere Klassifikation eines unbekannten Bildes werden die Merkmale aus dem Bild gewonnen und mit denen der Modelldatenbank verglichen. Bezüglich der Personenidentifikation ist diese Speicherung also ausreichend. Im Gegensatz zu den in *Kapitel 6* genannten Kompressionsverfahren erreicht diese Methode deutlich höhere Kompressionsraten (zur Personenidentifikation hat man Methoden entwickelt, die mit weniger als 100 Byte Daten pro Bild auskommen), doch ist die Kompression nur in Bezug auf diese spezielle Fragestellung verlustfrei.

Die Merkmale werden in einem M-dimensionalen Vektor $\vec{m} = \{m_1, ..., m_M\}$ zusam-mengefasst und spannen einen M-dimensionalen Merkmalsraum auf. Sollen z.B. in einem Bild Schrauben von Muttern unterschieden werden, wären Kreisähnlichkeit und die Anzahl der Löcher mögliche Merkmale (siehe Abbildung 11.2). Der Merk-malsvektor hätte zwei Dimensionen. Jedes Segment s wird über seinen Merkmals-vektor $\vec{m}(s)$ an einem bestimmten Ort im Merkmalsraum abgebildet. Merkmale sind gut gewählt, wenn Segmente einer Klasse in eine eng begrenzte Region des Merkmals-raums abgebildet werden und wenn Regionen von Segmenten aus unterschiedlichen Klassen gut voneinander getrennt sind. Die Streuung innerhalb einer Klasse wird **Within-Class-Scatter** genannt, die Streuung zwischen Klassen heißt **Between-Class-Scatter**.

In der Regel steigt der Abstand zwischen den Klassen im Merkmalsraum mit der Dimension M, doch auch der Berechungsaufwand wird höher. Merkmale, deren Streu-ung z.B. unterschiedliche Aufnahmebedingungen widerspiegelt, können kontraproduk-tiv sein, weil sie den Within-Class-Scatter vergrößern. Man wird immer eine möglichst geringe Anzahl von Merkmalen suchen und diejenigen Merkmale als geeignet selektie-ren, deren Streuung innerhalb einer Klasse gering ist.

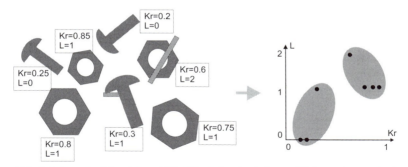

Abbildung 11.2: Segmente von Schrauben und Muttern werden durch die Anzahl der Löcher und durch ein Kreisförmigkeitsmerkmal repräsentiert. Die Merkmale sind gut gewählt, da selbst kleinere Störungen die Trennbarkeit der beiden Klassen nicht wesentlich beeinflussen.

Die Streuung der Merkmalsvektoren kann berechnet werden, wenn eine Menge $\mathbf{T} = \{t_0, \ldots, t_{T-1}\}$ von bereits klassifizierten Segmenten existiert. Die Menge $\mathbf{T}$ besteht aus nach Klassen $c_0, \ldots, c_{K-1}$ getrennten disjunkten Teilmengen $\mathbf{T}_0, \ldots, \mathbf{T}_{K-1}$ und wird **Trainingsmenge** genannt. Der Within-Class-Scatter S_w ist die durchschnittliche Varianz der Merkmale jeder Klasse. Der Between-Class-Scatter S_b ist der durchschnittliche Abstand zwischen den Mittelwerten der Merkmale der einzelnen Klassen ($|\mathbf{T}|$ bezeichnet die Anzahl der Elemente von $\mathbf{T}$):

$$S_w = \left\| \frac{1}{|\mathbf{T}|} \sum_{k=0}^{K-1} \sum_{s \in T_k} \left(\vec{m}(s) - \vec{\mu}_k \right)^2 \right\| \qquad S_b = \left\| \frac{1}{K^2} \sum_{k=0}^{K-1} \sum_{l=0}^{K-1} \left(\vec{\mu}_k - \vec{\mu}_l \right)^2 \right\|$$

$$\text{mit} \quad \vec{\mu}_k = \frac{1}{|\mathbf{T}_k|} \sum_{s \in T_k} \vec{m}(s)$$

Diese Angaben sind jedoch nur dann ein gutes Maß, wenn die Merkmale der Elemente in der Trainingsmenge repräsentativ für die Segmente der jeweiligen Klasse sind.

11.1.1 Regionenbasierte Merkmale

Bezeichnet man auch den Grauwert oder die Farbe eines Segments als Textur, dann sind alle regionenbasierten Merkmale Texturen. Neben dem durchschnittlichen Grauwert eines Segments können das die Varianz, die in *Abschnitt 8.3.3* vorgestellten Haralick'schen Texturmaße aus verschiedenen Co-Occurrence-Matrizen (siehe Abbildung 11.3) oder die ebenfalls dort vorgestellten Merkmale aus einer Frequenzraumrepräsentation sein. Auch wenn die Haralick'schen Maße wohl die bekanntesten sind, ist eine Vielzahl anderer Maße denkbar.

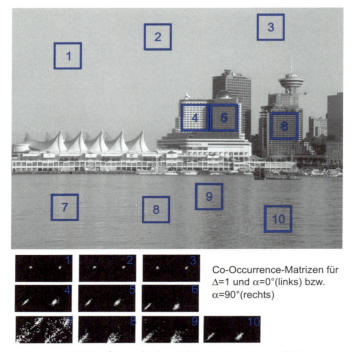

Co-Occurrence-Matrizen für
Δ=1 und α=0°(links) bzw.
α=90°(rechts)

Abbildung 11.3: Co-Occurrence-Matrizen für verschiedene Gebiete in einem Grauwertbild. Man erkennt, dass sie sich für die Klassen „Himmel" (1,2,3), Gebäude (4,5,6) und Wasser (7,8,9,10) voneinander unterscheiden. Eine Klassifikation auf der Basis von Merkmalen der Co-Occurrence-Matrizen in diese drei Klassen sollte möglich sein.

Bei der Auswahl der Texturmerkmale sollte darauf geachtet werden, dass klassenintrinsische Eigenschaften erfasst werden. Wurden etwa die zu klassifizierenden Segmente unter unterschiedlichen Auflichtbedingungen aufgenommen, dann ist es wenig sinnvoll, Merkmale auszuwählen, in welche die absolute Helligkeit eingeht. Unter möglichen Texturmerkmalen sind die für eine Klassifikation relevanten aber oft nicht leicht zu benennen. Mit einer ausreichenden Anzahl von Trainingsdaten kann man stattdessen die Relevanz über eine statistische Untersuchung automatisch feststellen. Jedes Segment t_i von T Trainingssegmenten $t_0,\ldots,t_{T-1}$ wird dazu in L Orte $t_i = \{t_{i,0},\ldots,t_{i,L-1}\}$ zerlegt. Die Anzahl L ist für jedes Segment gleich und Ort $t_{i,l}$ des Segments t_i korrespondiert mit Ort $t_{j,l}$ des Segments t_j. Jedem dieser Orte wird als Eigenschaft sein Grauwert $g(t_{i,l})$ zugeordnet. Dann ist $(g(t_{i,0}),\ldots,g(t_{i,L-1}))$ der Merkmalsvektor der Texturmerkmale von t_i.

Realisiert werden kann diese Berechnung dadurch, dass zu klassifizierende Segmente an einem segmenteigenen Koordinatensystem ausgerichtet werden (berechnet z.B. wie in *Abschnitt 9.3.3* durch die Hauptachsentransformation) und dass dann ein eingeschriebenes Rechteck im Segment berechnet wird. Die eingeschriebenen Rechtecke unterschiedlicher Segmente werden normiert und abgetastet. Die Pixel eines Segments t_i sind die gesuchten Orte $t_{i,l}$. Diese Strategie wurde z.B. bei der Klassifikation von Gesichtsaufnahmen in Porträts verfolgt. Jedes Porträt kann entlang gesichtseigener Merkmale (z.B. entlang der Linien zwischen Augen und Mund) ausgerichtet werden. Die umschreibenden Rechtecke gleichen dann Größenunterschiede aus.

Die Redundanz zwischen Elementen des so berechneten Merkmalsvektors ist groß. Zudem ist der aufgespannte Merkmalsraum hochdimensional (bei einer Abtastung durch 20×20 Pixel ist $L = 400$). Deshalb kann man die Trainingsmenge benutzen, um Merkmale zu dekorrelieren. Die Hauptachsentransformation wird auf den Merkmalsvektor angewendet und nur die ersten Modi werden verwendet. Das Verfahren wurde unter anderem zur Klassifikation von Gesichtern benutzt, wobei hier umschreibende statt eingeschriebene Rechtecke verwendet wurden. So fließt auch noch die Charakteristik des Gesichtsumrisses als Formmerkmal in die Klassifikation ein. Da die Hauptachsentransformation die Lösung einer Eigenwertaufgabe ist, wurde die Anwendung dieser Strategie zur Gesichtserkennung als Klassifikation durch Eigen-Faces bezeichnet.

11.1.2 Formbasierte Merkmale

Formmerkmale definieren sich über den Objektrand. Während es für die Berechnung von Texturmerkmalen ausreicht, eine genügend große Stichprobe aus dem Segment zu generieren, und diese Maße daher meist wenig anfällig gegenüber leichten Fehlern bei der Segmentierung sind, ist das bei vielen Formmerkmalen nicht so. Der Objektrand muss bei komplexeren Formmerkmalen möglichst genau erfasst werden. Der Verlauf des Objektrands ist anfällig gegenüber Artefakten.

Einfache Formmerkmale erhalten ihre Robustheit gegenüber solchen Fehlsegmentierungen durch die Integration des Merkmals über das gesamte Objekt. Dazu zählen verschiedene geometrische Maße, wie z.B. (siehe Abbildung 11.4):

- der Flächeninhalt $F(s)$ und der Umfang, d.h. die Länge des Randes $L(s)$ des Segments s
- die Ausdehnung des Segments entlang seiner kürzesten und längsten Achse
- die Größe des kleinsten, achsenparallelen, umschließenden Rechtecks, der so genannten Bounding Box (Achtung: dieses Maß ist abhängig von der Orientierung des Segments)
- die Flächendifferenz zwischen der Segmentfläche und ihrer konvexen Hülle
- die Kreisähnlichkeit, d.h. $(F(s) \cdot 4\pi)/L(s)$.

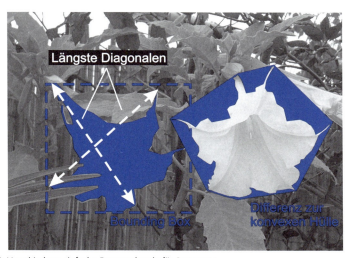

Abbildung 11.4: Verschiedene einfache Formmerkmale für Segmente

Auch topologische Maße, beispielsweise die Anzahl der Löcher eines Segments, sind globale Formmaße. Wie bei Texturmerkmalen sollte darauf geachtet werden, dass Merkmale gewählt werden, die den Within-Class-Scatter minimieren und den Between-Class-Scatter maximieren.

Segmente unterschiedlicher Objektklassen unterscheiden sich nicht immer ausreichend genau, wenn die oben aufgezählten einfachen Formmaße als Merkmale benutzt werden. Für ein genaueres Maß kann man die Punkte des Objektrandes auf eine Funktion abbilden und deren Eigenschaften berechnen. Der Objektrand wird durch eine Funktion der Krümmung $kr(r)$ in Abhängigkeit von der Randlänge r spezifiziert. Die Repräsentation als Funktion der Randlänge hat den Vorteil, dass sie von der Position des Objekts unabhängig ist. Da der Rand durch diskrete Pixelpositionen repräsentiert ist, gibt es in Abhängigkeit von der Nachbarschaftsdefinition eine begrenzte Anzahl von Richtungsänderungen. Dies wird durch den so genannten **Kettencode** (**chain code**) berücksichtigt. Danach werden die Richtungen, in denen sich ein Folgepixel befinden kann, durch Indizes gekennzeichnet. Der Rand ist ein Vektor von Richtungsindizes (siehe Abbildung 11.5). Für eine 8-Nachbarschaft gibt es für jede Pixelposition acht mögliche Nachfolgepositionen:

$$\begin{pmatrix} 6 & 7 & 8 \\ 5 & x & 1 \\ 4 & 3 & 2 \end{pmatrix}$$

Der Kettencode (0,0) (1 1 1 1 7 7 5 5 5 5 3 3) würde z.B. ein achsenparalleles Rechteck bezeichnen, dessen linke untere Ecke im Koordinatenursprung liegt. Die Positionsangabe wird durch die Koordinaten des ersten Pixels vor dem eigentlichen Kettencode spezifiziert. In unserem Beispiel ist das die Angabe (0,0). Für eine Merkmalsberechnung ist die Positionsangabe meist nicht relevant. Der Kettencode ist zwar positions-, nicht aber orientierungsunabhängig. Wenn anstelle der absoluten Richtungsangabe nur die Richtungsänderung repräsentiert wird, entsteht eine orientierungsunabhängige Repräsentation. Ein solcher relativer Kettencode gibt für das erste Pixel Position und Richtung an – das wäre in unserem Beispiel die Angabe (0,0),(1) – und anschließend die Richtungsänderung um Vielfache von 45° nach links (positiv) oder nach rechts (negativ) von der aktuellen Richtung. Im obigen Beispiel wäre (0,0),(1) (0 0 0 2 0 2 0 0 0 2 0 2) der relative Kettencode. Ein komplexeres Beispiel ist in Abbildung 11.5 zu sehen. Die Änderung der Werte des relativen Kettencodes sind Funktionswerte der gesuchten Krümmungsfunktion $kr(r)$.

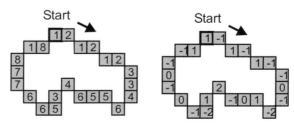

Abbildung 11.5: Absoluter und relativer Kettencode

Kettencodes mit Krümmungen, die pro Pixel abgetastet sind, sind für die Merkmals-berechnung manchmal zu detailliert, da sie oberhalb der Nyquist-Frequenz liegen. Darüber hinaus ist die Abtastdichte entlang der Diagonalen geringer als entlang von Horizontalen und Vertikalen. Aliasing-Artefakte können vermieden werden, wenn die Krümmungsfunktion gleichmäßig abgetastet und tiefpassgefiltert wird. Für die Berechnung von Merkmalen wird die Krümmungsfunktion auf ein Intervall [0,1] nor-miert. Dieses Intervall wird mit einer festen Abtastrate (z.B. $d = 0.01$) abgetastet, wobei die Krümmungswerte geeignet geglättet werden. Das Resultat ist eine reellwertige Krümmungsfunktion $kr(r)$, $r = [0,1]$ mit $1/d = R$ Funktionswerten für jedes Objekt (siehe Abbildung 11.6).

Man kann die R Funktionswerte der Krümmungsfunktion selbst als Merkmalsvektor benutzen. Die Dimension des Merkmalsraums ist dann sehr hoch bei gleichzeitig hoher Korrelation zwischen den Merkmalen. Zudem ist die Merkmalsfolge vom Anfangspixel für den Kettencode abhängig. Durch verschiedene Techniken können die Merkmale reduziert und gleichzeitig diese Abhängigkeit vom Anfangspixel besei-tigt werden:

- Merkmale können aus einem Histogramm der Krümmungen berechnet werden (Abbildung 11.6). Da der Wertebereich der Krümmungsfunktion reell ist und des-halb bei einer endlichen Anzahl von Stichproben die Wahrscheinlichkeit Null ist, dass eine Krümmung mehr als einmal auftritt, zerlegt man den Wertebereich in N Intervalle (*Binning*). Anschließend wird das Histogramm der Krümmungswerte berechnet. Histogrammeigenschaften (z.B. die Momente) werden als Merkmale ver-wendet. Diese Repräsentation berücksichtigt nicht die Folge der Krümmungen.

- Die Krümmungsfunktion kann in den Frequenzraum transformiert werden. Merk-male sind die Beträge der niederfrequenten Koeffizienten der transformierten Funk-tion. Da die Phase nicht berücksichtigt wird, führen unterschiedliche Anfangspunkte für den Kettencode zu den gleichen Merkmalen (Abbildung 11.6). Dies kann als spezielle Form der nachfolgend erläuterten Fourier-Deskriptoren betrachtet werden. Diese Repräsentation berücksichtigt auch die Folge der Krümmungen.

- Die Relevanz der Krümmungen kann statistisch geschätzt werden, wenn genügend Trainingssegmente zur Verfügung stehen. In dem Fall können die relevanten Modi der Verteilung durch eine Hauptachsentransformation auf den Merkmalen bestimmt werden. Segmentmerkmale sind dann die Parameter zur Beschreibung dieses Seg-ments durch die wichtigsten Eigenfunktionen. In diesem Sinn kann auch das ASM-Konzept aus *Abschnitt 9.3.3* für die Merkmalsgenerierung genutzt werden. Anstelle von Krümmungen sind die Koordinaten der Randpixel selbst Eingabe für die Haupt-achsentransformation. Die Unabhängigkeit vom Anfangspunkt wird hier durch die Registrierung zur Berechnung des Punktverteilungsmodells garantiert.

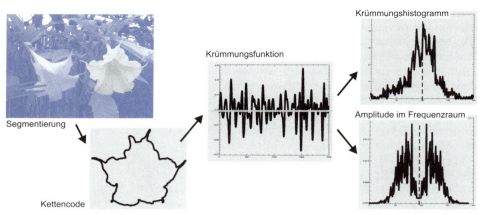

Abbildung 11.6: Berechnung von Formparametern aus einem segmentierten Bild. Der Rand der Blüte bestand aus ca. 2.000 Pixeln. Für die Krümmungsfunktion wurde der relative Kettencode mit einer Gauß-Funktion geglättet. Die graue Linie in der Krümmungsfunktion ist die Nulllinie. Die Nulllinien im Krümmungshistogramm und bei der Frequenzraumrepräsentation sind gestrichelt gezeichnet. Sowohl im Krümmungshistogramm als auch in der Frequenzraumdarstellung ist zu erkennen, dass die mittlere Krümmungsänderung Null ist (wie das bei einer geschlossenen Kurve auch sein soll).

Fourier-Deskriptoren sind ein weiterer Weg, um aus einer Randpunktfolge eine eindimensionale Funktion zu erzeugen. Hierfür werden die beiden Koordinaten jedes Randpunkts als Real- und Imaginärteil einer eindimensionalen komplexen Funktion betrachtet. Aus einer Vektorfolge von Randpunkten

$$(x_0,y_0),(x_1,y_1),\ldots,(x_{K-1},y_{K-1})$$

entsteht eine Funktion bestehend aus einer Folge von komplexen Skalaren

$$x_0 + iy_0, \ x_1 + iy_1,\ldots,x_{K-1} + iy_{K-1}$$

die in den Frequenzraum transformiert werden kann. Die Werte im Frequenzraum mit niedriger Frequenz repräsentieren die gröberen Details der Randfunktion. Komponenten des Randes mit höherer Frequenz repräsentieren oft entweder Rauschen oder eine zulässige Variation der Form von Segmenten derselben Klasse und können daher für die Merkmalsberechnung vernachlässigt werden. Fourier-Deskriptoren sind nicht rotations-, translations- oder verschiebungsunabhängig, weil sie auf den Koordinaten der Randpunkte basieren. Allerdings ist die Art der Abhängigkeit leicht spezifizierbar – z.B. führt die Rotation des Rands zu einer Phasenverschiebung der Fourier-Koeffizienten – und kann daher aus den Merkmalen herausgerechnet werden. Das Resultat ist auch von der Wahl des Anfangspunkts abhängig, was sich in einer Phasenverschiebung äußert, deren Betrag von der Frequenz des Fourier-Koeffizienten abhängt.

11.2 Einführung in Klassifikationsverfahren

Durch die Klassifikation eines Segments werden Segmentmerkmale und Modellwissen zusammengeführt, um eine möglichst optimale Erklärung für die Bedeutung des Segments zu erhalten. Beide Aspekte sind für den Erfolg einer Klassifikation gleichermaßen wichtig. Wenn die berechneten Merkmale eines Segments nicht für die Unterscheidung zwischen unterschiedlichen Klassen taugen, dann wird auch das beste Klassifikationsverfahren kein gutes Ergebnis liefern. Wenn das Modell keine Vorhersage über die Zuordnung von Segmenten zu Klassen anhand von Merkmalswerten macht, dann können auch gut gewählte Merkmale nicht interpretiert werden.

11.2.1 Bayes'scher Klassifikator

Durch die Klassifikation soll dem Segment nicht nur eine Bedeutung zugeordnet, sondern auch eine gewisse Qualität dieser Entscheidung zugesichert werden. Die Wahrscheinlichkeit einer fehlerhaften Klassenzuordnung soll so klein wie möglich sein. Diese Zusicherung ist möglich, wenn für ein Segment s mit Merkmalen $\vec{m}(s)$ die Wahrscheinlichkeit berechnet werden kann, dass s einer Klasse c_i angehört. Diese bedingte Wahrscheinlichkeit $P\big(s = c_i | \vec{m}(s)\big)$ wird **A-Posteriori-Wahrscheinlichkeit** genannt. Ist sie für eine Klasse c_i gleich 1, dann hätte die Zuordnung des Segments zu dieser Klasse eine Fehlerquote von 0%, d.h. die Zuordnung ist in jedem Fall richtig. Wenn für jede beliebige Kombination von Werten des Merkmalsvektors genau eine Klassenzuordnung die Wahrscheinlichkeit 1 hat, dann wäre der Klassifikator perfekt.

Meist ist das leider nicht so. Es gibt immer Kombinationen von Merkmalswerten, für die die Klassenzuordnung mehrdeutig ist. Wollte man beispielsweise Frauen und Männer anhand ihrer Größe unterscheiden, dann liegt man vermutlich häufiger richtig als falsch, wenn große Personen als männlich klassifiziert würden und kleine als Frauen. Da es jedoch kleine Männer und große Frauen gibt, wird es für jeden Schwellenwert zu Fehlklassifikationen kommen. Stehen keine weiteren Merkmale zur Verfügung, dann sollte der Klassifikator die Anzahl der fehlerhaften Zuordnungen minimieren. Das ist dann der Fall, wenn für eine Merkmalskombination $\vec{m}(s)$ diejenige Klasse c_i gewählt wird, für die $P\big(s = c_i | \vec{m}(s)\big) > P\big(s = c_j | \vec{m}(s)\big)$ für alle $i \neq j$ ist (siehe Abbildung 11.7).

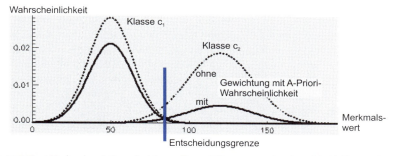

Abbildung 11.7: Zwei Merkmalsverteilungsfunktionen für zwei Klassen c_1 und c_2 (gestrichelt). Eine merkmalsbasierte Entscheidung, die die Anzahl der Fehlklassifikationen minimiert, kann erst getroffen werden, wenn die Merkmalswahrscheinlichkeiten mit der A-Priori-Wahrscheinlichkeit für die jeweilige Klasse gewichtet wurden (durchgezogene Linie). Dann ist die Entscheidungsgrenze der Schnittpunkt der beiden Verteilungen.

Die A-Posteriori-Wahrscheinlichkeit ist nicht immer leicht zu bestimmen. Für jeden Merkmalsvektor muss die Wahrscheinlichkeit seiner Zuordnung zu jeder Klasse bekannt sein. Leichter ist es oft, den umgekehrten Sachverhalt zu spezifizieren, d.h. zu beschreiben, wie die Merkmalswerte für Segmente einer bestimmten Klasse streuen. Im obigen Beispiel würde das bedeuten, dass die Verteilungsfunktionen der Körpergrößen für Frauen und Männer bestimmt werden. Der **Satz von Bayes** stellt den Zusammenhang zwischen diesen klassenspezifischen Merkmalsverteilungen und der gesuchten A-Posteriori-Wahrscheinlichkeit her, falls die **A-Priori-Wahrscheinlichkeiten** $P(s = c_i)$ bekannt sind. Unter der A-Priori-Wahrscheinlichkeit für eine Klasse c_i versteht man die Wahrscheinlichkeit der Zuordnung des Segments s zu c_i unabhängig von der Kenntnis von Merkmalen für s. Da jedes Segment genau einer Klasse angehören muss, ist die Summe der A-Priori-Wahrscheinlichkeiten über alle Klassen $\sum_{k=0,K-1} P(s = c_k) = 1$. Damit gilt nach dem Satz von Bayes der folgende Zusammenhang:

$$P\big(s = c_i \big| \vec{m}(s)\big) = \frac{P\big(\vec{m}(s) \big| s = c_i\big) P(s = c_i)}{\sum_{k=0}^{K-1} P\big(\vec{m}(s) \big| s = c_k\big)} \, .$$

Die Summe im Nenner dient der Normalisierung. Auf sie kann verzichtet werden, wenn zwar die Klasse mit höchster A-Posteriori-Wahrscheinlichkeit für eine gegebene Merkmalskombination gefunden werden soll, der genaue Wert dieser Wahrscheinlichkeit aber nicht wichtig ist.

11.2.2   Schätzung von A-Priori-Wahrscheinlichkeit und Merkmalsverteilungsfunktion

In der Regel sind weder A-Priori-Wahrscheinlichkeit noch die Merkmalsverteilung je Klasse bekannt und müssen daher geschätzt werden. Genau wie bei der Bestimmung der Streuung der Merkmale wird dazu eine repräsentative Trainingsmenge $\mathbf{T} = \mathbf{T}_1 \cup \mathbf{T}_2 \cup \ldots \mathbf{T}_K$ von bereits in K Klassen zugeordneten Segmenten benötigt. Jede Teilmenge $\mathbf{T}_k$ besteht aus $N(k)$ Segmenten. Die Gesamtanzahl der benötigten Segmente in $\mathbf{T}$ hängt von der Dimension des Merkmalsraums und der Genauigkeit der zu schätzenden Wahrscheinlichkeitsfunktion ab.

Am leichtesten ist die A-Priori-Wahrscheinlichkeit zu bestimmen. Sie ist oft aus der Anwendungssituation heraus bekannt. Im oben genannten Beispiel der Unterscheidung von Frauen und Männern in Bildern könnte man sie z.B. als 0,5 für beide Klassen annehmen. Das bedeutet, dass es gleich wahrscheinlich ist, dass eine abgebildete Person eine Frau oder ein Mann ist. Sind die A-Priori-Wahrscheinlichkeiten nicht bekannt, so kann man sie aus der Trainingsmenge schätzen. Dazu müssen die Elemente der Trainingsmenge zufällig aus der Menge von zu klassifizierenden Objekten ausgewählt worden sein. Ginge es bei der Personenerkennung z.B. darum, Personen in einem Korridor einer Informatik-Fakultät nach Frauen und Männern zu klassifizieren, dann wäre eine Wahrscheinlichkeit von 0,5 für beide Klassen sicher kein geeigneter Wert. Wenn die Elemente der ausreichend großen Trainingsmenge durch Aufnahmen in eben diesem Korridor generiert wurden, so wäre das Verhältnis von dort abgebildeten Frauen und Männern zur Gesamtanzahl der abgebildeten Personen eine geeignetere Schätzung.

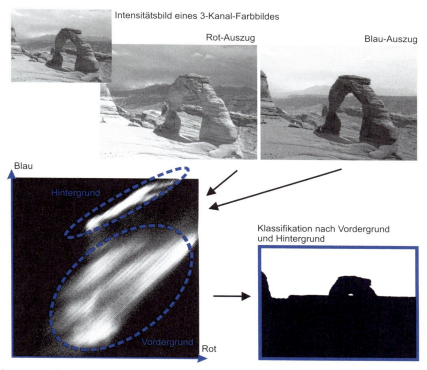

Abbildung 11.8: Falls die Anzahl der Stichproben groß genug ist, können sie für eine Schätzung der Merkmalsverteilungen verwendet werden. Das ist hier der Fall, wo Pixel in Vordergrund und Hintergrund anhand ihres Blau- und Rotwerts getrennt werden müssen. Für die Schätzung der Wahrscheinlichkeiten standen ca. 500.000 Pixel je Klasse zur Verfügung. Im zweidimensionalen Histogramm unten links sind Pixelhäufigkeiten durch Helligkeit codiert.

Die Berechnung der klassenabhängigen Merkmalsverteilungen ist schwieriger, da für jede Klasse eine M-dimensionale Funktion geschätzt werden muss. Man kann versuchen, sie aus dem Histogramm der Merkmalswerte der Elemente einer Klasse c aus der Trainingsmenge zu schätzen. Für unkorrelierte Merkmale kann für jedes Merkmal $m_i(s)$ ein eigenes Histogramm aufgestellt und daraus eine Verteilungsfunktion $P(m_i(s)|s = c)$ für dieses Merkmal geschätzt werden (siehe Abbildung 11.8). Für unkorrelierte Merkmale ist die Gesamtwahrscheinlichkeit das Produkt der Einzelwahrscheinlichkeiten

$$P(\vec{m}(s)|s = c) = P(m_1(s)|s = c) \cdot P(m_2(s)|s = c) \cdot \ldots \cdot P(m_M(s)|s = c).$$

Die Funktion $P(m_i(s)|s = c)$ wird durch das normierte Histogramm des Merkmals m_i all derjeniger Elemente s der Trainingsmenge approximiert, die als c klassifiziert sind. Der Definitionsbereich $[m_{i,min}, m_{i,max}]$ für jedes Merkmal muss dazu in B Intervalle $[m_{i,min}, m_{i,1}], [m_{i,1}, m_{i,2}], \ldots, [m_{i,B-1}, m_{i,max}]$ zerlegt werden. Für jedes Intervall wird die Anzahl der Stichproben mit Merkmalswerten in diesem Intervall berechnet. Durch B wird die Genauigkeit angegeben, mit der die Wahrscheinlichkeitsfunktion geschätzt werden kann. Sie hängt von der Anzahl der klassifizierten Stichproben der Trainingsmenge ab. Es gibt keine optimale Regel für die Bestimmung von B, aber eine Daumenregel sagt, dass bei N Stichproben $B = \sqrt{N}$ eine gute Wahl ist. Bei 100 Stichproben wäre also eine Zerlegung der Merkmalsachse in zehn Intervalle angemessen.

Problematisch wird die Schätzung, falls die Merkmale nicht voneinander unabhängig sind. Dann ergibt sich die M-dimensionale Funktion nicht mehr als Produkt von M eindimensionalen Funktionen, sondern sie muss direkt geschätzt werden. Nach der gleichen Regel wäre dann bei N Stichproben die Anzahl der Intervalle entlang jeder der M Achsen $B = N^{1/(M+1)}$, was schon bei einer geringen Dimension des Merkmalsraums zu sehr hohen Stichprobenzahlen für eine zuverlässige Schätzung der Verteilungsfunktion führt.

In der Regel ist die Anzahl der Elemente in der Trainingsmenge viel zu klein, um selbst für kleine M eine zuverlässige Schätzung zu erlauben. Eine Ausnahme ist die Klassifikation nach Pixelmerkmalen. Allgemein sind Pixel keine guten Merkmalsträger, aber es gibt spezielle Anwendungen, bei denen die Semantik des Bildes durch die Funktionswerte seiner Pixel spezifiziert werden kann. Bei radiologischen Bildern kann man z.B. annehmen, dass es einen direkten Zusammenhang zwischen Funktionswert (Röntgenabsorption, Relaxationszeiten einer magnetischen Resonanz usw.) und gesuchter Objektklasse (z.B. ein bestimmtes Organ) gibt. In diesem Fall ist jedes einzelne Pixel eine eigene Stichprobe. Hätte man als Trainingsdatenmenge zehn Datensätze zur Verfügung und bestünde jeder Datensatz aus 20 Schichten mit 512^2 Pixeln, so würde die Gesamtanzahl der Stichproben für alle Klassen etwa 50 Millionen Pixel betragen. Für die Schätzung der Verteilung von drei Merkmalen (z.B. Grauwert, lokale Varianz, Gradientenlänge) hätte man genügend Stichproben für die Schätzung der korrelierten Merkmalsverteilungsfunktion mit $B = (5 \cdot 10^7)^{1/(3+1)} \approx 80$ Quantisierungsstufen.

Bei kleineren Trainingsmengen reicht die Anzahl der Elemente der Trainingsmenge je Klasse jedoch meist nicht für die robuste Schätzung einer beliebigen Merkmalsverteilungsfunktion aus. Da man sich zudem der Repräsentativität der ausgewählten Daten oft nicht sicher ist, ist es günstiger, wenn die Charakteristik der Verteilung bekannt ist. Nimmt man beispielsweise an, dass die Merkmale unkorreliert und normalverteilt sind, dann müssen nur Erwartungswert und die Varianz für jedes Merkmal geschätzt werden.

Das soll an einem kleinen Beispiel demonstriert werden. Nehmen wir an, dass wir Äpfel (Klasse a) und Birnen (Klasse b) voneinander unterscheiden wollen, die in Grauwertbildern segmentiert wurden. Zunächst müssen sinnvolle Merkmale spezifiziert werden. Da Äpfel kreisförmiger sind als Birnen, sei das erste Merkmal m_1 die in Abschnitt 11.1.2 definierte Kreisförmigkeit. Da die Farbe von Birnen zwischen gelb und grün, die von Äpfeln aber zwischen grün und rot liegt, soll das zweite Merkmal m_2 die Helligkeit sein (gelb ist im Grauwertbild heller als rot).

Wir nehmen an, dass beide Merkmale unkorreliert sind (d.h. eine Birne wird nicht gelblicher, wenn sie weniger kreisförmig ist). Damit ergibt sich die Merkmalsverteilung für die Klasse a als Produkt $P((m_1,m_2)|s=a) = P((m_1)|s=a) \cdot P((m_2)|s=a)$. Gleiches gilt für die Klasse b. Für alle Verteilungen sei weiter angenommen, dass es Gauß'sche Normalverteilungen sind. Dann müssen Erwartungswert und Standardabweichung aus einer Reihe von klassifizierten Segmenten geschätzt werden. Nehmen wir an, dass wir über je zehn Stichproben beider Klassen verfügen. Die Kreisförmigkeits- und Helligkeitswerte der Äpfel sind

$$\begin{pmatrix} m_1 \\ m_2 \end{pmatrix} = \begin{pmatrix} 0,95 & 0,92 & 0,84 & 0,99 & 0,91 & 0,92 & 0,94 & 0,98 & 0,99 & 0,83 \\ 0,62 & 0,64 & 0,64 & 0,72 & 0,70 & 0,65 & 0,59 & 0,67 & 0,68 & 0,71 \end{pmatrix}.$$

Bevor wir fortfahren, sollten wir sicher sein, dass die Verteilung tatsächlich eine Normalverteilung ist. In unserem Fall ist das einfach, weil die Merkmalswerte tatsächlich als Zufallswerte von normalverteilten Zufallsgrößen erzeugt wurden. Wegen der geringen Anzahl der Stichproben sieht das Histogramm der Wertverteilungen einer Gauß-Kurve aber nicht besonders ähnlich. Stammten sie von Stichproben von einer unbekannten Verteilung, könnte man somit kaum Schlüsse ziehen, inwieweit die Annahme einer Normalverteilung richtig ist. Nach dem Training eines Klassifikators (in diesem Fall der Bestimmung der Parameter der Verteilungsfunktionen) ist daher in der Regel ein unabhängiger Test mit einer zweiten, klassifizierten Menge von Stichproben notwendig.

Aus den zehn Stichproben lassen sich Erwartungswert E und Varianz σ^2 schätzen durch

$$E\left(m_i\right) \approx \frac{1}{10}\sum\nolimits_{j=0}^{9} m_{i,j} \quad \text{und} \quad \sigma^2\left(m_i\right) \approx \frac{1}{9}\sum\nolimits_{j=0}^{9}\left(m_{i,j} - E\left(m_i\right)\right)^2 \quad \text{mit } i = 1,2.$$

Danach ist für die Klasse der Äpfel $E(m_1) = 0.93$ und $\sigma^2(m_1) = 0{,}0032$ sowie $E(m_2) = 0{,}66$ und $\sigma^2(m_2) = 0{,}0017$. Es ergibt sich die folgende Verteilungsfunktion:

$$P\left(a\middle|\bar{m}\right) = \frac{1}{\sigma\left(m_1\right)\sqrt{2\pi}}\exp\left(-\frac{\left(m_1 - E\left(m_1\right)\right)^2}{2\sigma^2\left(m_1\right)}\right)\frac{1}{\sigma\left(m_2\right)\sqrt{2\pi}}\exp\left(-\frac{\left(m_2 - E\left(m_2\right)\right)^2}{2\sigma^2\left(m_2\right)}\right)$$

$$= \frac{1}{0{,}057\sqrt{2\pi}}\exp\left(-\frac{\left(m_1 - 0{,}93\right)^2}{0{,}0064}\right)\frac{1}{0{,}041\sqrt{2\pi}}\exp\left(-\frac{\left(m_2 - 0{,}66\right)^2}{0{,}0034}\right).$$

Da diese Daten künstlich erzeugt wurden, kennen wir die tatsächlichen Werte für beide Verteilungen. Sie waren $E(m_1) = 0{,}90$ und $\sigma^2(m_1) = 0{,}0025$ sowie $E(m_2) = 0{,}65$ und $\sigma^2(m_2) = 0{,}0016$ (siehe Abbildung 11.9). Man sieht schon, dass die Parameterverteilungen durch nur zehn Stichproben nicht besonders gut geschätzt wurden. Sie weichen teilweise um mehr als 25% von den tatsächlichen Werten ab.

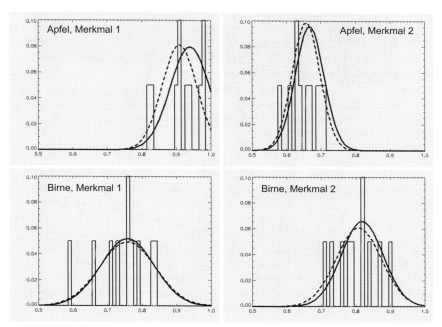

Abbildung 11.9: Merkmalsverteilungen für die beiden Merkmale von Äpfeln und Birnen. Den Histogrammen sind die daraus geschätzten Normalverteilungen (durchgezogene Linie) überlagert. Gestrichelt sind die (in diesem Fall bekannten) tatsächlichen Verteilungen überlagert, aus denen die Stichproben erzeugt wurden.

Die Merkmalswerte für die zehn Birnen sind die folgenden:

$$\begin{pmatrix} m_1 \\ m_2 \end{pmatrix} = \begin{pmatrix} 0,74 & 0,80 & 0,77 & 0,60 & 0,67 & 0,72 & 0,84 & 0,85 & 0,78 & 0,77 \\ 0,80 & 0,83 & 0,72 & 0,91 & 0,83 & 0,85 & 0,74 & 0,77 & 0,79 & 0,88 \end{pmatrix}.$$

Führt man dort die gleichen Berechnungen durch, dann erhält man mit $E(m_1) = 0,75$ und $\sigma^2(m_1) = 0,0058$ sowie $E(m_2) = 0,81$ und $\sigma^2(m_2) = 0,0036$ die Verteilungsfunktion

$$P(b|\bar{m}) = \frac{1}{0,076\sqrt{2\pi}} \exp\left(-\frac{(m_1 - 0,75)^2}{0,0116}\right) \frac{1}{0,060\sqrt{2\pi}} \exp\left(-\frac{(m_2 - 0,81)^2}{0,0072}\right).$$

Auch hier sind die tatsächlichen Werte bekannt und differieren von der Schätzung. Die Verteilung wurde mit den Werten $E(m_1) = 0,75$ und $\sigma^2(m_1) = 0,0064$ sowie $E(m_2) = 0,80$ und $\sigma^2(m_2) = 0,004225$ erzeugt. Die weitere Betrachtung ergibt, dass in beiden Fällen der Erwartungswert etwas genauer geschätzt wurde als die Varianz. Das ist nicht überraschend, denn in die Varianzschätzung geht wegen der Subtraktion des geschätzten Erwartungswerts der Schätzfehler für diesen in die Berechnung ein.

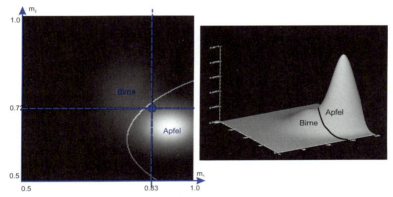

Abbildung 11.10: Zwei Darstellungen der aus den Stichproben geschätzten, mit den A-Priori-Wahrscheinlichkeiten gewichteten Merkmalswahrscheinlichkeiten. Die weiße Linie im Bild links bzw. die schwarze Linie im Bild rechts gibt die Entscheidungsgrenze zwischen Äpfeln und Birnen an. Der Kreis im Fadenkreuz im Bild links ist das zu klassifizierende Segment mit den Merkmalswerten (0,83,0,72).

Nun fehlen noch die A-Priori-Wahrscheinlichkeiten. Nehmen wir an, dass wir wissen, dass es doppelt so viele Äpfel wie Birnen gibt. Dann ist $P(a) = 0,67$ und $P(b) = 0,33$.

Jetzt lässt sich ein unbekanntes Segment klassifizieren (Abbildung 11.10 zeigt die beiden in ein Bild eingebrachten und mit der A-Priori-Wahrscheinlichkeit gewichteten Verteilungen). Das Segment habe die Kreisförmigkeit 0,83 und die Helligkeit 0,72. Da die Normalverteilung eine kontinuierliche Verteilung ist, muss die Wahrscheinlichkeit über ein Intervall berechnet werden. Der Einfachheit halber gehen wir von einer Intervallbreite von 0,01 aus und nehmen an, dass die Werte (0,83 0,72) des Merkmalsvektors unseres unbekannten Segments in diesem Intervall konstant sind. Die Intervallgrößen im Zähler und Nenner kürzen sich gegenseitig und es ist

$$P\big(a\big|(0{,}83 \quad 0{,}72)\big) = \frac{P\big((0{,}83 \quad 0{,}72)\big|a\big)\cdot 0{,}67}{P\big((0{,}83 \quad 0{,}72)\big|a\big)\cdot 0{,}67 + P\big((0{,}83 \quad 0{,}72)\big|b\big)\cdot 0{,}33}$$

$$= \frac{\left(\dfrac{1}{0{,}057\sqrt{2\pi}}\exp\left(-\dfrac{(0{,}83-0{,}93)^2}{0{,}0064}\right)\dfrac{1}{0{,}041\sqrt{2\pi}}\exp\left(-\dfrac{(0{,}72-0{,}66)^2}{0{,}0034}\right)\right)\cdot 0{,}67}{5{,}471}$$

$$= \frac{3{,}317}{5{,}471} = 0{,}61$$

$$\text{und } P\big(b\big|(0{,}83 \quad 0{,}72)\big) = \frac{P\big((0{,}83 \quad 0{,}72)\big|b\big)\cdot 0{,}33}{5{,}417} = \frac{2{,}154}{5{,}417} = 0{,}39\,.$$

Das Segment wird also der Klasse der Äpfel zugeordnet. Die Werte, die sich mit den korrekten Parametern für beide Verteilungen ergeben, sind $P(a|(0{,}83\ 0{,}72) = 0{,}60$ und $P(b|(0{,}83\ 0{,}72) = 0{,}40$. Obwohl also die Schätzung der Parameter der Merkmalsverteilungen Fehler von mehr als 25% aufwies und obwohl der Merkmalsvektor des unbekannten Segments offenbar recht nah an der Grenze zwischen beiden Klassen liegt, verfehlt die Schätzung der A-Posteriori-Wahrscheinlichkeit den tatsächlichen Wert um nur etwa 1%.

Das ist ein häufig auftretendes Phänomen. Es resultiert daraus, dass nur das Verhältnis der Merkmalsverteilungswerte für die Entscheidung interessant ist. Falls die Merkmale von Segmenten unterschiedlicher Klassen gut getrennt sind, dann wird für jede mögliche Wertekombination im Merkmalsraum eine der klassenspezifischen Merkmalswahrscheinlichkeiten erheblich größer als alle anderen sein (siehe Abbildung 11.11). Fehler in der Schätzung dieser Funktionen spielen daher für die Entscheidung eine geringe Rolle.

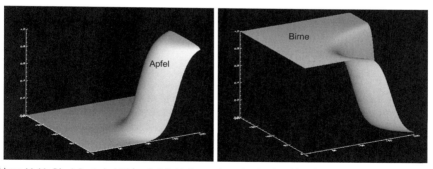

Abbildung 11.11: Die A-Posteriori-Wahrscheinlichkeiten weisen den Merkmalskombinationen eine Klasse wesentlich eindeutiger zu, als es nach Betrachtung der Merkmalswahrscheinlichkeiten den Anschein hat.

Wenn zu wenige klassifizierte Stichproben bekannt sind oder die Art der Verteilungsfunktion unbekannt ist, kann man vereinfachend annehmen, dass die A-Priori-Wahrscheinlichkeiten für alle Klassen gleich sind und dass die Verteilungen für die Merkmalswahrscheinlichkeiten umgekehrt proportional zum Abstand vom Erwartungswert sinken. Dann braucht nur für jede Klasse ein durchschnittlicher Merkmalsvektor berechnet zu werden. Die Klassifizierung eines unbekannten Segments erfolgt nach dem kürzesten Abstand seines Merkmalsvektors zu den mittleren Merkmalsvektoren aller Klassen.

Dieses Verfahren ist zwar schnell und die notwendigen Parameter sind leicht zu berechnen. Es ist aber nur geeignet, wenn die Klassen im Merkmalsraum sehr gut voneinander getrennt sind. Für unser Beispiel ergäbe sich für Äpfel das mittlere Merkmal $\vec{\mu}_a = (0{,}93\ 0{,}66)$ und für Birnen $\vec{\mu}_b = (0{,}75\ 0{,}81)$. Das unbekannte Segment mit den Merkmalen $(0{,}83\ 0{,}72)$ würde nach diesem Kriterium wegen $d(\vec{m}(s), \vec{\mu}_a) = 0{,}116$ und $d(\vec{m}(s), \vec{\mu}_b) = 0{,}120$ als Apfel klassifiziert werden. Rechnet man die Werte durch Normierung in A-Posteriori-Wahrscheinlichkeiten um, so ergibt sich für $P(a|(m_1,m_2)) = 0{,}51$ und für $P(b|(m_1,m_2)) = 0{,}49$. Der Unterschied ist also geringer als der für geschätzte Normalverteilungen und unterscheidet sich erheblich von den wahren A-Posteriori-Wahrscheinlichkeiten 0,60 und 0,40. Das sollte nicht verwundern, weil die obige Schätzung der tatsächlichen Wahrscheinlichkeiten wesentlich genauer war.

11.2.3 Direkte Schätzung der A-Posteriori-Wahrscheinlichkeit

Der Aufwand für die Klassifikation eines einzelnen Segments ist hoch, wenn zuvor die A-Posteriori-Wahrscheinlichkeitsfunktion für jede beliebige Merkmalskombination berechnet werden muss. Da der Unterschied zwischen den A-Posteriori-Wahrscheinlichkeiten für die einzelnen Klassen bei gut gewählten Merkmalen groß ist, kann man gerade dann, wenn zu wenige Stichproben in der Trainingsmenge für eine zuverlässige Schätzung vorliegen, versuchen, diesen Unterschied für ein gegebenes Segment direkt zu schätzen. Selbst wenn die Schätzung wegen der geringen Stichprobenanzahl ungenau ist, wird bei ausreichend großer Differenz zwischen den A-Posteriori-Wahrscheinlichkeiten die daraus abgeleitete Entscheidung korrekt sein.

Für ein gegebenes Segment s mit Merkmalsvektor $\vec{m}(s)$ kann die A-Posteriori-Wahrscheinlichkeit für eine Klasse c_i an der Stelle $\vec{m}(s)$ durch

$$P\big(s = c_i \big| \vec{m}(s)\big) \approx \frac{\Big|\big\{t_j \big| t_j \in \mathbf{T}_i \wedge \big\|\vec{m}(t_j) - \vec{m}(s)\big\| < \varepsilon\big\}\Big|}{\Big|\big\{t_l \big| t_l \in \mathbf{T} \wedge \big\|\vec{m}(t_l) - \vec{m}(s)\big\| < \varepsilon\big\}\Big|}$$

geschätzt werden, wenn genügend klassifizierte Stichproben t aus Trainingsmengen $\mathbf{T} = \mathbf{T}_1 \cup \mathbf{T}_2 \cup \ldots \mathbf{T}_K$ in einem gegebenen Intervall mit Radius ε im Merkmalsraum zur Verfügung stehen (die Betragsstriche bedeuten, dass die Anzahl der Elemente der jeweiligen Mengen für die Berechnung herangezogen wird). Bei dem meist dünn mit Elementen aus den Trainingsmengen besetzten Merkmalsraum würde das zu sehr großen Umgebungen führen (siehe Abbildung 11.12). Da die Schätzung für einen bestimmten Merkmalsvektor aber mit größerer Umgebung ungenauer wird – sie ist eine Schätzung der Integration der A-Posteriori-Wahrscheinlichkeiten über die Umgebung und die ist im Grenzfall, wenn die Umgebung der gesamte Merkmalsraum ist, für alle Klassen gleich –, geht man einen anderen Weg. Für jede Merkmalskombination wird eine Umgebung in Abhängigkeit von der lokalen Dichte der Trainingselemente für diese Merkmalskombination gewählt.

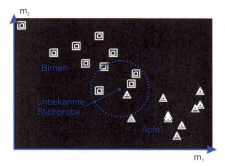 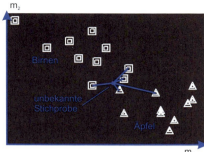

Abbildung 11.12: Die A-Posteriori-Wahrscheinlichkeiten für eine gegebene Merkmalskombination können geschätzt werden, wenn für eine gegebene Umgebung um die Merkmalskombination die Anzahl der Stichproben, die einer der Klassen angehören, gezählt wird (links). Effizienter wird die Schätzung, wenn man die Größe der Umgebung von der Anzahl der Stichproben in der Umgebung abhängig macht, also nach den k nächsten Stichproben sucht (rechts).

Im einfachsten Fall ist die Umgebung gerade so groß, dass sie genau ein Element aus allen Trainingsdaten umfasst. Die geschätzte A-Posteriori-Wahrscheinlichkeit für die Klasse c_i, aus der dieses Element stammt, ist $P\big(s = c_i \big| \vec{m}(s)\big) = 1$. Für alle anderen Klassen ist sie Null. Das ist zwar eine grobe Schätzung, doch wegen der angenommenen großen Differenz zwischen den A-Posteriori-Wahrscheinlichkeiten für die verschiedenen Klassen in weiten Bereichen des Merkmalsraums führt eine Entscheidung nach dieser Schätzung in vielen Fällen zum richtigen Ergebnis. Die Klasse eines unbekannten Segments ergibt sich damit aus der Klasse derjenigen Stichprobe, deren Merkmalsvektor dem Merkmalsvektor des Segments am nächsten ist (**Nearest Neighbour Classification – NN-Klassifikation**).

Für das Äpfel-Birnen-Beispiel wären die Abstände zum Segment mit dem Merkmalsvektor (0,83 0,72) für die Äpfel

$$d_{Apfel} = (0{,}156\ 0{,}120\ 0{,}081\ 0{,}160\ 0{,}082\ 0{,}114\ 0{,}170\ 0{,}158\ 0{,}165\ 0{,}010)$$

und für die Birnen

$$d_{Birne} = (0{,}120\ 0{,}114\ 0{,}060\ 0{,}298\ 0{,}114\ 0{,}170\ 0{,}022\ 0{,}054\ 0{,}086\ 0{,}171).$$

Der Abstand zur letzten Stichprobe der Äpfel ist also der kürzeste Abstand und das Segment wäre somit ein Apfel.

In manchen Fällen wird die Schätzung des NN-Klassifikators zu grob sein, denn die Methode ist gegenüber Ausreißern in den Trainingsmengen anfällig. Sind genügend Trainingselemente vorhanden, kann man die Umgebung für die Schätzung der A-Posteriori-Wahrscheinlichkeit so erweitern, dass sie die ersten k Elemente der Trainingsmenge umfasst. Der Anteil $c_i(k)/k$ von Elementen der Klasse c_i ist jetzt eine etwas genauere Schätzung der A-Posteriori-Wahrscheinlichkeit für die Klasse c_i in der Umgebung von $\vec{m}(s)$ im Merkmalsraum. Diejenige Klasse, die in diesen k Merkmalsvektoren am häufigsten vorkommt, wird dem unbekannten Segment zugewiesen. Das Verfahren heißt **k-Nearest Neighbour Classification (kNN-Klassifikation)**. Es ist aufwändiger, aber robuster als die einfache NN-Klassifikation. Mit steigendem k nähert sich die Qualität der kNN-Klassifikation der einer Bayes'schen Entscheidung an, solange die Umgebung, in der sich die k Elemente befinden, klein genug ist. Damit sollte k wesentlich kleiner sein als die Anzahl der Stichproben je Klasse.

In unserem Äpfel-Birnen-Beispiel wäre das Stimmverhältnis für $k = 5$ 3:2 für die Birnen, bei $k = 13$ ginge es dagegen 7:6 für die Äpfel aus. Rechnet man dies in A-Posteriori-Wahrscheinlichkeiten um, so ergeben sich für $k = 5$ 0,60 für die Birnen und 0,40 für die Äpfel. Bei $k = 13$ ist die geschätzte A-Posteriori-Wahrscheinlichkeit dagegen 0,54 für Äpfel und 0,46 für Birnen. Man erkennt, dass diese Schätzung so nahe an der Grenze, die Äpfel von Birnen im Merkmalsraum trennt, sehr ungenau ist.

Eine Klassifikation durch direkte Schätzung der A-Posteriori-Wahrscheinlichkeiten aus wenigen Stichproben setzt voraus, dass die Merkmale der einzelnen Klassen im Merkmalsraum gut gegeneinander abgegrenzt sind. Genau das ist in unserem Trainingsbeispiel nicht der Fall, weil bei sehr wenigen Stichproben der Abstand zwischen den Klassen zu gering ist. Gerade wegen der geringen Anzahl von Stichproben sind die Merkmale der Trainingsmenge möglicherweise nicht repräsentativ, so dass die ohnehin schon grobe Schätzung noch ungenauer wird.

11.2.4 Lineare Entscheidungsfunktion

Führt man sich noch einmal die Argumentation vor Augen, die zu den NN-Klassifikatoren geführt hat, dann wird klar, dass eigentlich nur die Grenzen für die Klassifikation interessant sind, an denen sich A-Posteriori-Wahrscheinlichkeitsfunktionen von unterschiedlichen Klassen schneiden. Da der für die NN-Klassifikation notwendige Vergleich mit jedem einzelnen Element der Trainingsmenge zeitaufwändig ist, kann man versuchen, diese Grenzen selbst durch eine Funktion im Merkmalsraum zu beschreiben. Die Klassifikation eines unbekannten Segments erfolgt durch Einsetzen seiner Merkmalswerte in diese Funktion. Die Funktion heißt Entscheidungsfunktion (engl. auch **decision boundary,** nach den Grenzen zwischen den Klassen, die die Funktion beschreibt). Die Aufgabe besteht darin, eine solche Entscheidungsfunktion aus den Trainingsdaten zu ermitteln.

Der Verlauf der durch die Funktion beschriebenen Grenze zwischen Klassen kann, in Abhängigkeit von den zugrunde liegenden Wahrscheinlichkeitsverteilungen, sehr komplex sein. Andererseits liegen meist wenige Informationen vor, um diesen Verlauf in seiner gesamten Komplexität zuverlässig zu schätzen. Bei einer guten Trennung unterschiedlicher Klassen im Merkmalsraum wird aber auch eine grobe Approximation der tatsächlichen Entscheidungsgrenze zu einem guten Klassifikationsergebnis führen.

Lineare Entscheidungsfunktionen sind der einfachste Weg, die tatsächliche Grenze zu approximieren. Für ein Zwei-Klassen-Problem (die Zuordnung eines Segments zu einer von zwei Klassen) ist eine lineare Entscheidungsfunktion für den Merkmalsvektor $\vec{m}$ eine Gleichung $D(\vec{m}) = w_0 + w_1 m_1 + \ldots + w_K m_M$, so dass für die beiden Klassen c_1 und c_2 gilt, dass alle Segmente s der Klasse c_1 $D(\vec{m}(s)) < 0$ und c_2 $D(\vec{m}(s)) > 0$ ergeben. Falls diese Grenze existiert, heißt das Klassifizierungsproblem linear separierbar.

Um die Gewichtungen $w_0, \ldots, w_M$ der Funktion zu finden, geht man iterativ vor (siehe Abbildung 11.13). Zunächst wird eine beliebige Belegung für die Gewichtungen gewählt. Anschließend werden Stichproben aus der Trainingsmenge ausgesucht und deren Merkmalswerte in die Gleichung eingesetzt. Entspricht das Ergebnis den Erwartungen (ist D also negativ, falls s aus c_1 ist, und positiv, falls s aus c_2 ist), dann geschieht gar nichts. Bei einer Fehlklassifikation wird dagegen die Grenze angepasst.

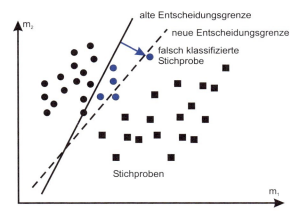

Abbildung 11.13: Eine lineare Entscheidungsgrenze für ein Zwei-Klassen-Problem kann durch Training angepasst werden. Jedes Mal, wenn eine Stichprobe durch den gegenwärtigen Verlauf der Entscheidungsgrenze falsch klassifiziert wird, wird die Grenze in Abhängigkeit von der falsch klassifizierten Stichprobe verändert.

Der gesamte Algorithmus sieht wie folgt aus:

- Initialisiere die Gewichtungen $w_0,...,w_M$ mit kleinen Zufallswerten.
- Solange die Klassifikation nicht perfekt ist bzw. solange der durchschnittliche Klassifikationsfehler zu groß ist:
  - Wähle eine Stichprobe s aus dem Trainingsdatensatz und berechne $D(s)$.
  - Falls class$(s) \neq$ sign$(D(s))$, dann (mit $a_1, a_2 > 0$)

  $$w_i := w_i + a_1 \cdot \text{class}(s) \cdot s_i, \text{ für } i = 1, M$$

  $$w_0 := w_0 + a_2 \cdot \text{class}(s)$$

Hierbei ist class() eine Funktion, die -1 ist, falls s aus c_1 ist, und 1, falls s aus c_2 ist. Durch die Parameter a_1 und a_2 wird die Schrittweite der Veränderung der Entscheidungsgrenze festgelegt. Der Algorithmus konvergiert, falls die Klassen linear separierbar sind. Andernfalls sollten ein akzeptabler Klassifikationsfehler und eine maximale Anzahl von Iterationen vorgegeben werden.

Wenn mehr als zwei verschiedene Klassen existieren, dann muss für je zwei Klassen eine Entscheidungsfunktion berechnet werden. Die Merkmale eines Segments werden in alle Gleichungen eingesetzt. Das Segment wird derjenigen Klasse zugeordnet, die bei *keiner* dieser Entscheidungen ausgeschlossen wird. Man kann sich vorstellen, dass die Methode aufwändiger wird, je mehr Klassen unterschieden werden müssen.

11.2.5 Test des Klassifikators

Allgemein ist es schwierig zu validieren, dass Annahmen über die Wahrscheinlichkeitsverteilungen wahr sind und dass die Auswahl der Trainingsdaten wirklich repräsentativ ist. Daher ist ein unabhängiger Test des trainierten Klassifikators notwendig. Neben der klassifizierten Trainingsdatenmenge wird eine zweite klassifizierte Menge von Stichproben benötigt, an welcher der Klassifikator getestet wird. Diese Stichproben dürfen nicht für die Parametrisierung des Klassifikators benutzt werden, weil sonst nur die Qualität des Trainings, nicht aber die Annahmen über Verteilungsfunktionen und Repräsentativität der Daten getestet werden.

Die Anzahl klassifizierter Stichproben für Training und Test ist manchmal für eine zuverlässige Berechnung und Prüfung eines Klassifikators zu gering. Man möchte möglichst jede Stichprobe für das Training des Klassifikators verwenden. Klassifizierte Stichproben können durch die **Leaving-One-Out**-Technik effizient für Training und Test eingesetzt werden. Hierbei werden aus N klassifizierten Stichproben $N{-}1$ Stichproben für das Training des Klassifikators verwendet. Der Klassifikator wird anschließend an der N-ten Stichprobe getestet. Das wird für alle N Untermengen aus $N{-}1$ Stichproben durchgeführt, so dass jede Stichprobe einmal für den Test verwendet wird. Ist das Ergebnis des Tests zufrieden stellend, so wird der Klassifikator anschließend mit allen N Stichproben trainiert.

11.3 Clustering-Methoden

Durch **Clustering** im Merkmalsraum wird keine Klassifikation durchgeführt, doch sind Clustering-Methoden oft eine Vorstufe für die Klassifikation. Angenommen wird, dass die Merkmale so gewählt wurden, dass sich Elemente einer Klasse an einem bestimmten Ort im Merkmalsraum häufen. Diese Häufigkeitsregionen zu finden ist das Ziel von Clustering-Verfahren. Im Idealfall existieren eine nicht klassifizierte Menge S von Segmenten, eine bekannte Anzahl C von Klassen und je ein Häufungspunkt im Merkmalsraum für jede Klasse. Der Abstand zwischen Klassen ist größer als der Abstand innerhalb einer Klasse. Ein Clustering-Verfahren, welches die C wahrscheinlichsten Häufungspunkte findet, würde dann die Menge S klassifizieren, da man jedes ihrer Elemente einem Cluster zuordnen könnte und die Cluster die gesuchten Klassen charakterisieren würden.

In der Praxis ist es meist etwas anders, so dass man mit unterschiedlichen Mengen von Clustern operieren muss. So lässt sich herausfinden, ob beispielsweise eine Klasse mehrere Häufungspunkte im Merkmalsraum besitzt oder ob Segmente unterschiedlicher Klassen zu dicht beieinander liegen. Clustering wird erste Hinweise auf die Brauchbarkeit der ausgewählten Merkmale und auf möglicherweise geeignete Klassifikationsverfahren liefern.

Clustering kann in **hierarchische** und **partitionierende** Methoden unterschieden werden. Hierarchisches Clustering gruppiert Merkmalsvektoren von Segmenten nach einer Top-Down-Strategie durch fortgesetzte Zerlegung in Cluster oder es erzeugt Cluster nach einer Bottom-Up-Strategie durch fortgesetzte Verschmelzung. Partitionierende Verfahren zerlegen dagegen den Merkmalsraum von vornherein in eine gegebene Anzahl von Clustern. Ausgehend von einer initialen Zuordnung aller Stichproben zu Clustern verfolgen sie die Strategie, die Zuordnung der einzelnen Stichproben zu Clustern so zu verändern, dass eine Zielfunktion optimiert wird. Ein Vertreter aus jeder Gruppe soll in den nachfolgenden Abschnitten vorgestellt werden.

11.3.1 Clustering durch Agglomeration

Dieses Verfahren gehört zu den hierarchischen Methoden und verfolgt eine Bottom-Up-Strategie (siehe Abbildung 11.14). Initial wird jedes Element einer Menge $\mathbf{S} = \{s_0,\ldots,s_{S-1}\}$ von Segmenten zu einem eigenen Cluster. Anschließend werden immer diejenigen Cluster zu einem neuen Cluster zusammengefügt, die einander am nächsten liegen. Der Verschmelzungsprozess endet, wenn die Cluster auf eine vorgegebene Anzahl reduziert wurden. Falls keine Cluster-Anzahl vorgegeben wurde, endet das Verfahren, wenn die gesamte Trainingsmenge einem Cluster zugeordnet wurde. In diesem Fall muss anschließend durch Traversieren des Verschmelzungsbaums und Wiedergabe der jedem Cluster zugeordneten Elemente der Trainingsmenge entschieden werden, wie viele Cluster im Datensatz enthalten sind.

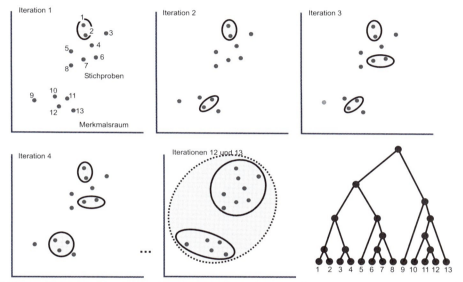

Abbildung 11.14: Durch agglomeratives Clustering werden so lange Stichproben zu Clustern zusammengefügt, bis die Anzahl der Cluster auf die gewünschte Anzahl reduziert wurde. Ohne Vorgabe der Anzahl der Cluster terminiert das Verfahren, wenn der gesamte Datensatz einem einzigen Cluster zugeordnet ist. Der repräsentierende Baum kann bei unbekannter Anzahl von Clustern genutzt werden, um die wahrscheinliche Anzahl von Clustern durch Traversierung zu suchen.

Der Abstand zwischen zwei Mengen $\mathbf{C}_1$ und $\mathbf{C}_2$ mit Elementen $cl_{1,i}$ und $cl_{2,j}$ ist über die Merkmale dieser Elemente definierbar. Übliche Abstandsmaße sind:

- Single Linkage: $\quad d(\mathbf{C}_1, \mathbf{C}_2) = \min_{cl_{1,i} \in \mathbf{C}_1, cl_{2,j} \in \mathbf{C}_2} d(cl_{1,i}, cl_{2,j})$.

- Complete Linkage: $\quad d(\mathbf{C}_1, \mathbf{C}_2) = \max_{cl_{1,i} \in \mathbf{C}_1, cl_{2,j} \in \mathbf{C}_2} d(cl_{1,i}, cl_{2,j})$.

- Average Linkage: $\quad d(\mathbf{C}_1, \mathbf{C}_2) = \dfrac{1}{|\mathbf{C}_1||\mathbf{C}_2|} \sum_{cl_{1,i} \in \mathbf{C}_1, cl_{2,j} \in \mathbf{C}_2} d(cl_{1,i}, cl_{2,j})$.

Mit $|\mathbf{C}|$ ist die Anzahl der Elemente in der Menge $\mathbf{C}$ gemeint.

11.3.2 Partitional Clustering

Durch partitionierendes Clustering wird für eine gegebene Anzahl von Clustern die Zuordnung der Segmente zu den Clustern optimiert (siehe Abbildung 11.15). Die zu minimierende Zielfunktion ist der durchschnittliche Abstand aller Elemente $cl_{i,j}$ eines Clusters zu seinem Cluster-Zentrum cl_i. Die Optimierung der Zielfunktion ist schwierig, da die Cluster-Zuordnung aller Elemente sowie die Orte der Cluster-Zentren Variablen der Zielfunktion sind. Der Definitionsbereich der Zielfunktion ist also hochdimensional und eine vollständige Suche kommt nicht infrage. Bei iterativen Verfahren muss jedoch damit gerechnet werden, dass das Verfahren in einem lokalen Minimum terminiert.

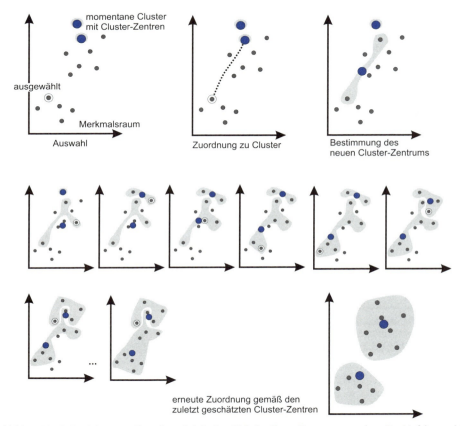

Abbildung 11.15: Durch k-means-Clustering wird die Anzahl k der Cluster-Zentren vorgegeben. Das Verfahren selektiert zufällig k Stichproben (im Beispiel ist $k = 2$) als initiale Cluster-Zentren. Anschließend werden so lange Elemente aus den noch nicht selektierten Stichproben ausgewählt und dem am nächsten liegenden Cluster-Zentrum zugeordnet, bis jede Stichprobe einem Cluster zugeordnet ist. Nach jeder Zuordnung wird ein neues Cluster-Zentrum berechnet. Nach dem ersten Durchlauf werden alle Stichproben nach Lage der Cluster-Zentren erneut den Clustern zugeordnet. Der Erfolg des Verfahren hängt von der Anzahl k, von der Trennbarkeit zwischen Clustern und der Wahl der initialen Cluster-Zentren ab.

Der folgende Algorithmus ist ein einfaches iterierendes Verfahren, um optimale Cluster-Zentren und eine Zuordnung der Segmente zu Clustern zu finden. Die Anzahl der Cluster sei C, die Menge der zuzuordnenden Segmente sei $S = \{s_0, \ldots, s_{N-1}\}$. Das Iterationsverfahren besteht aus einem Initialisierungsschritt, einem Minimierungsschritt der Zuordnung von Elementen aus S zu Clustern und einem Aktualisierungsschritt für die Orte der Cluster-Zentren.

Während der Initialisierung werden zufällig C Elemente aus S selektiert und zu Cluster-Zentren $c_0, \ldots, c_{C-1}$ erklärt. Im Minimierungsschritt wird anschließend jedes der verbleibenden N-C Elemente von S demjenigen Cluster zugeordnet, dem es am nächsten liegt. Für die gegebenen Cluster-Zentren ist jetzt die Zielfunktion minimal.

Da aber die Cluster-Zentren nicht unbedingt im Zentrum ihrer Cluster liegen, wird im Aktualisierungsschritt der Ort des Cluster-Zentrums optimiert. Dazu wird der Erwartungswert für alle Elemente eines Clusters geschätzt, indem der durchschnittliche Ort aller ihm angehörenden Elemente im Merkmalsraum berechnet wird. Dieser Ort wird anschließend zum neuen Zentrum dieses Clusters. Der Aktualisierungsschritt wird für alle Cluster durchgeführt. Danach ist die Zielfunktion optimal, wenn die Zuordnungen der Elemente zu Clustern konstant bleiben.

Da sich jetzt die Entfernungen von Elementen zu Cluster-Zentren geändert haben, werden Minimierungsschritt und Aktualisierungsschritt wiederholt, bis sich entweder keine Änderung mehr ergibt oder die Verbesserung des Werts der Zielfunktion unter ein vorgegebenes Minimum fällt. Das Verfahren terminiert in einem lokalen Minimum, das – falls die Anfangsbedingung gut gewählt wurde – auch das globale Minimum der Zielfunktion ist. Die Erfolgsaussichten, das globale Minimum zu finden, verbessern sich, wenn man das Verfahren mit mehreren unterschiedlichen und zufällig gewählten Initialisierungen startet und dasjenige Resultat auswählt, für das die Zielfunktion minimal wird.

Es gibt eine Variante dieser Partitionierungsstrategie mit nur zwei Iterationen. Der Initialisierungsschritt bleibt gleich, doch nun werden bei der Zuordnung der N–C verbleibenden Elemente nach jeder einzelnen Zuordnung die Orte der Cluster-Zentren als Durchschnitte aller ihm zugeordneten Elemente neu berechnet. Während der Zuordnung „wandern" also die Cluster-Zentren. Nachdem alle Elemente zugeordnet sind, erfolgt in einer zweiten Iteration eine Neuzuordnung aller Elemente zu den Cluster-Zentren, die nach der ersten Iteration gefunden worden sind.

Die Methode heißt **k-means-Clustering** (k steht für die Anzahl der Cluster-Zentren C). Genau wie bei der zuvor genannten Strategie ist auch hier nicht garantiert, dass das globale Minimum der Zielfunktion gefunden wird. Auch hier hängt der Erfolg von einer guten Initialisierung ab und der Start mit mehreren unterschiedlichen Initialisierungen erhöht die Wahrscheinlichkeit, dass das Endergebnis nah an der optimalen Lösung liegt.

11.4 Abschließende Bemerkungen und weiterführende Literatur

Die vorgestellten Verfahren zur Klassifikation sind nur ein kleiner Ausschnitt aus der Vielzahl von Techniken und Strategien in der Mustererkennung und sollten einen Einblick in wesentliche Probleme in diesem Bereich geben. Wenn das Klassifikationsproblem auf eine Zuordnung von Klassen im Merkmalsraum zurückgeführt werden kann, dann besteht diese aus der Bestimmung geeigneter Merkmale und einer möglichst guten Approximation der A-Posteriori-Wahrscheinlichkeiten. In diesem Abschnitt soll eine Reihe von Quellen genannt werden, die für eine weitere Vertiefung in diesem Gebiet geeignet sind.

Zur Vereinfachung der Klassifikation wurden in *Abschnitt 11.1* die Merkmale durch die Hauptkomponentenanalyse (PCA) dekorreliert. Dies ist nicht immer die günstigste Lösung, denn die Korrelation kann nichtlinear sein. Für die Zerlegung in unabhängige Komponenten kann statt der PCA die Independent Component Analysis (ICA) durchgeführt werden, die ein Signal – in diesem Fall den Merkmalsvektor – in unabhängige Komponenten zerlegt. Näheres dazu ist im Buch *Independent Component Analysis* von A. Hyvarinen et al. [Hyvarinen2001] oder im Artikel [Comon1994] zu finden.

Liegen die Merkmale auf einer in den M-dimensionalen Raum eingebetteten Mannigfaltigkeit, dann sind Distanzmaße im Merkmalsraum kein guter Indikator für die Ähnlichkeit zwischen Merkmalsträgern. Um diese Abstandsmaße durch geodäsische Distanzen auf der Mannigfaltigkeit zu ersetzen, kann man die Mannigfaltigkeit als lokal lineare Einbettung betrachten und Abstände auf dieser Einbettung berechnen (z.B. durch das Isomap-Verfahren, siehe [Tenenbaum2000]).

In *Abschnitt 11.2* haben wir nur einige einfache, wenn auch weit verbreitete Klassifikationsverfahren vorgestellt. Zur Trennung von Klassen im Merkmalsraum sind optimale Entscheidungsgrenzen interessant. Das vorgestellte Verfahren für lineare Entscheidungsfunktionen ist eine einfache heuristische Methode. Man kann die Suche auch als Optimierungsproblem für eine gegebene Zielfunktion definieren. Eine geeignete Zielfunktion ist z.B. die Minimierung des Within-Class-Scatter gegenüber dem Between-Class-Scatter. Für lineare Entscheidungsfunktionen findet man solche Verfahren unter dem Begriff *Linear Discriminant Analysis* (LDA). Merkmalsvektoren von Segmenten unterschiedlicher Klassen können jedoch so dicht beieinander liegen, dass die Approximation der tatsächlichen Entscheidungsgrenze durch eine Hyperebene zu ungenau ist. Verfahren zur Ermittlung von gekrümmten Entscheidungsflächen sind etwa eine *Nonlinear Discriminant Analysis*, bei der der Merkmalsraum in einen höherdimensionalen Raum eingebettet wird, in dem die gekrümmten Flächen als Hyperebenen repräsentiert werden und eine LDA-Optimierung durchgeführt werden kann (Einzelheiten dazu können in Einführungstexten zur statistischen Analyse gefunden werden, z.B. *Applied Discriminant Analysis*, C. Huberty [Huberty1994] oder in dem kürzlich erschienenen Buch von Schölkopf et al. [Schölkopf2002]). Alternativ dazu können auch Neuronale Netze trainiert werden (z.B. Multi Layer Perceptrons (MLP), auch nach der Art des Trainings Backpropagation-Netze genannt). Hier bietet z.B. Bishop, *Neural Networks for Pattern Recognition* [Bishop1995] eine umfassende Behandlung wohl fast aller derzeit in der Mustererkennung gebräuchlichen Netze. Lineare und nichtlineare Entscheidungsgrenzen können auch durch Support-Vector Machines (SVM) gefunden werden. Hier wird eine lineare Entscheidungsfunktion als gewichtete Linearkombination von Merkmalsvektoren der Trainingsmengen definiert und eine Parametrisierung gesucht, die den Abstand der Merkmalsvektoren von der durch die Funktion definierten Hyperebene maximiert. Mit anderen Kernfunktionen können auch nichtlineare Entscheidungsgrenzen gefunden werden. Meist erhalten nur wenige Elemente der Trainingsmengen von Null verschiedene Gewichtungen. Das sind die Support-Vektoren. Näheres dazu findet sich z.B. in *Learning with Kernels: Support Vector Machines, Regularization, Optimization, and Beyond* von Schölkopf et al. [Schölkopf2002].

Überhaupt nicht behandelt haben wir in diesem Kapitel die Klassifikation von Segmentgruppen anhand von Relationen zwischen den dazugehörigen Segmenten. Dieses Gebiet heißt strukturelle Mustererkennung (siehe z.B. [Schalkoff1992]). Eine häufig angewendete Strategie auf diesem Gebiet ist die Repräsentation der Modellinformation als Graph und die Suche nach Subgraphen in Daten- und Modellrepräsentation. Die Suche nach Subgraph-Isomorphismen ist NP-vollständig, so dass sich Forschungsaktivitäten auf verschiedene Approximationen konzentrieren.

Auch die beiden vorgestellten Clustering-Techniken sind nur Beispiele aus einer Vielzahl von Verfahren. Das Resultat einer Cluster-Analyse hängt wesentlich davon ab, dass adäquate Distanzfunktionen gewählt wurden und die Suche nach Clustern nicht in einem lokalen Optimum terminiert. Aus der Distanzfunktion kann eine Zielfunktion entwickelt werden (z.B. die Minimierung der Distanzen zum Cluster-Zentrum, so wie bei unserem Beispiel zum Partitional Clustering). Methoden zur Optimierung der Zielfunktion sind zum Teil den Methoden bei der Klassifikation ähnlich. Weitere Informationen zu Optimierungsverfahren finden sich in Texten zur Numerik, aber es gibt auch Texte, die sich speziell mit Numerischer Optimierung auseinander setzen [Nocedal1999]. Auch die von Kohonen [Kohonen1982] eingeführten selbstorganisierenden Karten (Self Organising Maps – SOM), eine Variante von Neuronalen Netzen, werden für Clustering-Methoden angewendet, bei denen unter einer vorgegebenen Nachbarschaftsdefinition nach Häufungspunkten im Merkmalsraum gesucht wird. Die Zuordnung von Elementen zu Clustern muss im Übrigen nicht notwendigerweise disjunkt sein. Elemente können mehreren Clustern angehören und die Zugehörigkeit kann durch Wahrscheinlichkeiten angegeben werden. Fuzzy-C-Means-Clustering und Expectation-Maximisation sind populäre Methoden, um unter diesen Umständen die Zielfunktion zu optimieren. Mustererkennung mit Methoden der Fuzzy Classification wird z.B. in [Friedman1999] behandelt (die sich auch mit struktureller Mustererkennung auseinander setzen).

Auch wenn wir das Thema der Klassifikation nur angerissen haben, sollten Ihnen einige grundlegende Methoden zur Verfügung stehen, mit denen Sie einfache Klassifikationsaufgaben lösen können. Für eine weitere Beschäftigung mit diesem wichtigen und weit gefassten Thema haben wir in diesem Abschnitt einige Referenzen für weitere Informationen gegeben.

Z U S A M M E N F A S S U N G

Die Klassifikation ordnet Segmenten oder Pixeln Bedeutung durch Analyse ihrer Merkmale zu.

Strukturelle Merkmale beschreiben Relationen zwischen Segmenten, statistische Merkmale beschreiben Eigenschaften von Segmenten.

Die Analyse struktureller Merkmale besteht aus einem Vergleich von Graphrepräsentationen von Daten und Modell. Bei der Analyse statistischer Merkmale werden Segmente durch Merkmalsvektoren beschrieben und Ähnlichkeiten im Merkmalsraum analysiert.

Werte von Merkmalsvektoren können Textur- und Formmerkmale sein. Texturen beschreiben Informationen über das Innere von Segmenten. Die Form ist eine Eigenschaft des Segmentrands.

Die Klassifikation im Merkmalsraum erfolgt nach dem Satz von Bayes. Er gibt an, wie die A-Posteriori-Wahrscheinlichkeiten einer merkmalsabhängigen Klassenzugehörigkeit aus einer merkmalsunabhängigen A-Priori-Wahrscheinlichkeit und der Merkmalsverteilungsfunktion berechnet werden können.

Merkmalsverteilungen und A-Posteriori-Wahrscheinlichkeiten können aus Stichproben einer Trainingsdatenmenge geschätzt werden. Auch die Grenzen zwischen Klassen können aus einer Trainingsmenge klassifizierter Stichproben approximiert werden.

Jede antrainierte Parametrisierung eines Klassifikators erfordert die Überprüfung durch unabhängige Testdaten. Durch sie wird die Repräsentativität der Trainingsmenge für das Problem analysiert.

Clustering-Methoden sind Verfahren zur Suche nach Häufungen von Segmenten im Merkmalsraum. Clustering setzt allgemein die Kenntnis der Anzahl der erwarteten Cluster voraus. Durch Clustering kann der Merkmalsraum analysiert werden. Es ist auch geeignet, um die Klassifizierbarkeit von Segmenten anhand berechneter Merkmale abzuschätzen.

Z U S A M M E N F A S S U N G

Übung 11.1   Aufgaben

- Was sind die Anforderungen, die gute Merkmale für eine Klassifikation erfüllen sollen?

- Wieso sind zu viele Merkmale nachteilig für eine Klassifikation?

- [Projekt] Schreiben Sie ein Programm zur Berechnung des Kettencodes aus einem Binärbild. Beachten Sie dabei, dass es bei der Kantenverfolgung unter 8-Nachbarschaft zu unerwünschten „Dreiecksverbindungen" zwischen Pixelfolgen $(m,n),(m,n+1),(m+1,n+1)$ kommen kann.

- Geben Sie mindestens fünf Formmerkmale an und beschreiben Sie, wie sie berechnet werden können.

- Was sind Fourier-Deskriptoren?

- Was ist im Zusammenhang mit Klassifikation die A-Priori-Wahrscheinlichkeit? Geben Sie an einem Beispiel an, wie sie geschätzt werden könnte.

- In welcher Hinsicht ist ein Bayes'scher Klassifikator optimal?

- Wie könnte man Merkmalswahrscheinlichkeiten für eine Klassifikation nach dem Satz von Bayes schätzen? Was muss man dabei beachten?

- Warum ist es manchmal sinnvoller, die A-Posteriori-Wahrscheinlichkeiten direkt zu schätzen? Wie kann man das machen?

- Was ist ein kNN-Klassifikator?

- Was ist eine lineare Entscheidungsfunktion und unter welchen Umständen kann sie zur Klassifikation eingesetzt werden?

- Beschreiben Sie das iterative Verfahren zur Parametersuche für eine lineare Entscheidungsfunktion. Was sind die Abbruchkriterien, falls nicht davon auszugehen ist, dass das Problem linear separierbar ist?

- Wie kann man einen Klassifikator testen?

- Was ist der Unterschied zwischen Klassifikation und Clustering?

- Beschreiben Sie, wie Clustering durch Agglomeration erfolgt. Wann terminiert das Verfahren, wenn die Anzahl der Cluster nicht bekannt ist?

- Nennen und charakterisieren Sie die drei Abstandsmaße für Abstände zwischen Clustern.

- Was ist k-means-Clustering und welche Parameter müssen bekannt sein, um es durchzuführen?

Literatur

[Bishop1995] C. Bishop. *Neural Networks for Pattern Recognition*. Claredon Press, 1995.

[Comon1994] P. Comon. Independent component analysis, a new concept? *Signal Processing*, Vol. 36, 1994, 287-314.

[Duda2000] R. Duda, P. Hart, D. Stork. *Pattern Classification*. 2. Auflage, Wiley, 2000.

[Friedman1999] M. Friedman, A. Kandel. *Introduction to Pattern Recognition: Statistical, Structural, Neural and Fuzzy Logic Approaches*. World Scientific Publishing Company, 1999.

[Huberty1994] C. Huberty. *Applied Discriminant Analysis*. Wiley, 1994.

[Hyvarinen2001] A. Hyvarinen, J. Karhunen, E. Ova. *Independent Component Analysis*. Wiley, 2001.

[Kohonen1982] T. Kohonen. Self-organized formation of topologically correct feature maps. *Biological Cybernetics*, Vol. 43, 1982, 59-69.

[Nocedal1999] J. Nocedal, S. J. Wright. *Numerical Optimization*, Springer-Verlag, New York, 1999.

[Schalkoff1992] R. Schalkoff. *Pattern Recognition: Statistical, Structural and Neural Approaches*. Wiley, 1992.

[Schölkopf2002] B. Schölkopf, A. Smola. *Learning with Kernels: Support Vector Machines, Regularization, Optimization, and Beyond* (Adaptive Computation and Machine Learning). MIT Press, 2002.

[Tenenbaum2000] J. B. Tenenbaum, V. de Silva, J. D. Langford. A global geometric framework for non-linear dimensionality reduction. *Science*, Vol. 290, 2000, 2319-2323.

[Theodoridis2003] S. Theodoridis. *Pattern Recognition*. Academic Press, 2. Auflage, 2003.

Literatur

Um die im Text zitierten und die am Schluss genannten Literaturquellen leichter finden zu können, sind sie hier ein zweites Mal aufgeführt. Die in der Liste aufgeführten, fett gedruckten Bücher sind in der Regel zur Vertiefung gedacht.

[Adams1994] R. Adams, L. Bishop. Seeded region growing. *IEEE Transactions on Pattern Recognition and Machine Intelligence*, Vol. 16(6), 1994, 641-647.

[Aloimonos1993] Y. Aloimonos. *Active Perception*. Lawrence Erlbaum Associates, 1993.

[AlZubi2003] S. Al-Zubi, K. D. Toennies. Generalizing the active shape model by integrating structural knowledge to recognize hand drawn sketches. *Proceedings of the CAIP 2003, Lecture Notes on Computer Science*, Vol. 2756, Springer, 2003, 320-328.

[Banham1997] M. R. Banham, A. K. Katsaggelos. Digital image restoration. *IEEE Signal Processing Magazine*, Vol. 14(2), 1997, 24-41.

[Bajcy1983] R. Bajcy, R. Lieberson, M. Reivich. A computerized system for elastic matching of deformed radiographic images to idealized atlas images. *Journal of Computer Assisted Tomography*, Vol. 7, 1983, 618-625.

[Bajcy1989] R. Bajcy, S. Kovacic. Multiresolution elastic matching. *Computer Vision, Graphics and Image Processing*, Vol. 46, 1989, 165-188.

[Ballard1982] D. H. Ballard. Generalizing the Hough transform to detect arbitrary shapes. *Pattern Recognition*, Vol. 13, 1981, 111-122.

[Bäni2002] W. Bäni. *Wavelets*. Oldenbourg, 2002.

[Barnsley1993] M. F. Barnsley, L. P. Hurd. *Fractal Image Compression*. AK Peters, 1993.

[Bergner2004] S. Bergner, S. Al-Zubi, K. D. Toennies. Deformable structural models. *Proceedings of the IEEE International Conference on Image Processing ICIP*, 2004, 1875-1878.

[Besag1986] J. Besag. On the statistical analysis of dirty pictures. *Journal of the Royal Statistical Society*, Vol. B-48(3), 1986, 259-302.

[Beucher1993] S. Beucher, F. Meyer. The morphological approach to segmentation: The watershed transformation. *Mathematical Morphology in Image Processing*, E. R. Dougherty (Hrsg.), Marcel Dekker Inc., 1993, 433-481.

[Bishop1995] C. Bishop. *Neural Networks for Pattern Recognition*. Claredon Press, 1995.

[Blake1998] A. Blake. *Active Contours: The Application of Techniques from Graphics, Vision, Control Theory and Statistics to Visual Tracking of Shapes in Motion*. Springer, 1998.

[Blum1967] H. Blum. A transformation for extracting new descriptors of shape. *Proceedings of the Symposion on Models for the Perception of Speech and Visual Form*, W. W. Dunn (Hrsg.), MIT Press, 1967, 362-380.

[Brigham1988] E. O. Brigham. *Fast Fourier Transform and Its Applications*. Prentice Hall, 1988.

[Brownrigg1984] D. R. K. Brownrigg. The weighted median filter. *Communications of the ACM*, Vol. 27(8), 1984, 807-818.

[Burt1983] P. J. Burt, E. H. Adelson. The Laplacian pyramid as a compact image code. *IEEE Transactions on Communications*, Vol. 31, 1983, 532-540.

[Calderbank1997] A. R. Calderbank, I. Daubechies, W. Sweldens, B. L. Yeo. Lossless image compression using integer to integer wavelet transform. *Proceedings of the IEEE International Conference on Image Processing ICIP*, 1997, 596-599.

[Canny1986] J. Canny. A computational approach for edge detection. *IEEE Transactions on Pattern Analysis and Machine Intelligence*, Vol. 8(6), 1986, 679-698.

[Castleman1995] K. E. Castleman. *Digital Image Processing*. Prentice Hall, 1995.

[Chang1994] Y. L. Chang, X. Li. Adaptive image region growing. *IEEE Transactions on Image Processing*, Vol. 3(6), 1994, 868-872.

[Chen1977] W. H. Chen, C. Smith, S. Fralick. A fast computational algorithm for the discrete cosine transform. *IEEE Transactions on Communications*, Vol. 25(9), 1977, 1004-1009.

[Chen1982] C. H. Chen. A study of texture classification using spectral features. *Proceedings of the International Conference on Pattern Recognition DAGM 1982*, Munich, Germany, 1982, 1074-1077.

[Choi1997] H. I. Choi, S. W. Choi, H. P. Moon. Mathematical theory of medial axis transform. *Pacific Journal of Mathematics*, Vol. 181(1), 1997, 57-88.

[Comon1994] P. Comon. Independent component analysis, a new concept? *Signal Processing*, Vol. 36, 1994, 287-314.

[Convay1997] E. D. Convay. *An Introduction to Satellite Image Interpretation*. Johns Hopkins University Press, 1997.

[Cook1995] G. W. Cook, E. J. Delp. Multiresolution sequential edge linking. *International Conference on Image Processing ICIP*, Vol. 1, 1995, 41-44.

[Cootes1995] T. F. Cootes, C. J. Taylor, D. H. Cooper, J. Graham. Active shape models – their training and application. *Computer Vision and Image Understanding*, Vol. 61(1), 1995, 38-59.

[Cootes1998] T. F. Cootes, G. J. Edwards, C. J. Taylor. Active appearance models. *5th European Conference on Computer Vision – ECCV1998. Lecture Notes in Computer Science*, Vol. 1407, H. Burkhardt, B. Neumann (Hrsg.), 1998, 484-498.

[Daubechies1988] I. Daubechies. Orthonormal bases of compactly supported wavelets. *Communications Pure and Applied Mathematics*. Vol. 41, 1988, 909-996.

[Davis2004] E. R. Davis. *Machine Vision – Theory, Algorithms, Practicalities*. Academic Press, 3. Auflage, 1997.

[Debnath2001] L. Debnath. *Wavelet Transforms and Their Applications*. Birkhauser, Boston, 2001.

[deVore1992] R. A. de Vore, B. Jawerth, B. J. Lucier. Image compression through wavelet transform coding. *IEEE Transactions on Information Theory*, Vol. 38(2), 1992, 719-742.

[Derin1986] H. Derin, W. S. Cole. Segmentation of textured images using Gibbs random fields. *Computer Vision, Graphics, and Image Processing*. Vol. 35(1), 1986, 72-98.

[Digabel1978] H. Digabel, C. Lantuéjoul. Iterative algorithms. *Proceedings of the 2nd European Symposium of Quantitative Analysis of Microstructure in Material Science, Biology and Medicine*. J. L. Chermant (Hrsg.), 1978, 85-99.

[Dougherty1992] E. R. Dougherty, J. Astola. *An Introduction to Morphological Image Processing*. SPIE Optical Engineering Press, 1992.

[Dougherty1999] E. R. Dougherty, J. T. Astola (Hrsg.). *Nonlinear Filters for Image Processing*. SPIE Optical Engineering Press, 1999.

[Duda1972] R. O. Duda, P. E. Hart. Use of the Hough transform to detect lines and curves. *Communications of the ACM*, Vol. 15, 1972, 11-15.

[Duda2000] R. O. Duda, P. E. Hart, D. Stork. *Pattern Classification*. Wiley, 2. Auflage, 2000.

[Duhamel1990] P. Duhamel, M. Vetterli. Fast Fourier transforms: A tutorial review and a state of the art. *Signal Processing*, Vol. 19(4), 1990, 259-299.

[Falcao1998] A. X. Falcao, J. K. Udupa, S. Samarasekera, S. Sharma, B. E. Hirsch, R. D. A. Lotufo. User-steered image segmentation paradigms: Live wire and live lane. *Graphical Models and Image Processing*, Vol. 60(4), 233-260.

[Falcao2004] A. X. Falcao, J. Stolfi, R. de Alencar Lotufo. The image foresting transform: theory, algorithms, and applications. *IEEE Transactions on Pattern Analysis and Machine Intelligence*, Vol. 26(1), 2004, 19-29.

[Fathy1995] M. Fathy, M. Y. Siyal. An image detection technique based on morphological edge detection and background differencing for real-time traffic analysis. *Pattern Recognition Letters*, Vol. 16(12), 1995, 1321-1330.

[Feig1992] E. Feig, S. Winograd. Fast algorithms for the discrete cosine transform. *IEEE Transactions on Signal Processing*, Vol. 40(9), 1992, 2174-2193.

[Foley1995] J. D. Foley, A. van Dam, S. K. Feiner, J. F. Hughes. *Computer Graphics*. Addison-Wesley, 2. Auflage, 1995.

[Forsyth2003] D. A. Forsyth, J. Ponce. *Computer Vision: A Modern Approach*. Prentice Hall, 2003.

[Freixenet2002] J. Freixenet, X. Muñoz, D. Raba, J. Martí, X. Cufí. Yet another survey on image segmentation: region and boundary information integration. *Proceedings of the 7nd European Conference on Computer Vision ECCV 2002, Lecture Notes in Computer Science*, Vol. 2352, Springer, 2002, 408-422.

[Friedman1999] M. Friedman, A. Kandel. *Introduction to Pattern Recognition: Statistical, Structural, Neural and Fuzzy Logic Approaches*. World Scientific Publishing Company, 1999.

[Galloway1975] M. M. Galloway. Texture analysis using gray level run lengths. *Computer Graphics and Image Processing*, Vol. 4, 1975, 172-179.

[Geman1984] D. Geman, S. Geman. Stochastic relaxation, Gibbs distribution, and the Bayesian restoration of images. *IEEE Transactions on Pattern Analysis and Machine Intelligence*, Vol. 6, Nov. 1984, 721-741.

[Gibson1998] J. D. Gibson, D. Lindbergh, R. L. Baker. *Digital Compression for Multimedia: Principles and Standards*. Morgan Kaufman, 1998.

[Girod2003] B. Girod, R. Rabenstein, A. Stenger. *Einführung in die Systemtheorie*. Teubner, 2003.

[Gonzalez2002] R. C. Gonzalez, R. E. Woods. *Digital Image Processing*. Prentice Hall, 2. Auflage, 2002.

[Gregory1997] R. L. Gregory. *Eye and Brain – The Psychology of Seeing*. Princeton University Press, 5. Auflage, 1997.

[Haralick1973] R. M. Haralick, R. Shanmugan, I. Dinstein. Textural features for image classification. *IEEE Transactions on Systems, Man, and Cybernetics*, Vol. 3(6), 1973, 610-621.

[Haralick1985] R. M. Haralick, L. G. Shapiro. Survey: image segmentation techniques. *Computer Vision, Graphics, and Image Processing*, Vol. 29, 1985, 100-132.

[Harmaneh2001] G. Harmaneh, T. McInerney, D. Terzopoulos. Deformable organisms for automatic medical image analysis. *Lecture Notes on Computer Science*, Vol. 2208 (MICCAI2001), Springer, 2001, 66-76.

[Hartley2004] R. Hartley, A. Zisserman. *Multiple View Geometry in Computer Vision.* Cambridge University Press, 2. Auflage, 2004.

[Heijmans1994] H. J. A. M. Heijmans. *Morphological Image Operators.* Academic Press, 1994.

[Heer1990] V. K. Heer, E. H. Reinfelder. A comparison of reversible methods for data compression. *Proceedings of the SPIE,* Vol. 1233 (Medical Imaging IV), 1990, 354-365.

[Hoffman2003] D. D. Hoffman. *Visuelle Intelligenz.* dtv, 2003.

[Horn1986] B. K. P. Horn. *Robot Vision.* MIT Press, 1986.

[Horn1989] B. K. P. Horn, M. Brooks. *Shape from Shading.* MIT Press, 1989.

[Horn1990] B. K. P. Horn. Height and gradient from shading. *International Journal of Computer Vision,* Vol. 5(1), 1990, 37-75.

[Hotz2000] G. Hotz. *Algorithmische Informationstheorie.* Teubner, 2000.

[Hough1962] P. V. C. Hough. *Methods and means for recognising complex patterns.* US patent 3069654.

[Hubel2000] D. H. Hubel, H. Ginzler. *Auge und Gehirn – Neurobiologie des Sehens.* Spektrum Akademischer Verlag, 2000.

[Huffman1952] D. A. Huffman. A method for the construction of minimum redundancy codes. *Proceedings of the IRE,* Vol. 40(10), 1952, 1098-1101.

[Hyvarinen2001] A. Hyvarinen, J. Karhunen, E. Ova. *Independent Component Analysis.* Wiley, 2001.

[Huberty1994] C. Huberty. *Applied Discriminant Analysis.* Wiley, 1994.

[Illingworth1988] J. Illingworth, J. Kittler. A survey of the Hough transform. *Computer Vision, Graphics, and Image Processing*, Vol. 44(1), 1988, 87-116.

[Jähne1999] B. Jähne et al. (Hrsg.). *Handbook of Computer Vision and Applications.* Academic Press, 1999.

[Jähne2002] B. Jähne. *Digitale Bildverarbeitung.* Springer, 5. Auflage, 2002.

[Jain1981] A. K. Jain. Image compression: A review. *Proceedings of the IEEE,* Vol. 69, 1981, 349-389.

[Jang1990] B. K. Jang, R. T. Chin. Analysis of thinning algorithms using mathematical morphology. *IEEE Transactions on Pattern Analysis and Machine Intelligence*, Vol. 12(6), 1990, 541-551.

[Jänich2001] K. Jänich. *Analysis für Physiker und Ingenieure.* Springer, 2001.

[Jones2000] G. A. Jones, J. M. Jones. *Information and Coding Theory.* Springer, 2000.

[Kak2001] A. C. Kak, M. Slaney. *Principles of Computerized Tomographic Imaging.* Society for Industrial and Applied Mathematics (SIAM), 2001.

[Kass1988] M. Kass, A. Witkin, D. Terzopoulos. Snakes: active contour models. *International Journal of Computer Vision*, Vol. 1(4), 1988, 321-331.

[Kimme1975] C. Kimme, D. Ballard, J. Slansky. Finding circles by an array of accumulators. *Communications of the ACM*, Vol. 18, 1975, 120-122.

[Kirkpatrick1983] S. Kirkpatrick, C. D. Gelatt, M. P. Vecchi. Optimization by simulated annealing. *Science*, Vol. 220, 1983, 671-680.

[Kirsch1971] R. Kirsch. Computer determination of the constituent structure of biological images. *Computers in Biomedical Research.* Vol. 4, 1971, 315-328.

[Kittler1986] J. Kittler, J. Illingworth. Relaxation labelling algorithms – a review. *Image and Vision Computing*, Vol. 3(4), 1986, 206-216.

[Klette1995] R. Klette, P. Zamparoni. *Handbuch für die Operatoren der Bildverarbeitung.* Vieweg-Verlag, 1995.

[Klette1996] R. Klette, A. Koschan, K. Schlüns. *3-D Computer Vision.* Vieweg, 1996.

[Klimant2003] H. Klimant, R. Piotraschke, D. Schönfeld. *Informations- und Kodierungstheorie.* Teubner, 2003.

[Kohonen1982] T. Kohonen. Self-organized formation of topologically correct feature maps. *Biological Cybernetics*, Vol. 43, 1982, 59-69.

[Kolmogorov2002] V. Kolmogorov, R. Zabih. What energy functions can be minimized via graph cuts? *7th European Conference on Computer Vision – ECCV2002, Lecture Notes on Computer Science*, Vol. 2352, A. Heyden et al. (Hrsg.), Springer, 2002, 65-81.

[Kreyszig1999] E. Kreyszig. *Advanced Engineering Mathematics.* Wiley & Sons, 8. Auflage, 1999.

[Krishnamurthy1994] S. Krishnamurthy, S. S. Iyengar, R. J. Holyer, M. Lybanon. Histogram-based morphological edge detector. *IEEE Transactions on Geoscience and Remote Sensing*, Vol. 32(4), 1994, 759-767.

[Krotkov1989] E. P. Krotkov. *Active Computer Vision by Cooperative Data from Images.* Springer, 1989.

[Kundur1996] D. Kundur, D. Hatzinakos. Blind image deconvolution. *IEEE Signal Processing Magazine,* Vol. 13(3), 1996, 43-64.

[Lam1992] L. Lam, S. W. Lee, C. Y. Suen. Thinning methodologies – A comprehensive survey. *IEEE Transactions on Pattern Analysis and Machine Intelligence*, Vol. 14(9), 1992, 869-885.

[Lee1987] J. S. J. Lee, R. M. Haralick, L. G. Shapiro. Morphological edge detection. *IEEE Transactions on Robotics and Automation*, Vol. 3(2), 1987, 142-156.

[Lee1990] S. U. Lee, Y. N. Sun, C. H. Chen. A comparative performance study of several global thresholding techniques for segmentation. *Computer Vision Graphics and Image Processing*, Vol. 52(2), 1990, 171-190.

[Lehmann1999] T. M. Lehmann, C. Gönner, K. Spitzer. Survey: interpolation methods in medical image processing, *IEEE Transactions on Medical Imaging*, Vol. 18(11), 1999, 1049-1076.

[Lindeberg1994] T. Lindeberg. *Scale-Space Theory in Computer Vision.* Kluwer Academics Publishers, 1994.

[Louis1998] A. K. Louis, P. Maaß, A. Rieder. *Wavelets.* Teubner, 1998.

[Luchese2001] L. Luchese, S. K. Mitra. Colour image segmentation: a state-of-the-art survey. *Proceedings of the Indian National Science Academy (INSA-A)*, New Delhi, India, Vol. 67-A (2), März 2001, 207-221.

[Mallat1989] S. Mallat. A theory for multiresolution image decomposition: the wavelet representation. *IEEE Transactions on Pattern Recognition and Machine Intelligence*, Vol. 11(7), 674-693.

[Mallat1992] S. Mallat, S. Zhong. Characterization of signals from multiscale edges. *IEEE Transactions on Pattern Analysis and Machine Intelligence*, Vol. 14(7), 1992, 710-732.

[Mallat1999] S. Mallat. *A Wavelet Tour of Signal Processing.* Academic Press, 2. Auflage, 1999.

[Maragos1986] P. Maragos, R. Schafer. Morphological skeleton representation and coding of binary images. *IEEE Transactions on Acoustics, Speech, and Signal Processing*, Vol. 34(5), 1986, 1228-1244.

[Maragos1987] P. Maragos. Tutorial on advances in morphological image processing and analysis. *Optical Engineering*, Vol. 26, 1987, 623-632.

[Marchand1983] P. Marchand, L. Marmet. Binomial smoothing filter: A way to avoid some pitfalls of least-squares polynomial smoothing. *Review of Scientific Instruments*, Vol. 54(8), 1983, 1034-1041.

[Marr1980] D. Marr, E. Hildreth. Theory of edge detection. *Proceedings of the Royal Society*, Vol. B-200, 1980, 269-294.

[Marr1983] D. Marr. *Vision*. Henry Holt & Company, 1983.

[Möller1997] T. Möller, R. Machiraju, K. Mueller, R. Yagel. Evaluation and design of filters using a taylor series expansion. *IEEE Transactions on Visualization and Computer Graphics*, Vol. 3(2), 1997, 184-199.

[Mortensen1992] E. Mortensen, B. Morse, W. Barrett, J. K. Udupa. Adaptive boundary detection using 'live-wire' two-dimensional dynamic programming. *Proceedings on Computers in Cardiology 1992*, 1992, 635-638.

[Murphy2001] D. B. Murphy. *Fundamentals of Light Microscopy and Electronic Imaging*. Wiley, 2001.

[Nackman1985] L. R. Nackman, S. M. Pizer. Three-dimensional shape description using the symmetric axis transform. *IEEE Transactions on Pattern Analysis and Machine Intelligence*, Vol. 7(2), 1985, 187-201.

[Najman1996] L. Najman, M. Schmitt. Geodesic saliency of watershed contours and hierarchical segmentation. *IEEE Transactions on Pattern Analysis and Machine Intelligence*, Vol. 18(12), 1996, 1163-1173.

[Nocedal1999] J. Nocedal, S. J. Wright. *Numerical Optimization*. Springer, 1999.

[Oppenheim1996] A. V. Oppenheim, A. S. Willsky, S. H. Nawab. *Signals and Systems*. Prentice Hall, 2. Auflage, 1996.

[Pavlidis1980] T. Pavlidis. A thinning algorithm for discrete images. *Computer Graphics and Image Processing*, Vol. 13, 1980, 142-157.

[Perona1990] P. Perona, J. Malik. Scale space and edge detection using anisotropic diffusion. *IEEE Transactions on Pattern Analysis and Machine Intelligence*, Vol. 12(7), 1990, 629-639.

[Pizer1987a] S. M. Pizer, E. P. Amburn, J. D. Austin, J. Comartie, A. Geselowitz, T. Greer, B. Ter Haar Romey, J. B. Zimmerman. Adaptive histogram equalization and its variations. *Computer Vision, Graphics and Image Processing*, Vol. 39(3), 1987, 355-368.

[Pizer1987b] S. M. Pizer, W. R. Oliver, S. H. Bloomberg. Hierarchical shape description via the multiresolution symmetric axis transforms. *IEEE Transactions on Pattern Analysis and Machine Intelligence*, Vol. 9(4), 1987, 505-511.

[Pizer1989] S. M. Pizer, J. M. Gauch, J. M. Coggins. Multiscale geometric image descriptions for interactive object definition. *Mustererkennung 1989*, H. Burkhard, K. H. Höhne, B. Neumann (Hrsg.), Informatik-Fachberichte 219, Springer, 1989, 229-239.

[Prewitt1970] J. M. S. Prewitt. Object enhancement and extraction. *Picture Processing and Psychopictorics*, B. S. Lipkin, A. Rosenfeld (Hrsg.), Academic Press, 1970, 75-149.

[Pohle2001] R. Pohle, K. D. Toennies. *Self-learning model-based segmentation of medical images. Image Processing and Communications,* Vol. 7(3-4), 2001, 97-113.

[Prasad1997] L. Prasad, S. S. Iyengar. *Wavelet Analysis with Applications to Image Processing.* CRC Press, 1997.

[Pratt2001] W. K. Pratt. *Digital Image Processing.* Wiley, 3. Auflage, 2001.

[Rao1990] K. R. Rao, P. Yip. *Discrete Cosine Transform Algorithms, Advantages, Applications.* Academic Press, 1990.

[Reed1993] T. R. Reed, J. M. H. du Buf. A review of recent texture segmentation and feature extraction techniques. *Computer Vision, Graphics and Image Processing: Image Understanding,* Vol. 57(3), 1993, 359-372.

[Richards1981] J. A. Richards, D. A. Landgrebe, P. H. Swain. On the accuracy of pixel relaxation labeling. *IEEE Transactions on Systems, Man, and Cybernetics,* Vol. 11(4), 1981, 303-309.

[Richards2001] A. Richards. *Alien Vision: Exploring the Electromagnetic Spectrum with Imaging Technology.* SPIE Optical Engineering Press, 2001.

[Roberts1965] L. G. Roberts. Machine perception of 3-d solids. *Optical and Electro-Optical Information Processing,* J. T. Tippet et al. (Hrsg.), Cambridge University Press, 1965.

[Sahoo1988] P. K. Sahoo, S. Soltani, A. K. C. Wong, Y. C. Chan. A survey of thresholding techniques. *Computer Vision, Graphics and Image Processing,* Vol. 41, 1988, 233-260.

[Schalkoff1992] R. Schalkoff. *Pattern Recognition: Statistical, Structural and Neural Approaches.* Wiley, 1992.

[Schölkopf2002] B. Schölkopf, A. Smola. *Learning with Kernels: Support Vector Machines, Regularization, Optimization, and Beyond* (Adaptive Computation and Machine Learning). MIT Press, 2002.

[Schwetlick1991] H. Schwetlick, H. Kretschmar. *Numerische Verfahren für Naturwissenschaftler und Ingenieure.* Fachbuchverlag Leipzig, 1991.

[Serra1982] J. Serra. *Image Analysis and Mathematical Morphology.* Academic Press, 1982.

[Shannon1948] C. E. Shannon. A mathematical theory of communication. *The Bell Systems Technology Journal,* Vol. 27(3), 1948, 379-423.

[Shannon1949] C. E. Shannon, W. Weaver. *The Mathematical Theory of Communication.* University of Illinois Press, 1949.

[Sharma2002] G. Sharma. *Digital Color Imaging Handbook.* CRC Press, 2002.

[Shen1998] M. Y. Shen, C. C. J. Kuo. Review of postprocessing techniques for compression artifact removal. *Journal on Visual Communication and Image Representation,* Vol. 9(1), 1998, 2-14.

[Sobel1970] I. E. Sobel. *Camera Models and Machine Perception.* PhD Thesis, Stanford University, 1970.

[Soillé1998] P. Soillé. *Morphologische Bildverarbeitung: Grundlagen, Methoden, Anwendungen.* Springer, 1998.

[Sonka1999] M. Sonka, V. Hlavac, R. Boyle. *Image Processing, Analysis and Machine Vision.* PWS Publishers, 2. Auflage, 1999.

[Starck1998] J. L. Starck, F. Murtagh, A. Bijaoui. *Image Processing and Data Analysis: The Multiscale Approach.* Cambridge University Press, 1998.

[Sternberg1986] S. R. Sternberg. Grayscale morphology. *Computer Vision, Graphics, and Image Processing*, Vol. 35(3), 1986, 333-355.

[Stockman1977] G. C. Stockman, A. K. Agrawala. Equivalence of Hough curve detection to template matching. *Communications of the ACM*, Vol. 20(11), 1977, 820-822.

[Strutz2002] T. Strutz. *Bilddatenkompression: Grundlagen, Codierung, JPEG, MPEG, Wavelets.* Vieweg, 2. Auflage, 2002.

[Sundararajan2001] D. Sundararajan. *The Discrete Fourier Transform: Theory, Algorithms and Applications.* World Scientific Publishing, 2001.

[Tanimoto1981] S. L. Tanimoto. Template matching in pyramids. *Computer Graphics and Image Processing*, Vol. 16, 1981, 356-369.

[Taubman2001] D. S. Taubman, M. W. Marcellin. *JPEG 2000: Image Compression Fundamentals, Standards and Practice.* Kluwer Academic 2001.

[Tenenbaum2000] J. B. Tenenbaum, V. de Silva, J. D. Langford. A global geometric framework for nonlinear dimensionality reduction. *Science*, Vol. 290, 2000, 2319-2323.

[Terzopoulos1987] D. Terzopoulos, J. Platt, A. Barr, K. Fleischer. Elastically deformable models. *Computer Graphics*, Vol. 21(4), 1987, 205-214.

[Theodoridis2003] S. Theodoridis. *Pattern Recognition.* Academic Press, 2. Auflage, 2003.

[Toennies2002] K. D. Toennies, F. Behrens, M. Aurnhammer. Feasibility of Hough-transform-based iris localisation for real-time-application. *16th International Conference on Pattern Recognition,* ICPR 2002, Vol. II, 2002, 1053-1056.

[Tsai1987] R. Tsai. A versatile camera-calibration technique for high-accuracy 3d machine vision metrology using off-the-shelf TV cameras. *IEEE Journal of Robotics and Automation*, Vol. 3(4), 1987, 323-344.

[Ullman1996] S. Ullman. *High Level Vision.* MIT Press, 1996.

[Umbaugh1998] S. E. Umbaugh. *Computer Vision and Image Processing: A Practical Approach Using CVIPtools.* Prentice Hall, 1998.

[Unbehauen2002] R. Unbehauen. *Systemtheorie 1: Allgemeine Grundlagen, Signale und lineare Systeme im Zeit- und Frequenzbereich.* Oldenbourg, 2002.

[Unser1986] M. Unser. Sum and difference histograms for texture classification. *IEEE Transactions on Pattern Analysis and Machine Intelligence*, Vol. 8(1), 1986, 118-125.

[Vincent1991] L. Vincent, P. Soille. Watersheds in digital spaces: An efficient algorithm based on immersion simulation. *IEEE Transactions on Pattern Analysis and Machine Intelligence*, Vol. 13(6), 1991, 583-598.

[Walker1996] J. S. Walker. *Fast Fourier Transforms.* CRC Press, 1996.

[Webb2003] A. R. Webb. *Introduction to Biomedical Imaging.* Wiley, 2003.

[Wegner1997] S. Wegner, H. Oswald, E. Fleck. Segmentierung von Computertomographie-Bildern mittels der 3-d Wasserscheidentransformation auf Graphen. *Mustererkennung 1997*, 19. DAGM Symposium, E. Paulus, F. M. Wahl (Hrsg.), Informatik aktuell, Springer, 1997, 578-585.

[Weickert1998] J. Weickert. *Anisotropic Diffusion in Image Processing.* Teubner, 1998.

[Wiener1942] N. Wiener. *Extrapolation, Interpolation and Smoothing of Stationary Time Series.* MIT Press, 1942.

[Wong1995] S. Wong, L. Zaremba, D. Gooden, H. K. Huang. Radiologic image compression – a review. *Proceedings of the IEEE*, Vol. 83(2), 1995, 194-219.

[Yin1996] L. Yin, R. Yang, M. Gabbouj, Y. Neuvo. Weighted median filters: a tutorial. *IEEE Transactions on Circuits and Systems II: Analog and Digital Signal Processing*, Vol. 43(3), 1996, 157-192.

[Yu-Li1996] Y. Yu-Li, X. Wenyuan, A. Tannenbaum, M. Kaveh. Behavioral analysis of anisotropic diffusion in image processing. *IEEE Transactions on Image Processing*, Vol. 5(11), 1996, 1539-1553.

[Zimmerman1988] J. B. Zimmerman, S. M. Pizer, J. Staab. An evaluation of the effectiveness of adaptive histogram equalisation for contrast enhancement. *IEEE Transactions on Medical Imaging*, Vol. 7, 1988, 304-312.

Register

Numerisch

Werkzeuge der Signalverarbeitung

Beate Meffert, Olaf Hochmuth

Zum Buch:

Die Autoren stellen in ihrem Buch die wichtigsten Werkzeuge der Signalverarbeitung vor. Sie erläutern ausführlich die mathematische Formulierung und die Effekte, die bei der Anwendung der unterschiedlichen Werkzeuge erzielt werden. Außerdem zeigen sie auf, welche Bedingungen für die Anwendung einzuhalten sind. Der Leser soll lernen, die Verfahren kritisch zu bewerten und Alternativen zu erkennen. Zeitabhängige Signale und Bildsignale werden gleichrangig behandelt. Beispiele aus den aktuellen Forschungsprojekten der Autoren sowie aus dem Bereich der Informations- und Elektrotechnik vertiefen das Verständnis. Die einzelnen Kapitel werden durch Übungsaufgaben ergänzt, die mit einfachen Hilfsmitteln lösbar sind.

Aus dem Inhalt:

- Einführung: Mathematische Hilfsmittel, Aufgaben signalverarbeitender Systeme, Überblick über die Werkzeuge
- Signale und Systeme
- Werkzeuge des Zeit- oder Ortsbereichs
- Werkzeuge des Spektralbereichs
- Anwendungsbeispiele
- Anhang: Lösungen zu den Übungsaufgaben, Tabelle zur Fouriertransformation

Über die Autoren:

Beate Meffert leitet den Lehrstuhl Signalverarbeitung und Mustererkennung des Instituts für Informatik der Humboldt-Universität zu Berlin, an dem auch *Olaf Hochmuth* tätig ist.

ISBN: 3-8273-7065-5
€ 24,95; sFr 42,50
ca. 250 Seiten

i technische informatik

Pearson-Studium-Produkte erhalten Sie im Buchhandel und Fachhandel
Pearson Education Deutschland GmbH • Martin-Kollar-Str. 10 – 12 • D-81829 München
Tel. (089) 46 00 3 - 222 • Fax (089) 46 00 3 - 100 • www.pearson-studium.de

Zeitdiskrete Signalverarbeitung

2., überarbeitete Auflage

Alan V. Oppenheim, Ronald W. Schafer, John R. Buck

Zum Buch:

Zeitdiskrete Signalverarbeitung von Oppenheim und Schafer gilt in Forschung und Lehre seit langem international zu den besten Standardardwerken für Anfänger und Fortgeschrittene auf diesem Gebiet. Das Lehrwerk baut auf den innerhalb der Systemtheorie gewonnenen Kenntnissen über Signale und Systeme auf und führt den Leser gezielt in die Methoden der digitalen Signalverarbeitung ein. Ausgehend von den Grundlagen zeigen die Autoren in gelungener didaktischer Aufbereitung, vielen neu ausgearbeiteten Beispielen, zahlreichen Übungen und Aufgaben die Anwendung der erlernten Kenntnisse in der Praxis.

Aus dem Inhalt:

- Zeitdiskrete Signale und Systeme
- z-Transformation
- Abtastung zeitkontinuierlicher Signale
- Transformationsanalyse
  von lineraren zeitvarianten Systemen
- Strukturen zeitdiskreter Systeme
- Filterentwurfstechniken
- Diskrete Fourier-Transformation (DFT)
- Berechnung der DFT
- DFT-Fourier-Analyse von Signalen
- Diskrete Hilbert-Transformation

Über den Autor:

Alan V. Oppenheim ist Inhaber der Ford-Professur für Elektrotechnik am *Massachusetts Institute of Technology (MIT)*, Cambridge, und leitet dort die Digital Signal Processing Group.
Ronald W. Schafer ist Professor für Elektrotechnik und Technische Informatik am *Georgia Insitute of Technology, Atlanta.*
John R. Buck lehrt als Professor für Elektrotechnik und Technische Informatik an der *University of Massachusetts, Dartmouth.*

ISBN: 3-8273-7077-7
€ 69,95 [D], sFr 115,50
ca. 1000 Seiten

Pearson-Studium-Produkte erhalten Sie im Buchhandel und Fachhandel
Pearson Education Deutschland GmbH • Martin-Kollar-Str. 10 – 12 • D-81829 München
Tel. (089) 46 00 3 - 222 • Fax (089) 46 00 3 - 100 • www.pearson-studium.de

Grundlagen der Elektrotechnik 2

Periodische und nichtperiodische Signalformen

Manfred Albach

Zum Buch:

Dieses Lehrbuch zu den Grundlagen der Elektrotechnik bietet einen übersichtlichen und verständlichen Einstieg in das Themenfeld der periodischen und nichtperiodischen Signalformen. Es basiert auf langjähriger Lehrerfahrung der Buchautoren. Die Darbietung des Stoffes ist ideal für das Grundstudium Elektrotechnik und eignet sich in ausgezeichneter Weise zur Prüfungsvorbereitung und Stoffwiederholung des Grundlagenwissens zur Elektrotechnik. Das dreibändige Lehrwerk wird fortgesetzt mit Band 3 (ISBN 3-8273-7107-4) zur Netzwerkanalyse und den Netzwerktheoremen. Der bereits erschienene Band 1 (ISBN 3-8273-7106-6) behandelt Erfahrungssätze, Bauelemente und Gleichstromschaltungen.

Aus dem Inhalt:

– Zeitlich periodische Vorgänge
– Darstellung periodischer Signale
 durch Fourier-Reihen

– Schaltvorgänge bei einfachen
 elektrischen Netzwerken
– Laplace-Transformation
– Nichtlineare Netzwerke

Über den Autor:

Prof. Dr.-Ing. *Manfred Albach* ist Inhaber des Lehrstuhls für Elektromagnetische Felder der *Universität Erlangen-Nürnberg.* Er hält die Grundlagenvorlesung für die Studienrichtungen Elektrotechnik, Elektronik und Informationstechnik sowie Mechatronik..

ISBN: 3-8273-7108-2
€ 29,95; sFr 51,50
266 Seiten

et grundlagen der elektrotechnik

Pearson-Studium-Produkte erhalten Sie im Buchhandel und Fachhandel
Pearson Education Deutschland GmbH • Martin-Kollar-Str. 10 – 12 • D-81829 München
Tel. (089) 46 00 3 - 222 • Fax (089) 46 00 3 - 100 • www.pearson-studium.de